普通高等教育"十一五"国家级规划教材

公法系列教材

行政诉讼法学
〈第六版〉

马怀德 | 主编

撰稿人（以撰写章节先后为序）

刘 莘　马怀德　王建芹　何 兵　王敬波　张树义
周兰领　刘善春　张 锋　吴 平　薛刚凌　郎佩娟

北京大学出版社
PEKING UNIVERSITY PRESS

图书在版编目(CIP)数据

行政诉讼法学/马怀德主编. -- 6 版. -- 北京:北京大学出版社,2024.8.--(公法系列教材). ISBN 978-7-301-35271-7

Ⅰ. D925.301

中国国家版本馆 CIP 数据核字第 2024N7C839 号

书　　　名	行政诉讼法学(第六版) XINGZHENG SUSONG FAXUE(DI-LIU BAN)
著作责任者	马怀德　主编
责 任 编 辑	周　菲
标 准 书 号	ISBN 978-7-301-35271-7
出 版 发 行	北京大学出版社
地　　　址	北京市海淀区成府路 205 号　100871
网　　　址	http://www.pup.cn
新 浪 微 博	@北京大学出版社　@北大出版社法律图书
电 子 邮 箱	编辑部 law@pup.cn　总编室 zpup@pup.cn
电　　　话	邮购部 010-62752015　发行部 010-62750672 编辑部 010-62752027
印 刷 者	大厂回族自治县彩虹印刷有限公司
经 销 者	新华书店 890 毫米×1240 毫米　A5　11.5 印张　342 千字 2004 年 12 月第 1 版　2008 年 10 月第 2 版 2012 年 8 月第 3 版　2015 年 5 月第 4 版 2019 年 10 月第 5 版 2024 年 8 月第 6 版　2024 年 8 月第 1 次印刷
定　　　价	45.00 元

未经许可,不得以任何方式复制或抄袭本书之部分或全部内容。
版权所有,侵权必究
举报电话:010-62752024　电子邮箱:fd@pup.cn
图书如有印装质量问题,请与出版部联系,电话:010-62756370

主编简介

马怀德,男,1965年10月生,汉族,法学博士。中国政法大学校长、教授、博士生导师。第十四届全国政协委员、教科卫体委员会委员,北京市第十六届人大代表、法制委员会副主任委员。中国法学会副会长,中国法学会行政法学研究会会长,中国纪检监察协会副会长,国务院学位委员会法学学科评议组和纪检监察学科评议组召集人。最高人民法院特邀咨询员,最高人民检察院专家咨询委员,国家统一法律职业资格考试协调委员会委员,住房和城乡建设部、民政部、财政部、农业农村部以及北京市、天津市、四川省、福建省人民政府顾问或专家咨询委员。我国首位行政诉讼法学博士。

研究领域为行政法及行政诉讼法,直接参与《国家赔偿法》《行政处罚法》《立法法》等上百部重要法律法规的起草、修订工作,出版学术专著或合著四十余部。获2004年首都劳动奖章和第四届"全国十大杰出青年法学家"称号。2016年入选中宣部文化名家暨"四个一批"人才及"万人计划"哲学社会科学领军人才。获CCTV2017年度法治人物奖,享受国务院政府特殊津贴。

作者简介

（以撰写章节先后为序）

刘莘　中国政法大学法学院教授、博士生导师

马怀德　法学博士，中国政法大学法学院教授、博士生导师

王建芹　中国政法大学法学院教授、硕士生导师

何兵　法学博士，中国政法大学法学院教授、博士生导师

王敬波　法学博士，黑龙江大学校长、博士生导师

张树义　中国政法大学法学院教授、博士生导师

周兰领　法学博士，国家金融监督管理总局法规司处长

刘善春　法学博士，中国政法大学法学院教授、博士生导师

张锋　中国政法大学法学院教授、硕士生导师

吴平　中国政法大学法学院副教授、硕士生导师

薛刚凌　法学博士，华南师范大学法学院教授、博士生导师

郎佩娟　中国政法大学法学院教授、硕士生导师

内容简介

《行政诉讼法学》(第六版)是中国政法大学组织编写的公法系列教材之一。全书系统介绍了我国现行行政诉讼制度与理论,比较科学地处理了教材的理论性与实践性的关系,与时俱进地反映了《行政诉讼法》的修正及新的司法解释内容,使读者能够准确把握我国现行的行政诉讼制度。全书正确处理了行政诉讼法学与民事诉讼法学、刑事诉讼法学教学内容的关系,突出了行政诉讼制度的特殊性,重点阐述了行政诉讼的特殊制度和原理,使读者能够迅速掌握行政诉讼法的精髓。另外,全书提供了大量的案例和思考题,这些内容对理解和深化已学知识有一定的启发性。

第六版修订说明

自本书第五版修订以来,《行政复议法》《行政处罚法》《立法法》及《政府信息公开条例》等重要法律和行政法规进行了修改,对行政诉讼的制度安排和理论发展具有重要影响。与此同时,为适应行政审判实践发展的需要,最高人民法院制定了不少司法解释,如《关于审理行政协议案件若干问题的规定》《关于正确确定县级以上地方人民政府行政诉讼被告资格若干问题的规定》《关于审理行政赔偿案件若干问题的规定》《关于审理国家赔偿案件确定精神损害赔偿责任适用法律若干问题的解释》。为及时反映我国行政诉讼法学理论和实践取得的最新成果,将法律规范修改和司法解释的重要内容充实到教材中,编写组决定对本书进行修订。修订也更新了参考文献,并勘正了有关文字错误。

本次修订工作由马怀德、杨伟东、张泽宇完成。

本书编写组
2023 年 11 月

第五版修订说明

近年来,我国行政立法、行政诉讼理论研究与实践均取得了明显进展。2017年6月27日,第十二届全国人民代表大会常务委员会第二十八次会议通过了修改《行政诉讼法》的决定,增加了人民检察院提起行政公益诉讼制度。2018年2月8日,《最高人民法院关于适用〈中华人民共和国行政诉讼法〉的解释》正式实施。这部司法解释是在党的十九大胜利召开之后最高人民法院通过的又一部《行政诉讼法》的全面司法解释,它将对保障人民合法权益、推进法治政府建设、推动行政审判工作健康发展产生重要而深远的影响。为及时反映本次《行政诉讼法》修改的重要内容、其司法解释的全新规定,以及我国行政诉讼法学理论和实践取得的最新成果,编写组决定对本书进行修订。

本次修订的主要章节是:第一章第一节;第二章第二节;第三章第三节、第四节;第四章第二节、第三节、第四节;第五章第二节、第三节;第六章第一节、第三节、第四节、第六节、第七节;第八章第二节、第四节;第九章第二节、第三节;第十章第二节等。修订工作由马怀德、张红、杨兴岳完成。

本书编写组
2019年2月

第四版修订说明

行政诉讼是现代法治国家普遍建立的一项基本法律制度。1989年《中华人民共和国行政诉讼法》的颁布标志着"民告官"制度的确立,是我国行政法治建设的里程碑。该法实施二十多年来,对于保障公民、法人和其他组织的合法权益,规范行政行为,监督行政机关依法行政起到了重要作用。但随着我国法治建设进程的加快、社会经济的不断发展和各项改革的深入,该法在实施中也暴露出一些问题。因而,为适应新形势下行政诉讼实践的需要,2014年11月,第十二届全国人大常委会第十一次会议通过了《关于修改〈中华人民共和国行政诉讼法〉的决定》。此次修订是对行政诉讼制度进行的一次重要改革,对解决《行政诉讼法》实施以来出现的各种问题,对推进依法行政,充分保障公民、法人和其他组织的合法权益,都将产生积极影响。为及时反映本次《行政诉讼法》修改的重要内容,以及我国行政诉讼法学理论和实践取得的最新成果,编写组决定对本书进行修订。

本次修订工作由马怀德、张红、汤磊、覃慧完成。

本书编写组
2015 年 1 月

第三版修订说明

近年来,我国行政立法、行政诉讼理论研究与实践均取得了明显进展。第十一届全国人大常委会于 2010 年修订《国家赔偿法》,2011 年颁布《行政强制法》。最高人民法院为适应行政审判实践发展的需要,陆续公布了《关于审理行政许可案件若干问题的规定》《关于审理房屋登记案件若干问题的规定》《关于审理涉及农村集体土地行政案件若干问题的规定》《关于办理申请人民法院强制执行国有土地上房屋征收补偿决定案件若干问题的规定》。为及时反映我国行政诉讼法学理论与实践取得的最新成果,适应法学教学发展和人才培养的需要,编写组决定对本书进行修订。

本次修订的主要章节是第二章第二节、第九章第三节、第十一章等。修订工作由马怀德、张红完成。

本书编写组
2012 年 5 月

第二版修订说明

近年来,我国行政诉讼实践与理论研究取得明显进展。最高人民法院为适应行政诉讼审判实践发展的需要,于2007年年底通过了《关于行政诉讼撤诉若干问题的规定》和《关于行政案件管辖若干问题的规定》,行政诉讼法学理论研究也有很大发展。为及时反映我国行政诉讼法学理论与实践取得的最新成果,适应法学教育发展和人才培养的需要,编写组决定对本书进行修订。

本次修订的主要章节是第二章第二节、第三章第四节、第六章第六节、第十一章第五节等。修订工作由马怀德、张红完成。

本书编写组

2008 年 5 月

前　言

　　行政诉讼制度在任何一个国家的法治与民主化建设中都居于重要地位,因为它主要涉及公民的权利、公共行政权力以及司法权三者之间的关系。正确处理这三种不同性质的权利(力)关系,是任何一个致力于法治建设和人民福祉之提升的国度都无法回避的战略性课题与使命。我国在 1989 年颁布的《中华人民共和国行政诉讼法》,就是对这一使命的回应。行政诉讼制度实施的十几年也充分体现了这一制度在保护公民的权益、监督与保障依法行政方面的功能,促进了依法行政水平和公民法制观念的提高。行政诉讼制度在中国已经取得了良性发展的制度基础和社会文化基础,因而我国行政诉讼制度必将继续向前发展和完善。行政诉讼制度在我国的法治建设中将发挥更大的积极作用。有关行政诉讼的学术研究必将继续深入和更加符合中国的国情。为了传播现行行政诉讼制度文化和满足大学法学本科教学的需要,我们组织中国政法大学有关行政诉讼法方面的专家,集体编写了这本教材。这本教材有以下几个特点:

　　其一,制度性和实践性相结合。全书重点在于阐述我国的现行制度,准确理解制度的含义和精神,同时又紧密联系实际,结合大量的案例使理论与制度具体化,提高教学的效率,也使学生易于理解。行政诉讼法学是一门应用法学,必须重点关注实践中的问题,不能空洞化。学生学习完行政诉讼法后,在进行行政诉讼活动时要能够准确理解和运用现行制度,解决实践中的问题。

　　其二,重点在于阐述行政诉讼的特殊制度与原理。行政诉讼作为诉讼形态的一种,与民事诉讼和刑事诉讼在诸多方面具有相同性,但这些共性不是本书写作的重点。本书的重点在于讲解行政诉讼区别于二者的不同制度和原理,比如行政诉讼的受案范围制度、行政诉讼的审理对象与审理标准制度以及举证责任制度等,使学生能准确把握行政诉讼的本质与特色,尤其是注重培养学生对行政诉讼制度精神的领悟力。

其三,增强启发性教育。法学教育不是一种教条式的、被动的教育,而应当是重点培养学生对法律的信仰、使学生学会运用法律思维的互动过程。本教材的一些案例和思考题的设计虽然立足于教材,但又不局限于教材,具有一定的启发性和探讨性,旨在培养和提高学生的学术兴趣。

本书的写作分工如下:

刘　莘:第一章

马怀德:第二章,第七章第一、二节

王建芹:第三章

何　兵:第四章

王敬波:第五章

张树义:第六章

周兰领:第七章第一、二节

刘善春:第七章第三节

张　锋:第八章

吴　平:第九章

薛刚凌:第十章

郎佩娟:第十一章

全书最后由主编马怀德教授统稿。由于编者水平所限,本教材难免存在缺点与错误,尚祈学界同仁和广大读者批评指正。

本书编写组
2004 年 12 月

目 录

第一章　行政诉讼法概述 …………………………………… （1）
　　第一节　行政诉讼概述 ………………………………… （1）
　　第二节　行政诉讼法 …………………………………… （27）
　　第三节　行政诉讼的基本原则和制度 ………………… （31）

第二章　行政诉讼的受案范围 …………………………… （41）
　　第一节　行政诉讼的受案范围概述 …………………… （41）
　　第二节　我国行政诉讼受案范围的规定 ……………… （43）
　　第三节　特殊行政行为的可诉性分析 ………………… （62）

第三章　行政诉讼的管辖 ………………………………… （96）
　　第一节　行政诉讼管辖概述 …………………………… （96）
　　第二节　行政诉讼的级别管辖 ………………………… （99）
　　第三节　地域管辖 ……………………………………… （101）
　　第四节　裁定管辖 ……………………………………… （104）

第四章　行政诉讼参加人 ………………………………… （108）
　　第一节　行政诉讼参加人概述 ………………………… （108）
　　第二节　行政诉讼原告 ………………………………… （110）
　　第三节　行政诉讼被告 ………………………………… （115）
　　第四节　行政诉讼共同诉讼人 ………………………… （122）
　　第五节　行政诉讼第三人 ……………………………… （124）
　　第六节　行政诉讼代理人 ……………………………… （127）

第五章　行政诉讼证据 …………………………………… （135）
　　第一节　行政诉讼证据概述 …………………………… （135）
　　第二节　行政诉讼证据的提供 ………………………… （143）
　　第三节　行政诉讼证据的调取、保全、补充规则 …… （151）
　　第四节　证据的质证、审查和认定 …………………… （155）

第六章　行政诉讼程序 …………………………………… （169）
　　第一节　起诉与受理 …………………………………… （169）

第二节　行政诉讼一审程序 …………………………………（183）
　　第三节　行政诉讼的二审程序 ………………………………（190）
　　第四节　行政诉讼的审判监督程序 …………………………（192）
　　第五节　行政诉讼强制措施 …………………………………（195）
　　第六节　行政诉讼中的其他制度 ……………………………（197）
　　第七节　行政诉讼附带民事诉讼 ……………………………（204）
　　第八节　行政诉讼种类 ………………………………………（206）
第七章　行政诉讼的审理规则 ……………………………………（213）
　　第一节　行政诉讼的审理对象 ………………………………（213）
　　第二节　行政诉讼的审理标准 ………………………………（218）
　　第三节　行政诉讼的法律适用 ………………………………（235）
第八章　行政诉讼裁判 ……………………………………………（263）
　　第一节　行政诉讼的判决 ……………………………………（263）
　　第二节　一审判决的种类及其适用条件 ……………………（266）
　　第三节　二审判决与再审判决 ………………………………（274）
　　第四节　行政诉讼的裁定与决定 ……………………………（275）
第九章　行政诉讼的执行 …………………………………………（286）
　　第一节　行政诉讼执行概述 …………………………………（286）
　　第二节　行政诉讼执行措施与程序 …………………………（291）
　　第三节　非诉行政行为的执行 ………………………………（297）
第十章　涉外行政诉讼 ……………………………………………（308）
　　第一节　涉外行政诉讼概述 …………………………………（308）
　　第二节　涉外行政诉讼的原则 ………………………………（313）
　　第三节　涉外行政诉讼的特别制度 …………………………（315）
第十一章　行政赔偿诉讼 …………………………………………（322）
　　第一节　行政赔偿的概念与作用 ……………………………（322）
　　第二节　行政赔偿的范围 ……………………………………（326）
　　第三节　行政赔偿请求人与行政赔偿义务机关 ……………（333）
　　第四节　行政赔偿方式、计算标准和费用 …………………（336）
　　第五节　行政赔偿程序 ………………………………………（342）
参考书目 ……………………………………………………………（353）

第一章 行政诉讼法概述

内容摘要 本章主要涉及行政诉讼以及行政诉讼法的基本理论问题,包括以下几个方面的内容:第一,对行政诉讼的概念、特征进行介绍,并同其他相关制度进行比较。第二,域外和我国行政诉讼制度的历史发展,包括法国、德国、英国、美国和日本的行政诉讼的历史和现状;中华人民共和国成立前行政诉讼法的发展历史,以及中华人民共和国成立后行政诉讼制度的建立和完善;我国台湾地区和香港、澳门特别行政区的行政诉讼制度。第三,行政诉讼法的概念和法律渊源。第四,行政诉讼基本原则和基本制度。运用历史的、比较的、理论联系实际的学习方法,通过对上述内容的了解,以期对行政诉讼和行政诉讼法形成总体和宏观的认识,为掌握具体的行政诉讼制度程序和探讨行政诉讼案例打下理论基础。

学习重点 行政诉讼的概念和特征;行政诉讼制度和其他制度的比较;行政诉讼法的概念和法律渊源;行政诉讼基本原则和基本制度。

第一节 行政诉讼概述

一、行政诉讼的概念

行政诉讼法是关于行政诉讼的法律规范的总称。了解行政诉讼,才能了解行政诉讼法。从司法审判意义上讲,行政诉讼与宪法诉讼、民事诉讼、刑事诉讼并列为一个国家司法审判制度的四大诉讼种类。[①] 行政诉讼是指公民、法人或其他组织认为行政机关或法律法

---

① 宪法诉讼是解决宪法争议的一种诉讼形式,根据宪法的精神和原则,由特定机关审查法律的违宪问题,或者也受理公民对违宪行为的诉讼。宪法诉讼在美国包含在司法审查制度中,在德国有专门的宪法法院。作为宪法保障措施的一种,在各国有不同的形式,有的国家没有宪法诉讼,但是有其他的监督宪法实施的方式,如在法国有宪法委员会,在我国有人民代表大会的监督等。

规授权的其他组织或个人在行使行政职权过程中侵犯了自己的合法权益,向国家审判机关提起诉讼,由国家审判机关行使行政审判权解决行政争议的司法活动。大陆法系国家,尤以法国为典型,法语中的行政诉讼(La Jurisdiction Administrative),是指在普通法院之外设置了平行的行政法院系统,专门负责解决行政争议;行政诉讼一词在英语中的相对词汇是 administrative litigation,但是严格来讲,英美法系国家并不存在大陆法系意义上的行政诉讼,因为英美法系国家的行政争议是由普通法院来解决的,这与大陆法系国家设立专门法院审理行政案件从而形成的行政诉讼制度根本不同。普通法院不加区别地对民事、刑事和行政案件进行审理,是英美法系的传统;行政诉讼并不是单独的诉讼,而是司法审查的重要组成部分。这样,行政诉讼在英语中对应的表述应该是 judicial review。但应当注意的是,英美法系国家的"司法审查"这一概念不能完全与大陆法系国家的"行政诉讼"概念画等号。因为英美法系国家的司法审查,不仅审查行政机关的具体行政行为,还审查行政机关的立法行为;不仅审查行政机关的活动是否违法,还审查行政机关的活动是否违宪。随着两大法系的相互借鉴和彼此交流,在英美法系国家,至少在学术观念和理论研究中已经开始将行政诉讼作为单独的部分,并且使用 administrative litigation 一词探讨问题时,也能够得到英美国家学者的理解和呼应。

《行政诉讼法》于 1990 年 10 月 1 日生效施行,标志着我国行政诉讼制度的正式建立,是我国建设法治国的重要里程碑。在我国,行政诉讼法在通常的情况下是指《行政诉讼法》。但是,在将行政诉讼作为法律制度进行陈述介绍时,行政诉讼法其实还包括关于行政诉讼的司法解释,单行法律、法规关于行政诉讼的规范等。

二、行政诉讼的特征

行政诉讼的特征是指行政诉讼区别于其他诉讼形态而自身具有的特点。在我国其特征可从以下诸点进行论述:

(一)行政诉讼的一方当事人是行政主体

行政诉讼的一方当事人恒定是行政机关以及法律法规授权的组

织,而且根据我国目前行政诉讼法律的规定,行政主体仅仅可以作为被告。这是因为行政主体掌握国家的行政权,不仅有国家强制力作为后盾,而且有具体的行政职权,可以采取行政处罚、行政强制执行等手段,依靠自己的职权和力量可以实现行政管理活动,维护行政管理秩序;相比较而言,行政相对人缺乏相应的手段保护自己的合法权益,而且现代民主国家不允许私力救济,行政相对人对行政主体的行政行为不服时,依靠自己的力量不能实现充分的救济,因此各个国家都设置了有关的制度保障行政相对人的权益,监督行政主体合法行使职权。目前我国行政诉讼的被告是行政主体,原告是行政相对人,前者指的是行政管理活动中行使行政职权的行政机关或法律法规规章授权的组织,后者指的是与行政主体相对应的其权利受行政行为实际影响的公民、法人或其他组织。一般认为行政诉讼的原告恒定是行政相对人,被告恒定是行政主体。但是,行政机关也可能成为行政诉讼的原告,此时该行政机关是以机关法人身份出现的行政相对人,和普通的相对人没有本质差别。比如市场监管局向自然资源规划局申请建设用地引起的行政争议,市场监管局作为原告起诉并不是依据其行政职权,它不是行政主体,而是自然资源规划局的规划许可的行政相对人。同时,准确来讲,行政诉讼的原告不仅有行政相对人,还包括利害关系人,即虽然不是行政行为直接指向的当事人,但是其权利和利益由于行政机关的行为遭受损害的其他人。例如存在竞争关系的两家企业,行政机关给予其中一家企业营业许可,那么另外一家的经营就受到影响,其权益遭受损害,因此也有向人民法院起诉的权利;再比如在涉及两个当事人之间的纠纷中,行政机关针对其中一方作出行政处罚,行政机关对被处罚人的处罚,关系到受到被处罚人侵害的受害人的权益,受害人应当享有诉讼的权利,和上述案例中的企业一样可以作为原告起诉。详细内容将在本书有关原告资格中介绍。

而且,需要指出的是,行政管理活动中有可能侵犯的是公共利益,在没有具体的行政相对人的情况下,这部分公共利益不能得到保护,因此有的国家设置了公益诉讼制度,由有关的社会组织或国家机关代表公共利益对作出行政行为的行政机关提起诉讼;另外,在法国,行政机关之间的权限争议也可以提交行政法院解决,这时的原告和被告都是行政机关。

（二）行政诉讼解决的是行政争议

民事诉讼解决的是民事争议,即平等主体间就民事权利义务而发生的纠纷。刑事诉讼解决的是刑事争议,是就犯罪嫌疑人的定罪量刑作出裁断。作为基本的诉讼制度,行政诉讼的核心问题是解决行政争议。所谓行政争议是指行政管理活动中,在行政主体和行政相对人之间产生的矛盾与纠纷,在结果上就体现为行政相对人认为行政主体的行政行为侵犯了自己的合法权益。当然,这是一种狭义的行政争议概念,从广义上讲,行政争议是指产生于行政管理领域之中的所有矛盾与冲突。

行政争议的概念要比行政诉讼法规定的受案范围大,根据特定的历史条件和现实条件,只有符合法律规定的行政争议才能进入司法审查程序,这一方面反映了时代发展的阶段性和渐进性,可诉行政争议的范围在逐渐扩大;另一方面也反映了行政权和司法权的关系,司法权对行政权的干预和监督存在一定限度,否则有取代行政权之嫌。一般各个国家都将政治行为、外交行为和军事行为排除在司法审查范围之外,我国现行行政诉讼制度除了不包括外交和军事等行为外,也不包括行政法规、规章或者行政机关制定、发布的具有普遍约束力的决定、命令。从世界各国以及我国的法治和诉讼制度的发展来看,列入行政诉讼解决的行政争议的范围从保护公民基本权利和推动法治建设的角度而言正在呈扩大趋势。

（三）行政诉讼是法院行使行政审判权的活动

行政审判权是指专门审理行政案件、解决行政争议的审判权,属于国家审判权的一部分,其实质是对公民权利的救济和对行政职权运行的监督。由法院进行司法审查,是行政诉讼与行政复议区别的关键。行政复议是行政系统内的审查,经过行政复议的案件如果当事人不服,原则上仍然可经过法院的行政审判才能尘埃落定,法院运用行政审判权对行政案件进行审理后作出的裁判具有终局效力。

行政审判权,一般由一个国家的审判机关来行使。我国采取在人民法院内部设置专门的行政审判庭来负责审理行政案件的体制。

英美法系国家由普通法院行使行政审判权,行政案件与其他案件的界限并不是特别清晰;而在大陆法系国家一般都设置专门的行政法院,专门负责审理行政案件。法国是最早设立独立的行政法院系统的国家,但是它的情况非常特殊,行政法院虽然行使行政审判权,但它设置于行政体系之中。即便如此,法国行政法院的审理程序和方式也集中体现了司法的特点,如消极被动性和居中裁决性等,这与其他国家行使行政审判权的司法机关具有相当多的共性。由具有司法特性的机关对行政纠纷进行具有终局意义的审查,是各国历史经验教训和理论研究的总结,是行政诉讼的第三个重要特征。

(四)行政诉讼的目的是为行政相对人提供行政法律救济,维护公民、法人和其他组织的合法权益,监督行政机关依法行政

我国《行政诉讼法》第1条规定:"为保证人民法院公正、及时审理行政案件,解决行政争议,保护公民、法人和其他组织的合法权益,监督行政机关依法行使行政职权,根据宪法,制定本法。"行政诉讼围绕解决行政争议展开一系列程序,其首要目的是为合法权益受到行政主体的行政行为侵犯的行政相对人提供法律救济,行政诉讼的若干具体制度如举证责任倒置等都体现了这一要求;并且依据司法最终的原则,行政诉讼是保护公民、法人和其他组织的合法权益最重要的法律救济制度。行政诉讼要审查被诉行政行为的合法性,根据不同情况,作出撤销、确认或变更判决,行政机关的行为根据法律规定接受司法机关的审查,是外部监督的一种重要形式。因此,行政审判权的另一个重要目的是监督行政主体依法行政,从而实现行政法治。行政诉讼既是行政救济,也是行政监督,在提供救济途径保障公民权利和监督行政权力运作两个方面均不可或缺。

三、行政诉讼与其他相关制度的比较

行政诉讼制度与其他制度都有着密切的关系,如行政复议制度、民事诉讼制度、刑事诉讼制度以及国家赔偿制度等。这些制度共同在保护公民权益方面发挥作用,但它们也有不同之处以及相互衔接的地方,对它们的具体关系进行分析,将有助于我们更好地理解行政诉讼的概念、特征和具体制度。

(一) 行政诉讼与行政复议

行政复议是指行政相对人对行政机关的行政行为不服,向有复议权的行政机关提起复议请求,要求审查行政行为、提供法律救济的制度。二者的不同之处体现在:第一,二者的主体和性质不同。行政复议是由作出行政行为的上级行政机关或者法律、法规规定的其他行政机关负责审查,本质上是行政体系内的监督和争议解决机制;行政诉讼是由法院行使行政审判权,因此是外部监督和争议解决机制。第二,行政复议的受案范围比行政诉讼要广泛,审查程度要深。这是由权力分工的原则决定的,司法机关对行政机关的监督和审查是有一定限度的,司法机关在一定程度上尊重行政机关的决定,特别是在专业领域,司法机关的裁判不能取代行政机关的决定。而行政机关体系内的审查则没有这样的限制,基于行政机关的上下级服从关系,对错误的行政行为予以纠正是没有任何余地的。因此,受案范围比行政诉讼要宽,审查程度比行政诉讼要深。我国《行政诉讼法》第2条第1款规定:"公民、法人或者其他组织认为行政机关和行政机关工作人员的行政行为侵犯其合法权益,有权依照本法向人民法院提起诉讼。"这里将原法中的"具体行政行为"修改为"行政行为","行政行为"具有更大的包容性,内容包括侵害公民、法人和其他组织合法权益的作为或不作为,规章以下的规范性文件的附带性审查,事实行为及行政机关签订、履行行政合同的行为。原立法中使用"具体行政行为"的概念,属于学理上的概念,具有相对性,不科学且不准确,实践中有的法院不愿意受理行政案件,以此为由,为"具体行政行为"设立标准,不予受理有关案件,成为"立案难"的原因之一。2014年我国修改《行政诉讼法》时将"具体"二字删掉,客观上实现了扩大《行政诉讼法》的适用范围的作用。第三,相比较而言,行政复议的程序简便、成本较低,这是由二者程序设计和性质的不同导致的。司法制度要求两造对峙,各方要充分展示己方意见,复杂程度要高于行政复议,成本也相对较高。第四,具体程序设计上,二者也有诸多不同。比如行政复议可以实行书面审查,而行政诉讼一般实行开庭审理,特别是一审必须开庭审理;行政复议一般是一级复议,而行政诉讼是两审终审;其他比如当事人的称谓等都有所不同。

行政诉讼和行政复议是为行政相对人提供法律救济、监督行政主体依法行政的两大法律救济制度,二者紧密衔接,在制度设计目标和部分具体程序上非常相近。不少国家规定了复议前置原则,行政争议须先经过行政复议程序,才能进入行政诉讼,如美国司法审查制度要求行政救济穷尽情况下方能提起司法审查,德国的行政法院法也规定在行政法院提起撤销之诉之前,除非有例外情况,都必须经过行政复议。我国只对部分行政行为要求复议前置,也就是说法律、行政法规规定的这些行政行为必须先经过复议,对复议不服才能提起行政诉讼;同时,司法最终原则要求行政争议的最终解决程序是行政诉讼,行政终局裁决仅在有法律规定的情况下有效,行政机关不得自己立法规定排除司法最终原则。

(二)行政诉讼与民事诉讼

民事诉讼是指司法审判机关解决处于平等地位的公民、法人或其他组织之间产生的关于民事权利的纠纷,居中裁断、定分止争的诉讼活动。民事诉讼是民事纠纷解决的最后手段。除了民事诉讼,自行和解、第三者调解和申请仲裁都是民事纠纷解决的重要途径,法院审理民事纠纷以当事人不能自行解决为前提条件。

民事诉讼与行政诉讼的联系,首先体现在,从历史发展来看,行政诉讼脱胎于民事诉讼,行政诉讼除了其自我特有的规则和程序外,其他的规则和程序适用民事诉讼法的有关规定。在我国《行政诉讼法》颁布实施前,人民法院就是根据1982年《民事诉讼法(试行)》的规定受理公民、法人或其他组织对行政机关的行政决定不服的案件。[①] 其他国家的诉讼制度的发展过程也表明,行政诉讼独立于民事诉讼是现代法治观念形成、有限政府和责任政府理念确立的结果,而不是自始就有的,是在民事诉讼制度发展到一定阶段后才产生的,行政诉讼一般是在逐渐脱离民事诉讼后才成为独立的诉讼制度。

其次,行政诉讼与民事诉讼比较,有特殊的规则和程序。如举证责任方面,民事诉讼遵循谁主张谁举证原则,双方当事人谁提出主张

[①] 1982年《民事诉讼法(试行)》第3条第2款规定:"法律规定由人民法院审理的行政案件,适用本法规定。"

谁就要承担举证责任,举证不能将承担败诉后果;行政诉讼中,行政机关需要承担不能证明被诉行政行为合法而败诉的风险,而不是由原告来承担,学理上称作举证责任倒置,这和民事诉讼截然不同,也是考虑到行政诉讼的特殊性而作出的设计,目的是平衡行政主体和行政相对人的权利义务关系;当然,原告也要承担一些提供证据的说明义务,但并不是承担败诉风险的举证责任。

最后,实践中存在大量行政权介入民事关系的情况,如对民事纠纷进行行政裁决,因此出现了不少行政争议中还牵涉民事争议的复杂案件,为更加切实保障相对人的权利,解决纠纷,也为了诉讼经济原则,2014年修正的《行政诉讼法》中设置了行政诉讼附带民事诉讼①,在解决行政争议时一起解决民事争议。

(三)行政诉讼与刑事诉讼

刑事诉讼是指司法机关定罪量刑的司法活动,目的是查明犯罪事实,正确适用法律,以惩罚犯罪,保护人民。行政诉讼和刑事诉讼都是公法诉讼,在一定意义上,都以维护法律秩序为终极目标。二者的不同之处体现在:

(1)提起诉讼的主体不同。提起刑事诉讼的主体是犯罪行为的被害人(自诉),或者检察机关(公诉),而提起行政诉讼的主体是认为行政机关的行为侵犯自己合法权益的公民、法人和其他组织。

(2)诉讼的目的不同。刑事诉讼的目的是查明案件真实情况,判断是否符合犯罪构成要件;行政诉讼的主要目的是审查被诉行政行为,给公民、法人或其他组织的权利提供司法救济,监督行政主体依法行政。

(3)诉讼的结果不同。刑事诉讼的结果是法院刑事审判庭作出是否犯罪和是否处以刑罚的判决,行政诉讼的结果往往是法院的行政审判庭作出行政行为合法与否、是否承担赔偿责任的判决。

刑事诉讼与行政诉讼在实践中发生冲突关系的情况可能是:第

---

① 《行政诉讼法》第61条规定:"在涉及行政许可、登记、征收、征用和行政机关对民事争议所作的裁决的行政诉讼中,当事人申请一并解决相关民事争议的,人民法院可以一并审理。在行政诉讼中,人民法院认为行政案件的审理需以民事诉讼的裁判为依据的,可以裁定中止行政诉讼。"

一,公安机关具有行政和刑事司法双重职能,根据我国《行政诉讼法》和相关司法解释的规定,公安机关依据刑事诉讼法实施的刑事司法行为不是行政行为,不属于行政诉讼范围。但是实践中常常发生公安机关以刑事侦查为名干预正常经济纠纷或者难以认定是否为行政行为的情况,两种诉讼可能出现冲突。第二,在部分行政诉讼案件处理过程中,发现作出行政行为的行政机关工作人员或行政机关已经触犯刑法,需要移交司法机关进入刑事公诉和审理阶段,行政诉讼和刑事诉讼程序出现连接情况。还有一种情况是在行政诉讼中发现行政相对人的行为已经超出了行政责任的范围,而符合犯罪的构成要件,同样需要进入刑事诉讼程序。第三,实践中,还存在许多行政诉讼与刑事诉讼纠缠,难以判定应该行政诉讼先行,还是刑事诉讼先行的案件。比如,公安机关把某人的盗窃行为认定为一般违法,按照《治安管理处罚法》予以行政处罚,行政诉讼中行政审判庭驳回了原告的诉讼请求,也认为该盗窃行为不构成犯罪;但是检察机关认为该行为已构成盗窃罪,在行政诉讼过程中或者行政诉讼结束后又提起了刑事公诉,且法院刑事判决认定该行为构成盗窃罪。这时出现了行政审判权和刑事审判权的冲突,如何处理?再如,公安机关对经济纠纷的一方当事人的货物予以扣押,理由是诈骗。但被扣押货物的当事人在异地进行行政诉讼,行政审判庭认定该行政机关的行为是假借刑事侦查权干涉经济纠纷,应予撤销;此时检察机关根据公安机关的认定对当事人发出通缉,又以诈骗罪起诉至人民法院。行政审判权和刑事审判权在这一情况下又如何解决?我们认为,应区分不同的情况,分别对待。以纠纷的起因、诉讼的程序等进行判断,不赞同绝对的刑事诉讼先行或行政诉讼先行。总的原则是关于定罪量刑的问题要以刑事诉讼为准,而需要以行政审判权先行认定的,则以行政诉讼为准。

(四)行政诉讼与国家赔偿

国家赔偿是指有关国家机关的行为侵犯公民的人身权和财产权的情况下,由有关的赔偿义务机关代表国家赔偿损失,针对已经造成实际损害的机关侵权行为,为当事人提供救济的制度,主要包括刑事赔偿和行政赔偿。与行政诉讼相关的主要是行政赔偿,行政赔偿的前提是确认行政行为违法和行政侵权成立。我国《国家赔偿法》规定,受害人可以单独就赔偿问题向行政机关或人民法院提出,也可以在行政复议或行政诉讼中一并提起。行政诉讼与行政赔偿在程序上存在时间的继承性,可能是在行政诉讼中提出赔偿请求,也可能是在行政诉讼之后提起单独的行政赔偿诉讼。行政赔偿采取"国家责任,机关赔偿"的原则,与行政诉讼制度相配合,以更好地实现对公民权利的救济,监督行政机关依法行政。进言之,国家赔偿制度的完善程度直接关系到行政纠纷的解决程度,关系到行政诉讼制度效能的最大限度发挥。行政诉讼制度一系列规定的不完善也制约着国家赔偿制度的落实。因为国家赔偿,在某些情况下是行政诉讼的后续程序,反之,行政诉讼的发展也制约着国家赔偿的完善。因此,二者彼此依存,互相影响,互相促进。

四、行政诉讼的历史发展和现状

(一) 外国的行政诉讼制度

行政诉讼制度产生于资本主义国家,是在宪政制度下法治、民主和分权思想的催生物,并受一个国家的政治制度、经济环境、文化氛围和民族传统的影响,因此在不同国家呈现出不同的特点。了解行政诉讼制度的缘起和在国外的发展状况,有助于我们更加深入理解行政诉讼的基本理念和制度安排。根据法律历史传统的不同,可以将世界上大多数国家划分为不同的法系,其中以大陆法系和英美法系影响最大、范围最广。具体到行政诉讼制度也可以划分为大陆法系模式和英美法系模式,前者采司法二元体制,在普通法院之外设置专门的行政法院,后者采司法一元体制,由普通法院受理行政案件。现以法国、德国、英国、美国和日本为例介绍国外的行政诉讼。

1. 大陆法系国家

大陆法系以法国、德国为代表,法典主义、法官职权主义和成文法传统是其基本特征。意大利、荷兰、卢森堡、西班牙、葡萄牙和比利时等国家都属于大陆法系国家,它们的行政诉讼制度体现了大陆法系模式的特点。

（1）法国

法国可以称为是现代行政法之母国,由专门行政法院负责行政诉讼的制度亦滥觞于法国。在法国大革命之前,法国即存在一套特殊的行政审判机制,由国王参事院、各省总督以及专门性的审判机构组成。国王参事院其实是由国王亲自主持的,包括国务会议或内阁会议、行政会议、财政会议和司法会议,其中行政会议和财政会议就享有对行政案件的管辖权。而当时的最高法院或高等法院只是行使国王委托的权力,事实上的最高法院是国王参事院,对所有的案件都有最高审判权;各省总督根据国王的委托同时行使行政权和行政审判权,受理包括税务、兵役、警务和公共道路管理等行政案件;此外还有审计员、财政局和间接税法院受理公共财产、公产和税收等行政案件。

法国从1789年的资产阶级革命到现在二百余年的历史中政治风云变幻,其间经历了两次封建王朝的复辟,两次帝制和五次共和制,颁布了14部宪法,行政诉讼的历程也是反反复复,曲折前进。

法国大革命之后的最初十年间,即从1789年到1799年,其实不存在行政审判机关,行政争议一律由行政机关自己处理,法院无权解决。

由于大革命时期,法院和封建贵族紧密联系,阻碍和破坏革命政府的政策和律令的执行,被视为反动力量的代表,因此新政权不相信法院。出于这种怀疑,为了使得法院不再干涉政府改革,巩固政权,资产阶级政权决意从法律规定上杜绝法院插手行政的可能。因此1790年的《法院组织法》规定:"司法职能和行政职能现在和将来永远分离,法官不得以任何方式干扰行政机关的活动,亦不能以其职务上的原因将行政官吏传唤到庭,违者以渎职罪论。"1796年的法律重申了法官不得审理行政案件的规定,普通法院不能审理行政案件的规则被确立下来。这一时期,以行政机关内部解决行政争议为特征,称作"行政官吏法官制"。

法国大革命后,拿破仑改组国家机构,建立了集立法、行政、司法为一体的独裁统治形式,即第一执政,并且在原有国王参事院的基础上设立了"国家参事院"(Conseil d'Etat),兼管立法、行政和行政审判多项职能。1799年《共和八年宪法》规定:"在执政领导下,国家参事院草拟法律草案和公共行政条例,解决行政上发生的困难。"1799年的《国家参事院组织条例》进一步规定:"国家参事院对行政机关与法院间发生争议和业经部长作出决定的诉讼案件进行裁决。"国家参事院行使行政咨询权,同时受理公民对行政机关的控诉。但是,其实国家参事院并不能独立作出判决,实际上的审判权掌握在执政拿破仑手中,因此这一时期被称作"保留审判权时期"。

19世纪初,波旁王朝复辟,国家参事院徒有其名,不仅被取消了法律草案起草权,诉讼职能也基本丧失殆尽。1848年的第二共和国宪法则又宣布委托给国家参事院审判权,同时成立了权限争议法庭,1850年路易·波拿巴复辟称帝,又撤销了权限争议法庭。1870年至1872年两年间国家参事院曾经不存在,只有一个临时委员会。

1872年是法国行政诉讼法历史上具有决定意义的一年,国家参事院得以重建,并且被赋予审判权,自此行政诉讼制度才开始正式建立,权限争议法庭也才再度重建。但是,当时政府部长同时也享有行政审判权,而且一般审判的初审权为部长所有,一切行政案件非经法律特别规定必须先向部长提出,只有在不服部长的裁决时,才能向最高行政法院起诉。这样,最高行政法院实际上是部长审判的上诉审法院,实质意义的行政审判权仍然属于政府自己,从这个角度上讲,国家参事院还没有成为真正意义上的最高行政法院,历史称之为"部长法官制时期"。

1889年,卡多案判决成为法国行政诉讼的历史转折点,最高行政法院的判决确认对行政案件享有一般管辖权,排除了部长法官制,最高行政法院实行一审终审,对其判决不得上诉。

从1889年至1953年间,最高行政法院从一个极端发展到另外一个极端,即从最初没有一般管辖权到包揽所有的行政案件。一方面,最高行政法院形成的判决成为法国行政法发展的重要源泉和动力;另一方面,大量的案件积压使得最高行政法院疲于应付,最高行政法院的正常职能受到极大的挑战。与此同时,1926年省参事院改一省多院为多省一院,1934年,省参事院将行政案件的管辖权扩大到地方团体和公务法人。1953年法国对整个行政法院系统进行了重要改革,调整了最高行政法院和省行政法院的管辖权配置,由最高行政法院负责特殊行政案件,而将一般管辖权转移到省行政法院。地方行政法院受理案件,以被起诉的行政机关的所在地来确定管辖。

1987年《行政诉讼改革法》(即《上诉行政法院组织法》)针对最高行政法院审判负担仍然过重、案件积压状况仍然没有好转的情况在全国主要地区设立了上诉行政法院,分担原来最高行政法院的一部分上诉案件,即由最高行政法院负责特殊的上诉案件,而由上诉行政法院负责一般的上诉案件。

现在法国最高行政法院的成文规则是由1945年7月31日第45-1708号法国临时政府颁布的法国最高行政组织法令以及以后发布的补充规定构成的,最高行政法院受理的特殊案件包括:第一,关于解释和审查行政决定的意义及合法性的案件;第二,关于行政条例合法性的案件;第三,关于市议会和省议会选举的案件。当事人就此三类案件可以直接上诉到最高行政法院。法国的行政法院体系以三审终审为原则,以二审终审或一审终审为例外。行政诉讼的种类包括完全管辖之诉、撤销(越权)之诉、解释及审查行政决定的意义和合法性之诉以及处罚之诉。

法国行政诉讼的特点是:第一,行政法院虽然也是独立的审判组织,但是隶属于行政机关;行政法院的成员是行政官吏而不是法官,所以不享有法官任职终身的权利。第二,行政法院审理案件的依据是先例,也就是说在以制定法为鲜明特点的大陆法系国家,出现了以判例作为法律渊源的特殊领域。

(2) 德国

德国是大陆法系的另一典型,同法国一样也有独立的行政法院,但却是法院系统的一部分,而且保留了大陆法系的特点,不采用判例制,以成文法为其主要的法律渊源。德国在行政诉讼的诉讼种类、审查标准等方面都有自己的特色。

德国继承了罗马法学家创设的公私有别的法律分类方法,并将其运用于建构自己的诉讼体制。公法关系和私法关系要适用不同的诉讼体系,前者为公法诉讼,后者为私法诉讼,并且接受不同法院的管辖。仿效法国的行政法院体制,德国巴登邦于1863年建立了第一个行政法院,其他邦紧随其后,1872年到1875年的普鲁士邦,1875年的黑森州以及1876年的符腾堡邦和1879年的拜因州都纷纷建立了自己的行政法院,因此,虽然当时德国还没有统一,但是行政法院系统已经处于萌芽阶段,地方行政诉讼制度先于国家行政诉讼制度出现。

1871年1月18日威廉一世称德意志皇帝,统一德国。但是1871年的德意志帝国宪法尚未设立行政法院。1875年的行政法院组织法和行政诉讼程序法从法律上确立了建立行政法院体制和行政诉讼制度,但实践中尚未产生全国统一的行政法院系统。这种状况延续了近半个世纪。

不过实践中,还有一些专门的行政法庭管辖一些专门的案件,如1870年设立的帝国济贫法庭,1873年设立的帝国铁路法庭等。1919年,历史上著名的《魏玛宪法》公布,这部宪法不仅在人权保障方面堪称世界上第一部具有最为完整和全面规定的宪法,在其他方面也为德国法治发展立下了赫赫战功。对行政诉讼制度的突出贡献就是一例。《魏玛宪法》第107条规定:"联邦几个邦应依据法律,成立行政法院,以保护个人免受行政官署之命令及处分的侵害。"根据这一规定,行政诉讼制度开始在全国范围内建立起来,但是当时的行政法院仿法国例,还是行政系统的一部分。1939年纳粹统治下的德国用行政当局受理公民对行政机关的案件,取代了过去的行政法院系统。1944年,德国各邦的高等行政法院都不复存在,行政诉讼制度也就中断了。

1946年,联邦德国恢复了行政法院系统。1949年颁布的《德意志联邦共和国基本法》第96条第1款规定了"联邦设置行政法院"。据此,1952年联邦德国建立了联邦行政法院。各州随即制定了一系列行政诉讼的法律。

标志着行政法院系统全面完善的法律是1962年《行政法院法》和1976年《联邦行政程序法》。根据这两部法律,德国的行政法院系统分为联邦、州和地方三个层级,由于德国联邦制与美国有所不同,司法系统是全国统一的,因此,行政法院系统亦是全国统一。行政法院对行政案件只有一般管辖权,特殊案件由劳动法院、财政法院、社会法院以及惩戒法院和军事法院来处理。行政法院是审判机关的一部分,而不隶属于行政系统。德国也设有处理一般法院与行政法院权限纠纷的机构即"共同评议委员会",其成员由各法院院长及相关人员组成。但由于法律对两种法院的管辖案件的规定比较清楚,所以管辖争议发生得不是很多。

德国的行政诉讼经过第二次世界大战后几十年的发展,形成了独具特色的体制。在诉讼种类上有确认无效之诉、强制履行之诉、宣告之诉、变更之诉和确认补救之诉等;设立了由检察官代表公共利益的公益代表人诉讼;行政诉讼为审问式或纠问式,体现大陆法系特点;等等。1990年德意志民主共和国和德意志联邦共和国统一后,司法体制按照原德意志联邦共和国的模式进行融合,原德意志联邦共和国行政诉讼制度的有关法律依然有效,现在通行的制度是原德意志联邦共和国模式,德国东部地区正在进一步完善行政诉讼制度。

2. 英美法系国家

与大陆法系不同,英美法系国家不存在公法与私法的划分,在诉讼上也没有划分公法诉讼与私法诉讼,无论是公民之间的关系,还是牵涉政府的案件都由统一的普通法院受理,这是英美法系的基本法律理念,认为唯此才能体现平等原则。所以包括英国、美国、澳大利亚、新西兰等国家在内的英美法系国家没有大陆法系意义上的行政诉讼,也没有独立于普通法院之外的行政法院系统,所有的案件一律由普通法院受理。因此,英美法系国家的行政诉讼更多体现了普通法系的特点,如判例制、当事人主义等,但是,近年来,也发展出一些特殊的规则。

（1）英国

英国最早出现的以法律控制权力的文件是1215年的《大宪章》。15世纪末到17世纪初,英国存在两套法院,即处理一般案件的普通法院和由国王依照特权设立的特殊法院,星法院即在其中。由于星法院利用特权压迫不同意见,残害进步力量,在保护封建势力和维护王权方面不惜动用严酷刑罚,臭名昭著,在资产阶级革命中成为被废除的首选对象。到了1641年,除了大法官法院以外,国王特权法院都被废除,由全国的普通法院受理所有诉讼的格局从此确立下来。

地方上,对行政案件的审理权其实一直掌握在地方治安法官手中,治安法官执掌着行政权和司法权。星法院存在期间,通过向治安法官发出提审状、禁止状和执行状来撤销治安法官的决定,对地方实施监督;星法院被废除后,改由普通法院监督治安法官。1888年地方政府法颁布,地方政府须由民选产生,地方案件改由民选机构处理,但是仍然要接受普通法院的监督。第二次世界大战之后英国还成立了大量的行政裁判所,专门负责处理行政争议,但行政裁判所处理过的案件,原则上均可诉诸法院审查。

英国普通法院提供给公民的救济主要是通过令状制度实现的,令状以前都被称为特权状,包括提审状、禁止状、执行状和人身保护状。由于使用起来非常繁琐,程序不清,受到广泛批评。1938年《司法法》对令状制度进行了简化,除了人身保护状外统统改为令(prerogative order),即提审令、禁止令和执行令;此外法院还使用司法上的救济手段,即阻止令和确认判决。但是,令状制度仍然相当混乱,范围界定得不是很清晰,程序也不太统一,实践中给当事人申请救济设置了很多障碍,操作起来很不方便。1977年《最高法院规则》对诉讼程序进行了大幅度的修改,统一了诉讼规则,统称为司法审查,包括提审令、禁止令、执行令、阻止令和确认判决五种救济方式。

英国司法审查历史上重要的法律还有1948年的《王权诉讼法》,在此之前以英王为首的中央政府除非得到英王同意并不承担侵权责任,即国王不得为非(The King can do no wrong)。而根据该法,公民可以提起对英王的诉讼,要求政府承担和普通公民一样的法律责任,英王也要承担赔偿责任。这样,英国的中央政府、地方政府和公法人都要承担赔偿责任。政府责任的确立是行政诉讼法发展的重要里程碑。

英国没有行政诉讼的概念,英国获得救济的途径包括:第一,提起普通法上的一般诉讼,法院通过阻止令和确认判决来监督行政机关;第二,向法院提起上诉,即对行政机关或行政裁判所的裁决不服,向高等法院起诉;第三,向高等法院提起司法审查,高等法院传统上享有对下级法院和行政机关的监督权,适用最高法院的规则进行。

司法审查的重要标准是越权无效原则,行政机关的行为可能由于超越管辖权、不履行法定义务、权力滥用或者记录中的法律错误而被认定无效;另一标准是自然公正原则,要求听取对方意见和自己不能做自己案件的法官。

(2)美国

美国和英国有着深厚的渊源,在司法制度方面同英国有很多类似之处,如判例作为法的主要渊源,令状制度的使用,等等。但是由于美国独立的历史和建国后自成体系的发展轨迹,美国司法制度又呈现出独特的风格,成为英美法系的另外一支力量,其司法审查制度的成熟和发达程度远远超过英国,成为日后许多国家效法的对象。

与英国不同,美国仅有两百多年的历史,但是美国却是第一个颁布成文宪法的国家,吸收了先哲们关于权力分立学说的精华。在开国元勋麦迪逊等人的主持下,美国宪法将三权分立理论化为现实,在总共只有七条的宪法中,前三条分别规定了立法权、行政权和司法权的重要内容,立法权属于议会,行政权属于总统,司法权属于法院,三者平行不悖,不存在隶属关系,并且互相牵制,以达到权力的平衡。根据宪法第3条的规定,美国司法机关有权管辖一切由宪法、法律、条约所引起的一切争执案件,那么行政案件也就包括在内。

考察美国历史,我们知道,最初的司法权并不是现在的格局,宪法并没有赋予法院审查立法的权力,而且受普通法上国王不能为非观念的影响,行政机关不承担行政行为对公民的损害的责任,法院在保障人权和监督政府方面发挥着相当有限的作用。当然,这一方面和美国建国初期的客观情况有关,另一方面更重要的是立法并没有设计出权力制衡的模式。1803年的马伯里诉麦迪逊案(Marbury v. Madison)是重要转折,最高法院法官马歇尔运用高超的技巧,既回避了下令给总统却无法执行的尴尬局面,又以退为进地争取到了对议会立法的违宪审查权。根据这一判决,法院不仅有权审查联邦法律是否合宪,也有权审查州法律、总统和政府的行为是否符合联邦宪法。

20世纪30年代,美国爆发经济危机,罗斯福政府实施"新政",出台《工业复兴法》等法律,试图以政府手段重振经济。最高法院却宣布若干法案违宪并予以撤销,引起政府的不满,舆论也有所指责。罗斯福总统又利用老法官退休、任命赞同新政的新法官的方法使得最高法院和政府的观点保持一致,最高法院对政府的审查有所放松。1940年国会通过了《洛根法案》,要求联邦政府机构按照标准的行政程序进行活动,法院也要按照标准程序审查行政机关的行为,但是遭到总统否决。因此,法院在20世纪40年代以来主要是运用《宪法修正案》第5条和第14条的规定,即正当程序条款,审查行政行为。1946年美国制定《联邦行政程序法》和《联邦侵权赔偿法》,1950年制定《司法审查法》,1967年出台《情报自由法》,1974年和1976年又分别出台《私人秘密法》和《阳光下的政府法》。美国行政程序法明确规定了司法审查,自此司法审查制度进入全新的发展阶段。

美国司法审查有以下特点:第一,司法审查的范围相当广泛,除了成文法排除或默示排除的行为、自由裁量行为、国家外交行为和军队内部管理行为外,法院基本上都可以对行政机关的行为进行审查。依据无救济即无权利的法理,法院受理案件的范围还在不断扩大。第二,与美国的联邦制相适应,法院系统分为联邦和州两个体系,对行政案件的管辖权也在联邦和州之间进行划分。第三,司法审查的原告资格定位在因行政机关的行为而遭受不法侵害以及不利影响或损害的人,因此原告的范围比较宽泛,近年来出现了消费者诉讼、竞争者诉讼等。第四,司法审查不仅审查行政行为的合法性,也涉及是否专断、反复无常、滥用自由裁量权和有无可定案证据等合理性问题。第五,美国司法审查贯彻成熟原则和行政救济穷尽原则。

3. 以日本为代表的其他国家

日本的行政诉讼制度综合了大陆法系和英美法系的特点,又结合了日本具体国情,因此有重要的参考意义。

1868年日本明治维新,标志着日本从封建社会转向资本主义社会。1889年日本效仿德国,制定《大日本帝国宪法》,即《明治宪法》。根据该宪法,仿德国例,日本建立行政法院,行政官厅损害臣民权利的案件由行政法院审理,而不属于普通法院管辖。1890年日本出台《行政裁判法》《关于行政庭的违法处分的行政裁判案件》和《诉愿法》,行政争诉制度得以确立。但是当时的行政法院只有东京一所,仅对法律、敕令和有关行政违法的行政裁判文件明确规定的案件有管辖权,而且由于诉愿前置主义,行政法院的权力极其有限。1932年日本制定了修改法案,改为二审制,增加诉讼类型,扩大管辖的列举事项,这种体制一直延续到第二次世界大战后新宪法的制定。

第二次世界大战后,日本在美国的帮助下制定了《日本国宪法》。根据该宪法,日本建立了现代三权分立的君主立宪制国家。该宪法规定,一切司法权属于最高法院及依照法律规定设立的下级法院,不得设立特别法院。根据宪法的这一规定,日本撤销了行政法院,改由普通法院受理行政案件,并且适用民事诉讼程序。1948年日本制定《行政案件诉讼特例法》,共12条,规定对行政案件的审理程序,以民事诉讼法为主,同时适用行政案件诉讼特例法,但是民事诉讼中的部分规定不能适用,比如假处分等。

1962年,国会通过了《行政案件诉讼法》,规定行政案件除其他法律有特别规定外,适用该法,该法没有规定的事项,可以适用民事诉讼法的有关规定;同时废止了诉愿前置主义和专属管辖权制度,健全和完善了执行停止制度和内阁总理大臣的异议制度等,从而奠定了现行行政诉讼制度的基础。日本现行行政诉讼制度以撤销诉讼为中心,还有确认诉讼、当事人诉讼、民众诉讼和机关诉讼,并有1947年的《国家赔偿法》和1962年的《行政不服审查法》等,构成了体系完整的行政诉讼制度。

(二)中国的行政诉讼制度

1. 中华人民共和国成立前的行政诉讼制度

1912年中华民国建立之前,集权专制统治下是不可能有行政诉讼制度的。孙中山先生领导辛亥革命推翻封建王朝,建立南京临时政府,成立中华民国之后,颁布了宪法性质的《中华民国临时约法》。该法第2条规定:"中华民国之主权属于国民全体",第10条规定:"人民对于官吏违法损害权力之行为有陈诉于平政院之权",第49

条又规定:"法院依法律审判民事诉讼及刑事诉讼,但关于行政诉讼及其他特别诉讼另以法律定之"。可以说这是近代中国始有行政诉讼制度最早的宪法依据。

1913年北洋军阀的《天坛宪法草案》第79条规定:"法院依法律之规定,受理诉讼及非诉事件,但关于特别诉讼,法律另有规定者,不在此限。"1914年颁布的《中华民国约法》第8条规定:"人民依法律所定,有诉愿于行政官署及陈诉于平政院之权。"第45条规定:"法院依法律独立审判民事诉讼、刑事诉讼。但关于行政诉讼及其他特别诉讼,各依其本法之规定行之。"1923年《中华民国宪法》和1925年的《中华民国宪法草案》也有此类规定。

北洋政府时期还有《诉愿法》(共18条),这是中国历史上第一部诉愿法。根据该法,对违法和不当的行政处分都可以向原处分行政官署的直接上级行政官员提起诉愿,不服诉愿决定的,还得向诉愿受理机关提起再诉愿。对违法行政处分一直诉愿到中央或地方最高级行政官署之后才可以向平政院提起诉讼。对不当行政处分的诉愿也得到中央或地方最高级行政官署,而且中央或地方最高级行政官署的决定为最终决定,不可以起诉。

1914年袁世凯政府颁布《平政院编制令》(共29条),对平政院的设置、组织以及一系列制度作了比较全面的规定。平政院直属大总统,院长1人,并设三庭,每庭5名评事,评事中应有1至2人曾任司法职,负责两类案件,包括审理行政案件和纠弹案件。平政院还设置肃政庭,内有肃政史16人,都肃政史1人,肃政庭对平政院独立行使职权,职责亦有两项,一为肃政史负责提起纠弹行政官吏的案件,二为对于人民为陈述之事件,负责向平政院起诉。平政院的设置仿照法国最高行政法院,其成员是评事,为行政官员,而不是法官;但是内设肃政庭,又有明清都察院或御史台的遗迹,因此可以说是中西合璧。①

1914年5月18日还公布了《行政诉讼条例》,同年7月15日公布了《行政诉讼法》,两个内容基本相同,可以看作一部法律。这部

---

① 吴庚:《行政争讼法论》(修订版),台湾三民书局1999年版,第10页。

法律是我国近代历史上第一部行政诉讼法,共 4 章 35 条,包括行政诉讼的范围、行政诉讼的当事人、行政诉讼的程序和行政诉讼裁决的执行。该法规定,行政官署的诉讼对象只能是中央或地方最高行政官署,起诉的条件必须是行政官署的行政处分违法且损害人民权利,平政院不得受理要求损害赔偿之诉,实行一审终审等。同年颁布的还有《平政院裁决执行条例》,规定行政诉讼事件经评事审理裁决后由平政院呈报大总统批令主管官署按照执行。如果主管官署不按判决执行,则由都肃政史提起纠弹之诉,请付惩戒。纠弹事件的执行涉及刑律的,由平政院院长呈请大总统会交司法官署执行,涉及惩戒法令的由平政院院长呈请大总统以命令执行。

总体来讲,北洋军阀政府已经初步建立起近代行政诉讼制度,蒋介石政府沿袭了北洋政府的做法。1931 年公布的《中华民国训政时期约法》第 21 条规定"人民依法律有诉讼于法院职权",第 22 条规定"人民依法律有提起诉愿及行政诉讼之权"。1947 年《中华民国宪法草案》又作出了提起诉讼的规定。从专门的法律规定上看,有 1930 年的《诉愿法》,1932 年的《行政诉讼法》和《行政法院组织法》,1933 年的《行政法院处务规程》和《行政诉讼费条例》等。与北洋政府比较,诉愿为二次诉愿制度,不需要诉愿至中央或地方最高级行政官署;而行政审判由行政法院受理,其性质是法院,隶属于"五权"之一的司法院;行政诉讼制度方面,行政法院的裁判不得上诉或控告,但可以再审;可以提起赔偿诉讼。

但是由于近代中国战争不断,行政诉讼制度实际上无法发挥作用,尚未建立就随同其他法律制度和旧制度消亡了,"行政诉讼的这段历史几乎等于零"[①]。

2. 中华人民共和国成立后的行政诉讼制度

中华人民共和国成立之后,《中国人民政治协商会议共同纲领》第 19 条第 2 款规定:"人民和人民团体有权向人民监察机关或人民司法机关控告任何国家机关和任何公务人员的违法失职行为。"

---

① 罗豪才、应松年主编:《行政诉讼法学》,中国政法大学出版社 1990 年版,第 70 页。

1954年《宪法》第97条也明确规定:"中华人民共和国公民对于任何违法失职的国家机关工作人员,有向各级国家机关提出书面控告或者口头控告的权利。由于国家机关工作人员侵犯公民权利而受到损失的人,有取得赔偿的权利。"根据这一条规定,行政诉讼制度和国家赔偿制度具有宪法上的依据,但是由于中华人民共和国成立以后的若干历史事件,实际上那时候并没有行政诉讼制度,尤其在"文化大革命"期间,法制丧失殆尽,更谈不上行政诉讼制度的存在。

改革开放后的1982年《宪法》,是中国法治进程的重要转折点。1982年《宪法》第41条规定:"中华人民共和国公民对于任何国家机关和国家工作人员,有提出批评和建议的权利;对于任何国家机关和国家工作人员的违法失职行为,有向有关国家机关提出申诉、控告或者检举的权利,但是不得捏造或者歪曲事实进行诬告陷害。对于公民的申诉、控告或者检举,有关国家机关必须查清事实,负责处理。任何人不得压制和打击报复。由于国家机关和国家工作人员侵犯公民权利而受到损失的人,有依照法律规定取得赔偿的权利。"这一规定是我国建立行政诉讼制度的直接宪法依据。

具体的法律依据是同年颁布实施的《民事诉讼法(试行)》,该法第3条第2款规定:"法律规定由人民法院审理的行政案件,适用本法规定。"根据这一规定,法院的民事审判庭开始受理对行政机关的行为不服的案件,从而标志着我国行政诉讼制度的初步建立。1986年出台的《民法通则》第121条规定:"国家机关或者国家机关工作人员在执行职务中,侵犯公民、法人的合法权益造成损害的,应当承担民事责任。"根据这一规定,国家机关或者其工作人员造成的损失要进行赔偿。《民事诉讼法》颁布后,直到《行政诉讼法》颁布以前,先后有近130个法律、法规规定个人、组织不服行政决定可以提起行政诉讼,如《土地管理法》《食品卫生法》和《森林法》等。其中1987年实施的《治安管理处罚条例》(已废止)规定对公安机关的治安处罚决定不服的可以诉至人民法院。由于治安管理涉及老百姓生活的诸多方面,可以将公安机关的行政处罚告上法庭,对提高行政诉讼意识、监督公安机关依法履行职权都有明显的效果,对行政诉讼制度的发展起到了很大的推动作用。行政诉讼案件逐年增加,法院也积累了不少审判经验,为统一的行政诉讼法的颁布奠定了良好的基础。

1989年4月4日,第七届全国人民代表大会第二次会议通过了《行政诉讼法》(1990年10月1日生效),该法共有11章75条,规定了行政诉讼的受案范围、管辖、诉讼参加人、证据、起诉和受理、审理和判决、执行、侵权赔偿责任、涉外行政诉讼等问题。这是中华人民共和国第一部行政诉讼法,是我国民主法制建设的里程碑。

1989年《行政诉讼法》出台后,最高人民法院根据行政诉讼法的精神和原则,结合审判实践的经验,公布了一批司法解释,主要是:《最高人民法院关于贯彻执行〈中华人民共和国行政诉讼法〉若干问题的意见(试行)》(1991年7月11日起试行,2000年3月10日失效)、《最高人民法院关于执行〈中华人民共和国行政诉讼法〉若干问题的解释》(法释〔2000〕8号)(简称《若干解释》)和《最高人民法院关于行政诉讼证据若干问题的规定》(法释〔2002〕21号)(简称《行政诉讼证据规定》)。这些司法解释在司法审判实践中发挥了积极作用,对学术研究也很有帮助,对完善我国行政诉讼制度有重要贡献。伴随着《国家赔偿法》《行政处罚法》《立法法》等重要法律的出台,我国的行政诉讼制度进一步完善,行政法治进程大步向前发展。

2014年11月1日,第十二届全国人民代表大会常务委员会第十一次会议通过了《全国人民代表大会常务委员会关于修改〈中华人民共和国行政诉讼法〉的决定》,该决定于2015年5月1日起施行。本次修改是《行政诉讼法》实施25年来的首次修改,修改的内容涉及立法目的、受案范围、管辖、审理程序等诸多方面,有效地回应了行政诉讼施行中普遍存在的"立案难""受理难""审理难""执行难"等实践问题。为了适应这次修法,最高人民法院于2015年4月20日通过了《最高人民法院关于适用〈中华人民共和国行政诉讼法〉若干问题的解释》(法释〔2015〕9号)(简称《适用解释》)。

2017年6月27日,第十二届全国人民代表大会常务委员会第二十八次会议通过了《全国人民代表大会常务委员会关于修改〈中华人民共和国民事诉讼法〉和〈中华人民共和国行政诉讼法〉的决定》。这是我国第二次修改《行政诉讼法》。本次修法为《行政诉讼法》第25条增设第4款,即:"人民检察院在履行职责中发现生态环境和资源保护、食品药品安全、国有财产保护、国有土地使用权出让等领域负有监督管理职责的行政机关违法行使职权或者不作为,致使国家利益或者社会公共利益受到侵害的,应当向行政机关提出检察建议,督促其依法履行职责。行政机关不依法履行职责的,人民检察院依法向人民法院提起诉讼。"这标志着行政公益诉讼制度在我国的建立。至此,《行政诉讼法》共计为10章103条。为适应新形势下行政诉讼实践的需要,最高人民法院于2017年11月13日通过了《最高人民法院关于适用〈中华人民共和国行政诉讼法〉的解释》(法释〔2018〕1号)(简称《行诉解释》),该解释施行后,《若干解释》与《适用解释》同时废止。最高人民法院以前发布的司法解释与该解释不一致的,不再适用。

3. 我国台湾地区和香港、澳门特别行政区的行政诉讼制度

(1) 台湾地区

台湾目前设行政法院,延续了始于1932年国民党统治时期的建制。1932年建立的行政诉讼以诉愿前置为条件,仅有撤销诉讼、单一审级等特点。1981年,台湾"司法院"成立行政诉讼制度研究修正委员会,前后11年对"行政诉讼法"进行修改。1988年,开始提交台湾"行政院"征询意见,但是遭到反对,直到1998年才通过。这次对"行政诉讼法"的修改幅度较大,台湾学者认为"名为修法,相当于重新设计与制定"。台湾现行行政诉讼制度就是以此次修改为框架构建的。

根据此次"行政诉讼法"的修改,增加了行政诉讼的种类,包括撤销诉讼、课予义务诉讼、确认诉讼、公益诉讼等种类;实行二级二审行政法院,设"最高行政法院"和"高等行政法院",分别由五名和三名法官组成合议庭,前者只负责事实审,后者则负责法律审,"最高行政法院"除了作为终审行政法院外,也担负统一法律见解、避免适用法律分歧的功能;修改后的"行政诉讼法"还创设了指定当事人、团体诉讼等制度。

(2) 香港特别行政区

香港由于特殊的历史原因,在法律制度上与英国法有着深厚的

渊源。1997年以后司法制度除了与基本法不相适应的部分外都得到保留,香港特别行政区的法院仍然享有原法院的权力,行政诉讼也保留了以前的特点。因此,有必要对香港回归前的司法制度作一简单回顾。

1844年,香港《最高法院条例》第5条规定:"1843年4月5日香港成立本地之立法机构后,现行之英国法律将在香港实施,但不适合本地情况或本地居民及由上述立法机构另行立法取代者除外。"这样,英国法律制度的主要因素都在香港得到体现,但是经过百年变迁,特别是通过香港立法机构的工作,结合香港当地的情况,已经将英国的法律转化为香港本土法律予以适用。而市民对行政局和各政府部门的行政措施造成的损失,可以通过民事诉讼程序提起诉讼,也可以向高等法院要求司法审查。另外,同英国一样,香港也广泛运用前面介绍过的人身保护令来保护人身权。1947年香港根据英国1940年《王权诉讼法》的规定,通过了《政府诉讼条例》,从而第一次使得香港政府作为英国的代表也要承担民事责任,在遵守该条例的前提下,任何人都可以对英王(香港政府作为代表)提起诉讼,不必经过总督的许可,其他规定也基本上和王权诉讼法一样。

香港的司法审查有以下特点:第一,香港法院不仅可以以越权无效原则审查行政机关的活动,而且也可以对行政机关的附属立法进行审查,撤销或宣告其无效。第二,香港实行判例制,英国本土的案例以及其他普通法地区的案例,除了经香港成文法明确或默示推翻的以外,是香港各级法院审理的依据,和英国的判例制紧密联系。1971年英国修正了《适用英国法律条例规定》,规定英国国会制定的法律应施行于香港。因此,英国所有的法律包括成文法和不成文法、普通法和衡平法都在香港得以适用。第三,与英国的普通法制度相同,香港的行政诉讼也是由普通法院受理,但是专门的行政诉讼案件也由土地审裁庭、劳资审裁处、淫秽物品审裁处等专门的审裁法庭管辖,不过对专门法庭的裁决不服的仍可以上诉到上诉法庭或高等法院。第四,作为英国的海外殖民地,根据英国法律规定,司法终审权归英国枢密院司法委员会。

香港回归祖国以后,根据《香港特别行政区基本法》的规定,香港特别行政区法院对香港所有案件均有管辖权,但是国防和外交等国家行为的案件除外;该法第35条第2款规定:"香港居民有权对行政部门和行政人员的行为向法院提起诉讼。"根据这一规定,行政案件的管辖权在香港法院,并且根据基本法的有关规定,司法终审权归属于香港最高法院;香港仍保留判例制,但是各法院所适用的制定法、判例规则及衡平法不得和基本法相抵触。

(3) 澳门特别行政区

澳门特别行政区的情况和香港有相似之处,都有如何改造原有制度、法律本土化的问题。但是与香港相反的是,澳门由于和葡萄牙的历史渊源,其法律制度体现的是大陆法系的特点。在《中葡联合声明》签署前后,澳门的司法组织与葡萄牙司法机构是不可分割的,当地只设初审法院,上诉和终审皆由设在葡萄牙本土的法院管辖,澳督和澳门立法会不能就司法制度制定任何法律。澳门设有澳门普通法院、刑事预审法院、审计平政院和军事法院。审计平政院行使对行政、税务和审计方面的司法管辖权,葡萄牙最高行政法院享有澳门行政和税务案件的上诉管辖权。

澳门的四类法院系统完全和葡萄牙的法院系统相对应。对行政机关的行为的司法审查权不是由普通法院行使,而是由专门的行政法院行使。葡萄牙作为大陆法系的成员,设有最高行政法院和地方行政法院管辖行政案件,对行政机关和其他各类具有独立法人资格和自治权公共部门的行为进行审查。而且设有权限争议法院处理各类法院因管辖权而引起的纠纷。

根据特别行政区基本法的设置,现行澳门司法体制设终审法院、中级法院、初级法院(包括若干专门法庭)和行政法院,仍然保留行政法院对行政案件的专属管辖权,行政法院管辖行政诉讼、税务诉讼和海关诉讼,是初审法院,案件可以上诉到中级法院和终审法院。澳门的行政诉讼制度和大陆法系的行政诉讼制度相比,相同之处在于行政法院的设置,不同之处在于行政法院仅在初审一级存在,而没有一个独立的系统。

第二节 行政诉讼法

一、行政诉讼法的概念

行政诉讼法是关于行政诉讼的法律规范的总称。"行政诉讼法",一方面是在部门法意义上使用,另一方面也具有法典和制度意义。行政诉讼法是指规定人民法院行使行政审判权,解决行政争议,公民、法人或其他组织和行政机关及法律法规规章授权的组织参加诉讼遵循的程序规则的法律规范的总称,是法院、原告和被告以及其他诉讼参与人都要遵循的程序总称,与民事诉讼法、刑事诉讼法并列为我国三大诉讼法。狭义的行政诉讼法,仅指行政诉讼法典,即1990年生效实施的《行政诉讼法》,广义的行政诉讼法还包括其他相关的法律规定,在下文关于行政诉讼的渊源部分将详细介绍。

二、行政诉讼法的渊源

法律渊源,也称法的渊源或法源,是指那些具有法的效力作用和意义的法的外在表现形式,因此法的渊源又被称为法的形式。[①] 行政诉讼法的法律渊源,即行政诉讼法的表现形式,包括行政诉讼法典,有关法律对行政诉讼的规定,宪法和国家机构组织法、地方性法规和行政法规中的有关规定,国际条约和法律解释等,我国的行政诉讼法的渊源体现出成文法特征,但是判例也在司法实践中发挥作用,因此对判例也作简单介绍。

(一)行政诉讼法和有关的法律

我国《行政诉讼法》是我国的行政诉讼法典,也是我国行政诉讼法最重要的法律渊源。在《行政诉讼法》颁布实施前,已经有法律规定人民法院受理行政案件,如1979年《全国人民代表大会和地方各级人民代表大会选举法》规定人民法院受理选民名单案件;1980年《中外合作经营企业所得税法》《中外合资经营企业所得税法》《个人

---

① 张文显主编:《法理学》,法律出版社1997年版,第77页。

所得税法》和1981年《外国企业所得税法》规定外国组织、公民对我国税务机关的行政行为不服或者纳税决定不服可以到法院提起诉讼;1981年《经济合同法》规定人民法院受理合同管理行政案件;1982年《国家建设征用土地条例》规定人民法院受理土地管理行政案件。这些法律都是行政诉讼法的渊源,在《行政诉讼法》颁布之后,行政管理的法律中就公民对行政机关的行为不服可以提起诉讼的有关规定仍然是行政诉讼的依据。

《行政诉讼法》生效实施之后,《行政诉讼法》中没有规定,但是在民事诉讼和行政诉讼中可以共同使用的规则,可以适用民事诉讼的有关规定,因此民事诉讼法也是行政诉讼的渊源。

1994年通过的《国家赔偿法》,其中关于行政赔偿的规定,也是行政诉讼制度的重要内容。另外,《行政诉讼法》中"法律另有规定"所指的法律都是行政诉讼法的渊源。

(二)宪法和国家机关组织法

我国1982年《宪法》第41条规定,被认为是建立行政诉讼制度的最重要的宪法依据。此外,宪法和国家机关组织法中关于国家根本政治制度、行政权和司法权配置、国家结构以及公民基本权利和义务的规定、法院和行政机关组织法的规定等都是行政诉讼重要的法律形式。

(三)行政法规和地方性法规、自治条例、单行条例

行政法规是国务院根据宪法和法律制定的关于全国行政管理工作的法律规范的总称。

地方性法规是指省、自治区、直辖市的人民代表大会及其常务委员会,省、自治区人民政府所在地的市和国务院批准的较大的市的人民代表大会及其常务委员会,在不与宪法、法律和行政法规相抵触的情况下,制定颁布的规范性文件的总称。国务院批准的较大的市包括省、自治区的人民政府所在地的市,经济特区所在地的市和经国务院批准的较大的市。

自治条例和单行条例是民族自治地方的人民代表大会,依照宪法、民族区域自治法和其他法律规定的权限,结合当地的政治、经济、文化的特点,所制定的规范性文件的总称。在这些法规范性文件中

有关行政职权规定的内容都是行政诉讼法的渊源,但是前提是符合《立法法》对法律效力和层级的要求,并且不得违反立法原则和精神。

(四)国际条约

随着我国加入 WTO 和全球化进程的推进,国际交流和往来日趋频繁,我国参加、缔结或认可的国际条约中会涉及大量有关行政管理的规则,这些规则对于调整我国政府与他国公民、组织间的关系发挥作用。因此国际条约中关于行政管理的规则,除了我国声明保留的以外,都是我国行政诉讼法的成文法渊源。

(五)法律解释

法律解释就是由特定的机关、组织或个人,根据国家的立法意图、法理原则和政策观点对现行的法律条文的内容、含义以及所使用的概念、术语、定义等所作的必要的说明。① 根据1981年《全国人民代表大会常务委员会关于加强法律解释工作的决议》,有权解释包括立法解释、司法解释、行政解释和地方解释。

这里作为行政诉讼法的法律渊源的法律解释主要是指最高审判机关所作的司法解释,如《行诉解释》《行政诉讼证据规定》《最高人民法院关于审理行政赔偿案件若干问题的规定》(法释〔2022〕10号)等。这些司法解释是最高人民法院在行政审判工作中对实践中出现的问题结合学术发展作出的全面而具体的解释,在我国行政诉讼制度的发展中曾经并且正在发挥不可忽视的作用,是行政诉讼法的重要渊源。另外,目前尚无针对行政诉讼的立法解释。

(六)判例

判例在英美法系国家的效力自然毋庸置疑,在法国,行政判例也是行政诉讼的法律渊源,这一点也反映了两大法系的交汇融合。我国目前尚不承认判例作为行政诉讼的渊源,但是不可否认的是,最高人民法院公布的案例在指导行政审判实践工作中起到了一定作用。因此,在行政诉讼法的学习和研究中,关注从案例中反映的问题,可以通过判例进一步改革和完善行政诉讼法制度。

---

① 刘金国、张贵成主编:《法理学》,中国政法大学出版社1992年版,第341页。

三、行政诉讼法的效力

法律效力是指法律在属地、属人、属时、属事多维度中的国家强制作用力,行政诉讼法的效力也就是行政诉讼法在各个角度上的适用范围,具体包括空间效力、时间效力、对人的效力与对事的效力。

(一)空间效力

空间效力即地域效力。我国《行政诉讼法》适用于我国的一切领域,包括我国领土、领空、领海以及领土延伸部分的所有空间。凡在我国领域内发生的行政案件和在我国领域内进行的行政诉讼,都必须适用《行政诉讼法》。

但是需要注意的是,我国实行一国两制,根据《香港特别行政区基本法》和《澳门特别行政区基本法》的规定,包括行政诉讼在内的司法制度不适用于特别行政区,我国台湾地区也实行单独的行政诉讼制度。因此,我国《行政诉讼法》的实际适用领域并不是完全覆盖的,而具有一定的区域性和区别性。另外,广义行政诉讼法中的其他法律渊源也需要根据其本身的效力范围确定适用的空间领域,如地方性法规适用于本行政区域内发生的行政诉讼案件,而自治条例和单行条例也仅在实行民族自治的区域内适用。

(二)时间效力

时间效力包括法律的生效、失效和法的溯及力。《行政诉讼法》第103条规定,本法从1990年10月1日起施行,这就是该法的生效日期;而失效日期可能是由于新法制定,也可能是立法机关决定废除,此前《行政诉讼法》一直有效;就溯及力来讲,《行政诉讼法》对生效日期前的事实和行为不适用,即不具有溯及力,这也符合法理的一般要求。

(三)对人的效力

根据《行政诉讼法》的规定,该法不仅适用于中华人民共和国公民、法人和其他组织,也适用于在我国领域内参加行政诉讼的外国人、无国籍人和外国组织。只要是在我国领域内进行行政诉讼的人都适用我国的《行政诉讼法》,但是外国人、无国籍人和外国组织需要适用该法涉外行政诉讼的规定。

（四）对事的效力

进入行政诉讼受案范围、接受行政审判权审查的行政案件就是行政诉讼适用的事的范围，具体情况将在本书后文关于受案范围一章中详细介绍。

第三节　行政诉讼的基本原则和制度

一、行政诉讼的基本原则

所谓行政诉讼的基本原则是指由宪法和法律规定的，反映行政诉讼规律与特点的，对行政诉讼活动有普遍指导意义并体现行政诉讼价值追求与精神的基本法律准则。

根据我国《行政诉讼法》的规定，行政诉讼法要遵循以下原则，即人民法院独立行使行政审判权原则，以事实为根据、以法律为准绳原则，人民法院审理行政案件对具体行政行为进行合法性审查原则，当事人法律地位平等原则，民族语言文字原则，辩论原则和人民检察院实行法律监督原则等。上述原则中有的与民事诉讼相同，比如民族语言文字原则和辩论原则，不需要单独阐述；有的虽然是诉讼法共同之原则，但是对行政诉讼来讲更具意义，如当事人地位平等原则等。行政诉讼特有的原则指合法性审查原则，这是根据我国现有行政诉讼制度所作的总结。为简洁起见，本书对这一特有原则进行介绍。

（一）合法性审查原则概述

我国行政诉讼以合法性审查为基本原则，包含了两个关系、三个观点。两个关系是公民与政府的关系、审判权与行政权的关系。三个观点是民主的观点、权力制约的观点和法治的观点。[①] 具体来讲有两层含义：第一层含义是指法院对行政主体的行为有司法审查权，法院在公民、法人或其他组织依法对行政主体提起的诉讼中有权对行政行为进行审查；第二层含义是指法院对行政行为的审查不是一

---

① 罗豪才、应松年主编：《行政诉讼法学》，中国政法大学出版社1990年版，第33—34页。

种全面的审查,而是有限度的审查,审查的界限即合法性,审查被诉的行政行为是否严格按照法律规定的范围、方式、内容、程序以及权限进行。这是因为我国实行人民代表大会制度,行政机关和人民法院都由人民代表大会产生,向它负责、受它监督,二者在法律规定的限度内行使职权,互相配合,互相协助,而不存在谁高谁低的问题,法院对行政行为的监督来自全国人民代表大会制定的法律的授权,而人大对法院的授权是由法院作为解决纠纷的国家机关的性质、地位所决定的。法院对行政行为的审查体现了司法权对行政权的制约,但这种制约是以合法性审查为限度的。

合法性审查的意义在于:第一,为司法权对行政权的监督划定界限和范围。第二,为公民、法人和其他组织提起行政诉讼提供依据,即当公民、法人或其他组织认为行政机关的行政行为违法而损害自己的合法权益时,可以向人民法院提起诉讼,要求获得司法救济。第三,合法性审查原则也是行政机关作出行政行为的底线,行政机关接受司法机关的监督,就要使自己的行为符合合法性的构成要件,否则会面临被撤销等后果。行政机关可以依据法院审查的标准,判断作出行政行为的后果从而约束自己的行为,使其符合法律规定的权限、程序和内容等。因此行政诉讼是监督行政机关实现依法行政的重要途径。

需要说明的是,正因为行政诉讼的基本原则是合法性审查原则,因此,法院原则上不审查行政行为的合理性问题。这是因为行政主体在一定范围内享有行政裁量权是行政管理的客观需要,也是经过法律授权的。行政机关在法律授权的事项和范围内,可以对手段、幅度、数额、数量等进行选择。凡是在法律授权内的行政机关的裁量权,法院要尊重行政机关的选择和判断。法院对行政行为的准确性和适当性不进行审查,只有一种例外,即《行政诉讼法》第77条第1款规定的"行政处罚明显不当,或者其他行政行为涉及对款额的确定、认定确有错误的,人民法院可以判决变更"。也就是说,行政处罚或其他涉及对款额的确认、认定的行政行为确有错误的,法院不仅要审查其合法性,还要审查其合理性,如果明显不当或确有错误的要变更行政机关的行为,而对其他行政行为,法院无权对行政机关进行合理性审查,从这一角度也说明我国行政诉讼的原则是合法性审查。

(二) 合法性审查的范围

合法性审查原则界定了行政诉讼中法院运用行政审判权对行政机关的行政行为进行审查的范围,也就是说行政诉讼只能针对法律规定的某些行政行为进行审查,而且所审查的只能是法律规定的某些内容。

首先,合法性审查原则明确了法院审查的对象是行政主体作出的行政行为,即行政机关针对特定对象所作出的行政决定的行为。2014年修正《行政诉讼法》时针对国务院部门和地方人民政府及其部门制定的规范性文件不合法的问题,新增一条,允许公民、法人或者其他组织认为行政行为所依据的国务院部门和地方人民政府及其部门制定的规范性文件不合法,在对行政行为提起诉讼时,可以一并请求对该规范性文件进行审查。需要说明的是,我国《行政诉讼法》又规定,人民法院审理行政案件以法律为依据,对规章参照适用。"参照"的含义是法院要根据法律、法规的规定对规章的合法性进行判断,合法的予以参照,不合法的不予参照,但是人民法院并不能对规章的合法性作出判决或裁定,因此规章不是审查的对象,不包括在我们所说的合法性审查的范围之内。当然由于法院对规章等行政行为进行了甄别判断,因此客观上也达到了一定的监督效果,对行政机关的抽象行政行为也起到了一定的制约作用。

其次,合法性审查原则说明法院审查的内容是行政行为的合法性,即审查行政行为是否合法,包括行政行为是否超越权限,是否符合法定程序,是否主要证据不足,是否适用法律、法规正确,是否滥用职权,以及是否不履行或者拖延履行法定职责。

最后,合法性审查原则适用结果是法院根据对行政行为进行审查的情况,依法作出驳回原告诉讼请求判决、撤销判决、确认判决和履行判决、变更判决等,我们将在本书判决部分详细介绍。

(三) 合法性审查的依据

人民法院对行政机关的行为进行合法性审查的依据是宪法、法律、行政法规、地方性法规和自治条例、单行条例的规定,也就是说,合法之法,不是狭义上的法律,除了人民代表大会制定的法律以外,还包括上述法律规范。而且,地方性法规适用于本行政区域发生的行政案件,自治条例和单行条例适用于民族自治地方发生的行政案件。

合法性审查以这些法律规定为依据,不仅是指法律的条文规定,而且包括法律原则和基本精神,违反法律规定的原则和精神的行政行为是从根本上不具有合法性的行为,这也是一种实质法治主义的观点。

二、行政诉讼的基本制度

（一）合议制度

我国人民法院实行合议制度,要求人民法院在审理行政案件时必须组成合议庭进行审理,这是人民法院实行民主集中制的表现,2014年修正的《行政诉讼法》中引入了简易程序,实行审判员一人的独任审理。

（二）回避制度

回避制度是司法制度中保证公正审理、保护当事人诉权的重要内容,是指在法律规定情形下,某些办案人员不参加案件审理的制度。根据我国《行政诉讼法》的规定,回避制度包括自行回避和申请回避。自行回避是指审判人员、勘验人、鉴定人和翻译人员在审理案件或执行有关任务时,遇有法律规定的情形,自行退出案件的审理或免除相关任务;申请回避是指行政诉讼当事人认为审判人员、勘验人、鉴定人和翻译人员是本案当事人或者当事人的近亲属,或与本案有利害关系或者与本案当事人有其他关系,可能影响本案的公正审理,向法庭申请要求上述人员回避。

（三）公开审判制度

公开审判制度既包括审理的公开,也包括判决的公开。前者要求人民法院在审理案件过程中除了涉及国家秘密、个人隐私和法律另有规定的情形外,一律公开进行,不允许暗箱操作,不得无故阻拦和禁止群众旁听和媒体报道;后者要求人民法院的判决裁定要公开宣布,并且用一定方式使得相关人等周知。公开审判制度的目的在于保证人民法院公正审理案件。阳光是最好的防腐剂,接受公开监督是保证司法公正的关键一环。

(四) 两审终审制度

关于审级的设定在各个国家有所不同,与一个国家的政治、经济、文化背景有关,更主要的是由司法体制的特征所决定。我国法院系统统一适用两审终审制,是考虑到我国国情和诉讼实践的需要而设计的,是指行政案件经过两级人民法院审理后即成为终局的诉讼制度。如果是在最高人民法院初审,则初审即终审,并不存在上诉审。第一审人民法院依法审理行政案件后,当事人对判决裁定不服的可以向上级人民法院提起上诉,第二审人民法院经审理后作出的判决、裁定为终局判决、裁定,当事人不服的则需要通过审判监督程序提起再审;如果一审作出判决、裁定后,当事人在法定期限内没有提起上诉,则期限届满,判决、裁定即发生法律效力,当事人不服不可以提起上诉审,只能提起再审程序。①

典型案例 1

刘某不服福建省长泰县环境保护局行政处罚决定案②

原告:刘某,女,1956 年 9 月 26 日出生,汉族,长泰县个体工商户,住……

被告:福建省长泰县环境保护局(简称环保局)。

[案件事实] 1998 年 6 月 8 日,环保局三名执法人员未着制式服装、未悬挂工作牌、未出示工作证,到原告刘某家豆腐加工厂征收排污费。执法人员未找到人,便到其经营的豆腐摊前,要求原告交纳 220 元的排污费。刘某以身上未带钱为由要求改天再交。执法人员指责刘某态度不好,要"修理"一下。其中一名执法人员拿出一张盖有环保局公章的填空式行政处罚决定书给刘某,上面写着:"市场

---

① 目前我国法院实行的四级两审终审,由于行政诉讼存在审级过低、法院权威不够等问题,因此也有学者主张实行三审终审,给公民救济多一次机会,也给监督行政权多一道闸门。

② 参见最高人民法院中国应用法学研究所编:《人民法院案例选·行政卷》(1992—1999 年合订本),中国法制出版社 2000 年版,第 1179—1184 页。

12-2摊位:你单位因拒交排污费,违反了《环境保护法》,现根据《福建省征收排污费实施办法》第18条第1款的规定,处以5000元罚款。"刘某不服,于1998年6月13日向长泰县人民法院提起诉讼。

原告诉称:被告环保局作出罚款5000元的行政处罚存在实体认定错误和程序严重违法等问题,其处罚决定不具有法律效力,要求撤销行政处罚决定书。

被告口头答辩,承认作出行政处罚错误,在诉讼过程中撤销了泰环行决字(1998)第01号行政处罚决定。为此,原告向法院提起撤回起诉申请。

[**法院判决**] 长泰县人民法院经审理认为:原告的撤诉申请不损害国家、集体、公民的合法权益,符合法律规定,应予准许。根据当时的《行政诉讼法》(1989年)第51条的规定,作出裁定如下:准许原告刘某撤回起诉。本案受理费由原告承担。

[**法理分析**] 本案是一起行政处罚案件,被告长泰县环保局作出的行政处罚属于我国《行政诉讼法》第12条规定的行政行为,该行为存在以下问题:第一,主要证据不足。豆腐摊位并不存在排污费问题,被告征收排污费认定的责任主体错误。第二,严重违反法定程序。环保局三名执法人员未着制式服装,未悬挂工作牌,未出示工作证,也没有进行调查取证和告知当事人陈述、申辩权,违反了法定程序。① 第三,滥用职权。被告将原告要求改天缴纳排污费认定为拒

---

① 我国《行政处罚法》第44条规定:"行政机关在作出行政处罚决定之前,应当告知当事人拟作出的行政处罚内容及事实、理由、依据,并告知当事人依法享有的陈述、申辩、要求听证等权利。"第45条规定:"当事人有权进行陈述和申辩。行政机关必须充分听取当事人的意见,对当事人提出的事实、理由和证据,应当进行复核;当事人提出的事实、理由或者证据成立的,行政机关应当采纳。行政机关不得因当事人陈述、申辩而给予更重的处罚。"第51条规定:"违法事实确凿并有法定依据,对公民处以二百元以下、对法人或者其他组织处以三千元以下罚款或者警告的行政处罚的,可以当场作出行政处罚决定。法律另有规定的,从其规定。"第54条规定:"除本法第五十一条规定的可以当场作出的行政处罚外,行政机关发现公民、法人或者其他组织有依法应当给予行政处罚的行为的,必须全面、客观、公正地调查,收集有关证据;必要时,依照法律、法规的规定,可以进行检查。符合立案标准的,行政机关应当及时立案。"第55条规定:"执法人员在调查或者进行检查时,应当主动向当事人或者有关人员出示执法证件。当事人或者有关人员有权要求执法人员出示执法证件。执法人员不出示执法证件的,当事人或者有关人员有权拒绝接受调查或者检查。当事人或者有关人员应当如实回答询问,并协助调查或者检查,不得拒绝或者阻挠。询问或者检查应当制作笔录。"

交排污费,进而作出行政处罚决定,具有明显的报复性和随意性,属于滥用职权。

行政诉讼的目的是保护公民、法人和其他组织的合法权益和监督行政机关依法行政。本案中原告通过行政诉讼的途径维护了自己的合法权益,行政机关在原告起诉后承认所作出的行政行为错误而予以撤销,虽然没有经过法庭审理等过程,但是已经达到了行政诉讼的目的,是一起典型的行政案件。另外,通过对案情的分析我们看到,本案所涉及的行政处罚存在几个违反合法性构成要件之处,属于违法的行政行为,原告以行政行为实体认定错误和程序严重违法等理由提起行政诉讼,行政机关在法院受理本案后依据依法行政原则和《行政处罚法》的有关规定也认识到自己行为的错误,然后纠正了错误,正是合法性审查原则的集中体现。

典型案例2
尹某诉卢氏县公安局110报警不作为行政赔偿案[①]

原告:尹某,女,24岁,卢氏县百纺公司下岗职工,住……
被告:卢氏县公安局,住所地:……

[案件事实] 2002年6月26日,原告尹某开办的"工艺礼花渔具门市部"发生盗窃时,卢氏县公安局"110指挥中心"接到报警后没有受理,尹某认为卢氏县公安局的失职造成其财产损失,遂向卢氏县人民法院提起行政诉讼。

原告诉称:110指挥中心接到报案,但接到报警的值班人员拒不处理。20多分钟后,小偷将所盗物品装上摩托车拉走。被盗货物价值24546.5元,被毁坏物品折价455元。被告公安局接到报警后不出警,违反职责,是行政不作为。请求根据《国家赔偿法》的规定,责令被告赔偿全部损失。提出证据若干……

被告辩称:110未出警是事实,但是对原告主张的损失数额有异议,请求法院划清其承担损失的责任。卢氏县公安局未提供证据。

---

① 参见《最高人民法院公报》2003年第2期。

[法院判决] 根据我国《人民警察法》①和《国家赔偿法》②的有关规定,依法及时查处危害社会治安的各种违法犯罪活动,保护公民的合法财产,是公安机关的法律职责。被告卢氏县公安局两次接到群众报警后,都没有按规定立即派出人员到现场对正在发生的盗窃犯罪进行查处,不履行应该履行的法律职责,其不作为的行为是违法的,该不作为行为相对原告的财产安全来说,是行政行为,且与门市部的货物因盗窃犯罪而遭受损失在法律上存在因果关系。因此,原告有权向被告主张赔偿。

……

原告主张的损失数额,有合法的依据,被告虽然对具体数额表示怀疑,但没有提供相关的具体证据予以否认,因此,对原告主张的数额应予以认定。门市部的财产损失是有人进行盗窃犯罪活动直接造成的,公安局没有及时依法履行职责,使原告有可能避免的损失没能得以避免,故应对盗窃犯罪造成的损失承担相应的赔偿责任。门市部发生盗窃时,原告没有派人值班或者照看,对财产由于无人照看而被盗所造成的损失,也应承担相应的责任。

综上,卢氏县人民法院判决:卢氏县公安局赔偿尹某 25001.5 元损失的 50%,即 12500.75 元,在判决生效后 10 日内给付。

宣判后,双方当事人均未上诉。

[法理分析] 本案是一起典型的因行政机关没有履行法定职责而给公民财产权造成损失而引起的行政诉讼,与案例一不同的是,本案的行政行为是以不作为的形式出现的,根据法律有关规定,行政机关应当履行职责而没有履行或者拖延履行造成损失的,属于行政诉讼的受案范围和国家赔偿的赔偿范围。

---

① 我国《人民警察法》(1995 年)第 2 条第 1 款规定:"人民警察的任务是维护国家安全,维护社会治安秩序,保护公民的人身安全、人身自由和合法财产,保护公共财产,预防、制止和惩治违法犯罪活动。"第 21 条第 1 款规定:"人民警察遇到公民人身、财产安全受到侵犯或者处于其他危难情形,应当立即救助;对公民提出解决纠纷的要求,应当给予帮助;对公民的报警案件,应当及时查处。"

② 我国《国家赔偿法》(1994 年)第 2 条第 1 款规定:"国家机关和国家机关工作人员违法行使职权侵犯公民、法人和其他组织的合法权益造成损害的,受害人有依照本法取得国家赔偿的权利。"

本案体现了行政诉讼和国家赔偿的衔接与配合，更好地保护了公民、法人和其他组织的合法权益。而且，本案的判决部分法律依据充分，说理透彻全面，是一个比较好的判决书，对达到行政诉讼目的、解决原告与被告之间的纠纷都有很好的效果。

思考题

1. 行政诉讼制度为什么是在近代才产生和发展起来的？
2. 行政诉讼和其他制度之间有什么样的关系，它们之间是怎样彼此影响和互相衔接的？
3. 试着比较一下国外行政诉讼和我国行政诉讼的相同和不同之处。
4. 我国大陆以及我国台湾、香港和澳门的行政诉讼有何不同？
5. 行政诉讼法的基本原则有哪些？行政诉讼法的基本制度又有哪些？

本章参考书目

1. 王名扬：《英国行政法、比较行政法》，北京大学出版社2016年版。
2. 王名扬：《法国行政法》，北京大学出版社2016年版。
3. 王名扬：《美国行政法》（上、下），北京大学出版社2016年版。
4. 〔德〕哈特穆特·毛雷尔：《行政法学总论》，高家伟译，法律出版社2000年版。
5. 〔日〕盐野宏：《行政法》，杨建顺译，法律出版社2001年版。
6. 杨建顺：《日本行政法通论》，中国法制出版社1998年版。
7. 应松年主编：《行政法学新论》，中国方正出版社2004年版。
8. 应松年、袁曙宏主编：《走向法治政府——依法行政理论研究与实证调查》，法律出版社2001年版。
9. 罗豪才、应松年主编：《行政诉讼法学》，中国政法大学出版社

1990年版。
10. 马怀德主编：《行政法与行政诉讼法》，中国法制出版社2010年版。
11. 姜明安：《行政诉讼法学》，北京大学出版社2001年版。
12. 全国人大常委会法制工作委员会行政法室编：《行政诉讼法立法背景与观点全集》，法律出版社2015年版。
13. 江必新主编：《中华人民共和国行政诉讼法理解适用与实务指南》，中国法制出版社2015年版。
14. 袁杰主编：《中华人民共和国行政诉讼法解读》，中国法制出版社2014年版。
15. 江必新、邵长茂：《新行政诉讼法修改条文理解与适用》，中国法制出版社2015年版。
16. 马怀德主编：《新编中华人民共和国行政诉讼法释义》，中国法制出版社2014年版。
17. 最高人民法院行政审判庭编著：《最高人民法院行政诉讼法司法解释理解与适用》（上、下册），人民法院出版社2018年版。

第二章 行政诉讼的受案范围

内容摘要 行政诉讼的受案范围是反映行政权、司法权以及公民的权利三者之间关系的制度设计,其在本质上反映了一个国家政治民主的程度及形式,反映出法治建设的完善程度。本章对我国的行政诉讼的受案范围进行了详细介绍,并对我国现行制度进行了评价。尤其关注了公安机关侦查行为的可诉性、内部行政行为的可诉性、准行政行为的可诉性、确认行为的可诉性等问题。

学习重点 行政诉讼受案范围的本质;我国现行行政诉讼受案范围的规定;内部行政行为的可诉性;侦查行为的可诉性;准行政行为的可诉性;确认行为的可诉性。

第一节 行政诉讼的受案范围概述

行政诉讼的受案范围,又称"行政审判权范围"或者"可诉行为范围",它是指法院受理行政争议案件的界限,即可以受理什么样的案件,不能受理什么样的案件,哪些行政活动应当由法院审查,哪些不能被审查。关于我国行政诉讼受案范围问题的研究,从《行政诉讼法》起草时就受到立法和理论部门的高度关注。尽管在当时的立法者看来,《行政诉讼法》对受案范围的规定只不过是法律迁就现实的一种表现,是行政诉讼制度初步建立阶段的历史现象。[①] 但随着行政诉讼制度的进一步发展,有关受案范围问题的研究不仅没有减少,反而有升温的趋势。事实上,行政诉讼的受案范围历来是行政诉

---

① 时任全国人大常委会副委员长王汉斌在《关于〈中华人民共和国行政诉讼法(草案)〉的说明》中曾明确指出:"法院受理行政案件的范围,是行政诉讼法首要解决的重要问题。考虑我国目前的实际情况,行政法还不完备,人民法院行政审判庭还不够健全,行政诉讼法规定'民可以告官',有观念更新问题,有不习惯、不适应的问题,也有承受力的问题,因此对受案范围现在还不宜规定太宽,而应逐步扩大,以利于行政诉讼制度的推行。"

讼法学研究的重点内容,这也正是行政诉讼法区别于其他诉讼法的重要方面。世界上几乎所有国家,包括大陆法系和普通法系国家都有关于受案范围或者类似的规定,只是各自对这一问题的表述有所不同。例如,美国将该问题称为"司法审查的可得性",法国称为"行政法院的审判权范围"。不管表述如何,其实质内容都是一样的,即法院不可能解决所有的公法争议,也无力审查所有的行政行为。法院能够解决的争议范围是特定的、有限的。

对法院而言,受案范围是法院受理案件、解决争议的标准的依据。因为司法权与行政权是两种不同的国家权力,司法机关不能代替行政机关行使行政权,同样,行政机关也不能代替司法机关行使司法权。生活中之所以还有行政机关从事一定裁决纠纷、解决争议的现象,是因为行政裁决在有些方面可能更专业、更经济,但是,行政裁决毕竟是少数,而且绝大多数是非终局的,最终还要受到司法的监督和审查。因此,法院是解决争议的最后途径。但这并不意味着法院可以随时介入任何行政争议,只有那些行政机关解决不了的法律争议才能进入法院审查的范围。换句话说,那些属于行政机关自行决定的事项或者政治问题、尚未演化成法律争议的事项,都不适宜法院审查。在这些问题上,法院保持一定克制是必要的。对于被告行政机关来说,法院的受案范围意味着它的哪些行为会受到法院的审查和监督。正是由于行政权和司法权的区分,使得一部分行政权力游离于法院监督的范围之外,例如行政机关实施的政治性和政策性的行为、纯技术性的行为、高度人性化的判断等均不适宜由法院审查。但并不是说对于此类行为就没有监督途径了,而是要靠其他的监督方式。对公民、法人和其他组织而言,行政诉讼的受案范围意味着他们可以对哪些行政行为提起行政诉讼,在哪些情况下他们的权益能够获得司法保护。所以,受案范围决定了公民、法人或者其他组织的诉权大小以及行使诉权的条件。

正确界定行政诉讼的受案范围,应当从行政诉讼的目的出发,比较分析各国诉讼受案范围之大小异同,总结出行政诉讼受案范围的应然状态,并由此解决我国诉讼范围界定不清、立法意图难以揣摩的问题。特别要对我国立法对受案范围的规定方法,受案范围与内部行政行为、抽象行政行为、事实行为、最终裁决行为、准行政行为的关系等问题加以重点研究,以期在今后完善我国行政诉讼立法时,更加合理科学地界定行政诉讼的范围。

第二节 我国行政诉讼受案范围的规定

一、我国《行政诉讼法》规定的受案范围

(一) 现行规定

我国《行政诉讼法》采用了两种方法规定法院受理行政案件的范围。一是概括式,即对法院受理行政案件的范围作出原则的统一的规定。例如,《行政诉讼法》第2条第1款规定:"公民、法人或者其他组织认为行政机关和行政机关工作人员的行政行为侵犯其合法权益,有权依照本法向人民法院提起诉讼。"第12条第1款第12项规定公民"认为行政机关侵犯其他人身权、财产权等合法权益的",可以提起诉讼。该条第2款规定"除前款规定外,人民法院受理法律、法规规定可以提起诉讼的其他行政案件"。这些规定都是采用概括的方式规定了行政诉讼的范围。二是列举式,即对法院应该受理和不能受理的案件从行为的角度加以列举。例如,《行政诉讼法》第12条第1款前11项列举了法院应当受理的行政行为引发的争议,第13条列举了法院不能受理的四类事项。

行政诉讼法界定行政诉讼范围的标准有两项:一是行政行为标准,二是人身财产权等合法权益的标准。首先,人民法院只受理对行政行为提起的诉讼,2014年修法时取消"具体行政行为"与"抽象行政行为"的界分,统一采取"行政行为"的表述。因为这两个概念的界分在实务之中难以有明确清晰的界限,实践中有的法院以此为由把本应当受理的案件,通过界定"具体行政行为"的标准拒之于法院门外,客观上造成了"立案难"的现象,剥夺了公民通过行政诉讼寻求救济的机会。"行政行为"的标准则将行政主体的作为、不作为行政行为纳入了其中,规章以下规范性文件纳入附带性审查范围,事实行为及行政机关签订、履行行政合同的行为均囊括在"行政行为"的

内容之中。其次,人民法院受理对侵犯公民、法人或者其他组织的人身权和财产权等合法权益的行政行为不服提起的诉讼。由于行政机关在实践中侵犯行政相对人合法权益的形态难以通过列举的方式穷尽,因此除第12条第1款前11项的规定以外,凡属于合法权益受到侵犯的都可以提起行政诉讼。此项也是2014年修法中的一项重要突破,原法中只规定了侵犯"人身权、财产权"的允许提起行政诉讼,一定程度上限缩了诉讼的受案范围。

我国《行政诉讼法》在规定受案范围的具体内容上,明确规定了应当受理的案件和不能受理的案件。法院应当受理的案件包括:行政处罚引起的争议,行政强制措施和行政强制执行引起的争议,拒绝许可和不作为的争议,对行政机关作出的关于确认土地、矿藏等自然资源的所有权和使用权决定的争议,对征收、征用决定及其补偿的争议,拒绝履行保护人身权财产权的法定职责或者不作为引起的争议,侵犯经营自主权或农村土地承包经营权、农村土地经营权的争议,行政机关滥用行政权力排除或限制竞争的争议,违法集资、摊派费用或违法要求履行其他义务的争议,不发抚恤金、最低生活保障待遇、社会保险待遇引起的争议,以及行政机关不依法履行、未按照约定履行或者违法变更、解除政府特许经营协议、土地房屋征收补偿协议等协议的争议。此外,其他侵犯人身权、财产权等合法权益的行政行为引起的争议也是法院应当受理的案件。法院不受理的案件有:对国防、外交等国家行为不服引起的争议,对行政法规、规章或者行政机关制定、发布的具有普遍约束力的决定、命令不服引起的争议,对行政机关工作人员的奖惩、任免等决定不服引起的争议以及对法律规定由行政机关最终裁决的行政行为不服引起的争议。

(二)概括和列举方式存在的问题

我国《行政诉讼法》关于法院受案范围的规定采用了概括和列举相结合的方式。有人认为,《行政诉讼法》第2条虽然采用了概括方式,但是,该条出现在总则一章中,而不是受案范围一章,所以,第2条才是关于受案范围的唯一和全部的规定。而在受案范围一章中,只有第12条第1款第12项和第2款属于概括性条款。第12条第1款第12项规定,公民、法人或者其他组织"认为行政机关侵犯其他人身权、财产权等合法权益的",也可以提起诉讼。此项概括式规定突破了原法将行政诉讼范围仅限于"人身权和财产权"的范围的规定,将行政诉讼的范围扩大到了包括"人身权和财产权等合法权益"在内。公民的政治权利、劳动权、休息权、受教育权、宗教信仰等权利受到行政机关的违法侵害的,可以据此提起行政诉讼寻求司法保护。

也有人认为,《行政诉讼法》第 12 条的规定是关于行政诉讼受案范围的引导性规定,它只是列举了几种常见的行政案件形式。在《行政诉讼法》颁布之初,这一规定起到了指导不熟悉行政审判的法院及诉讼当事人的作用。但是,该条并没有将受案范围限制在侵犯"人身权、财产权"范围以内,而且暗示第 1 款第 1—11 项中列举的侵犯"人身权、财产权"的行为法院要受理,涉及侵犯"人身权、财产权"以外的其他合法权益的,法院也要受理。第 12 项并不是对前 11 项的概括,而是补充。第 12 条第 2 款的规定,则为扩大行政诉讼受案范围预留了广阔发展空间。"其他行政案件"包含了对抽象行政行为提起的诉讼。[①]

我们认为,尽管我们今天从行政诉讼法的文本解读中勉强可以得出行政诉讼范围是一个开放系统的结论,但《行政诉讼法》的立法原意是控制行政诉讼的范围,将其限于保障公民、法人和其他组织的人身权和财产权范围。这也是为什么在第 12 条第 1 款 12 项内容之后要另外规定第 2 款的主要原因。很明显,采用这种不完全的概括和有限的列举方式必然要留下一片权利救济的空白。

总体而言,《行政诉讼法》有关受案范围的规定方法存在以下问题:

第一,对于法院应当受理的案件,不应采用列举的方法加以规定。列举是一种相对于概括而言的方法。这种方法的优点在于明白清楚,易于掌握,而且能够起到明确界定范围的作用。但是,用这种方法规定受案范围中应当受理的案件是不妥的。因为法律无论列举

[①] 罗豪才、应松年主编:《行政诉讼法学》,中国政法大学出版社 1990 年版,第 115 页。

出多少可以受理的案件,总会遗漏,所以用这种方法规定法院应当受理的案件难免出现"挂一漏万"的问题。例如,《行政诉讼法》在第12条列举了很多情形,但是,现实生活中的行政争议是纷繁复杂、无法穷尽的,就像法律规定对于拒绝颁发许可证执照的行为可以起诉,但拒绝注册登记或者发放毕业证、学位证的行为能否被诉呢？很显然,列举规定的方法是不科学的,也容易导致司法标准混乱,给公民、法人或者其他组织提起诉讼,法院受理案件带来不必要的麻烦。

第二,行政行为的划分标准不一致。《行政诉讼法》规定受案范围时采用了不同标准划分行政行为,使得第12条列举的11项行为根本不是同一个层次的概念。例如,第1项和第2项中的"行政处罚"和"行政强制措施"及第4项"对行政机关作出的关于确认土地、矿藏……等自然资源的所有权或者使用权的决定不服的"、第5项"对征收、征用决定及其补偿决定不服的"是根据行政行为的性质所作的划分；第3项行政机关对于许可申请拒绝或在法定期限内不予答复又是根据行为的作为和不作为状态所作的划分；第6项拒绝履行保护人身权和财产权法定职责又是不作为行为的表现形式之一；第10项"没有依法支付抚恤金、最低生活保障待遇或者社会保险待遇"则完全是一个具体领域中"不作为"行为的表现形式；而第7项"侵犯其经营自主权或者农村土地承包经营权、农村土地经营权",第8项"行政机关滥用行政权力排除或者限制竞争",第11项"行政机关不依法履行、未按照约定履行或者违法变更、解除政府特许经营协议、土地房屋征收补偿协议等协议"又变成了根据行政行为的内容所作的划分。而第9项"行政机关违法集资、摊派费用或者违法要求履行其他义务"又是根据行政行为的内容和特点所作的划分。总之,上述划分缺乏一个统一的标准,其结果就造成受案范围的规定语焉不详,列举的11项行为之间相互交叉或者重复甚至遗漏。例如,第7项"侵犯其经营自主权"往往是其他几种行为的结果,因为乱处罚、违法要求履行义务、违法采取强制措施、拒绝颁发许可证等行为都可能导致法定经营自主权被侵犯的结果。而第1项中乱罚款就是第9项违法要求履行义务的一种表现形式。第3项中拒绝颁发许可证行为常常就是第6项拒绝履行保护人身权和财产权法定职责的表现形式之一。

鉴于《行政诉讼法》在受案范围的规定方法上存在上述问题,有必要在修改完善该法时加以注意。首先,为了实现行政诉讼的目的,合理科学地界定行政诉讼的范围,避免出现"挂一漏万"现象,应当采用概括方式规定法院应该受理的行政案件,即凡是行政机关及其工作人员在行使行政职权、履行行政职责时的作为和不作为行为给公民、法人或者其他组织造成不利影响形成公法上的争议的,受到侵犯的公民、法人或者其他组织均有权提起行政诉讼,法院应当受理。即使为了原告起诉方便需要列举受案范围的,也应当本着科学、统一的原则加以列举,而且应当以概括性条款作为兜底条款,使得没有被列举的行政行为同样进入行政诉讼范围。其次,对于特殊行政行为法院不宜受理的,应当采用列举排除的方式加以规定。也就是说,凡是法律明确排除的行为,法院均不得受理,除此之外,都属于行政诉讼的范围。

(三) 现行司法解释的补救规定

鉴于我国《行政诉讼法》关于受案范围的规定存在诸多歧见,最高人民法院于2000年3月公布了《若干解释》。该司法解释采用了概括加排除列举的方式规定行政诉讼的受案范围,即明确列举了不属于行政诉讼受案范围的事项,对于其他行政争议,只要未在排除事项之列,原则上均允许相对人提起行政诉讼。2018年的《行诉解释》延续了这个思路。依据《行诉解释》第1条的规定,除10种情况不属于行政诉讼的受案范围外,公民、法人或其他组织对具有国家行政职权的机关或组织作出的行政行为不服,依法提起诉讼的,属于人民法院行政诉讼的受案范围。

《行诉解释》第1条第1款采用了概括方式规定受案范围,该款规定:公民、法人或者其他组织对行政机关及其工作人员的行政行为不服,依法提起诉讼的,属于人民法院行政诉讼的受案范围。第2款则采用了列举方式规定法院不予受理的案件,包括10类不可诉的行为,即:(1)公安、国家安全等机关依照刑事诉讼法的明确授权实施的行为;(2)调解行为以及法律规定的仲裁行为;(3)行政指导行为;(4)驳回当事人对行政行为提起申诉的重复处理行为;(5)行政机关作出的不产生外部法律效力的行为;(6)行政机关为作出行政行为而实施的准备、论证、研究、层报、咨询等过程性行为;(7)行政机关根据人民法院的生效裁判、协助执行通知书作出的执行行为,但行政机关扩大执行范围或者采取违法方式实施的除外;(8)上级行政机关基于内部层级监督关系对下级行政机关作出的听取报告、执法检查、督促履责等行为;(9)行政机关针对信访事项作出的登记、受理、交办、转送、复查、复核意见等行为;(10)对公民、法人或者其他组织权利义务不产生实际影响的行为。

尽管该司法解释明确了一部分法院不得受理的案件范围,但是,由于其中一些概念是该司法解释首次提出的,而且诉讼法本身也未曾涉及,所以,在具体含义的理解方面,仍有研究之必要。例如,什么是事实行为,是否所有的事实行为都不可诉？是否所有的内部行为都不可诉？最终裁决行为不可诉的法理基础是什么？何谓重复处置行为和不具有强制力的行政指导行为？公安、国家安全机关的刑事侦查行为与行政行为区分的标准是什么？行政机关的受理行为、通知行为、证明行为以及公证行为、交通事故责任认定行为、医疗事故鉴定行为等在内的准行政行为等是否可诉？均是行政诉讼范围理论应予回答的问题。

二、我国行政诉讼的受案范围

(一) 法院应予受理的案件范围

1. 行政处罚案件

行政处罚是指行政机关依法对违反行政管理秩序的公民、法人或者其他组织,以减损权益或者增加义务的方式予以惩戒的行为。主要包括五类:(1)声誉罚。即对公民、法人或者其他组织声誉造成不利影响的行政处罚。主要包括警告、通报批评两种。(2)财产罚。即以剥夺或者限制公民、法人或者其他组织的财产权为内容的行政处罚,包括罚款和没收违法所得、没收非法财物。(3)资格罚。即以剥夺或者限制公民、法人或者其他组织从事特定行为的资格为内容的行政处罚。其主要形式是"吊销或者暂扣许可证和执照"。对许可证和执照应当作广义的理解,凡是行政机关颁发的具有许可性质的文书都应当归入许可证或者执照的范畴。(4) 行为罚。即责令公民、法人或者其他组织为或者不为一定行为的处罚形式,如"责令停产停业",即行政机关依法命令企业在一定的期限内停止生产经营活动。(5) 人身罚。即以公民人身自由的限制或者剥夺为内容的行政处罚。

2. 行政强制案件

行政强制包括行政强制措施和行政强制执行。行政强制措施,是指行政机关在行政管理过程中,为制止违法行为、防止证据损毁、避免危害发生、控制危险扩大等,依法对公民的人身自由实施暂时性限制,或者对公民、法人或者其他组织的财物实施暂时性控制的行为。行政强制执行,是指行政机关或者行政机关申请人民法院对不履行行政决定的公民、法人或者其他组织,依法强制履行义务的行为。《行政诉讼法》规定,相对人不服行政机关作出的行政强制措施的,可以依法提起诉讼。相对人不服行政机关实施的行政强制执行行为的,同样可以提起行政诉讼,这是行政强制法的明确规定。

行政机关违法实施行政强制主要表现为:实施主体不合法;超越权限实施行政强制;违反法定程序;实施内容缺乏法律依据;实施对象、期限、方式等违反法律规定;等等。

3. 行政许可案件

行政许可是指行政机关根据公民、法人或者其他组织的申请,经依法审查,准予其从事特定活动的行为。行政许可以多种形式存在,如登记、批准、执照、许可、检验、检测、准许、特许、注册、审核、检定等。因此,在认定行政机关的一个行为是否属于行政许可时,应当着眼于内容和内在的特征,而不是名称。

除《行政诉讼法》规定的相对人不服行政机关拒绝颁发行政许可或者在法定期限内不予答复或者对行政机关作出的有关行政许可决定不服的情况外,《最高人民法院关于审理行政许可案件若干问题的规定》(法释〔2009〕20号)规定,凡行政相对人认为行政机关作出的行政许可决定以及相应的不作为,或者行政机关就行政许可的变更、延续、撤回、注销、撤销等事项作出的有关具体行政行为及其相应的不作为,或者行政机关未公开行政许可决定,或者未提供行政许可监督检查记录侵犯其合法权益,提起行政诉讼的,人民法院应当依法受理。

4. 行政确权案件

本项是 2014 年修法的新增内容。土地、矿藏、水流、森林、山岭、草原、荒地、滩涂、海域等自然资源的所有权或使用权的确认,根据《土地管理法》《矿产资源法》《煤炭法》《水法》《森林法》《草原法》《海域使用管理法》等法律的规定由县级以上各级人民政府对前述自然资源的所有权或使用权予以确认和核发证书,属于县级以上各级人民政府的法定职责。公民、法人或其他组织对各级人民政府关于确认土地、矿藏、水流、森林、山岭、草原、荒地、滩涂、海域等自然资源所有权或者使用权的决定不服的,可以根据《行政复议法》的规定申请行政复议,也可以提起行政诉讼。

需要注意的是依据《行政复议法》第 23 条第 1 款第 2 项的规定,对行政机关作出的侵犯其已经依法取得的自然资源的所有权或者使用权的决定不服,申请人应当先向行政复议机关申请行政复议,对行政复议决定不服的,可以再依法向人民法院提起行政诉讼这属于复议前置型的行政诉讼。另外需要注意的是,此前省级人民政府的自然资源权属复议决定属于终局行政行为。2023 年《行政复议法》修订,将原《行政复议法》第 30 条第 2 款内容予以删除,由此申请人对行政复议机关依据省级政府、国务院之行政区划勘定、调整或土地征收决定就自然资源所有权、使用权所作出的行政复议决定,既可选择向国务院裁决,也可选择人民法院诉讼解决。

5. 征收、征用案件

行政征收是指行政机关为了公共利益的需求,依法将公民、法人或者其他组织的财物收归国有的行政行为。如为了基础设施建设的需求,征收城镇居民的住房。行政征用则为行政机关为了公共利益的需求,依法强制使用公民、法人或者其他组织的财物或劳务的行政行为。

我国《宪法》以及《民法典》《土地管理法》等一些法律对行政机关征收与征用土地和公民的私人财产的补偿制度作了明确的规定。行政相对人因为国家和社会公共利益而蒙受了特定的损失的,应当得到相应的补偿。针对实践中频频发生的征拆纠纷,2014年修法明确地将这一类行政行为纳入了行政诉讼的受案范围之中。公民、法人或者其他组织对征收、征用及其补偿不服的,可以依法提起行政诉讼,寻求司法救济。

6. 不履行法定职责案件

这是公民认为行政机关拒不履行保护人身权、财产权法定职责而引起的行政案件。这里需要注意的问题是这种案件的形成条件。人民法院在审查这类案件决定是否受理时,最重要的是要分清作为被告的行政机关是否有相应的法定职责。这类案件形成的一般条件是:

(1)公民向行政机关提出了保护申请。申请的作用在于使行政机关知晓情况,以便履行保护职责。但是,有两种情况除外:一是行政机关已经通过其他途径知道有关情况,二是行政机关负有主动履行职责的情况。例如,当某公民遭到歹徒抢劫时,被进行治安巡逻的民警看见,即使该公民未申请民警保护,民警也必须主动履行保护职责,否则,该公民有权对民警所在的公安机关起诉。

(2)接到申请的行政机关负有法定职责。认定不作为违法应当以法定的或职责确定的义务存在为前提。

(3)行政机关对公民、法人或者其他组织的申请拒绝或者不予答复。在公民面临侵害而申请保护的情况下,行政机关拒绝或者不予及时答复的,即构成不履行法定职责。

7. 侵犯自主经营权或者农村土地承包经营权、农村土地经营权的案件

经营自主权的主体主要是各种企业和经济组织,包括国有企业、集体企业、合资企业、外资企业、私营企业等。在个人从事经营活动时,也享有经营自主权,如个体经营户、承包经营户等。经营自主权是指个人或者企业依法对自身的机构、人员、财产、原材料供应、生产、销售等各方面事务自主管理经营的权利。经营自主权包括:企业对其经营管理的财产的占有、使用和依法处分的权利;机构设置、人事管理和劳动用工自主权;生产经营决策权和投资决策权;产品、劳务定价权;产品销售权;物资采购权;进出口权;留用资金支配权;联

营、兼并权;拒绝摊派权;等等。

农村承包经营权是指农村集体经济组织的成员依照法律的规定和农村土地承包经营合同所享有的在承包土地的生产、经营和分配方面所享有的权利。乡镇政府或者县级以上地方农村部门等干涉农村土地承包,变更、解决承包合同,或者强迫、阻碍承包方进行土地承包经营权的流转,均属于司法审查的范围。农村土地经营权是从土地承包经营权中分离出来的一项权能,即为土地承包经营权的流转,承包的农户将承包的土地流转出去,由其他组织或者个人经营。

对于行政机关侵犯自主经营权或者土地承包经营权或农村土地经营权的行为,当事人可以依法提起行政诉讼。

8. 侵犯公平竞争权的案件

公平竞争权是市场主体依法享有的在公平的环境中竞争,以实现其经济利益的权利。我国《反垄断法》第五章第39条至第45条对滥用行政权力排除、限制竞争的行为作了规定,侵犯公平竞争权的行为包括:行政机关和法律、法规授权的具有管理公共事务职能的组织滥用行政权力对外地商品设定歧视性收费项目、实行歧视性收费标准,或者规定歧视性价格;对外地商品规定与本地同类商品不同的技术要求、检验标准,或者对外地商品采取重复检验、重复认证等歧视性技术措施,限制外地商品进入本地市场;采取专门针对外地商品的行政许可,限制外地商品进入本地市场;设置关卡或者采取其他手段,阻碍外地商品进入或者本地商品运出等妨碍商品在地区之间的自由流通的行为。此外,行政机关和法律、法规授权的具有管理公共事务职能的组织不得滥用行政权力,采取与本地经营者不平等待遇等方式,排斥或者限制外地经营者在本地投资或者设立分支机构;不得滥用行政权力,强制经营者从事本法规定的垄断行为。行政机关违反上述规定的,经营者可以向人民法院提起诉讼。

9. 违法要求履行义务的案件

这类案件是指公民、法人或者其他组织认为行政机关违法集资、摊派费用或者违法要求履行其他义务而引起的行政诉讼案件。违法要求履行义务是指行政机关要求公民、法人或者其他组织负担义务但没有法律依据或者要求履行义务虽有法律依据但程序违法。主要表现为:(1)违法要求相对人履行某种作为义务,如征收财务、违法集资、摊派费用等;(2)违法要求相对人履行不作为的义务,如违法要求企业在 APEC 会议期间停工停产等;(3)违反法定的条件、程序、标准、数量、实现等要求相对人履行某种义务,如超过法定的收费标准征收相对人的费用等。① 实践中,违法集资、摊派费用则是典型的行政机关违法要求履行义务的表现,在 2014 年修法中予以突出强调。出现上述违法的行为,行政相对人有权向人民法院提起行政诉讼。

10. 行政给付类的案件

这类案件是指公民申请行政机关依法支付抚恤金、最低生活保障待遇或者社会保险待遇,行政机关没有依法支付而引发的行政诉讼案件。抚恤金是指公民因公、因病致残或死亡后,由民政部门发给其本人或者亲属的生活费用。最低生活保障是国家对共同生活的家庭成员人均收入低于当地最低生活保障标准的家庭给予社会救助,以满足低收入家庭维持基本的生活需要。社会保险是公民在年老、疾病、工伤、失业、生育等情况下,由国家和社会提供的物质帮助。抚恤金制度、最低生活保障制度及社会保险制度是社会保障制度的重要组成部分,从性质上而言,发放抚恤金、最低生活保障费等均属于行政给付,属于行政机关的法定职责,若行政机关未按照法定标准、期限发放抚恤金或支付最低生活保障待遇则构成对公民合法权益的侵害,公民有权提起行政诉讼。

11. 政府特许经营协议、土地征收补偿协议、城市房屋征收补偿协议等行政协议的案件

这类案件是指行政机关一方不依法履行、未按照约定履行或者违法变更、解除政府特许经营协议、土地房屋征收协议等协议而引发的行政诉讼。这一类案件是 2014 年修法新增的内容,行政协议有助于弥补传统行政管理方式僵化的弊端,极大地回应了社会管理实践的需求。政府特许经营协议是指政府通过招标等公平竞争的方式,

---

① 参见江必新、邵长茂:《新行政诉讼法修改条文理解与适用》,中国法制出版社 2015 年版,第 55 页。

许可特定经营者经营某项公共服务,这类协议普遍地存在于城市供水、供热、污水处理、垃圾回收、公共交通等公共服务的领域。土地征收补偿协议是指政府征收农村集体土地给予补偿而与被征收人签订的约定双方权利义务的合同。城市房屋征收补偿协议则为行政机关征收国有或集体土地上的房屋给予补偿而与被征收人签订的约定双方权利义务的合同。

需要注意的是,《行政诉讼法》第 12 条第 1 款第 11 项规定了行政机关一方不履行协议的情况,却没有将行政相对人一方不履行协议纳入本条的范围。立法者认为行政机关通常是这类行政协议不履行的主要一方,再加之行政相对人一方不履行协议,行政机关可以通过其他途径解决,所以凡出现行政机关一方不依法履行、未按照约定履行或者违法变更、解除前述行政协议的行为,行政相对人一方有权向人民法院提起行政诉讼。

12. 其他侵犯人身权、财产权等合法权益的案件

《行政诉讼法》第 12 条第 1 款第 12 项的规定也属于概括式规定,是对上述 11 种案件之外的其他涉及人身权、财产权等合法权益的行政行为引起的行政案件的概括,在立法技术上是对上述 11 种案件的列举性规定的衔接和补充。从司法解释和学界的通说来看,这类行政案件主要包括:

(1) 行政裁决案件。行政裁决是指行政机关对平等主体之间发生的与公共行政密切相关的民事纠纷作出的具有法律效力的处理。包括:征收补偿裁决;土地等自然资源所有权或使用权的裁决;商标权和专利权的权属裁决。

(2) 行政确认案件。最常见的是婚姻登记案件、房屋产权登记案件等。例如,根据《最高人民法院关于审理房屋登记案件若干问题的规定》第 1 条,行政相对人对房屋登记机构的房屋登记行为以及与查询、复制登记资料等事项相关的行政行为或者相应的不作为不服,提起行政诉讼的,人民法院应当依法受理。

(3) 国际贸易行政案件。《最高人民法院关于审理国际贸易行政案件若干问题的规定》确立了这种新的行政案件类型。所谓国际贸易行政案件,是指自然人、法人或者其他组织认为中华人民共和国

具有国家行政职权的机关和组织及其工作人员(以下统称行政机关)有关国际贸易的具体行政行为侵犯其合法权益而提起的诉讼,包括有关国际货物贸易、国际服务贸易、知识产权贸易和其他国际贸易行政案件四种情形。

(4)反倾销行政案件。根据《行政诉讼法》和《最高人民法院关于审理反倾销行政案件应用法律若干问题的规定》,人民法院依法受理对下列反倾销行政行为提起的行政诉讼:有关倾销及倾销幅度、损害及损害程度的终裁决定,有关是否征收反倾销税的决定以及追溯征收、退税、对新出口经营者征税的决定,有关保留、修改或者取消反倾销税以及价格承诺的复审决定,依照法律、行政法规规定可以起诉的其他反倾销行政行为。

(5)反补贴行政案件。根据《行政诉讼法》和《最高人民法院关于审理反补贴行政案件应用法律若干问题的规定》及其他有关法律的规定,人民法院依法受理对下列反补贴行政行为提起的行政诉讼:有关补贴及补贴金额、损害及损害程度的终裁决定,有关是否征收反补贴税以及追溯征收的决定,有关保留、修改或者取消反补贴税以及承诺的复审决定,依照法律、行政法规规定可以起诉的其他反补贴行政行为。

(6)农村集体土地行政案件。根据《最高人民法院关于审理涉及农村集体土地行政案件若干问题的规定》,农村集体土地的权利人或者利害关系人(简称土地权利人)认为行政机关作出的涉及农村集体土地的行政行为侵犯其合法权益,提起诉讼的,属于人民法院行政诉讼的受案范围。村民委员会或者农村集体经济组织对涉及农村集体土地的行政行为不起诉的,过半数的村民可以以集体经济组织名义提起诉讼。土地使用权人或者实际使用人对行政机关作出的涉及其使用或实际使用的集体土地的行政行为不服的,可以以自己的名义提起诉讼。

(7)政府信息公开行政案件。根据《政府信息公开条例》和《最高人民法院关于审理政府信息公开行政案件若干问题的规定》的有关规定,行政相对人认为行政机关在政府信息公开工作中的具体行政行为侵犯其合法权益的,可以依法提起行政诉讼。相对人认为政府信息公开行政行为侵犯其合法权益造成损害的,还可以一并或单独提起行政赔偿诉讼。此类案件的受案范围主要包括:行政机关拒绝提供政府信息或者逾期不予答复的;行政机关提供的政府信息不符合申请要求的内容或者法律、法规规定的适当形式的;行政机关主动公开或者依申请公开政府信息侵犯他人商业秘密、个人隐私的;相对人认为行政机关提供的与其自身相关的政府信息记录不准确,要求该行政机关予以更正,该行政机关拒绝更正、逾期不予答复或者不予转送有权机关处理的。

(二)法院不予受理的案件

1. 国防、外交等国家行为

国家行为是指国务院、中央军事委员会、国防部、外交部等根据宪法和法律的授权,以国家的名义实施的有关国防和外交事务的行为,以及经宪法和法律授权的国家机关宣布紧急状态、实施戒严和总动员等行为。它区别于一般行政行为的突出特点是:(1)政治性。国家行为涉及国家的整体利益和重大利益,往往是中央政府协调各种冲突,对国家重大利益和整体利益作出选择和安排的行为。(2)灵活性。(3)秘密性。出于国家安全的考虑,许多国家行为都秘密进行,不向社会公布。

2. 行政法规、规章或者行政机关制定、发布的具有普遍约束力的决定

行政法规、规章的制定行为属于立法行为,依照宪法与立法法的有关规定,由全国人大及其常委会和地方同级人大及其常委会或者国务院负责监督。因而不能对行政法规、规章提起行政诉讼。

行政机关制定、发布的具有普遍约束力的决定,属于"规范性文件"的范畴,行政机关通过命令、决定等的形式侵害公民的合法权益的现象在实践中大量存在。《宪法》及《立法法》对规范性文件的监督有了明确的规定,如《宪法》第89条规定,国务院有权改变或者撤销各部、各委员会发布的不适当的命令、指示和规章;有权改变或者撤销地方各级国家行政机关的不适当的决定和命令。《地方各级人民代表大会和地方各级人民政府组织法》第11条和第50条规定,县级以上地方各级人大及其常委会有权撤销本级人民政府不适当的决

定和命令;第73条规定,县级以上的地方各级人民政府有权改变或撤销所属各工作部门的不适当的命令、指示和下级人民政府不适当的决定、命令。对于规章的监督权的行使主体为人大及其常委会、政府。

2014年《行政诉讼法》修正时新增了对规章以下(不包括规章在内)的规范性文件的附带性审查的内容,该法第53条规定:"公民、法人或者其他组织认为行政行为所依据的国务院部门和地方人民政府及其部门制定的规范性文件不合法,在对行政行为提起诉讼时,可以一并请求对该规范性文件进行审查。前款规定的规范性文件不含规章。"人民法院在对规范性文件的附带审查中,若是发现规范性文件不合法的,根据该法第64条的规定,该规范性文件不能作为认定行政行为合法的依据,并应当向制定机关提出处理建议。这里的处理方式同宪法、组织法形成了有效的衔接。

3. 行政机关对其工作人员的奖惩、任免等决定

行政机关对行政机关工作人员的奖惩、任免等决定是行政机关作出的、涉及公务员权利义务的各类决定的统称。除了奖惩、任免决定之外,行政机关的内部人事管理行为还包括行政机关对其工作人员作出的培训、考核、离退休、工资、休假等方面的决定。

4. 法律规定由行政机关最终裁决的行政行为

这里所说的"法律"限于全国人民代表大会及其常务委员会制定、通过的规范性文件。

第一,行政复议法规定的国务院的复议决定。《行政复议法》规定的最终裁决情形为第24—26条的规定:对省、自治区、直辖市人民政府或国务院部门的行政行为不服的,向作出该行政行为的省、自治区、直辖市人民政府或国务院部门申请行政复议。对行政复议决定不服的,可以向人民法院提起行政诉讼;也可以向国务院申请裁决,国务院作出的裁决为最终裁决。2023年《行政复议法》修订删除了旧法第30条第2款规定的"省级人民政府的自然资源权属复议决定"这一情形。

第二,出入境管理法规定公安机关的复议决定为最终裁决。《出境入境管理法》第64条规定,外国人对依照本法规定对其实施

的继续盘问、拘留审查、限制活动范围、遣送出境措施不服的,可以依法申请行政复议,该行政复议决定为最终决定。

5. 公安、国家安全等机关依照《刑事诉讼法》的明确授权实施的行为

公安、国家安全等国家机关具有行政机关和侦查机关的双重身份,可以对刑事犯罪嫌疑人实施刑事强制措施,也可以对公民实施行政处罚、行政强制措施。这就产生一个机关两种行为的划分问题。在理解公安、国家安全等机关"依照刑事诉讼法的明确授权实施的行为"时需要注意结合如下因素进行综合判断:

(1)主体因素。这类行为只能是公安、国家安全、海关、军队保卫部门、监狱等具有侦查职能的机关,并且通常由其内部专门负责刑事侦查的机构和工作人员具体实施。

(2)时间因素。刑事诉讼行为必须在刑事立案之后在侦查犯罪行为的过程中实施,公安、安全机关在刑事立案之前实施的行为一般应当认为是行政行为。

(3)法律依据。该类行为必须在《刑事诉讼法》的明确授权范围之内。从《刑事诉讼法》的规定来看,公安、国家安全等机关能实施的刑事诉讼行为包括:讯问刑事犯罪嫌疑人,询问证人,检查,搜查,扣押物品(物证、书证),冻结存款、汇款,通缉,拘传,取保候审,保外就医,监视居住,刑事拘留,执行逮捕等。公安、国家安全等机关在上述刑事诉讼法授权范围之外所实施的行为,均不在此类行为之列。例如,没收财产或实施罚款等即不在刑事诉讼法明确授权的范围之列。

(4)对象因素。该类行为必须针对刑事诉讼法规定的对象。公安、国家安全等机关只能对刑事犯罪嫌疑人等对象实施刑事强制措施。如果公安、国家安全等机关对与侦查犯罪行为无关的公民采取强制措施,是对刑事诉讼法授权范围的超越。在这种情况下,尽管它们具有"刑事强制措施"的名义,实际上仍是行政行为。

6. 行政机关的调解行为和仲裁行为

行政调解指行政机关劝导发生民事争议的当事人自愿达成协议的一种行政活动。行政调解针对的是当事人之间发生的民事权益争

议,没有强制性,行政调解的最终结果是争议当事人自愿达成调解协议。由于行政调解没有公权力的强制属性,对当事人没有法律约束力,因此没有可诉性。例如,甲乙两人互殴,公安机关依据《治安管理处罚法》第 9 条进行调解处理。双方就医疗费赔付达成调解协议。事后,甲履行了协议而乙没有履行。甲依法可以选择的救济途径是提起民事诉讼要求乙赔偿损失。

行政机关下设的仲裁机构以中立身份按照法定程序对平等主体之间的民事纠纷作出有法律拘束力的裁决,当事人一方不服裁决的,应当依法提起民事诉讼。例如,当事人对行政机关作出的劳动争议仲裁决定不服,不能提起行政诉讼。

7. 不具有强制力的行政指导行为

行政指导行为是行政机关以倡导、示范、建议、咨询等方式,引导公民自愿配合而达到行政管理目的的行为,属于非权力行政方式。其特点是自愿性、灵活性、简便性和经济性。公民是否遵从行政指导,完全取决于自己的意愿。但是,如果政府的行政指导行为具有了强制性,相对人不服则可以提起行政诉讼。行政指导行为如果包含利益的给予或者制裁,则具有了强制性。

8. 驳回当事人对行政行为提起申诉的重复处理行为

重复处理行为是指行政机关根据公民的申请或者申诉,对原有的生效行政行为作出的没有任何改变的二次决定。重复处理行为实质上是对原已生效的行政行为的简单重复,并没有新形成事实或者权利义务状态。这里需要注意的问题是引起重复处理行为的条件是当事人对原行政行为不服而提出了申诉,并且这里的"申诉"行为不是申请复议行为,而是指当事人在超过复议申请期限和起诉期限的情况下,对已经生效的行政行为不服而向有关行政机关提出的申诉。例如,某区房屋租赁管理办公室向甲公司颁发了房屋租赁许可证,乙公司以此证办理程序不合法为由要求该办公室撤销许可证被拒绝。后乙公司又致函该办公室要求撤销许可证,办公室作出"许可证有效,不予撤销"的书面答复。乙公司向法院起诉要求撤销书面答复。书面答复属于驳回当事人对行政行为提起申诉的重复处理行为,不属于受案范围。

9. 无对外法律效力行为

可诉的行政行为的重要特征之一即是对外性。行政机关的内部沟通、会签意见、内部报批等在行政程序内部所作的行为,由于不对外发生法律效力,不对公民、法人或者其他组织的合法权益产生影响,因而不属于可诉的行为。

10. 过程性行为

可诉的行政行为需要具备成熟性、终结性。过程性行为的效力通常为最终的行政行为所吸收和覆盖,当事人可以通过对最终作出的行政行为进行起诉,从而获得救济。因此,行政机关在作出行政行为之前所进行的准备、论证、研究、层报、咨询等,亦即"过程行为",并不具备最终的、对外的法律效力,不属于可诉的行为。[①]

11. 协助执行行为

《行诉解释》第1条第2款第7项的规定对《最高人民法院关于行政机关根据法院的协助执行通知书实施的行政行为是否属于人民法院行政诉讼受案范围的批复》(法释〔2004〕6号,已失效)的说明进一步予以明确。可诉的行政行为须是行政机关基于自身意思表示作出的行为。行政机关依照人民法院生效裁判作出的行为,属于履行生效裁判的行为,并非行政机关自身依职权主动作出,因而不可诉。

12. 内部层级监督行为

内部层级监督属于行政机关上下级之间管理的内部事务。司法实践中,有的法律规定了上级行政机关对下级行政机关的监督[②],但此类规定旨在规定上级机关的监督职权,不对当事人发生具体的法律效果,不具有可诉性。

13. 信访办理行为

信访处理行为不是行政机关行使"首次判断权"的行为。根据《信访工作条例》,信访工作是"党的群众工作的重要组成部分",各

[①] 最高人民法院行政审判庭编著:《最高人民法院行政诉讼法司法解释理解与适用》(上),人民法院出版社2018年版,第50—51页。

[②] 例如《国有土地上房屋征收与补偿条例》第6条第1款规定:"上级人民政府应当加强对下级人民政府房屋征收与补偿工作的监督。"

级党委和政府信访部门作为开展信访工作的专门机构,根据《信访工作条例》作出的受理、转送、交办、协调处理、督促检查、反映信息、指导信访等行为,对信访人不具有强制力,对信访人的实体权利义务不产生实质影响,不具有可诉性。① 同时《信访工作条例》第 28 条明确了诉讼与信访分离制度,第 31 条也规定了对申诉求决类事项可以通过行政复议、行政裁决、行政确认、行政许可、行政处罚等行政程序解决的,导入相应程序处理,进一步明晰了"信访办理行为"与"可诉行政行为"之间的边界。

14. 不产生实际影响的行为

不产生实际影响的行为属于观念通知,主要是指行政机关针对行政相对人作出的不发生法律效果的行为。这类行为与行政行为之间的主要区别在于是否对当事人的申请有所批准或驳回。一般而言,行政机关作出的告诫、劝告、建议、通知、初步意见等观念通知行为,属于不发生法律效果的事实行为。典型的例子如,行政机关在作出关于某一事件的处理决定后,向社会公众公布处理结果,即为不发生法律效果的观念表示行为。②

需要注意的是,前述第 6—14 种情形均规定在《行诉解释》第 1 条第 2 款,各项之间的关系属于并列关系。有观点认为这些情形之间存在重合或者包含关系,如不对外发生效力的行为与过程性行为之间有一定重合。如果单纯从行为的内外部效力来看,两种行为之间具有一定的相似性。但是,不对外发生法律效力的行为属于行政机关的内部程序中没有发生对外效力的行为;过程性行为则是为行政行为的作出而实施的准备、论证、研究、层报、咨询等行为。前者是从法律效果角度定义,后者是从实施目的角度定义。此外,还有意见提出,行政指导行为、重复处理行为与不产生实际影响的行为之间也存在一定的重合。这些行为的共同特征是缺乏行政行为应当具备的"处分性",但是角度不同。行政指导行为是从尊重当事人意愿角度进行定义,重复处理行为是从"一事不再理"等角度进行定义,不产

---

① 最高人民法院行政审判庭编著:《最高人民法院行政诉讼法司法解释理解与适用》(上),人民法院出版社 2018 年版,第 52 页。

② 参见同上。

生实际影响则是从权利义务关系角度进行定义。这几种行为之间具有一定的相似性,但是角度和侧重点均有所不同。另外,上述情形主要是司法实践中较为常见、比较有争议的,属于不完全列举。一个行政行为是否属于行政诉讼的范围,本质上还是应当考察行政行为是否具有对外性、是否由行政主体作出、是否具有处分性等。[①]

第三节 特殊行政行为的可诉性分析

一、行政诉讼的受案范围与内部行政行为

按照行政救济的基本理论,行政主体实施的大多数公务行为均应接受法院的司法审查,无论这些行为是对行政机关工作人员作出的,还是对一般相对人作出的,只要此类行为对相对人的合法权益产生不利影响,均可以被诉。这既是由行政诉讼目的决定的,也是法律平等保护原则在行政诉讼领域的体现。当然,并不是所有行政机关的行为均可以受到法院的审查,有些行政行为涉及政府的政治决策或者行政政策,有些属于行政主体高度人性化判断的结论或具有很强的技术性,则不宜由法院进行判断,而应交由行政机关自行处理。这在很多国家的法律和判例中均有所体现。我国《行政诉讼法》第13条列举法院不予受理的争议时提出了"行政机关对行政机关工作人员的奖惩、任免等决定"的概念,并规定对于此类行为提起诉讼的,法院不予受理。为什么此类行为不能被诉,单从法律规定的字面上是找不出任何理由的。为了对这一问题作出合理的解释,理论界提出了很多观点,其中最主要的一个观点就是它们是内部行政行为,所以不能被诉。[②] 其理由是:考虑到行政机关内部的奖惩、任免数量多,涉及面广,而且有关法律法规已规定了相应的救济手段和途径,所以不必通过行政诉讼方式解决因此发生的纠纷,并且此类争议涉

[①] 参见最高人民法院行政审判庭编著:《最高人民法院行政诉讼法司法解释理解与适用》(上),人民法院出版社2018年版,第53页。

[②] 罗豪才、应松年主编:《行政诉讼法学》,中国政法大学出版社1990年版,第115页。

及行政政策问题、行政内部纪律和内部制度问题,不便于法院处理,行政机关自行处理这类争议有利于保证行政管理的效率。法院作为与国家行政机关具有同等法律地位的审判机关,不宜对行政机关的组织建设事务通过审判程序加以干涉。①

内部行为并不是严格意义上的法律概念,而是一个学理概念。既然是学理概念,其内涵和外延就很难明确和统一。特别是内部行为与外部行为的划分标准更是见仁见智。这导致实践中法院对这一概念的掌握也或紧或松,很多表面看起来像内部行为而实质上可诉的行政行为被拒之法院门外。我们认为,内部行为的提法本身并不准确,容易造成实践中的混乱,而传统理论上所谓内部行为不可诉的观点更有待商榷。其一,行政机关与行政机关工作人员的关系是公法上的行政合同关系,双方权利义务的改变,依照法律、法规、规章或其他规范性文件的规定进行,必然涉及法律问题,既然是法律问题,当然应当受到法院的审查。其二,有权利就有救济,行政机关的非政治政策性的法律行为,都应受到司法监督。其三,虽然有关法律法规已规定了相应的救济手段和途径,但都是行政机关的内部监督与救济,并不能排斥司法机关的监督和救济。其四,内部行为并不存在所谓"绝对自由裁量权",仍然应当受到法院的司法审查。其五,大多数情况下,行政机关的内部行为和外部行为是很难区分的,甚至可以说并不存在严格的区分界限,所以,排除对所谓内部行为的审查也是不现实的。其六,即使按照国外关于法院审查范围的确定标准,我国《行政诉讼法》规定的行政机关的奖惩、任免决定,也不属于高度人性化和政策性很强的问题,它与法院不能代替的纯行政事务也不同,它是典型的法律行为,而且已影响了相对人的人身权、财产权,所以法院应当受理。

从国外情况看,很多国家并不区分内部行为和外部行为,也不以此确定法院审查的范围。行政机关对于公务员作出的奖惩和任免决定,与行政机关作出的其他决定一样,均须接受普通法院或者行政法

---

① 参见姜明安:《行政诉讼法学》,北京大学出版社1993年版,第129页;柴发邦主编:《行政诉讼法教程》,中国人民公安大学出版社1990年版,第165页。

院审查。在法国,甚至议会内部管理行为、法院内部行政处分行为,如不涉及权力、政治因素,也可由行政法院审查。例如有关"法院的设立、合并、废除、停止,法官的任命、晋升、纪律处分等"行为,均属于行政审判范围。① 至于法院不宜受理的争议案件,不是根据行为的对象而是根据行为的性质确定的。多数国家根据行政行为是否涉及政治政策或者高度人性化判断及政策性等标准,将行政主体的行为划分为两类:一类是可以由法院审查的行为。包括所有影响相对人合法权益的行政行为,即使技术性很强的专业问题,也有可能被纳入行政诉讼的范围。如学校组织的考试或者颁发毕业证学位证等行为中的程序瑕疵、事实误认等问题,法院按照一般有效评价原则处理,即看是否考虑了不相关因素或违反了平等原则。另一类是不可代替的行为。法院在审判时对不可代替的行为将免予审查,换言之,由于此类行为多数属于行政自由裁量行为,法院即使予以审查也缺乏可以适用的法律,所以,一般均排除司法审查,不属于行政诉讼的范围。具体包括:(1)预测性决定,如环保局对环境的预测。(2)计划性决定。若未付诸实施,可以审查程序,但不可以审查事实。(3)政策性政治决定,如涉及国防、外交的决定。(4)高度人性化判断的事项,如考试成绩的评定等。

在我国,《行政诉讼法》规定的不可诉行为中有相当一部分所谓的"内部行为"实际上并不属于法院不可代作的行为,应当受到法院的审查。如行政机关对工作人员的奖惩任免决定理应由法院审查。此外,诸如学校等事业单位对教师和学生实施的大多数行为也应当属于行政诉讼范围。例如,学校对学生可以实施很多行为,包括颁发或者不颁发毕业证,给予行政处分,评定学生成绩,设置学位课程等。如果学生对学校的行为提起诉讼,法院是否受理,则要看该行为是否属公权行为,是否对相对人的合法权益产生了影响,是否属于高度人性化的判断行为。很明显,学校颁发或者不颁发毕业证和学位证的行为是受法律严格规范的公权力行为,对于相对人的合法权益已经产生影响,当然可以被诉。而像考试阅卷、课程安排、作息时间等行

---

① 王名扬主编:《外国行政诉讼制度》,人民法院出版社1991年版,第34页。

为因为涉及高度人性化判断和学校自治问题,法院则不宜审查。

当然,法院审查所谓的"内部行为",并不意味着法院将要代行行政机关或者事业单位内部的管理权利。因为法院审查的重点通常是程序,而不是实体。例如,对于学生是否有资格取得毕业证或者学位证的实体条件问题,法院不宜审查。法院审查的重心是学校拒绝颁发毕业证和学位证的事实和法律依据,以及作出不予发放决定的程序是否合法。例如,学位委员会在作出决定时是否遵守了公平合法的原则。如果校学位委员会共由 21 人组成,但只有一人是原告相关专业的专家,那么,在这种情况下,校学位委员会能否在没有充足证据的前提下推翻系学位委员会以及答辩委员会的结论?在裁决学术争议时,是否能够遵守"尊重第一裁判权"的原则?按照该项原则,当学校行使"第二裁判权"时,如无十分充分的理由和证据,则不能推翻第一裁判认定的事实。此外学位委员会的构成是否合法,表决程序是否公平也是法院审查的重点。

法院对传统上所谓"内部行政行为"的审查具有重要的意义。首先,法院介入所谓的内部纠纷是必要的。因为长久以来我们将内部行为定位于行政机关对工作人员、事业单位对所属人员实施的行为。由于法律对行政机关与工作人员的关系、事业单位与其成员之间的关系很少规定,双方发生纠纷后如何救济更缺乏明确的法律规定。于是,很多类似的争议发生后,当事人只能在学校或行政系统不断申诉,始终进不了法院的大门,久而久之,形成了对此类权利的司法救济真空。这不仅违反了"有权利必有救济"的现代法治原则,也剥夺了公民的一项基本权利即诉权。特别是近年来,发生于机关与公务员、学校与学生、学校与教师之间的纠纷也逐年增多,如何迅速有效地解决此类争议成为摆在我们面前的重要任务。如果允许公务员、学生等相对人对传统上所谓的内部行为提起诉讼,开启司法救济的大门,必将填补这一领域权利救济的真空,完善我国的行政救济制度。虽然我们不能指望法院代行学术或学位委员会的职责,也不能指望法院颁发毕业证和学位证,但我们应当允许法院根据事实和法律去判断学校某些重大行为的合法性,应当允许法院在权利人受到侵害时为他敞开救济的大门。存在这样一条司法救济途径,无论是否真的比学校或主管部门更公正,我们都会感到安全。其次,司法介入并不会影响行政权的完整性。以大学被诉案件为例,法院的介入并不会影响大学自治或学术自由,更不会出现由司法机关进行学术评价的问题,因为司法的介入是有限的。考虑到学校的许多活动,诸如试卷批改、品行评价等均为高度人性化的活动,司法机关不可能代行,因此,我们不能要求法院介入学校管理的所有领域。最后,我们还应认识到,司法救济是最终的救济,最后的保障。① 发生争议后,当事人应当尽可能穷尽行政系统内部的救济途径,而不宜直接诉至法院。这既是对大学或行政部门的尊重,也是降低成本、提高效率的方式之一。为此,必须尽快建立行政机关和事业单位的内部监督与救济渠道,健全内部救济程序,争取使绝大多数纠纷消化在行政系统内部。

典型案例3

黄某诉武汉大学案②

(新闻报道)近日,一场引人注目的行政诉讼案在武汉市武昌区人民法院开庭审理。对簿公堂的一方是原告学生黄某,另一方是被告武汉大学。武汉大学委托的特别授权代理人与黄某及其律师参加了庭审。据悉,在武汉大学校史上,学生将母校送上被告席这还是第一次。去年12月28日,正在武汉大学就读"博士生"的黄某将两纸诉状递到武昌区人民法院。一张要求法院让被告发给原告录取通知书,让原告补办注册手续,取得博士学籍;并让被告落实原告的户口和粮油关系。另一张则是要求法院让被告赔偿其物质及精神损失费共计20余万元。

问题:学籍和粮户关系证明等是否属于人身权、财产权的范围?法院受理此案的依据是什么?

[**分析**]

我国1989年《行政诉讼法》关于法院受理案件的范围仅限于行

---

① 有关公务法人行为的司法救济,请参阅马怀德:《公务法人问题研究》,载《中国法学》2000年第4期。
② 载《北京青年报》2001年3月20日,第18版。

政机关侵犯人身权和财产权的案件。但是,1989 年《行政诉讼法》第 11 条第 1 款第 4 项有关许可证案件的规定似乎又超出了人身权和财产权的范围,给人以立法上存在矛盾的感觉,也导致法院在受理案件时举棋不定的态度。对于超出人身权、财产权范围的案件,有些情况下,法院拒绝受理,有些情况下,法院又予以受理。此外,就哪些权利属于人身权和财产权范围,行政机关的不作为行为侵犯的究竟是人身权、财产权还是其他权利,程序性权利的属性等问题也存在诸多争议。正如本案原告主张的让被告发给原告录取通知书,为原告补办注册手续,授予博士学籍,并落实原告的户口和粮油关系等诉讼请求,是否属于人身权或者财产权的范围等问题值得认真研究。人身权和财产权是宪法和民法确认的权利,其范围是有限的。所谓人身权就是人的生命权、健康权、人格权、名誉权和荣誉权以及与人的身份有关的亲权等各种权利。财产权是指具有财产内容的物权、债权、相邻权等权利。那么,本案被告拒绝给原告发放录取通知书、拒绝注册、拒绝落实粮户关系证明等行为侵犯的究竟是原告的人身权还是财产权呢?初看起来,前两项权利属于受教育权的范围,后一项权利属于与财产有关的人身权范围。很显然,受教育权不是人身权或财产权,它是一项单独的权利,那么,受教育权遭到侵犯能否依照《行政诉讼法》提起诉讼呢?如果我们根据 1989 年《行政诉讼法》有关受案范围的概括性规定,即侵犯相对人"人身权、财产权的具体行政行为"的字面解释,很难找到相应的依据。但是,1989 年《行政诉讼法》第 11 条第 1 款第 4 项规定,"认为符合法定条件申请行政机关颁发许可证和执照,行政机关拒绝颁发或者不予答复的",原告提起诉讼的,法院应当受理。按照该项规定,有关"申请许可证和执照"的条款并没有把法院的受案范围限于人身权和财产权范围,如果录取通知书和注册登记学籍等行为属于许可证和执照的范围,那么,法院就应当受理此案。也就是说,我们完全可以依据不同的条款得出不同的结论,这就是 1989 年《行政诉讼法》关于受案范围规定的不足之处。但是 2014 年修正的《行政诉讼法》第 12 条第 1 款第 12 项的规定,不再将其限制为行政机关侵犯人身权、财产权的范围,而是通过"人身权、财产权等合法权益"的规定极大地扩大了行政诉讼的受案范围。针对学籍和粮户关系证明等提起的行政诉讼,属于行政诉讼的受案范围。

典型案例 4
刘某诉北京大学拒绝颁发毕业证、学位证行政诉讼案①

（一审行政判决书节选）原告刘某系北京大学 92 级无线电电子学系电子、离子与真空物理专业博士研究生。1994 年 4 月 27 日,原告通过北京大学安排的笔试考试,于 5 月 10 日通过了博士研究生综合考试,成绩为良。1995 年 12 月 22 日,刘某提出论文答辩申请。经学校安排有关专家评议,同意答辩,1996 年的评议汇总意见为"达到博士论文水平,可以进行论文答辩"。1996 年 1 月 10 日,刘某所在系论文答辩委员会以全票 7 票通过其博士论文。1 月 19 日,该系学位评定委员会全体 13 人中,12 人赞成授予学位,1 人反对。表决结果为:建议授予博士学位。1 月 24 日,北京大学学位评定委员会召开第 41 次会议,应到委员 21 人,实到 16 人,同意授予刘某博士学位者 6 人,不同意者 7 人,3 人弃权,该次会议将弃权票计入反对票,表决结果为:校学位评定委员会不同意授予刘某博士学位(原告曾要求学校说明理由,但一直未予答复。原告曾于 1997 年提起诉讼,未被受理)。

原告于 1999 年 11 月 19 日向北京市海淀区人民法院提起行政诉讼。法院审理后认为,根据我国法律规定,高等学校有权对受教育者进行学籍管理,享有代表国家对受教育者颁发相应的学业证书、学位证书的权力。高等学校虽然不是法律意义上的行政机关,但是,其对受教育者颁发学业证书与学位证书等权力是国家法律所授予的,教育者在教育活动中的管理行为,是单方面作出的,无须受教育者的同意。根据 1995 年《教育法》第 28 条、第 29 条的规定,教育者享有合法权益,并依法接受监督。北京大学作为国家批准成立的高等院校,在法律、法规授权的情况下,享有代表国家对受教育者颁发相应

---

① 参见湛中乐主编:《高等教育与行政诉讼》,北京大学出版社 2003 年版,第 499—521 页。

的学位证书的权力。北京大学根据1980年《学位条例》第9条的规定,设立北京大学学位评定委员会,北京大学学位评定委员会根据1980年《学位条例》第10条第2款的规定,依法行使对论文答辩委员会报请授予博士学位的决议作出是否批准的决定权,这一权力专由该学位评定委员会享有,故该学位评定委员会是法律授权的组织,依据1989年《行政诉讼法》第25条第4款的规定,具有行政诉讼的被告主体资格。北京大学依据1980年《学位条例》第11条的规定,只有在校学位委员会作出授予博士学位决定后,才能发给学位获得者相应的学位证书,这直接影响到刘某能否获得北京大学的博士学位证书,故北京大学学位评定委员会应当确定为本案的适格被告。

被告作出不批准决定后,刘某曾向其反映不同意见,被告提出让刘某等候答复,但直到刘某向本院起诉时止,被告一直未向刘某作出明确的答复,故原告刘某的起诉未超出法定的诉讼时效。根据1995年《教育法》第22条的规定,国家实行学位制度,学位授予单位依法对达到一定学术水平或专业技术水平的人员授予相应的学位。学位证书是国家授权的教育机构授予个人的一种终身的学术称号,表明学位获得者所达到的学术或专业学历水平。博士学位由国务院授权的高等学校或科研机构授予。博士学位获得者必须通过博士学位课程考试和博士论文答辩,表明其在本门学科上掌握坚实、宽广的理论基础和系统深入的专门知识,具有独立从事科学研究工作的能力,在科学或专业上作出创造性成果。学位授予单位应当按照1980年《学位条例》第9条的规定,设立学位评定委员会并组织有关学科的学位论文答辩委员会,按照学位的学科门类,设立学位分委员会,学位分委员会协助学位评定委员会工作。博士论文答辩委员会负责审查硕士、博士学位论文,组织论文答辩,就是否授予硕士、博士学位作出决议。

原告刘某于1992年9月取得北京大学攻读博士学位研究生学籍,其按照北京大学制订的培养方案和要求,学习了规定的课程,完成了学校制订的教学计划,考试合格后,进入论文答辩阶段,其论文经过评阅和同行评议,被认为达到博士论文水平,同意其进行答辩。之后,刘某通过了论文答辩和系学位分委员会的审查,系学位分委员会在作出表决"建议授予博士学位"后提交校学位委员会讨论。按照 1980 年《学位条例》第 10 条第 2 款的规定,校学位委员会应当对学位论文答辩委员会报请以不记名投票方式,由全体成员过半数通过。北京大学第四届学位评定委员会共有委员 21 人,1996 年 1 月 24 日召开的第 41 次学位评定委员会会议,到会人数为 16 人,对刘某博士学位的表决结果是:7 票反对,6 票赞成,3 票弃权,并以此作出了不批准学位论文答辩委员会报请授予刘某博士学位的决议的决定,该决定未经校学位委员会全体成员过半数通过,违反了 1980 年《学位条例》第 10 条第 2 款的规定的法定程序,本院不予支持。因校学位委员会作出不予授予学位的决定,涉及学位申请者能否获得相应学位证书的权利,校学位委员会在作出否定决议前应当告知学位申请者,听取学位申请者的申辩意见;在作出不批准授予博士学位的决定后,从充分保障学位申请者的合法权益原则出发,校学位委员应将此决定向本人送达或宣布。本案被告校学位委员会在作出不批准授予刘某博士学位前,未听取刘某的申辩意见;在作出决定之后,也未将决定向刘某实际送达,影响了刘某向有关部门提出申诉或提起诉讼权利的行使,该决定应予撤销。北京大学学位评定委员会应当对是否批准授予刘某博士学位的决议审查后重新作出决定。

[判决要点] (1)撤销被告北京大学学位评定委员会 1996 年 1 月 24 日作出的不授予原告刘某博士学位的决定;(2)责令被告北京大学学位评定委员会于判决生效后 3 个月内,对是否批准授予刘某博士学位的决议审查后重新作出决定。

问题:1. 学校发放毕业证、学位证的行为是否可诉?为什么?

2. 法院对于此类案件的审查是否应当全面审查?

3. 刘某诉北京大学、田某诉北京科技大学两起案件的意义何在?

[分析] 1. 要解决学校发放毕业证、学位证的行为是否可诉的问题,首先要弄清楚大学发放毕业证和学位证的行为究竟是什么性质的行为。在法学界,有一种颇具代表性的看法,即认为大学颁发毕业证和学位证的权力是大学办学自主权的一种,属于大学自治范围。如果法院介入学校和学生之间的纠纷,并且判令学校向学生发放毕

业证或者学位证,那么就会不当干预学校的学术自由和办学自主权,这是不明智的,也是不应该的。刘某一案中,人民法院做了其力所不能及的事情。而大多数行政法学者则认为,学校作为行使国家教育管理职权的主体,其很多行为均由法律加以规范,并非完全自治。特别是发放毕业证和学位证的行为是《教育法》和《学位条例》明确规定的行为,属于法律法规授权的主体实施的行政行为,如果大学违反相关法律规定,错误发放或者不作为,相对人有权提出异议,甚至诉诸法律,由法院对此类行为进行审查。那么,是否大学的所有行为均可以被诉呢?《行政诉讼法》对此并无明确规定。我们认为,本案涉及一般行政行为与高度人性化判断的内部行政行为的关系,应该认真研究。

行政主体实施的大多数公务行为均为行政法律行为,当此类行为对相对人的合法权益产生不利影响时,当然可以被诉。但是,有些行政行为涉及高度人性化判断或具有很强的技术性,则不宜由法院进行判断。1989年《行政诉讼法》关于这方面的规定过于原则、含糊。如原法第12条规定法院不受理对行政机关内部的奖惩、任免决定提起的诉讼,至于为什么此类行为不能被诉,单从法律规定的字面上是找不出任何理由的。理论界则将其归类于内部行政行为而主张不能通过诉讼手段解决此类纠纷。但由于立法也没有对所谓内部行为加以严格分类,于是造成了行政机关的内部行为不能被诉,而事业单位等类别的法律法规授权组织的某些内部行为可以被诉的矛盾现象。在很多国家,理论上并不区分内部行为和外部行为,也不以此确定法院审查的范围,而是根据行政行为是否涉及高度人性化判断及政策性等标准,将行政主体的行为划分为两类:一类是可以由法院审查的行为。包括所有影响相对人合法权益的行政行为,即使是技术性很强的专业问题,也有可能被纳入行政诉讼的范围。如学校组织的考试或者颁发毕业证、学位证等行为中的程序瑕疵、事实误认等问题,法院按照一般有效评价原则处理,即看是否考虑了不相关因素或违反了平等原则。法院在受理前,不应判断行为的性质,而应完全放开受理,进入审理阶段后,再对行为的性质加以确定和审查。另一类是不可代替的行为。法院在审判时对不可代替的行为将免予审查,换言之,此类行为不属于行政诉讼的范围。具体包括:(1)预测性决定,如环保局对环境的预测。(2)计划性决定。若未付诸实施,可以审查程序,但不可以审查事实。(3)政策性政治决定,如涉及国防、外交的决定。(4)高度人性化判断的事项,如考试成绩的评定等。

我国内部行政行为不可诉的依据,主要是1989年《行政诉讼法》第12条第3项的规定,相对人对"行政机关对行政机关工作人员的奖惩、任免等决定"提起诉讼的,法院不予受理。赞同法院不受理此类案件的人认为,考虑到行政机关内部的奖惩、任免数量多,涉及面广,而且有关法律法规已规定了相应的救济手段和途径,所以不必通过行政诉讼方式解决因此发生的纠纷,并且此类行为属于行政机关的"绝对自由裁量行为",故法院不宜受理。我们认为,这种主张缺乏充分的理由。其一,行政机关与行政机关工作人员的关系是公法上的行政合同关系,双方权利义务的改变,依照法律、法规、规章或其他规范性文件的规定进行,必然涉及法律问题,既然是法律问题,当然应当受到法院的审查。其二,有权利就有救济,行政机关的非政治政策性的法律行为,都应受到司法监督。其三,虽然有关法律法规已规定了相应的救济手段和途径,但都是行政机关的内部监督与救济,并不能排斥司法机关的监督和救济。其四,内部行为并不存在所谓"绝对自由裁量权",仍然应当受到法院的司法审查。其五,即使按照国外关于法院审查范围的确定标准,我国《行政诉讼法》规定的行政机关的奖惩、任免决定,显然也不属于高度人性化和政策性很强的问题,它与法院不能代替的纯行政事务也不同,它是典型的法律行为,而且已影响了相对人的人身权、财产权,所以法院应当受理。

关于学校发放毕业证的问题,法院是否受理要看发证行为是否属公权行为,是否对相对人的合法权益产生了影响,是否属于高度人性化的判断行为。很明显,学校颁发或者不颁发毕业证和学位证的行为是受法律严格规范的公权力行为,对于相对人的合法权益已经产生影响。同时,此类行为也不属于像考试阅卷一样的高度人性化判断问题,而且法院重点对学校行为的程序进行审查,所以,学校的发证行为可以纳入行政诉讼的范围。在法国,甚至议会内部管理行为、法院内部行政处分行为,如不涉及权力、政治因素,均可由行政法院受理。

2. 关于法院对于此类案件的审查深度,我们认为,法院审查的重点当然是程序。也就是说,对于原告是否有资格取得博士毕业证或者博士学位证的实体条件问题,法院不宜审查。法院审查的重心是被告拒绝颁发毕业证和学位证的事实和法律依据,以及作出不予发放决定的程序是否合法。例如,学位委员会在作出决定时是否遵守了公平合法的原则。本案被告学位委员会共由21人组成,但只有1人是原告相关专业的专家,那么,在这种情况下,学位委员会能否在没有充足证据的前提下推翻系学位委员会以及答辩委员会的结论?我国台湾地区以及德国在裁决学术争议时,一般贯彻"尊重第一裁判权"的原则,当被告行使"第二裁判权"时,如无十分充分的理由和证据,则不能推翻第一裁判认定的事实。北京大学学位委员会没有尊重系里的"第一裁判权",推翻其结论,是不公平的。当然,这只是一个程序理念,我国尚无这种规定,但并不影响法院对被告的行为的可接受性和合法性的审查。此外学位委员会的构成是否合法、表决程序是否公平也是法院审查的重点。本案被告学位委员会的21名委员中,只有16人到场,其中6人投了赞成票,7人投了反对票,3人弃权。根据《学位条例》的规定,是否授予学位,应经全体委员过半数通过。但《学位条例》并未明确说明,"过半数通过"是指赞成票过半数以上还是反对票过半数以上。对于此类问题,法院也可以进行审查。

从审查内容看,目前我国行政诉讼制度奉行的审查原则仍然是全面审查。也就是说,法院在一审和二审程序中,不仅要对行政机关适用法律问题进行审查,还要对事实问题进行审查。这种审查方式是否必要值得研究。因为在行政程序中,被告行政机关作出行政行为的过程,与民事诉讼中一审法院认定事实、适用法律的过程有类似之处。而行政诉讼的一审程序与民事诉讼的二审程序也比较相似,所以,当一个案件的事实问题经过行政机关审查认定一遍后,行政诉讼一审程序又要审查认定一遍,直到行政诉讼的二审程序,再要求法院就事实问题进行审查,就等于对一个事实问题进行了三次认定。从诉讼经济和尊重第一裁判权的角度看,这种对事实问题的反复审查、多次认定是不必要的,是对司法资源的浪费,实际上取消了一审程序与上诉程序的区别。之所以出现一审和二审都进行事实审和法律审的"全面审查"问题,既有法律规定不科学的问题,也有法院司法不公的问题,归根结底是人们对法院判决的不信任造成的。正如本案中,北京大学校学位委员会与系学位分委员会及博士论文答辩委员会的关系一样,如果允许校学位委员会再次审查原告的论文质量和水平,并可以就此作出实质性判断,那么无异于剥夺了系分学位委员会和答辩委员会对事实问题的最客观、最准确的第一裁判权。因为校学位委员会是由综合大学的各系的专家组成的,各自专业可谓千差万别,不可能对一个涉及无线电专业的博士论文的质量和水平作出任何判断,所以,校学位委员会的审查事实上是不必要的,如果坚持要审查的话,那么最多能够进行程序和适用法律的审查。也就是校学位委员会应当重点就答辩委员会及分学位委员会的决定程序是否合法进行审查,如果发现存在重大的程序漏洞或者程序瑕疵,可以据此推翻原来的决定。但是,对于事实问题,也就是博士论文是否达到相应的水平,校学位委员会不应该审查,更无权表态。因此,本案一审和二审法院都奉行了克制审判权的原则,并没有对原告的博士论文是否达到博士论文水平等属于第一裁判权的问题进行审理,更没有对原告究竟应否获得博士学位作出判断,而是重点就被告的决定程序和适用法律等问题进行了审查和判断,所以,有关法院超越权限、做了自己力所不能及的事情的指责是不公平的。

3. 学生状告学校案件的意义。刘某诉北京大学案的重审判决已经作出,有人据此认为,那扇刚刚开启的对大学行为的司法监督之门已被悄悄关上,通过行政诉讼救济学生权利的努力也宣告失败。对于这种观点,笔者不敢苟同。看看这份让刘某败诉的判决书,细心的人不难发现,法院并未对实体问题表态,也没有认定刘某的起诉不属于行政诉讼的范围,更没有确认北大拒发毕业证、学位证是合法的。驳回起诉的唯一理由就是:原告起诉超过了起诉期限。这个理由多少有点牵强,也透着几许无奈,但从整个案件的情况来看,法院并没有否定原告资格,也没有否定此案属于行政诉讼的案件性质。法院的这一态度与田某诉北京科技大学拒绝颁发毕业证、学位证案件中的态度是前后一致的,前后两起学生诉大学行政诉讼案件之所以引起人们关注,最主要的原因是昔日的学术圣殿成为今日的法庭被告,从未受到过质疑的颁发毕业证和学位证的行为,竟然要受法院审查。在有些人看来,法院受理此类案件就有干涉学术自由、妨碍大学自治之嫌,是用司法方式评判学术水准。笔者认为这种担心是大可不必的。首先,法院介入大学与学生之间的纠纷是必要的。因为长久以来我们将大学定位于事业单位,但对于事业单位与其成员之间的关系却很少关注,学生或教师受到学校不公正待遇后如何救济也没有明确的法律规定。于是,很多类似的争议发生后,当事人只能在学校或行政系统不断申诉,始终进不了法院的大门,久而久之,形成了对此类权利的司法救济真空。这不仅违反了"有权利必有救济"的现代法治原则,也剥夺了公民的一项基本权利即诉权。特别是近年来,随着教育事业的不断发展,发生于学校与学生、学校与教师之间的纠纷也逐年增多,如何迅速有效地解决此类争议成为摆在我们面前的重要任务。田某诉北京科技大学和刘某诉北京大学案的重要意义在于,为学生与教师开启了司法救济的大门,填补了这一领域权利救济的真空。其次,司法介入并不会影响大学自治或学术自由,更不会出现由司法机关进行学术评价的问题,因为司法的介入是有限的。考虑到学校的许多活动,诸如试卷批改、品行评价均为高度人性化的活动,司法机关不可能代行,因此,我们不能要求法院介入学校管理的所有领域。虽然我们不能指望法院代行学术或学位委员会的职责,也不能指望法院颁发毕业证和学位证,但我们应当允许法院根据事实和法律去判断学校某些重大行为的合法性,应当允许法院在权利人受到侵害时为他敞开救济大门。存在这样一条司法救济途径,无论是否真的比学校或主管部门更公正,我们都会感到安全。最后,我们还应认识,司法救济是最终的救济、最后的保障。发生争议后,当事人应当尽可能穷尽学校和行政系统内部的救济途径,而不宜直接诉至法院。这既是对大学或行政部门的尊重,也是降低成本、提高效率的方式之一。为此,必须尽快建立大学等事业单位的内部监督与救济渠道,健全内部救济程序,争取使绝大多数纠纷消化在大学内部。

可见,国内外均排除在审查范围之外的行为,含义比较明确和肯定的只有一种:行政机关作出的国防和外交行为。概括意义上的"政治行为、统治行为、政府行为"的表述,具有不确定的含义、范围和标准,各国有不同的认识,一般根据具体情况处理。在我国,确定政府的政治行为,应当以我国的政治体制为主要参照系。从我国的政治体制看,全国人大是最高的权力机关,也是立法机关,全国人大的权力是至高无上的权力,这些权力包括:修宪权、立法权、监督权、选举权、缔约(包括废约)决定权、宣战决定权、复决权,完全不受法院的审查,其中,某些立法权和缔约(包括废约)决定权可以授权国务院行使。凡是国务院行使全国人大(及其人大常委会)授权的行为,如制定行政法规、与外国缔结条约等均为政治行为,不受司法审查。另外,国务院与权力机关(及其人大常委会)、司法机关、军事机关发生的权力关系,也都不受司法审查。军事行政机关的国防行为是政治行为,国防行为的界限依照有关的军事法律确定。

二、公安机关"刑事侦查行为"与行政诉讼范围

典型案例5

陈某等诉广州市公安局白云区分局
限制人身自由、扣押财产案①

(新闻报道)原告海南民族珠宝实业发展公司总经理陈某及该公司,不服被告广州市公安局白云区分局限制人身自由,扣押、变卖财产的行为,向海南省海口市中级人民法院提起诉讼。原告诉称,1997年12月13日,该公司业务员在广州市提取购买的广州市广发金银珠宝有限公司的50公斤黄金饰品时,被被告发现并当即予以全部扣押。12月15日,陈某代表公司主动到被告处交涉。被告在没有任何合法手续的情况下,将陈某和同行的业务员非法关押在白云区分局。经过四天四夜的关押,于12月19日以"倒卖黄金"的罪名将两人刑事拘留。32天后,白云区人民检察院改以"非法经营"罪批

---

① 参见钟志远:《行政行为更须依法而行:一起行政诉讼案的启示》,载《法制日报》2001年3月22日。

准逮捕陈某。1998年年初,即在陈某被羁押半个月后,被告提出公司拿出1800万元就可放人。公司表示无力支付,经过几个月的讨价还价,最后被告同意将陈某"取保候审",条件是原告交给被告150万元现金和一部凌志300轿车。1998年2月底,被告逼迫被羁押中的陈某写一份"同意"将扣押的黄金交银行收购的书面意见,并将黄金变卖给银行,所得款项至今未退还。被告迫于法律的压力,于2000年6月28日向陈某宣布解除取保候审,并退还扣押的150万元和汽车。公司被非法扣押变卖的黄金款已移交广州市工商局处理。原告认为,被告上述行为严重违法。请求法院撤销违法对陈某限制人身自由的决定并赔偿损失25747元;赔偿陈某被违法扣押的财产150万元的利息223323元;赔偿陈某被数十次传唤的差旅费损失16000元;返还海南珠宝公司的其他损失576600元,即非法扣押凌志300汽车一部的损失259800元和因此案造成的政府批准给予原告的贴息贷款未能实施的直接损失400万元的一年贴息316800元。此外,陈某还要求赔偿其精神损失费1元。被告辩称,该局对原告所采取的强制措施和扣押物品的具体行为,均是依据《刑事诉讼法》明确授权实施的行为。此案不属于人民法院行政诉讼的受案范围。海口市中级人民法院审理认为,原告陈某代表公司向被告交涉时,被告未出具任何合法手续将陈某扣留4天,属于违法羁押。虽然1997年12月19日被告在对陈某宣布刑事拘留时向其送达了12月18日签发的监视居住决定书,但属于后补办的手续,且事实上被告也无法对陈某在执行刑事拘留的同时实施监视居住,故被告的决定违反法定程序。被告在收到150万现金和收海南珠宝公司一辆小汽车及陈某提供了保证人并写下分期还款的保证后,才对原告取保候审。上述行为没有法律依据,违反法律规定,亦不属于刑事侦查行为。尽管被告在解除对陈某取保候审措施后已将收取的现金和车辆返还了原告,但其对非法占用此款期间给原告造成的利息损失及原告交付、收回车辆支出的费用,维修车辆支出的费用均应依法予以赔偿。被告扣押车辆收取的停车费7200元亦应返还海南珠宝公司。被告对原告提供送车、取车所支出的费用及停车费、拖车费及车辆损坏维修等共计60527.80元的单据,以刑事侦查措施不属于行政案件受理范围而拒绝质证,但经本院审查上述单据来源合法,真实反映了原告因被告违法扣车给其造成的实际损失,其损失数额本院予以确认。

海口市中级人民法院作出了判决,一是确认被告1997年12月15日至18日限制原告陈某人身自由的行为属于违法行为,二是确认被告扣押陈某150万元和扣押海南珠宝公司小轿车的行为属于违法行为,三是被告向原告支付本判决第一项赔偿金133元,四是被告赔偿扣押原告150万元的法定孳息43860元,五是被告返还原告支付的停车费7200元并赔偿扣押其小轿车造成的修车损失49700元,拖车费300元及原告送车、取车支付的费用33270.8元。原告的其他诉讼请求被驳回。

一审判决后,原告和被告双方分别提出了上诉。广州市公安局白云区分局认为,他们采取的刑事强制措施均是依据刑事诉讼法明确授权实施的行为,不属于人民法院行政诉讼的受案范围。原告在上诉中指出,按照原审判决的逻辑,只要公安机关按照刑事诉讼法的规定办理了强制措施的手续,即可认定是刑事司法行为,不属于法院的审判范围。如此,公安机关只要以刑事侦查为名,即可限制公民人身自由和侵犯公民、法人的人身权利和财产权利而无须顾忌司法监督。这种逻辑是错误的。公安机关如果举不出犯罪嫌疑事实的依据,就失去了侦查行为的前提条件,无论有无正常手续,因其从根本上违背了刑事侦查的立法目的,属于行政机关滥用职权侵犯公民合法权益的行为。原审已经查明涉案黄金交易的双方均具有经营许可证,被上诉人未出具任何法律手续将陈某扣留4天等事实无一与犯罪嫌疑有关。原告还指出,涉案黄金的处理是本案被侵犯财产的重头,但原审判决却以"不能对行政机关尚未处理事项先行裁判"回避了。被告对本案黄金作出了扣押、变卖、移送黄金变卖价款三个具体行为。原告要求法院对这三个行为进行审查,即这些行为是否属于侦查行为,是否违法;如果违法应予撤销并返还黄金及赔偿当事人因此而遭受的损失。对此法院必须作出明确判定而不能回避。

问题:公安机关限制人身自由、扣押、变卖财产的行为是否可诉?

[**分析**] 公安侦查行为是指公安机关根据《刑事诉讼法》的规定,在刑事案件的侦查过程中,进行的专门调查工作和采取的有关强

制性措施行为。按照《行诉解释》的规定,公安机关根据《刑事诉讼法》的明确授权实施的行为不属于行政诉讼的范围。所以公安机关在刑事侦查过程中所采取的扣押、查封、冻结、追缴、没收财产、限制人身自由等强制措施,均不具有可诉性。由于刑事侦查行为遭受人身权、财产权损害的,应按《国家赔偿法》的有关规定,通过司法赔偿途径解决,而不属于行政诉讼范围。这种规定的理论依据是,将刑事侦查行为排除在行政诉讼之外,可以避免行政诉讼对刑事侦查行为的干扰,也符合监督、维护行政机关依法行使职权的行政诉讼宗旨。而且《行政诉讼法》也没有规定对刑事强制措施诸如监视居住、取保候审可以提起行政诉讼,说明这类措施不属于行政诉讼调整范围。但是,我国公安机关具有双重职能,不仅具有行政职能,还具有司法职能。公安机关在行政管理过程中实施的行为是一种行政行为,这类公安行政行为是指公安机关依照《治安管理处罚法》等行政法律、法规或规章,针对特定公民、法人或其他组织权利、义务所作的特定的单方行为。我国《行政诉讼法》第2条第1款规定:"公民、法人或者其他组织认为行政机关和行政机关工作人员的行政行为侵犯其合法权益,有权依照本法向人民法院提起诉讼。"第5条规定:"人民法院审理行政案件,对行政行为是否合法进行审查。"由此可见,公安机关的行政行为是可诉的。

　　由于公安机关的行政行为可诉,而刑事侦查行为不可诉,于是,在实践中很自然就出现了公安机关实施违法行政行为后,假借刑事侦查之名规避行政诉讼的现象。为此,也就有必要区分两类行为,防止公安机关规避法律,逃脱司法监督。实践中存在两种区分标准,一个是所谓的"结果标准",即看公安机关在采取措施之后,是否进入下一阶段的诉讼程序,如逮捕、起诉等。如果有新的司法行为出现,就是刑事侦查行为,反之就是行政行为。另一个是所谓的"形式标准",即看公安机关的行为在形式上是否具备刑事侦查行为的完备手续,如果具备就是司法行为,反之就是行政行为。司法实践已经证明,按照"结果说",公安机关在采取强制措施后,如果由于种种原因不能进入下一步程序,或者故意拖延不作结论的话,那么就永远无法判断行为性质,被采取强制措施的对象就无法提起诉讼,自己的权利也无法得到有效救济。如果按照形式标准,由于两种行为的主体都是公安机关,行为的对象都是公民、法人或其他组织,行为的内容在开始阶段,又往往都表现为强制措施,而且此类行为外表极其相似,加之公安机关的侦查行为完全是自主行为,所有的侦查手续都由公安机关自行办理,即使伪造后补也很难辨认,所以运用上述标准很难有效区分。

　　那么,究竟如何解决这一问题呢?我们认为,在现行法律和司法解释修改之前,暂时可以从诉权入手,即从理论上区分起诉权和胜诉权,从保护当事人诉权角度出发,尽可能将所有违法行为纳入行政诉讼的范围。只要当事人提起的诉讼符合行政诉讼的形式要件,人民法院就应该受理当事人对公安机关所有行为提起的行政诉讼。因为一方面,诉权是宪法和法律赋予公民、法人或其他组织的一项重要权利。对诉权的保护是法律规定的人民法院的职责。我国《宪法》第41条第1款规定:"中华人民共和国公民……对于任何国家机关和国家工作人员的违法失职行为,有向有关国家机关提出申诉、控告或者检举的权利……"我国《行政诉讼法》也作了相应的规定。因此,对起诉权的保护,人民法院负有最直接的、不可替代的职责和义务。最大限度地为公民、法人或者其他组织诉权的行使提供充分的保护,是人民法院的神圣职责。另一方面,起诉权是全部诉权中至关重要的一项,是行使其他诉权的前提和基础。保护起诉权是通过司法程序保护公民其他诉讼权利和实体权利的前提。具体到公安机关的行为,公民在起诉阶段可能分辨不清究竟是行政行为还是刑事侦查行为,以及是否具有行政可诉性。这时,人民法院应该先行受理,至于被告是否合格、是否是行政案件,待法院审理后才能确定。只有法院经过诉讼程序审查核实,才能够区分被诉行为是行政行为还是刑事侦查行为。经审查如被告提供的证据足以证明该行为属于依照刑事诉讼法采取的司法行为,那么法院可以采取驳回原告起诉的方式结案。法院受理此类案件并不意味着必须公开审理此类案件,更不意味着可以随意中止或撤销合法必要的刑事强制措施。法院受案的意义只在于区分被诉行为的性质,保证把每一项侵犯公民、法人合法权益的公安行政行为纳入行政诉讼范围。因此,如果被诉行为确系刑事司法行为,法院通过行政诉讼程序不仅不会妨碍公安机关行使职权,还能够维护公安机关的刑事司法职权,打消犯罪嫌疑人规避法律的企图。如果是公安机关借刑事强制措施之名对公民、法人的人身或财产权利加以限制、剥夺,而实际上属于越权或滥用职权的行政行为时,法院可依照《行政诉讼法》作出判决。

在此类案件的审查中,法院首先应当审查被诉行为的程序。公安机关如果要证明自己的行为属于刑事侦查行为,应当提供充分的证据证明其行为是依照刑事诉讼法及有关刑事案件侦查的法律进行的。如刑事立案的理由,立案履行的程序,适当的管辖权,依法采取的刑事侦查手段、措施等。如果能够向法院提供合法履行以上程序的证明,并说明该程序与行政行为的程序有何区别等,就可以初步认定公安机关行使的是司法职能而非行政职能。其次法院还应当鉴别被告所适用的法律法规。通常公安行政行为的依据是有关行政管理法律、法规,如我国《治安管理处罚法》《道路交通安全法》《出境入境管理法》等。而刑事侦查行为的依据是《刑法》《刑事诉讼法》以及国家有关刑事方面的法律和司法解释。最后,法院还应该审查被诉行为的事实依据,确定其是否属于可诉的行政行为。

典型案例 6
任某诉海南省琼山市公安局赔偿案[①]

(新闻报道)在大连办教育的任某,2000 年 3 月向海南省海南中级人民法院提起行政赔偿诉讼,状告琼山市公安局滥用职权,以刑事侦查为名插手经济纠纷,要求被告撤销对其两年前所作的"拘留""监视居住""取保候审"决定,返还收缴的所谓赃款 435 万元及扣押的物品,并赔偿因非法限制人身自由所造成的损失 100 万元人民币。

在当年的海南房地产开发热潮中,任某也在海南注册成立了一家开发公司,申报了 500 亩土地成片开发项目,并得到有关部门的批准。1993 年 4 月,琼山县(当时为琼山县,1994 年国务院改琼山县为琼山市——编者注)国土局同任某签订土地使用权出让合同,约定

[①] 参见《评论:司法赔偿为什么会这么难》,载《法制日报》2001 年 3 月 30 日。

出让300亩土地给任某。紧接着,任某又与海南一家工商公司签订了这块土地的使用权转让协议,约定将这300亩土地转让给该公司,没办完的手续由该公司继续办理。之后双方对协议进行了实际履行,工商公司付给任某500万元,付给国土局480万元。两年半之后,工商公司到大连市中级人民法院提起民事诉讼,要求索回这500万元,法院予以受理。但后来工商公司又以诈骗为由向公安机关报案,办案单位琼山市公安局在明知此案正由法院审理的情况下,于1997年9月10日将任某强行从大连带到海南予以刑事拘留,并扣押其美元、身份证、信用卡等物品。40天后,琼山市公安局称证据不足,发给任某释放通知书,但同日又将其转移到一家招待所内"监视居住"。1998年1月,琼山市公安局对任某实行逮捕。后他的家属交了所谓的赃款435万元,琼山市公安局便以他患有高血压、心律不齐等疾病及业务需要为由对其取保候审至今。

一起"诈骗"数额为500万元的大案就这样不明不白地挂了起来。在任某提起行政赔偿诉讼之前的两年多时间里,他多次向有关部门控诉琼山市公安局的行为,要求琼山市公安局解除所谓的取保候审措施,并对其进行赔偿,但均石沉大海,毫无结果。

海南中级人民法院审理此案后认为,琼山市公安局对任某采取的一系列强制措施应属于刑事侦查行为,原告的诉讼请求不属于行政诉讼受案范围,遂裁定驳回任某的起诉。任某不服裁定提起上诉,海南省高级人民法院于2000年10月维持了原裁定,并认为任某应通过其他途径请求救济。那么,琼山市公安局的行为真的不属于行政诉讼的受案范围吗?任某怎样才能得到司法救济?琼山市公安局及上级机关均不认为自己办错了案,人民法院受理他的案子却又裁定不该受理,任某欲哭无泪。

问题:公安机关追缴财产的行为是否可诉?

[分析] 本案最主要的问题是公安机关实施追缴行为的性质,即该行为是不可诉的刑事侦查行为还是可诉的行政行为。按照我国法律规定,公安机关有双重身份,一方面,公安机关依照《治安管理处罚法》以及公安行政管理法律、法规和规章行使行政管理职权。另一方面,公安机关依照《刑事诉讼法》行使刑事案件的侦查权。而

无论是行使行政管理职权还是刑事侦查职权,其内容在很大程度上是重合在一起的。也就是说,两种"不同性质"的权力对公民、法人或者其他组织的人身权和财产权造成的结果往往是一样的。例如,公安机关既可以根据行政管理职权扣押相对人的财产,也可以根据刑事侦查的需要扣押与犯罪有关的财产。按照《行诉解释》第1条第2款的规定,公安机关根据刑事诉讼法的明确授权实施的刑事侦查行为或采取的强制措施,法院不能作为行政诉讼案件受理。也就是说,对于公安机关扣押财产的行为,相对人能否起诉,关键就要看该行为是否属于《刑事诉讼法》明确授权的行为。这一解释对于遏制公安机关超越《刑事诉讼法》授权、滥施强制措施具有一定作用,但是,对于公安机关假借《刑事诉讼法》之名随意扣押财产的行为却显得无能为力。从目前刑事诉讼程序的规定来看,在刑事侦查阶段,公安机关享有完整的立案、刑事拘留、取保候审、监视居住、物证扣押、搜查等权力,不受任何实质性的控制,即使公安机关最初以行政上的理由对相对人采取了上述强制措施,仍然可以在此后的抗辩中将其更改为刑事程序的相应种类,因为从立案到采取强制措施都由公安机关一家说了算,相对人和其他机关无法参与其中,更难以发挥任何有效的制约作用。于是,在很多情况下,一个明显违法的行政行为摇身一变就成了由《刑事诉讼法》明确授权的刑事侦查行为,从而很容易就达到规避行政诉讼的目的。鉴于公安机关对相对人享有从人身到财产的广泛的限制权力,同时又存在上述法律障碍,所以,公安机关违法行为的可诉性问题,始终是困扰行政诉讼实务界的难题之一。尽管理论界就此提出了很多建议和设想,但只是对已经发生的案件的经验总结,不具有普遍性,难以从根本上解决公安机关违法行为的可诉性问题。

就本案而言,公安机关先对原告先采取了所谓"刑事拘留"的刑事强制措施,然后逼迫原告缴纳所谓赃款,在此过程中又将拘留改为"监视居住",当原告缴纳了435万元所谓的"赃款"后,公安机关又将已经逮捕的原告释放,为了防止原告再行打扰,给原告留了一个"取保候审"的强制措施。从公安机关的一系列行为看,明眼人不难发现,公安机关之所以对原告采取各种强制措施,目的就是替民事纠纷的一方当事人追讨债务。对于这样一个非常明显的公安机关的违法行为,要提起行政诉讼却并不容易,其原因就是公安机关的双重职能和司法解释的障碍。如前所述,如果我们仅就公安机关行为的表现形式判断其行为的性质是非常困难的,公安机关很容易利用司法解释的规定,将其所有被诉行为称为有《刑事诉讼法》明确授权的行为,从而躲避行政诉讼。如果我们从公安机关的行为目的来判断,则会在很大程度上取决于法院的裁量权。也就是说,如果法院认为公安机关的行为是行政行为,那么就可能受理此案,如果法院不这样认为,那么相对人就很难取得司法救济。从本案的情况看,我们首先应当判断,公安机关采取强制措施的目的是什么?如果是为了追究犯罪,哪怕最后被追究的犯罪嫌疑人没有被定罪,也可以认定公安机关的这种行为是刑事侦查行为。但是,如果公安机关的行为目的是介入民事纠纷替一方当事人讨债,那么,其性质就完全不一样。在本案中,公安机关的目的显然不是追究真正的犯罪,而是假借刑事诉讼之名,实际上实施了插手经济纠纷、滥用职权的行政行为,对此,法院应当作为行政诉讼案件受理。但遗憾的是,由于法院享有公安机关行为性质的单方面认定权,即使作出错误的认定,也很难纠正,因为刑事诉讼立法本身就赋予了公安机关很大的不受实质制约的权力,同时又没有赋予相对人对此类人身财产强制措施的救济权,加之《行政诉讼法》和司法解释均没有将此类强制措施全部纳入行政诉讼的范围,所以,才会出现诸如本案一样的权利救济真空。

  针对我国公安机关职能的特殊性,能否将所有的公安机关的行为,不论是行政行为还是刑事侦查行为均纳入行政诉讼的范围呢?我们认为,对于任何机关实施的剥夺和限制人身权和财产权的重大权益的行为,均应加以有效的监督和救济。对于公安机关而言,其职能的特殊性在短期内无法改变,这种一身兼二职的体制也许要长期保留下去。为了对公安机关实施有效监督,向公安机关的行为相对人提供有效救济,可以考虑采取两种途径解决我们现在的两难问题。一是扩大行政诉讼的救济范围,允许相对人对所有公安机关的行为提起行政诉讼,法院根据不同标准对公安机关的行为加以审查并作出判断。为了避免此种方案可能对公安机关实施的合法的刑事侦查行为造成的干扰,可以考虑简化此类行政诉讼的程序,允许公安机关向法院申请采取各类保全措施以保证刑事侦查行为的顺利进行。另一方案是行政诉讼的范围仍限于公安机关的行政行为,对于公安机关采取的刑事强制措施加以彻底改造,即从刑事诉讼程序的重新设置入手,合理配置刑事侦查权,分散公安机关的完整侦查权,使得所有限制和剥夺公民人身权和财产权的侦查行为置于法院的监督之下,公安机关对相对人采取任何强制措施之前,必须向有关法院申请令状,如拘捕令、搜查令、扣押令等,未经法院许可和批准,公安机关不得采取取保候审和监视居住等强制措施。虽然这一方案排除了法院通过行政诉讼方式对公安机关刑事侦查行为予以监督的可能,但通过获得法院令状的方式同样可以达到监督和救济的目的。

三、准行政行为的可诉性分析

准行政行为,是指符合行政行为的某些基本特征,包含行政行为的某些基本构成要素,但又因欠缺某些或某个要素,而不同于一般行政行为的一类行为。在日本和我国台湾地区行政法学界,有准法律行为的概念。有的学者将民法上法律行为和意思表示的概念引入行政法领域,把行政机关的行为划分为"以意思表示与观念表示为要素之精神行为"和"事实行为";并进而将前者划分为"法律行为之行政行为"和"准法律行为之行政行为"。"法律行为之行政行为"以意思表示为要素,相当于民法上的法律行为,即典型的行政处分[①];"准法律行为之行政行为"是就具体事实以观念表示为要素,通常包括确认行为、公证行为、通知行为与受理行为。[②]

简单地说,准行政行为就是欠缺行政行为的基本要素的行政行为。关于行政行为的要素,大体上可以概括为四项:主体要素、法律依据要素、意思表示要素和效果要素。主体要素是指作出行政行为

---

① 参见林纪东:《行政法原论(下)》,台湾"编译局"1966年版,第397页。另见史尚宽:《行政法论》,台湾1954年自版,第22—23页;陈鉴波:《行政法学》,台湾三民书局1964年版,第305—308页。

② 参见陈鉴波:《行政法学》,台湾三民书局1964年版,第306—307页。另参见史尚宽:《行政法论》,台湾1954年自版,第48—51页。

的主体是行政主体。法律依据要素是指行政行为的权限、实体和程序依据是行政法律规范。准行政行为与行政行为的区别,主要表现在意思表示要素和效果要素两方面的不同。

(1)意思表示要素是指行政主体通过行动(如交通警察以手势指挥交通)、语言文字、符号(如人行横道线、交通禁行标志)、信号等行为对外表示其意志,对相对人进行某种规制。凡是没有意思表示要素的行为,像气象部门的天气预报、交通部门埋设道路界碑、环保部门清理垃圾等,都不具备规制的性质,一般不构成行政行为,是事实行为。行政机关所作的带有"通知""评价""解释"性质的行为,例如,行政机关对某个事实的叙述或理由说明①,事件办理进度的告知,研究或鉴定报告的提出,对上级机关指示或其他行政机关意思的转达,对相对人提出疑问的规范性文件、规则的解释,法律救济途径的告知,税务机关催促办理纳税申报的通知等,其意图一般仅是告诉相对人关于某种事实或状态的信息,并不涉及相对人权利义务的取得、丧失或变更。因而,在性质上不是行政行为的意思表示。

(2)效果要素是指具体行政行为通过行政主体的意思表示,对外直接发生法律效果。如果对内发生法律效果或间接发生法律效果,或者不发生法律效果,就不具备行政行为的效果要素,因而不构成行政行为。

这种关于效果的意思表示不仅在"事实上"对外发生效力,或者可以发生效力,而且必须在"法律上"发生这种效力时,才算是以对外发生法律效果为目的。行政行为的法律效果不仅仅表现为公法上

---

① 某公民向某行政机关书面询问,可否对其下级行政机关的行政行为提起行政复议或诉讼,上级行政机关就其提问,依据法律作出答复,这种答复可能告诉公民"可以"或"不可以",但答复仅仅是上级行政机关的事实叙述或理由说明,不是对公民特定请求的受理或拒绝的意思表示,不产生法律效果。由于公民不是直接申请行政复议,即便上级行政机关告之"不可以",公民也不能认为是"上级行政机关拒绝受理"。另请参见台湾地区"行政法院"1972年裁字第415号判例:"官署所为单纯的事实叙述或理由说明,并非对人民请求有所推驳;即不同该项叙述或说明而生法律上之效果,非诉愿法上之行政处分,人民对之提起诉愿,由非法之所许。"

的法律效果,有时也直接发生私法上的法律效果。① 例如,经过有关行政机关的批准,而设立企业法人(私法人,即"私法上的法律效果",下同)、办理房屋产权登记、办理机动车买卖过户登记等。这在德国行政法上称为"私法形成的具体行政行为"(privatetrenchtgestaltende Verwaltungsakte)②,我国台湾学者称为"私法形成之行政处分"。

效果意思有直接和间接之分。一般行政行为的效果意思是一种直接的效果意思,即行为依照行政主体的意思表示(而不是法律的具体规定,或者依赖于新的事实出现),对相对人的权利、义务(产生、变更或消灭)发生直接的法律效果。相反,某些准行政行为的效果意思是一种间接的效果意思,即该行政行为虽然由行政主体作出,但是要依照法律的具体规定,或者依赖于新的事实出现(而不是行政主体的意思表示),才能对相对方的权利、义务发生法律效果,而且该法律效果是间接的法律效果。换句话说,准行政行为本身并不产生必然的、确定的、即刻的法律效果,只有当新的事实出现时,或者其他主体作出与该事实相关的行为时,处于休眠状态的准行政行为的效果意思才表现出其"对外"法律效果的特性。

根据上面的分析,如果包含行政行为的全部要素,该行为就是可诉的行政行为;如果欠缺行政行为的要素,它就可能是事实行为或者准行政行为。由于有些准行政行为并不对相对方的权利义务的产生、变更和消灭发生直接的法律效果,也就是说不直接对权利义务产生实质性影响,根据司法解释的规定,一般情况下,它不具有行政可诉性。但是,当它可能以"间接的形式"加强新的主体对相关事实处分的效果,或者对抗该效果时,就意味着开始对权利义务产生直接的、实质性影响,这时它就具有了行政可诉性。

四、确认行为及其可诉性

行政确认是指行政机关为确认相对人的权利或者具有法律意义

---

① 参见陈敏:《行政法总论》,台湾三民书局1999年版,第289页。"行政处分所用以直接发生法律效果,不以公法之法律效果为限。行政机关所为公权力之决定,直接发生私法之法律效果者,亦为行政处分。"

② 参见陈敏:《行政法总论》,台湾三民书局1999年版,第289页。

的资格而作的行政行为,是行政机关依职权或应申请,对法律上的事实、性质、权利、资格或者关系进行甄别和认定,包括鉴定、认证、划定、勘定、证明等。① 确认性行为包含行政行为的全部要素,虽然仅表明现有的实在法状态,但是也属于行政行为,"因为它是对法律状态具有约束力的确认,具有处理性"②。比较典型的是法定给付的确认,一旦确认,该给付决定即成为给付的法律依据,产生如下后果:在给付决定存续期间,不得拒绝或者撤回经确认的给付。它也有一定的权利形成性,在行政机关有裁量空间的情况下,这种效果会明显强化。与它形成鲜明对照的,是权利形成性行政行为,它具有设定、改变和消灭具体法律关系的功能,即对相对人的权利、义务产生直接影响,如接受外国人入籍登记、录用公务员、批准私法上的不动产转让合同(德国行政法上称为"形成私法权利的行政行为"③)等。

典型案例7

山东省淄博市机械局劳服公司诉四川江油市工商局违法鉴证案

(新闻报道)1994年6月13日,山东淄博市机械工业管理局劳服公司与四川省江油市川西北冷藏设备联合供应站签订了铝锭购销合同。双方向四川省江油市工商局下属三合镇工商所提出鉴证申请,该所在该合同上签署了鉴证意见:"经审查,本合同符合鉴证条件予以鉴证……"并加盖了合同鉴证专用章,收取鉴证费。由于供应站根本没有履约能力,服务公司蒙受巨大损失。服务公司遂于1994年10月向四川省绵阳市中级人民法院提起行政诉讼,要求被告工商局撤销错误鉴证,并赔偿由此给原告服务公司造成的经济损失,被裁定不予受理,原告上诉至四川省高级人民法院。1996年4月19日最高人民法院对四川省高级人民法院"关于鉴证机关错误

---

① 参见马怀德主编:《行政法与行政诉讼法》,中国法制出版社2010年版,第192—195页。

② 参见〔德〕哈特穆特·毛雷尔:《行政法学总论》,高家伟译,法律出版社2000年版,第207—208页。

③ 同上书,第20页。

鉴证应否承担赔偿责任的请求"作了明确答复,指出因鉴证错误给当事人造成经济损失的,"鉴证机关除退还收取的鉴证费外,应承担与其相应的赔偿责任"。

问题:工商局的鉴证行为属于什么性质的行为,是否可诉?

工商管理机关对民事合同进行的鉴证行为是比较典型的准行政行为,就其类别而言,属于行政确认行为。这一行为的特点是并不直接创设对相对人发生法律效果的权利和义务,而是对已经形成的权利和义务加以某种形式的认可,增强该行为的确定性。由于这种确认来源于国家授权,所以不同于民间的确认,是能够间接产生行政法效力的行为。如果行政机关违法或者滥用确认权,必然给相对人带来利益上的损害。基于信赖行政行为合法而取得的利益应当受到保护的原则,行政机关对于错误的确认行为应当承担法律责任。从这个意义上来说,行政确认行为是可诉的。那么,这类行为与一般行政行为的区别何在呢?为什么要将其归入"准行政行为"的范围呢?笔者认为,两类行为承担责任的范围和方式存在较大的区别。由于这种准行政行为并不直接创设权利和义务,而是对已经存在的某一权利义务关系或者事实加以确认,所以,当该确认行为发生错误后,不一定必然产生损害后果,是否产生损害后果,仍取决于原来的行为和事实,只不过是确认行为构成了导致损害后果的多种原因之一。正因如此,确认行为违法造成损害的,一般情况下,行政机关并不需要承担全部责任,而是一部分责任。在承担责任的方式上,也不是与真正加害方承担连带责任,充其量是一种补充责任。也就是说,在真正加害方无力承担责任的情况下才承担不足的部分。而一般的行政行为则不同,它们直接设定、变更和消灭实体权利义务,对相对人的合法权益产生直接法律效力,并不取决于其他的行为和事实的效力和后果。所以,一般的行政行为违法或者造成损害的,行政机关应当单独承担该行为的全部法律责任,承担责任的方式也不同于准行政行为。

确认行政行为的种类很多,大体上可以分为以下几种:认可、认定、鉴证、证明、鉴定、检验审核等。实践中常见的主要有鉴定、责任认定和证明行为。由于理论上对准行政行为缺乏比较准确的定性,所以实践中产生了较大的争议。

交通事故责任认定行为也是典型的准行政行为。主张交通事故责任认定行为不可诉的主要依据是1992年《最高人民法院、公安部关于处理道路交通事故案件有关问题的通知》。通知规定："当事人仅就公安机关作出的道路交通事故认定及伤残评定不服,向人民法院提起行政诉讼或民事诉讼的,人民法院不予受理。"很显然,这一规定并不合理。首先,交通事故的责任认定行为包含了行政行为的主体和效果要素,是另一类准行政行为。尽管它本身并没有给交通事故的当事人直接设定权利和义务,但对交通事故的责任划分则确认了已经发生的某一事实,对当事人在此之后的实体权利和义务间接产生了影响。也就是说,当法院以此为依据裁判当事人的交通事故纠纷时,交通事故责任的认定就产生了一定的法律效果,加上现行制度中公安机关的交通事故责任认定往往作为法院处理民事案件的前提,所以,法院不可能无视它的存在。既然交通事故责任认定并不是一般意义上的证据,而是具有行政法效力的行政行为,同时也是当事人取得法律救济的必经阶段,那么交通事故责任认定行为就是可诉的行为,基于此,2013年最高人民法院发布通知废止了《最高人民法院、公安部关于处理道路交通事故案件有关问题的通知》。

关于医疗事故鉴定行为的可诉性也是长久以来争论不休的问题。争论的焦点集中在,"医疗事故鉴定委员会是否是行政主体"以及"鉴定行为是否行使国家行政职权"上。1987年国务院《医疗事故处理办法》第11条规定:"病员及其家属和医疗单位对医疗事故或事件的确认和处理有争议时,可提请当地医疗事故技术鉴定委员会进行鉴定,由卫生行政部门处理。对医疗事故技术鉴定委员会所作结论或者对卫生行政部门所作的处理不服的,病员及其家属和医疗单位均可在接到结论或者处理通知书之日起十五日内,向上一级医疗事故技术鉴定委员会申请重新鉴定或者向上一级卫生行政部门申请复议;也可以直接向当地人民法院起诉。"1989年《最高人民法院关于对医疗事故争议案件人民法院应否受理的复函》称:"病员及其家属如果对医疗事故鉴定结论有异议,可以向上一级医疗事故技术鉴定委员会申请重新鉴定,如因对医疗鉴定结论有异议向人民法院起诉的,人民法院不予受理。"从以上两个规定的内容看:(1)医疗事故技术鉴定委员会是法规授权组织,是行政主体,它代表国家行使医疗鉴定的行政职权,其结论具有法律约束力,其他机构的鉴定行为没有这个特点。(2)医疗事故鉴定职权与其他行政职权相比,有不同的特点。它的技术性、专业性较强。但是,由于公证、鉴定机关均属于授权组织,其证明行为属于行政确认行为,会引起相对人法律地位的确立、变更或法律关系的产生、变更或消灭,应该具有可诉性。当然,鉴定行为的技术性、学术性、专业性、知识性较强,不宜由法院进行事实方面的审查。不过,对于违反法律明确规定的程序或要件的鉴定行为,法院可以依法对其法律问题和程序问题进行必要的审查,并作出相应的裁判。2002年《医疗事故处理条例》开始施行,《医疗事故处理办法》同时废止。需强调,条例虽保留了当事人对首次医疗事故技术鉴定结论不服时向医疗机构所在地卫生行政部门提出再次鉴定的申请的权利,却排除了当事人可以直接向当地人民法院起诉的可能。但这依然不影响法院依当事人的诉求,就鉴定活动的法律问题和程序问题作出审查。

回到本案工商机关的鉴证行为,同样属于确认性的准行政行为。原告与第三方签订经济合同的行为本来是单纯的民事行为,无须行政机关的批准和鉴证,该合同也不属于必须登记或者鉴证的合同范围。但是,原告考虑到在异地签订合同,为了保证该合同能够得到顺利履行,保证对方有一定的履约能力,故向当地工商管理部门提出了鉴证的请求。作为经济合同的监督管理机关,工商管理局在收取了鉴证费后对原告申请鉴证的合同进行了鉴证,并且在合同上加盖了"鉴证专用章"。可见,被告的鉴证行为使原告对第三方的履约能力增强了信心,是原告敢于签订并履行合同的重要原因之一。但是,由于被告没有尽到自己审慎审查的义务,作出了并不真实的鉴证,致使原告与第三方签订的合同无法履行,尽管原告遭受损失是合同对方当事人的违约行为所致,但与被告的错误鉴证行为有一定的联系,所以,原告有权对被告的鉴证行为提起诉讼,虽然被告不能承担原告的全部损失,但必须承担一部分损失。故法院判决的结论是正确的,其理由就是鉴证行为是准行政行为,虽然可诉,但又不同于一般的行政行为,被告不能承担原告的全部损失。

五、预备性或阶段性行为及可诉性

预备性行为,是正式作出最终行政行为前的预先准备行为,如对相对人许可证申请的受理、行政处罚前的传唤通知、听证通知、成绩通知、录取前的面试通知等。此类行为之所以属于准行政行为,是因为缺乏完整行政法律行为的效果要素。由于它不是行政机关的最终行为,所以对相对人不产生确定的法律规制效果,因而一般不可诉。预备性行为还包括下列形式:(1)许诺。指行政机关作出的采取或不采取特定措施的具有法律约束力的承诺。德国联邦行政法院称许诺为"行政机关以约束的意思对将来的作为或不作为自我设定主权性义务的行为"。如许诺发放营业执照、许诺采取特定措施关闭企业等。一般认为,许诺只对行政机关有约束力,不具有对外直接法律效果,因而也不是普通的行政法律行为,一般不可诉。但从信赖保护的原则出发,行政机关违背许诺应当承担相应的责任。(2)答复。与许诺相反,答复只是应相对人的请求单纯地告知某一事实状况或法律状态。不具备行政行为的意思要素和效果要素,也是不可诉的行政行为。

阶段性行为是德国行政法上的概念,它是指"行政机关已做成终局之决定,但对其中一项法律要件,则保留由另一对该要件事项之管辖行政机关予以认定。该主管机关如未为所须之认定,预备行政处分即失效作废"①。如药品管理局批准设立某一药品销售企业,但是,如果工商局认为条件不符合而拒绝发放营业执照,则药品管理机关的阶段性批准行为即失效。在这里,药品管理局的批准行为就是阶段性行为。因为阶段性行为已经具有法律效果,只不过尚未发生对外的法律效果而已。

阶段性行为主要包括以下两种:

1. 通知。根据通知所起的作用及其在整个行政行为中所处的阶段,可以把通知分为三种:(1)行政行为预备阶段的通知。如听证

---

① 请参见陈敏:《行政法总论》,台湾三民书局1999年版,第323页。

时间和地点的通知等,均不是行政行为。(2)使相对人了解行政行为内容的通知。这种通知与送达相似。未经通知的行政行为不是行政行为,通知是行政行为必不可少的程序要件,也是行政行为的合法要件和成立要件,它标志着行政行为的生效,"法治国家要求任何人不得因未通知自己的行政行为而被施加义务"[①]。但是,这种通知本身并非具体行政行为。(3)规定明确受领期限的授益行为通知。如入学通知、入伍通知、就业录取通知、公务员录取通知、附期限的领取补助的通知等。此类通知有三个特点:一是授益性,即对相对人授予某种利益;二是附明确受领期限;三是实体性。所谓"授益性",是指该通知的内容涉及授予相对人以某种利益。所谓"附明确受领期限",是指该通知对所授权益,规定有明确的受领期限,超过此期限,赋予相对人的实体权益将被取消。所谓"实体性",是指该通知是授益行政行为的"实体部分",而不仅是"形式部分"。也就是说,行政机关的行政决定本身就包含"通知"这个环节,如果欠缺了这个环节,行政行为不能成立,不会发生行政机关所期待的任何法律效果。在这一点上,它不同于一般行政行为中作为"形式部分"的通知,是典型的要式行政行为。虽然该行政行为的最终效果有赖于相对人的意思表示,但该行政行为一经作出,就对行政机关有约束力,不得随意更改,是行政机关完整意思表示不可分割的一部分。"录取或授益通知"实际上扮演双重角色,一是形式上的告知角色,二是行政行为效果意思表示的一部分。看来此类通知是可诉的准行政行为。传递通知的方式有自行通知(表现形式包括口头、书面、电报、标志、公告等)、邮政通知、代为转交等。如果在传递过程中,出现丢失、毁坏、误写、误投,致使相对人蒙受损失的,应当由通知者承担责任。行政机关自行通知错误,使行政行为无法生效的,自己承担责任;邮政通知、代为转交是行政委托,由委托机关承担责任。

2. 受理。是指行政机关接受相对人的申请,并启动行政程序的行为。受理行为一般可以视为是预备性行为,不包含确定的效果意

---

① [德]哈特穆特·毛雷尔:《行政法学总论》,高家伟译,法律出版社2000年版,第222页。

思,因而不构成完整的行政法律行为,是"未完成的行为",通常不可诉。但是,不受理行为或者逾期不予答复则属于拒绝行为或者不作为行为,它包含行政行为的主体、法律依据、意思表示、对外直接产生法律效果四个要素,应当是可诉的。

对准行政行为的审查也包含事实审和法律审两部分。有些准行政行为涉及的事实问题和法律问题均适合法院审查,如普通确认证明行为(身份证明、婚姻状况证明等)、鉴证行为、登记行为、认定行为、附受领期限的授益通知行为、不予受理行为或者拖延不答复行为等。有些涉及专业技术问题,学术性、专业性、知识性较强,不宜由法院进行事实方面的审查,只能进行法律审查,如医疗事故鉴定、技术鉴定、产品质量鉴定、交通事故责任认定等。

思考题

1. 行政诉讼受案范围的本质是什么?
2. 我国现行《行政诉讼法》受案范围的规定及其评价与完善建议。
4. 内部行政行为是否应当可诉,为什么?
5. 准行政行为是否应当可诉,为什么?
6. 阶段性行政行为是否应当可诉,为什么?

本章参考书目

1. 马怀德主编:《行政诉讼原理》(第二版),法律出版社2009年版。
2. 〔德〕哈特穆特·毛雷尔:《行政法学总论》,高家伟译,法律出版社2000年版。
3. 陈敏:《行政法总论》,台湾三民书局1999年版。
4. 马怀德主编:《行政法与行政诉讼法》,中国法制出版社2010年版。
5. 应松年主编:《行政行为法:中国行政法制建设的理论与实践》,人民出版社1993年版。

6. 方世荣:《论具体行政行为》,武汉大学出版社1996年版。
7. 杨小君:《我国行政诉讼受案范围理论研究》,西安交通大学出版社1998年版。
8. 甘文:《行政诉讼法司法解释之评论:理由、观点与问题》,中国法制出版社2000年版。
9. 罗豪才、应松年主编:《行政诉讼法学》,中国政法大学出版社1990年版。
10. 姜明安:《行政诉讼法学》,北京大学出版社2001年版。
11. 杨小君主编:《行政诉讼法学》,陕西旅游出版社1999年版。
12. 全国人大常委会法制工作委员会行政法室编:《行政诉讼法立法背景与观点全集》,法律出版社2015年版。
13. 江必新主编:《中华人民共和国行政诉讼法理解适用与实务指南》,中国法制出版社2015年版。
14. 袁杰主编:《中华人民共和国行政诉讼法解读》,中国法制出版社2014年版。
15. 江必新、邵长茂:《新行政诉讼法修改条文理解与适用》,中国法制出版社2015年版。
16. 马怀德主编:《新编中华人民共和国行政诉讼法释义》,中国法制出版社2014年版。
17. 最高人民法院行政审判庭编著:《最高人民法院行政诉讼法司法解释理解与适用》(上、下册),人民法院出版社2018年版。

第三章 行政诉讼的管辖

内容摘要 行政诉讼的管辖制度是解决行政案件之具体审判机关与组织的制度,它关涉法院的审判权与当事人诉权的行使,因此,我国《行政诉讼法》对此进行了科学的制度性设计,以期使行政案件得到公正的解决。行政诉讼的管辖是法院系统内部各法院之间受理第一审行政案件的权限分工。行政诉讼管辖的功能在于明确第一审行政案件的审判权所属的具体法院,即解决第一审行政案件具体应当由何级、何地法院受理的问题。管辖权异议是解决当事人对法院之审判权不满的制度。级别管辖是解决与确定不同级别的法院之间权限分工的制度。地域管辖是解决同级人民法院之间受理第一审行政案件分工的制度。裁定管辖是适应行政案件的特殊性而作的富有灵活性的制度设计。

学习重点 级别管辖;地域管辖;特殊地域管辖。

第一节 行政诉讼管辖概述

一、行政诉讼管辖概述

(一)行政诉讼管辖的含义

行政诉讼的管辖是法院系统内部各法院之间受理第一审行政案件的权限分工。行政诉讼管辖的功能在于明确第一审行政案件的审判权所属的具体法院,即解决第一审行政案件具体应当由何级、何地法院受理的问题。对于法院来说,管辖权解决的是哪个行政案件或申请执行具体行政行为的案件应由哪个法院受理与审判或审查与执行的问题;对于公民、法人或其他组织以及行政机关来说,管辖解决的是他们应该向哪个法院起诉或申请执行具体行政行为的问题。

在行政诉讼制度中,受案范围确定后,需要进一步明确的是管辖。行政诉讼的管辖与受案范围不同。受案范围明确的是人民法院对哪些行政案件拥有审判权，它主要解决的是人民法院审理行政案件的权限范围和与其他国家机关之间处理行政争议的权限划分问题。行政诉讼管辖则明确的是哪一级的哪一个法院行使审判权，它是在确定人民法院拥有审判权后，具体解决法院内部的权限分工。因此，行政诉讼的受案范围是管辖的前提。若法院对一个行政案件不拥有主管权，也就谈不上该由哪个法院行使管辖权。

行政诉讼的管辖也不同于主审。行政诉讼的主审是指在拥有管辖权的法院内部应由哪一个审判机构具体负责行政案件的审理，它解决不同法院之间的权限分工问题。《行诉解释》第3条所规定的就是行政诉讼的主审问题。该条规定，各级人民法院行政审判庭审理行政案件和审查行政机关申请执行其行政行为的案件。专门人民法院、人民法庭不审理行政案件，也不审查和执行行政机关申请执行其行政行为的案件。铁路运输法院等专门人民法院审理行政案件，应当执行《行政诉讼法》第18条第2款的规定，也即经最高人民法院批准，高级人民法院可以根据审判工作的实际情况，确定若干人民法院跨行政区域管辖行政案件。

(二) 行政诉讼管辖确定的原则

行政诉讼管辖的确定涉及许多因素，如原告所在地、被告所在地、违法行为发生地等，这些因素都是在确定管辖时需要加以考虑的。因此，确定行政诉讼管辖必须遵循以下原则：

(1) 便于当事人诉讼原则。这项原则是指确定行政诉讼管辖要方便当事人参加诉讼活动，以利于原告、被告进行诉讼。尤其需要考虑的是要便于作为原告的行政管理相对人参加诉讼，以充分保障原告的诉讼权利。因为原告经常是处于被告行政机关的控制之下，不能因管辖的原因而对其带来不便。《行政诉讼法》在规定级别管辖中，确定第一审行政案件一般由基层人民法院管辖，规定对限制人身自由的强制措施不服提起的诉讼，由被告所在地或原告所在地人民法院管辖，即体现了这一原则。

(2) 便于人民法院公正、有效地行使审判权原则。行政诉讼是人民法院对被诉行政行为行使行政司法审查权的活动，因此，在确定管辖时,一方面,法律应当为人民法院办理行政案件提供便利,便于人民法院调查取证,便于人民法院对判决的执行。特殊地域管辖中因不动产引起的行政案件专属管辖权即体现了这一原则。另一方面,行政诉讼涉及行政权与司法权的关系,为了减少和避免行政权干预审判权,在确定管辖时应尽量排除某些行政干预的因素,以保证人民法院公正审判。①

(3)确定性和灵活性相结合原则。诉讼是一种复杂的活动,一方面管辖最容易产生权限争议,为了避免争议,管辖必须明确。但另一方面,为了应对复杂情况,在管辖上又需要有一定的灵活度。这就需要将确定性和灵活性二者结合。我国《行政诉讼法》在确定管辖上,既有级别管辖,又有地域管辖,还有裁定管辖、管辖权异议等,都充分体现了这一原则的法律精神。

二、管辖权异议

所谓管辖权异议,是指当事人对法院已受理的行政案件,认为其没有管辖权,因而提出异议,由法院予以处理的制度。建立管辖权异议制度是为了保证人民法院公正审理案件,尤其是排除行政干预。管辖权异议制度分为管辖权异议的提出和处理两个方面。

(一)管辖权异议的提出

根据《行诉解释》第10条,人民法院受理案件后,被告提出管辖异议的,应当在收到起诉状副本之日起15日内提出。

(二)管辖权异议的处理

对当事人提出的管辖权异议,人民法院应当进行审查,根据审查结果作出相应处理。如果异议成立的,裁定将案件转移给有管辖权的法院;异议不成立的,裁定驳回管辖异议。无论管辖权异议是否成立,人民法院作出的裁定都必须是书面形式。对于驳回管辖异议的裁定,当事人有权提起上诉。驳回管辖权异议的裁定是行政诉讼中三种可上诉的裁定之一。其他可上诉的裁定还有不予受理的裁定和

---

① 我国2014年修正的《行政诉讼法》在确定中级人民法院管辖的第一审行政案件时将"对国务院部门或者县级以上地方人民政府所作的行政行为提起诉讼的案件"列入其中,即是考虑到人民法院的公正审理。

驳回原告起诉的裁定。因为管辖权异议对当事人影响重大,之所以提出管辖权异议,往往是由于当事人认为管辖法院不能公平审判,因此事关当事人能否获得公平审判等实体权益,因而可以上诉。

此外,为了解决司法实践中个别当事人利用管辖权异议制度干扰行政诉讼的问题,《行诉解释》第10条第3款专门规定:人民法院对管辖异议审查后确定有管辖权的,不因当事人增加或者变更诉讼请求等改变管辖,但违反级别管辖、专属管辖规定的除外。

《行诉解释》第11条同时明确了对于人民法院发回重审或者按第一审程序再审的案件,当事人提出管辖异议的,以及当事人在第一审程序中未按照法律规定的期限和形式提出管辖权异议,在第二审程序中提出的,人民法院不予审查。这提高了行政诉讼效率。

第二节 行政诉讼的级别管辖

级别管辖是不同审级的人民法院之间审理第一审行政案件的权限划分。我国人民法院的设置分为四个审级:基层人民法院、中级人民法院、高级人民法院和最高人民法院。因此,一个案件诉到法院,首先要确定由哪一审级的法院管辖。我国《行政诉讼法》分别规定了它们各自审理第一审行政案件的权限范围。

一、基层人民法院的管辖

基层人民法院管辖第一审行政案件是级别管辖的一般原则。该原则意味着行政案件的起审点定在基层法院,一般案件除中级人民法院、高级人民法院以及最高人民法院管辖的特殊的第一审行政案件外,均由基层人民法院管辖。因此对于级别管辖,应着重把握的是分别归中级人民法院、高级人民法院以及最高人民法院管辖的特殊案件。除此之外的行政案件均归基层人民法院管辖。

一般行政案件由基层人民法院管辖,是因为基层人民法院是我国法院体系中的基层单位,它们数量大、分布广。而且,当事人所在地、被诉行政行为所在地一般都在基层人民法院的辖区内,由基层人民法院受理行政案件,既便于当事人诉讼,又便于法院及时审理案件。

二、中级人民法院的管辖

根据我国《行政诉讼法》的规定,中级人民法院对下列特殊的行政案件拥有一审管辖权:

1. 对国务院部门或者县级以上地方人民政府所作的行政行为提起诉讼的案件

被告行政机关是有级别的,级别越高,可施加影响、干预的因素也就越多。行政诉讼的级别管辖的确定适当考虑了被告行政机关的级别,此类行政案件即是体现。这类行政案件所涉及的行政行为的专业性和政策性较强,一般较为复杂、疑难或在中级人民法院辖区以内具有重大影响,由中级人民法院管辖,有助于人民法院排除干扰、公正审判。

2. 海关处理的案件

海关处理的案件主要是指由海关处理的纳税案件和有关因违反海关法被海关处罚的行政案件。这类案件由中级人民法院管辖的主要理由是:其一,海关大多设置在大中城市,职权范围与中级人民法院基本吻合;其二,海关的业务与政策要求较高,由中级人民法院管辖,可以保证办案质量。

3. 本辖区内的重大、复杂案件

重大、复杂的案件一般都需要适当提高管辖级别,重大、复杂行政案件更需要通过提高审级来确保审判的公正性。但是何为"重大、复杂",《行政诉讼法》并没有明确规定。根据《行诉解释》第5条,有下列情形之一的,属于"重大""复杂"案件,应当由中级人民法院管辖:(1)社会影响重大的共同诉讼案件;(2)涉外或者涉及香港特别行政区、澳门特别行政区、台湾地区的案件;(3)其他重大、复杂案件。

4. 其他法律规定由中级人民法院管辖的案件

这一项属于衔接性的规定,为今后管辖制度改革预留了发展的空间。以全国人民代表大会常务委员会《关于在北京、上海、广州设立知识产权法院的决定》为例,知识产权法院管辖关于专利、植物新品种、集成电路布图设计、技术秘密等专业技术性较强的第一审知识产权行政案件,北京知识产权法院管辖不服国务院行政部门裁定或者决定而提起的第一审知识产权授权确权的行政案件。

三、高级人民法院、最高人民法院的管辖

高级人民法院和最高人民法院管辖的都是本辖区内重大、复杂的第一审行政案件,只是各自辖区不同。对于高级人民法院而言,"本辖区内重大、复杂的案件"是指在一个省、自治区、直辖市范围内,案情重大、涉及面广、案情复杂、影响重大的行政案件;对最高人民法院而言,则是指在全国范围内重大、复杂的第一审行政案件。这主要考虑到高级人民法院还承担着对辖区内中级人民法院和基层人民法院的审判工作进行监督和指导以及对上诉案件的审理任务;而最高人民法院的主要任务是针对全国各级人民法院的审判工作进行监督和指导,并对审判中的法律适用问题进行司法解释,并且作为最高级别的法院,其判决为终审判决,如果管辖一审行政案件过多,将会影响两审终审制作用的发挥。而对是否"重大、复杂"的判断由高级人民法院和最高人民法院进行。

第三节 地 域 管 辖

地域管辖是指同一审级的不同法院在受理行政案件上的权限分工。级别管辖是从纵的方向确定各级人民法院对案件的管辖权限,地域管辖是从横的方向确定同级人民法院之间受理第一审行政案件的权限分工。由于同一审级存在着若干法院,因而在解决了哪一审级的法院管辖之后,进一步要确定同一审级的不同法院之间的权限分工。地域管辖一般是根据法院的辖区和当事人所在地、诉讼标的所在地等来确定行政案件管辖。行政诉讼的地域管辖可以分为一般地域管辖和特殊地域管辖。

一、一般地域管辖

一般地域管辖是指适用于一般行政案件、按照一般标准确定

的管辖。地域管辖的一般标准是:行政案件原则上应该由最初作出行政行为的行政机关所在地人民法院管辖。该标准包含着两层含义:

(1)行政诉讼中的地域管辖是根据被告行政机关所在地来确定管辖。诉讼管辖的一般标准是"原告就被告",行政诉讼也不例外。行政诉讼的地域管辖不是根据原告所在地,也不是根据违法行为的发生地等因素确定。这是因为被告行政机关所在地,通常也就是原告所在地以及违法行为发生地。行政机关的职权有着地域界限,他只能对所管辖地域范围内的人和事进行处理。影响地域管辖的几个因素,根据行政机关所在地来确定并无矛盾。因此,公民、法人或其他组织应该向被告行政机关所在地的人民法院起诉。

(2)公民、法人或其他组织应该向最初作出行政行为的行政机关所在地人民法院起诉。之所以加"最初"这一限定,是因为有些行政案件是经过行政复议的,这时客观上存在两个行政机关:原行为机关和复议机关,到底由哪个行政机关所在地人民法院管辖,需要予以明确。据此,一般地域管辖遵循的是"行政行为最初作出机关所在地"原则。

二、特殊地域管辖

特殊地域管辖是指适用于特殊案件,按照特殊标准来确定的管辖。行政案件是复杂的,有时因为某种特殊因素的存在,根据一般标准来确定地域管辖可能会导致不公平,因此需要按照特殊标准来确定管辖。行政诉讼中的特殊地域管辖具体包括以下三种:

(一)经复议的选择管辖

所谓选择管辖是指对于两个以上的人民法院都拥有管辖权的诉讼,原告可以选择其中任何一个人民法院起诉,从而确定具体法院的管辖。我国《行政诉讼法》第18条规定,经复议的案件,也可以由复议机关所在地人民法院管辖。这就是说,经过复议的案件,无论复议决定是否改变原行政行为,均可以由原告来选择管辖法院,即由原告选择是向复议机关所在地的人民法院还是原行为机关所在地的人民法院提起诉讼。

（二）对限制人身自由的行政强制措施不服而提起诉讼的选择管辖

对限制人身自由的行政强制措施不服而提起诉讼的行政案件，可以由被告所在地人民法院管辖，也可以由原告所在地管辖，由原告选择确定。此时也是一种选择管辖。行政诉讼中的原告所在地包括原告的户籍所在地、经常居住地和被限制人身自由所在地。其中的经常居住地是指公民离开其户籍所在地起至诉讼时已连续居住满1年以上的地方，但公民住院就医的地方除外。因此如果公民对限制人身自由的行政强制措施不服提起行政诉讼的，被告所在地、原告户籍所在地、原告经常居住地和原告被限制人身自由地的人民法院均有管辖权。

此类案件之所以作为特殊案件，按照特殊标准来确定地域管辖，主要是考虑到被限制人身自由的公民本身具有流动性，其经常居住地、被限制人身自由地与其户籍所在地以及被告所在地之间常不一致，如果严格按一般地域管辖的规则来确定管辖，往往会给起诉人造成不便。加之此时原告处于极为不利的地位，如果严格限定原告只能在被告所在地法院起诉，不利于甚至可能因此剥夺原告的诉权。

选择管辖客观上是因为两个以上人民法院都有管辖权，法院管辖权取决于起诉人的选择。若起诉人向有管辖权的人民法院都提起诉讼，则由最初立案的人民法院管辖。

值得注意的是，如果公民、法人或其他组织认为行政行为侵犯自己的财产权（不动产物权除外）而起诉的，管辖的确定遵循一般地域管辖的规定。但依《行诉解释》第8条第2款的规定，对行政机关基于同一事实，既采取限制公民人身自由的行政强制措施，又采取其他行政强制措施或者行政处罚不服的，由被告所在地或者原告所在地的人民法院管辖。

（三）因不动产提起诉讼的专属管辖

因不动产提起诉讼的行政案件，由不动产所在地人民法院专属管辖。所谓不动产是指形体不能移动，或者在移动以后会引起性质、价值改变的财产，如土地、山岭、荒地、草原、房屋、林木以及水流等。

通常指土地及其附着物。一般而言，如果被诉具体行政行为侵犯了起诉人的不动产物权，比如因违章建筑的拆除而提起的诉讼、污染鱼塘或水流提起的诉讼等，该行政案件就应该由不动产所在地人民法院管辖。专属管辖具有排他性，其他人民法院无权管辖此类案件。此类案件设定专属管辖，主要是考虑到了人民法院调查、勘验、测量以及执行的方便，以便于人民法院正确、及时地审理相应案件。

第四节　裁　定　管　辖

裁定管辖是指根据人民法院作出的裁定或决定而不是法律的直接规定来确定行政案件的管辖。诉讼活动是十分复杂的，有时可能会出现某些情况，以至于无法确定管辖。对此只能依靠人民法院的裁定来确定管辖。因此，裁定管辖本质上是人民法院内部灵活调整的权力。具体而言，裁定管辖主要有以下三种：移送管辖、指定管辖和管辖权的转移。

一、移送管辖

移送管辖是指人民法院对受理的行政案件经审查后发现自己对该行政案件没有管辖权时，将该案件移送到自己认为有管辖权的法院。"发现"可以是主动发现，也可以是因为当事人提出管辖权异议后发现。根据我国《行政诉讼法》第22条的规定，人民法院发现受理的案件不属于本院管辖的，应当移送有管辖权的人民法院，受移送的人民法院应当受理。受移送的人民法院认为受移送的案件按照规定不属于本院管辖的，应当报请上级人民法院指定管辖，不得再自行移送。又依《行诉解释》第10条的规定，人民法院受理案件后，被告提出管辖异议的，应当在收到起诉状副本之日起15日内提出；对当事人提出的管辖异议，人民法院应当进行审查。异议成立的，裁定将案件移送有管辖权的人民法院；异议不成立的，裁定驳回。

移送管辖必须具备以下三个条件：(1)移送的案件必须是已经

受理的案件,没有受理的案件不发生移送管辖。(2)移送的法院对案件没有管辖权。(3)接受移送的法院必须有管辖权,即将案件移送到有管辖权的法院,而不能一推了之。在这里之所以强调"自己认为",是因为受移送的人民法院并不一定真的拥有管辖权。但受移送的人民法院在认为自己也没有管辖权时,不能自行移送,以防止互相推诿。此时应报请共同的上级法院指定管辖。

二、指定管辖

指定管辖,是指上级法院决定将行政案件交由下级法院管辖的制度。根据《行政诉讼法》和《行诉解释》,存在以下情况:

1. 指定异地管辖

指定异地管辖,是指依照法律的规定,有管辖权的基层人民法院不适宜管辖的第一审行政案件,经原告申请、基层人民法院提请或者中级人民法院决定,由中级人民法院将其指定到本辖区内其他基层人民法院管辖审理。

(1)当事人启动

根据《行诉解释》第6条的规定,当事人以案件重大复杂为由,认为有管辖权的基层人民法院不宜行使管辖权或者根据《行政诉讼法》第52条的规定,向中级人民法院起诉的,中级人民法院应当根据不同情况,审查案件是否确属重大、复杂案件,是否应当立案而未立案,在7日内分别作出以下处理:① 决定自行审理;② 指定本辖区其他基层人民法院管辖 ;③ 书面告知当事人向有管辖权的基层人民法院起诉。其中,若案件符合起诉条件,基层人民法院既不立案又不作出不予立案裁定的行为,违反了行政诉讼法的规定,中级人民法院可以责令下级人民法院改正,也可以参照《行政诉讼法》第51条第4款的规定,对直接负责的主管人员和其他直接责任人员依法给予处分。[①]

[①] 最高人民法院行政审判庭编著:《最高人民法院行政诉讼法司法解释理解与适用》(上),人民法院出版社2018年版,第76页。

（2）基层人民法院启动

根据《行诉解释》第7条的规定,基层人民法院对其管辖的第一审行政案件,认为需要由中级人民法院审理或者指定管辖的,可以报请中级人民法院决定。中级人民法院应当根据不同情况在7日内分别作出以下处理:①决定自己审理;②指定本辖区其他基层人民法院管辖;③决定由报请的人民法院审理。

（3）中级人民法院启动

在司法实践中,有的上级法院为使案件的一审、二审都在本院辖区内,将本应由本院管辖的第一审行政案件交由下级法院审理,严重影响了当事人的审级利益,侵犯了当事人的诉讼权利。为此,2014年《行政诉讼法》修正时删除了上级法院可以把自己管辖的案件移交给下级法院审理的条款,将"上级人民法院有权审判下级人民法院管辖的第一审行政案件,也可以将自己管辖的第一审行政案件移交下级人民法院审判"修改为"上级人民法院有权审理下级人民法院管辖的第一审行政案件"。

2. 法院之间发生管辖权争议

同级法院之间发生争议,应当互相协商;协商不成的,应当报请共同上一级法院决定管辖。

三、管辖权的转移

管辖权的转移是指经上级人民法院决定或者同意,将行政案件的管辖权由下级人民法院移交给上级人民法院,管辖权的转移与上述移送管辖虽然都涉及转移,但二者性质不同。管辖权的转移,转移的是管辖权,是将行政案件由有管辖权的法院转移给无管辖权的法院,通常发生于上下级人民法院之间;而移送管辖转移的是案件,是将行政案件由无管辖权的人民法院移送给有管辖权的人民法院,而且一般在同级人民法院之间进行。

《行政诉讼法》第24条规定管辖权转移的情形为:上级人民法院如果认为下级人民法院管辖的第一审行政案件适宜由自己管辖,可以决定该案件的管辖权移至自身;下级人民法院如果认为自己管辖的第一审行政案件需要由上级人民法院审理的或者指定管辖的,可以报请上级人民法院转移管辖权,是否转移,由上级人民法院决定。

思考题

1. 什么是行政诉讼的级别管辖？中级人民法院的管辖权是哪些？其依据是什么？
2. 确定行政诉讼的管辖权在法理上有哪些标准？
3. 什么是行政诉讼的地域管辖？一般地域管辖与特殊地域管辖的主要内容是什么？

本章参考书目

1. 应松年主编:《行政诉讼法学》,中国政法大学出版社2011年版。
2. 马怀德主编:《司法改革与行政诉讼制度的完善》,中国政法大学出版社2004年版。
3. 胡建淼主编:《行政诉讼法学》,高等教育出版社2003年版。
4. 全国人大常委会法制工作委员会行政法室编:《行政诉讼法立法背景与观点全集》,法律出版社2015年版。
5. 江必新主编:《中华人民共和国行政诉讼法理解适用与实务指南》,中国法制出版社2015年版。
6. 袁杰主编:《中华人民共和国行政诉讼法解读》,中国法制出版社2014年版。
7. 江必新、邵长茂:《新行政诉讼法修改条文理解与适用》,中国法制出版社2015年版。
8. 马怀德主编:《新编中华人民共和国行政诉讼法释义》,中国法制出版社2014年版。
9. 最高人民法院行政审判庭编著:《最高人民法院行政诉讼法司法解释理解与适用》(上、下册),人民法院出版社2018年版。

第四章　行政诉讼参加人

内容摘要　行政诉讼参加人是指与案件有一定牵连,依法参加诉讼活动的人,分为当事人和诉讼参与人。当事人的特征是以自己的名义参加诉讼,与纠纷有直接利害关系并受法院裁判的约束。当事人包括原告、被告、第三人、共同诉讼人。其他诉讼参与人包括鉴定人、证人、翻译人员等。不同的诉讼参加人诉讼地位不同,享有不同的诉讼权利,承担不同的诉讼义务。

学习重点　行政诉讼参加人的概念、特征和诉讼地位;原告起诉的条件及原告资格的确认;被告的确认;共同诉讼人;第三人。

第一节　行政诉讼参加人概述

一、行政诉讼参加人的概念

行政诉讼参加人是指与案件有一定的牵连,依法参加行政诉讼活动的人。一起纠纷的产生往往涉及诸多的人和事,如果将所有涉及的人和事皆纳入诉讼程序,诉讼将无法进行,为此,诉讼程序需要适度的封闭性,通过相关性原理,将与诉讼无太多干系的人和事排除于程序之外,以满足诉讼适度简明的要求及程序自治性要求。诉讼程序的自治性是指诉讼程序只允许依法参与程序的人按照法律的既定规则,进行诉讼活动。程序自治的目的在于防止诉讼程序无限开放以后,与诉讼无关的人参与程序,发表意见,不当地影响甚至左右案件的审理结果。从主体角度来说,为了保证诉讼的封闭性,与案件无关系的人,不允许其参与诉讼。案外人虽然可以在程序外发表自己对案件的评论,如媒体、专家对案件的评论,但这些评论不具有法律效果,通常也不应成为法院判案的依据。行政诉讼法上用"诉讼参加人"这一概念对依法参加行政诉讼的人进行界定。

二、行政诉讼参加人的范围

行政诉讼中诉讼参加人的范围很广,包括当事人、证人、鉴定人、勘验人、翻译人员、专家辅助人等。当事人是指因与行政纠纷有利害关系而参加诉讼并受法院裁判约束的人。当事人包括原告、被告、第三人、共同诉讼人。在不同的程序中,当事人的称谓也不同。在一审中,当事人各方被称为原告、被告、第三人。在上诉审中,上诉一方被称为"上诉人",被上诉的一方被称为"被上诉人",其他未提出上诉也未被他人上诉的人,依原审地位列明身份——如原审原告、原审被告等。不同的称谓,不仅反映了案件的审理程序不同,也反映了各方当事人的诉讼地位变化。

其他行政诉讼参加人是指当事人以外依法参与诉讼的人。这些人之所以参加诉讼并非基于与案件有利害关系,而是基于案件审理的需要,如翻译人员参加诉讼是出于语言沟通上的需要,鉴定人参与诉讼是基于技术上的需求,证人参与诉讼是基于他目睹过案件事实的发生,等等。这些因不同的案件审理需要参加诉讼的人,他们的程序权利和义务,由法律具体予以规定。案件当事人作为诉讼参加人,与其他诉讼参加人的不同之处在于,他们和纠纷有实体上的利害关系,而其他诉讼参加人与纠纷无实体上的利害关系。因为这一实质的不同,当事人在诉讼中有以下特征:

(1)以自己的名义进行行政诉讼。当事人参加诉讼是为了维护自己的利益,为此,在诉讼中,都应当以自己的名义进行诉讼。这一点,使当事人与诉讼代理人相区别。诉讼代理人参加诉讼是为了维护被代理一方的利益,他在诉讼中通常以被代理人的名义为各种行为。需要提醒的是,其他诉讼参加人并非一律是以他人的名义行事,如证人、鉴定人,他们出庭参加诉讼,也是以自己名义进行诉讼活动。

(2)与行政纠纷有直接利害关系。与被审理的行政纠纷有无实质上的直接利害关系是当事人与其他诉讼参加人最本质的区别。其他行政诉讼参加人虽然参加诉讼,而且有时也表现出一定的立场,如证人的证言明显对一方当事人有利,但他们与案件审理的结果并无实质利害关系。

"利害关系"并非一个非常确定的概念,最初人们将它与"物质上的利害关系"等同,后来,随着人类对精神生活的注重和追求,"精神上的利害关系"也被涵摄进入这一概念。随着人们平等意识、民主政治意识的增强,一些目前尚难明确界定的利害关系,也可能被涵摄进去。如受教育权、对政府以及其他公共信息的知情权等。可以预见,随着国家法治进程的向前推进,"利害关系"一词将会被人们在更为宽泛的意义上运用。在美国、日本等法治建设较为完备的国家,都允许符合一定条件的国民或群体提出"知情权诉讼"即为一例。

(3)受法院裁判的约束。当事人因为和纠纷有利害关系,法律程序上因此赋予当事人以更多的程序权利,当然,同时也科以更多的程序义务。因为有了这些程序上的保障,当事人可以使用各种程序上的手段来维护自身利益,也就是说,当事人的实质利益受到程序之保障。相应地,法院就可以对当事人之间的利益纠纷进行审判。其他诉讼参加人,由于与案件没有利害关系,他们的利益没有被提交给法院审判,所以程序地位不同,通常他们只依法律的具体规定行使有限的程序权利,履行有限的程序义务。至于案外人,由于没有参加诉讼,他们的利益没有获得程序保障。没有获得当事人地位的人,他的利益不受本案法院裁判。受法院裁判的,只能是案件的当事人,此属于诉讼程序自治性原理的另一体现。

第二节 行政诉讼原告

一、行政诉讼原告的含义

行政诉讼原告,是指因对行政机关及其工作人员的行政行为不服依法提起诉讼的公民、法人或者其他组织。[①] 这样一个定义,包括以下几点内容:

(1)行政诉讼的原告可以是个人,包括外国人和无国籍人,也可

---

① 参见《行诉解释》第1条。

以是组织。组织分为法人组织和非法人组织。法人是指依法成立,能够独立承担法律责任、履行法律义务的组织。非法人组织是指法人以外的社会团体。并非人们之间成立的一切组织都是行政诉讼法上所指的非法人组织,有些组织极其松散,法律上不视为有独立的诉讼主体资格,如松散型的读书会、同乡会等。参照《民法典》总则编,非法人组织是不具有法人资格,但是能够依法以自己的名义从事民事活动的组织。至于一个组织应当具备多少财产,其组织化要到何种程度才能被视为具有诉讼主体资格的"非法人组织",现行法律没有规定,法律也不可能作出详细规定,具体由法院在案件审理中,视案情以及审理的需要裁量决定。如果一个组织未被法院确认为具有诉讼主体资格的非法人组织,则涉及该组织的诉讼,由组织成员以个人名义起诉。

(2) 原告起诉的理由是对行政行为不服。在行政诉讼中,法院主要是对行政机关行政行为的合法性进行审查,通常不进行合理性审查,但这并不意味着原告在起诉时只能就行政行为合法性问题提出争议,或者要求原告一定要对行政行为的合法性提出争议,起诉才能被受理。原告只要对行政行为不服,就可以提起诉讼。之所以作出如此规定,一方面是为了保护当事人的诉权,另一方面是因为在起诉阶段,行政行为的合法性问题往往不明显、不明确,如果要求原告起诉一定只能提出合法性争议,将严重地损害当事人的诉权,不合法理,也不合情理。

(3) 原告就行政行为不服提起诉讼。《行政诉讼法》第 53 条规定公民、法人或者其他组织认为行政行为所依据的国务院部门和地方人民政府及其部门制定的规范性文件不合法,在对行政行为提起诉讼时,可以一并请求对该规范性文件进行审查。即原告对行政行为不服的,可以一并对该行政行为所依据的规范性文件提起附带性审查,但此处"规范性文件"不包含规章在内。

(4) 原告与行政行为有利害关系。诉讼法上,一个广为人们采用的原理是"无利益,无诉权"。如果原告不能证明或者不能合理说明,他与起诉的行政纠纷有利害关系,法院将不受理原告之起诉,以不予受理或裁定驳回起诉的形式,将原告的起诉驳回。此涉及法院对原告资格确认的问题。

二、原告资格的确认

依据《行政诉讼法》的规定,原告起诉应当符合法定条件。原告资格的确认,涉及两方面问题,一方面是当事人诉权的保护,另一方面是防止当事人滥用诉权。从依法行政、保护公民诉权的角度出发,在行政诉讼中,对原告资格的确认应当适度放宽,从而加大司法审查的力度,但如果立法以及司法过程中,对原告资格不加以适度的限制,就会形成滥诉的局面。滥诉不仅不必要地加大了行政执法成本和社会成本,而且,也会增加法院的案件负担,降低司法的效率,从总体角度来看,反而不利于法治建设,不利于对相对人权利的保护。

依我国现行法律规定,原告起诉至法院后,法院应当在7日内审查决定是否立案审理。法院审查内容的一部分即是原告资格问题,而且在整个诉讼过程中,法院也有权继续审查原告的资格问题。

原告资格的审查确认主要涉及两个方面:

(1)原告法律人格的审查。这里的法律人格,是指原告有无法律上认可的、以自己名义独立提起诉讼的资格。这一问题对于一般的公民、法人而言,通常不产生争议,但对于非法人组织以及特定情形的公民、法人,容易产生争议和错误。例如,有关无行为能力人或限制行为能力人利益的诉讼,如果诉讼涉及这些人本身的利益,则应当由这些人本人为原告提起诉讼,其监护人作为法定代理人参加诉讼。如果纠纷涉及法定代理人的监护权,即法定代理人认为行政行为损害了其监护权的行使,则应当由监护人以自己的名义提起诉讼。对于法人而言,在正常情况之下,应当以法人的名义提起诉讼。如果法人被工商行政部门吊销营业执照或法人处于破产清算过程中,仍应以法人的名义提起诉讼,由清算组织作为代表人参加诉讼,而不是由原法人代表人代表企业参加诉讼。法人依法终结以后,由于主体已不复存在,即不得再以该法人的名义提起诉讼。

(2)利害关系的审查。确认原告的资格还涉及利害关系的审查。如果原告与争议的纠纷并不存在可能成立的利害关系,则应当以原告与起诉的纠纷无利害关系为由,驳回起诉。需要注意的是,法院在审查立案阶段对利害关系的审查,应当是表面审查,而不能作实质审查。所谓表面审查,是指法院在这一阶段审查利害关系时,仅应当依据原告在诉状中所表明的事实和提起的诉讼请求,来判决其与本案有无利害关系,而不能要求原告必须确切证明并使法院确信其与本案有利害关系。因为关于利害关系的判断,属于实质判断,应当在诉讼过程中进行。如果在审查立案阶段就进行深度的实质审查,将会产生剥夺行政相对人诉权的不良后果。

在判断何种情形属于《行政诉讼法》第25条第1款规定的"与行政行为有利害关系"上,《行诉解释》较此前的《若干解释》增加了些许情形,表现在如下条文:《行诉解释》第12条第5项:为维护自身合法权益向行政机关投诉,具有处理投诉职责的行政机关作出或者未作出处理的;第13条:债权人以行政机关对债务人所作的行政行为损害债权实现为由提起行政诉讼的,人民法院应当告知其就民事争议提起民事诉讼,但行政机关作出行政行为时依法应予保护或者应予考虑的除外;第17条:事业单位、社会团体、基金会、社会服务机构等非营利法人的出资人、设立人认为行政行为损害法人合法权益的,可以以自己的名义提起诉讼;第18条:业主委员会对于行政机关作出的涉及业主共有利益的行政行为,可以自己的名义提起诉讼。业主委员会不起诉的,专有部分占建筑物总面积过半数或者占总户数过半数的业主可以提起诉讼。

三、原告资格的转移

原告资格确定后,如发生法定事由,致使原告在客观上不复存在时,应由其他相关的人或组织接替进行诉讼,此时即发生原告资格的转移。原告资格转移后,由接替原告的人或组织继续行使诉讼权利,履行诉讼义务。原告此前的诉讼行为仍然有效,对新的诉讼主体具有拘束力。原告资格的转移主要发生在以下几种情况:

(1)原告死亡。当事人死亡的,按其死亡时间的不同,产生不同的法律后果。按《行政诉讼法》第25条的规定,有权提起诉讼的公民死亡,由其近亲属提起诉讼。近亲属包括配偶、父母、子女、兄弟姐妹、祖父母、外祖父母、孙子女、外孙子女和其他具有扶养、赡养关系的亲属。严格地说来,这种情形并非属于原告资格的转移,因为有关公民尚未提起诉讼即死亡,有关公民并未取得原告资格,当然不发生原告资格转移的问题。其近亲属和有关人员以自己名义起诉的,由其自己直接作为原告。其原告资格并非承继而来,而是依据法律的规定直接获得。真正发生原告资格转移的情形是,原告在诉讼中死亡,由其近亲属依法承继诉讼。《行诉解释》第88条规定,在诉讼过程中,原告死亡,没有近亲属或者近亲属放弃诉讼权利的,诉讼终结。据此可以推知,如果近亲属没有放弃诉讼权利的,诉讼在依法中止一段时间后,应当由其近亲属继续进行诉讼。当然,已死亡的原告如在原诉状中提出过和本人人身直接相关联的诉讼请求,则其继承人不得继续参加诉讼,因为与人身直接相关的权利依法不得继承,故继承人不得就已死亡的原告的人身权利提起诉讼。

至于原告,如果在诉讼中丧失诉讼行为能力的,则由其监护人代理其参加诉讼。此时,也不发生原告资格的转移问题。

(2) 法人或其他组织终止。在诉讼未进行前,如果法人或其他组织终止的,承受其权利的法人、组织或个人有权提起诉讼。这种情形也不属于原告资格的转移,承受其权利的法人、组织或个人应以自己的名义直接行使诉权。如果在诉讼过程中,法人或其他组织被终止的,则发生原告资格的转移,由承受其权利的法人、组织或者个人进行诉讼。原先参加诉讼的原告所为的诉讼行为对承受其权利的原告具有法律约束力。关于法人、组织终止需要注意的是,法人、组织在清算过程中,包括被行政部门吊销营业执照尚未清算完毕的企业,应当认为该法人或组织并未终止,其并未丧失诉讼主体的资格,应当由清算组代表该组织参加诉讼。

四、行政公益诉讼中的原告

行政管理活动有时候会侵犯公共利益,在没有具体的行政相对人的情况下,这部分公共利益不能得到保护,因此就有必要由有关的社会组织或者国家机关代表公共利益对作出行政行为的行政机关提起诉讼,即行政公益诉讼。提起诉讼的有关社会组织或者国家机关,即是行政公益诉讼中的原告。

2015年7月1日,第十二届全国人民代表大会常务委员会第十五次会议通过了《全国人民代表大会常务委员会关于授权最高人民检察院在部分地区开展公益诉讼试点工作的决定》,这意味着人民检察院成为试点地区行政公益诉讼的起诉主体,也即原告。2017年6月27日,第十二届全国人民代表大会常务委员会第二十八次会议通过了《全国人民代表大会常务委员会关于修改〈中华人民共和国民事诉讼法〉和〈中华人民共和国行政诉讼法〉的决定》,《行政诉讼法》第25条增加1款,作为第4款:"人民检察院在履行职责中发现生态环境和资源保护、食品药品安全、国有财产保护、国有土地使用权出让等领域负有监督管理职责的行政机关违法行使职权或者不作为,致使国家利益或者社会公共利益受到侵害的,应当向行政机关提出检察建议,督促其依法履行职责。行政机关不依法履行职责的,人民检察院依法向人民法院提起诉讼。"这标志着行政公益诉讼制度在全国范围内的确立,以人民检察院为行政公益诉讼的原告的基本框架落地。

第三节　行政诉讼被告

一、行政诉讼被告的含义

行政诉讼的被告是指行政诉讼的原告起诉其作出的行政行为侵犯了其合法权益,并由法院通知应诉的行使行政职权的组织。成为行政诉讼被告的法定条件主要是:其一,必须是具有行政职权的组织,一般认为非行政主体不能成为行政诉讼的被告。此处的行政主体不仅仅指国家行政机关,还包括法律、法规、规章授权的组织以及依法行使公共管理职权的社会公共组织,如高等院校、行业协会等。其二,必须是实施了行政行为,包括行政不作为。其三,由法院通知其应诉。自法院通知其应诉之日起,有关行政主体即具备了法律上的被告诉讼地位。

二、被告资格的确定

被告资格的确定是指就某一行政行为,原告以及法院应当确定哪个行政主体是正当的被告。被告的确定涉及案件的管辖权,案件审理的对象和其他诸多问题。对原告来说,就同一纠纷,有时存在多种起诉的可能。原告以不同的被告起诉,可能意味着诉讼案件的整个构造发生变化。根据我国《行政诉讼法》的规定,被告的确定主要按照以下规则进行:

(1)原告直接向法院起诉的,作出行政行为的行政主体为被告。对于很多行政行为,法律并未规定前置救济程序。当事人对这些行政行为不服的,可以直接以作出行政行为的机关为被告,提起诉讼。

(2)以复议机关为被告。对于行政行为,如果当事人向上级行政机关提出复议的申请,可能出现的结果主要是维持、变更或撤销。根据《行政诉讼法》的规定,复议机关决定维持原行政行为,当事人不服的,应当以作出原行政行为的行政机关和复议机关作为共同被告。2014年修正时对原法的内容进行了重大的调整,原法规定复议机关决定维持原具体行政行为的,作出原具体行政行为的行政机关是被告。这种立法的调整主要是基于以下因素的考量:第一,重新回归复议机构的功能定位。行政复议作为解决行政争议的重要手段,具有方便、便捷、成本低等的优势,理应作为解决行政争议的主渠道。但长期以来,复议机关维持率高、纠错率低的现状,严重影响了行政复议制度功能的发挥,公民、法人或其他组织对复议机构的信任度不高,不愿意选择复议作为解决行政争议解决的方式。长期以来,复议案件的数量少于行政诉讼案件的数量。第二,促使复议制度发挥出监督下级行政机关、救济公民权利的作用。按照原法的规定,行政机关维持原作出行政行为决定的,可以不作被告,导致了复议机关对原机关的决定该撤销的不撤销,该纠正的不纠正,复议机关成为"维持会",复议制度没有很好地发挥出解决行政争议、救济公民权利的作用。修改后,复议机关维持原决定的,与原机关作为共同被告,则可以很好地敦促复议机关履行监督职能,从而通过复议制度实现对公民权利的救济。总的来说,修法后复议机关发挥内部层级监督的作用和功能是越来越好的,但在实践中复议机关作共同被告制度也出现了在适用范围和举证责任等方面理解不一致的问题。为此《行诉解释》专门作出了以下规定:

根据《行诉解释》第133条,《行政诉讼法》第26条第2款规定的"复议机关决定维持原行政行为",包括复议机关驳回复议申请或者复议请求的情形,但以复议申请不符合受理条件为由驳回的除外。不仅如此,《行诉解释》还对复议机关作共同被告的法定性予以明确,其第134条规定:复议机关决定维持原行政行为的,作出原行政行为的行政机关和复议机关是共同被告。原告只起诉作出原行政行为的行政机关或者复议机关的,人民法院应当告知原告追加被告。原告不同意追加的,人民法院应当将另一机关列为共同被告。行政复议决定既有维持原行政行为内容,又有改变原行政行为内容或者不予受理申请内容的,作出原行政行为的行政机关和复议机关为共同被告。《行诉解释》第135条规定了复议机关的举证责任。当复议机关作共同被告时,作出原行政行为的行政机关和复议机关对原行政行为合法性共同承担举证责任,可以由其中一个机关实施举证行为。复议机关对复议决定的合法性承担举证责任。复议机关作共同被告的案件,复议机关在复议程序中依法收集和补充的证据,可以作为人民法院认定复议决定和原行政行为合法的依据。最后,《行诉解释》第136条明确了复议机关作共同被告时的裁判规则:人民法院对原行政行为作出判决的同时,应当对复议决定一并作出相应判决。人民法院依职权追加作出原行政行为的行政机关或者复议机关为共同被告的,对原行政行为或者复议决定可以作出相应判决。人民法院判决撤销原行政行为和复议决定的,可以判决作出原行政行为的行政机关重新作出行政行为。人民法院判决作出原行政行为的行政机关履行法定职责或者给付义务的,应当同时判决撤销复议决定。原行政行为合法、复议决定违法的,人民法院可以判决撤销复议决定或者确认复议决定违法,同时判决驳回原告针对原行政行为的诉讼请求。原行政行为被撤销、确认违法或者无效,给原告造成损失的,应当由作出原行政行为的行政机关承担赔偿责任;因复议决定加重损害的,由复议机关对加重部分承担赔偿责任。原行政行为不符合复议或者诉讼受案范围等受理条件,复议机关作出维持决定的,人民法院应当裁定一并驳回对原行政行为和复议决定的起诉。

如果复议机关变更了原行政行为(包括撤销或变更),说明复议机关对于该行政事项如何处置有不同于下级行政机关的意见和理由。在此种情况下,由复议机关作为被告参加诉讼,将更容易对复议机关的变更行为作出辩解和说明。再者,复议机关作出的变更、撤销决定,下级机关无权再行变更,如果将原行政机关作为被告,将面临原行政机关无权变更复议机关复议决定的难题。复议机关改变原行政行为的,其实质是复议机关自己直接作出了一个有实质内容的行政行为,原行政行为已被撤销,法律效力已丧失,有效力的只是复议机关的决定。复议机关的决定对相对人发生拘束力。当事人对这个决定不服的,被告理当是复议机关。

根据《行诉解释》第22条的规定,"复议机关改变原行政行为",是指复议机关改变原行政行为的处理结果。复议机关改变原行政行为所认定的主要事实和证据、改变原行政行为所适用的规范依据,但未改变原行政行为处理结果的,视为行政机关维持原行政行为;复议机关确认原行政行为无效,属于改变原行政行为;复议机关确认原行政行为违法,属于改变原行政行为,但复议机关以违反法定程序为由确认原行政行为违法的除外。

2014年我国《行政诉讼法》修正时新增一款规定,即复议机关在法定期限内未作出复议决定,公民、法人或者其他组织起诉原行政行为的,作出原行政行为的行政机关是被告;起诉复议机构不作为的,复议机关是被告。

(3)由行政机关委托的组织所作出的行政行为,委托的行政机关是被告。行政职权不允许轻易委托其他组织行使,此是职权法定原则的一个体现,但这不妨碍在特定情形之下,由行政机关依法将自身享有职权的一部分委托给其他组织来行使。对于受托组织作出的行政行为,利害关系人不服提起诉讼的,应由委托组织作为被告。行政机关在没有法律、法规或者规章授权情况下,授权其内设机构、派出机构或者其他组织行使行政职权的,应当视为委托。

（4）行政机关被撤销或职权变更的，由继续行使其职权的行政机关为被告。行政机关经常因时制宜进行机构改革或权能调整，在正常情况下，某一机构被撤销之时，在有关撤销的决定中都会明确规定被撤销机构的职权由哪个机关继续行使。在这种情况中，因被撤销的机构在被撤销前所为的行政行为而引起诉讼的，由继续行使其职权的机关作为被告。如某一行政机关被撤销后，其原先所享有的职能并未被转移给新的职能部门行使，而是政府取消了相应的职能或将这部分职能社会化，交由社会上其他的组织来行使。在这种情况下，如撤销的文件中未明确应由何单位解决被撤销单位善后事宜的，应由决定撤销该行政机关的机关作为被告。如果撤销行为发生在诉讼过程中，则发生被告资格的转移问题，详见后面的论述。

实践中，有些类型的案件，行政诉讼的被告难以确定，最高人民法院通过司法解释，确立了一些规则。《行诉解释》在吸收《若干解释》第19—22条内容的基础上又增加了3条。第21条规定：当事人对由国务院、省级人民政府批准设立的开发区管理机构作出的行政行为不服提起诉讼的，以该开发区管理机构为被告；对由国务院、省级人民政府批准设立的开发区管理机构所属职能部门作出的行政行为不服提起诉讼的，以其职能部门为被告；对其他开发区管理机构所属职能部门作出的行政行为不服提起诉讼的，以开发区管理机构为被告；开发区管理机构没有行政主体资格的，以设立该机构的地方人民政府为被告。第24条规定：当事人对村民委员会或者居民委员会依据法律、法规、规章的授权履行行政管理职责的行为不服提起诉讼的，以村民委员会或者居民委员会为被告。当事人对村民委员会、居民委员会受行政机关委托作出的行为不服提起诉讼的，以委托的行政机关为被告。当事人对高等学校等事业单位以及律师协会、注册会计师协会等行业协会依据法律、法规、规章的授权实施的行政行为不服提起诉讼的，以该事业单位、行业协会为被告。当事人对高等学校等事业单位以及律师协会、注册会计师协会受行政机关委托作出的行为不服提起诉讼的，以委托的行政机关为被告。第25条规定：市、县级人民政府确定的房屋征收部门组织实施房屋征收与补偿工作过程中作出行政行为,被征收人不服提起诉讼的,以房屋征收部门为被告。征收实施单位受房屋征收部门委托,在委托范围内从事的行为,被征收人不服提起诉讼的,应当以房屋征收部门为被告。《最高人民法院关于正确确定县级以上地方人民政府行政诉讼被告资格若干问题的规定》(法释〔2021〕5号)对实践中县级以上地方人民政府的指导行为、强制拆除违法建筑、国有土地上房屋征收与补偿决定、履行法定职责或者给付义务、不动产登记行为、政府信息公开行为等情形的被告资格确定问题作了相应解释,并明确了"被诉行政行为不是县级以上地方人民政府作出,公民、法人或者其他组织以县级以上地方人民政府作为被告的,人民法院应当予以指导和释明,告知其向有管辖权的人民法院起诉;公民、法人或者其他组织经人民法院释明仍不变更的,人民法院可以裁定不予立案,也可以将案件移送有管辖权的人民法院"的规则,有利于进一步规范行政诉讼秩序,依法推动行政争议的实质性化解。

三、被告资格的转移

诉讼过程中,如果被诉的行政机关被撤销,则发生被告资格的转移问题。如前所述,如果有关撤销的文件中已经明确其权利义务承受机关,则应当由该机关作为被告参加诉讼,原作为被告的行政机关此前所为的诉讼行为,对继受的被告具有拘束力,按照诉讼法上的禁反悔原则,继受的被告不得否认原机关诉讼行为的效力。如果有关撤销的文件中未明确被撤销机关权利义务的承受单位,则应由决定撤销该行政机关的机关作为被告参加诉讼。我国《国家赔偿法》第7条第5款有类似的规定,即:"赔偿义务机关被撤销的,继续行使其职权的行政机关为赔偿义务机关;没有继续行使其职权的行政机关的,撤销该赔偿义务机关的行政机关为赔偿义务机关。"

四、被诉行政机关负责人出庭应诉制度

行政诉讼制度是民告官的制度,然而在司法实践中,被诉行政机关作为被告,往往仅委托诉讼代理人出庭。针对这种告官却不见官

的现象,我国2014年修正的《行政诉讼法》第3条增加了第3款:被诉行政机关负责人应当出庭应诉。不能出庭的,应当委托行政机关相应的工作人员出庭。

为了更好地规范行政机关负责人出庭应诉,确保行政纠纷获得实质化解,《行诉解释》第128—132条进一步在以下方面作出了规定:(1)适度扩大了行政机关负责人的范围。《行政诉讼法》第3条第3款规定的行政机关负责人,包括行政机关的正职、副职负责人以及其他参与分管的负责人。行政机关负责人出庭应诉的,可以另行委托一至二名诉讼代理人。行政机关负责人不能出庭的,应当委托行政机关相应的工作人员出庭,不得仅委托律师出庭。(2)明确应当出庭应诉的情形,促进行政机关负责人依法出庭应诉。涉及重大公共利益、社会高度关注或者可能引发群体性事件等案件以及人民法院书面建议行政机关负责人出庭的案件,被诉行政机关负责人应当出庭。(3)明确行政机关负责人不出庭的说明义务,确保行政机关负责人出庭应诉制度的实效。被诉行政机关负责人出庭应诉的,应当在当事人及其诉讼代理人基本情况、案件由来部分予以列明。行政机关负责人有正当理由不能出庭应诉的,应当向人民法院提交情况说明,并加盖行政机关印章或者由该机关主要负责人签字认可。行政机关拒绝说明理由的,不发生阻止案件审理的效果,人民法院可以向监察机关、上一级行政机关提出司法建议。(4)明确"行政机关相应的工作人员"的含义。"行政机关相应的工作人员",包括该行政机关具有国家行政编制身份的工作人员以及其他依法履行公职的人员。被诉行政行为是地方人民政府作出的,地方人民政府法制工作机构的工作人员,以及被诉行政行为具体承办机关工作人员,可以视为被诉人民政府相应的工作人员。(5)明确不出庭应诉的不利后果。行政机关负责人和行政机关相应的工作人员均不出庭,仅委托律师出庭的或者人民法院书面建议行政机关负责人出庭应诉,行政机关负责人不出庭应诉的,人民法院应当记录在案和在裁判文书中载明,并可以建议有关机关依法作出处理。

第四节 行政诉讼共同诉讼人

一、行政诉讼共同诉讼人的含义

在通常情况下,诉讼的原告、被告双方各为一人。此种诉讼形态较为单一,诉讼法律关系不复杂。但有时,由于一起纠纷可能涉及两个以上利害关系人的利益,或行政行为由两个以上行政机关作出。在这种情况下,就有可能产生诉讼的一方甚至双方是二人以上的情况。法律上将当事人一方或双方为二人以上的行政诉讼称为行政共同诉讼。原告为二人以上的,称为共同原告;被告为二人以上的,称为共同被告。

二、行政诉讼共同诉讼人的种类

法学理论上,将行政共同诉讼分为两类,其一为必要的行政共同诉讼,其二为非必要的行政共同诉讼。

必要的行政共同诉讼,是指当事人一方或双方是两人以上,因同一行政行为而发生的诉讼。例如,两人共同所有的财产被行政机关所没收,两个共有人可以共同提起诉讼,原告为两人。再如,两个行政机关共同就某一事项作出行政决定,当事人不服该行政决定,可能依法对两个行政机关提起诉讼,在这种情况下,被告则为两人。必要的行政共同诉讼的必要性通常表现在,当事人一旦提起共同诉讼,法院必须一并审理。法院在案件审理过程中,发现有的利害关系人没有作为共同原告参诉的,应当通知没有参诉的利害关系人参加诉讼。对于必要的共同被告,如果当事人在起诉时,未将其列为共同被告的,法院可以告知当事人申请追加必要的共同被告到庭。当事人不申请追加的,法院视案件审理的必要性,也可以依职权追加其作为第三人到庭参诉。

非必要的行政共同诉讼,是指当事人一方或双方为二人以上,因类似的行政争议而共同参加诉讼的人。非必要的行政共同诉讼当事人之间往往无共同的利害关系,甚至无共同的事实关系,其之所以作为共同诉讼人参加诉讼,是因为他们分别向法院提起的行政争议具有类似性,法院从诉讼效率角度考虑将两个以上案件合并审理,由此发生共同诉讼。例如,行政机关决定拆迁某一条街道,可能数户居民对此提起行政诉讼。这些居民并无共同的利害关系,而且争议的事实也不尽相同,但法院仍可以从审判效率及其他角度考察,将此类案件作为共同诉讼案件进行审理。由于在这些案件中,原告之间并无共同的利害关系,所以相互之间的牵连性较弱,法院对此类案件应当分别立案,并分别判决,以便于各当事人独立地行使自己的诉权。对于此类案件是否进行共同诉讼,应当征得当事人同意。当事人不同意共同诉讼的,应当分别受理。非必要共同诉讼当事人提起共同诉讼,如果法院认为不适合进行共同诉讼的,法院有权决定分案审理。

三、诉讼代表人制度

行政诉讼代表人制度是指在原告方人数众多的情况下,由其中的一人或数人代表众多的原告进行诉讼,其余的众多当事人虽仍作为案件当事人,但不直接参加诉讼的制度。这种代表众多原告进行诉讼的当事人即为诉讼代表人。行政诉讼代表人制度具体见于《行诉解释》第29条。该条规定:"人数众多",一般指10人以上;当事人一方人数众多的,由当事人推选代表人。当事人推选不出的,可以由人民法院在起诉的当事人中指定代表人。代表人为2至5人。代表人可以委托1至2人作为诉讼代理人。

诉讼代表制度的产生是基于这样的事实,即生活中往往因行政主体的某一行政行为影响众多相对人的利益,如果让这些诸多的共同原告亲自参加诉讼,诉讼将无法有序地开展。假如原告一方当事人达到20人,而这20人依正常的诉讼制度,每人又可以委托1至2名诉讼代理,如此则可能形成多至60人参加庭审、进行诉讼的事实。在这种情况下,诉讼实际上已无法进行。为此,法律规定诉讼代表制度,由代表人代表未亲自参加庭审的当事人进行诉讼。未参加诉讼的当事人仍作为当事人,列名于诉讼文书之上,但他们不再亲自进行诉讼活动,由代表人代表他们进行诉讼。

诉讼代表人不同于诉讼代理人。诉讼代理人本身与案件没有利害关系,他们是为了被代理人的利益参加诉讼的,诉讼代理人自身不得再委托代理人。诉讼代表人则不同,他们本身为案件当事人,同时,又受被代表的众多当事人之托,代表他们为诉讼行为,这些代表人兼具当事人和代理人双重身份。为保障这些代表人充分履行其职责,法律规定,代表人可以委托1至2名代理人。

代表人一般应由被代表的当事人共同推选,以充分尊重当事人的意愿。但由于被代表当事人人数众多,意见不同甚至相互间可能有利益冲突,导致难以推选出诉讼代表人,在这种情况下,应当由法院依职权从诉讼当事人中指定诉讼代表人,从而保证诉讼的正常进行并保护被代表的各方当事人的利益。

代表人在诉讼过程中,可以代表被代表的当事人为一般的诉讼行为,其诉讼行为的效力及于所有其所代表的当事人,但如果进行实体处分,如放弃或变更诉讼请求等,则应征得被代表的当事人同意。代表人滥用代表权或超出代表权限,损害被代表人利益的,应当认定其诉讼行为无效。

第五节 行政诉讼第三人

一、行政诉讼第三人的含义

行政诉讼第三人是指因与被诉行政行为有利害关系,为维护自己的利益而参加诉讼的人。我国《行政诉讼法》第29条第1款规定:"公民、法人或者其他组织同被诉行政行为有利害关系但没有提起诉讼,或者同案件处理结果有利害关系的,可以作为第三人申请参加诉讼,或者由人民法院通知参加诉讼。"第三人具有以下法律特征:

(1) 与被诉的行政行为有法律上的利害关系。所谓法律上的利害关系是指该行政行为涉及其受法律所保护的利益,这是第三人参诉的基本条件。我国传统行政诉讼法理认为,第三人与行政行为有法律上的利害关系,仅限于直接利害关系。随着行政诉讼加大对公民、法人和其他组织的利益保护,理论界已有人提出,利害关系不应仅限于直接利害关系,对于某些特定的间接利害关系人,也应当准许他们以第三人身份参加诉讼。①

(2)第三人参诉以本诉讼为法院受理为前提。如果本诉讼未被法院所受理,则不发生第三人参诉的问题。故第三人参诉一般发生在他人之间的诉讼正在进行之时。有时,原告也可能在诉状中直接列明本案涉讼的第三人。如果法院认为诉状所列明的第三人确为本案第三人的,在受理原告诉讼的同时通知第三人参诉。对于第三人参诉的截止时间,法律未作具体规定,理论上有人认为应当在一审判决作出前,也有人认为应在二审判决作出前。我们认为,一方面,从兼顾诉讼公正和诉讼效率角度考虑,如果允许当事人在二审中参加诉讼,参加二审之第三人仅接受一个审级的审判,违背二审终审原则;另一方面,如第三人自愿在二审中参诉,其他当事人也不表示反对的话,如果强迫第三人另行起诉,则影响诉讼之效率。故此,对于第三人在二审申请参诉的,应征得本诉讼当事人的同意,本诉讼当事人同意的,可以参加诉讼,法院并可以直接判决。法律上的理由在于,各方当事人皆接受由二审法院直接作出判决,这是当事人放弃程序利益的行为,应当予以尊重。相反,如果有一方当事人不同意第三人参诉,则如果该第三人之诉可以另行起诉的,告知第三人另行提起诉讼。如果第三人不参加本诉讼,致使本诉讼的第二审无法进行的,则可以裁定撤销一审判决,将案件发回重审。该第三人可以在一审中参加诉讼。

(3)第三人既可能是行政行为的相对方,也可能是与行政行为有利害关系的其他人,还可能是其他行政主体。行政行为的相对人可以是多方,如果仅有部分行政行为相对人作为原告起诉的,法院可以通知另外的未以原告身份起诉的当事人以第三人身份参加诉讼。此外,即使不是行政行为的相对方,但案件审理结果确实与其有法律上的利害关系的,也可以作为第三人参诉,即使该第三人不是行政行为的相对方。

(4)第三人参加诉讼是为了维护自己的利益。第三人具有独立

---

① 姜明安主编:《行政法与行政诉讼法》,法律出版社2006年版,第420—422页。

的法律地位,虽然他的诉讼行为可能在客观上表现为支持一方而反对另一方,但其参诉的最终目的仍是在于维护自己的法律利益。由于第三人具有独立的诉讼地位,因此,他在诉讼中享有类似于当事人的诉讼权利,履行相应的诉讼义务。在诉讼过程中,有权提出与本案有关的诉讼主张,对法院作出的一审判决不服的,有权提起上诉。我国《行政诉讼法》第29条第2款规定:"人民法院判决第三人承担义务或者减损第三人权益的,第三人有权依法提起上诉。"

(5)第三人参加诉讼的形式多种多样。他可能是基于原告在诉状中直接将其列名为第三人而参加诉讼,也可以是自己直接申请以第三人的身份参加诉讼,也可能是由法院依职权通知其参加诉讼。法院一旦通知第三人参诉,第三人如果不参加诉讼的,不影响诉讼的进行,法院可以直接对涉及第三人的利益进行判决。

二、行政诉讼第三人的诉讼地位

第三人的诉讼地位是指第三人在诉讼中权利和义务的综合表现。行政诉讼第三人不同于民事诉讼第三人,法律上并未对第三人进行区分,即区分为独立请求权的第三人和无独立请求权的第三人。在行政诉讼法上,第三人处于等同于当事人的诉讼地位。在具体个案中,第三人因与案件的利害关系的性质不同,而表现出不同的诉讼倾向。当第三人的利益与原告的利益具有一致性时,第三人立于原告之诉讼立场,其行为的目标与原告人有相当的一致性。例如,原告对行政机关的某项拆迁决定不服,提起诉讼的,其他受该拆迁决定不利影响的当事人可能以第三人的身份参加诉讼。此时他的诉讼立场与原告基本相同。当被诉的行政行为有利于第三人利益时,第三人在诉讼中的立场就可能倾向于被告,希望驳回原告的诉讼请求,达到维持被告行政行为的效果。如果第三人的利益既与原告相冲突,也与被告的具体行政行为相矛盾时,第三人就具有自己独立的诉讼立场,此时,他的诉讼态度是既不支持原告,也不支持被告。在某种意义上,是以本诉讼的原、被告双方为自己的被告。

由于立法并未对第三人进行区分,故此,司法实践中,对于第三人的诉讼地位一般比照当事人的诉讼权利义务来对待,第三人有提供证据、进行辩论、委托代理等各项诉讼权利。此外,如果第三人认为行政行为损害自己的利益时,应当有权提出自己的诉讼主张。对于第三人提出的诉讼主张,法院应一并进行审判。需要注意的是,不同类型的第三人,在诉讼中的地位并不完全相同,应在个案中具体加以分析。

三、行政诉讼第三人参加诉讼的程序

行政诉讼第三人参加诉讼的形式主要有以下两种:

(1)申请参诉。当与本诉讼有利害关系的第三人知悉本诉讼正在法院进行时,第三人可以以申请的形式,要求参与本案诉讼。对于当事人的申请,法院应当进行审查,确认其与本案有利害关系并符合其他参诉条件的,应当通知其参加本案诉讼。

(2)由法院通知参诉。由法院通知参诉又分两种情形。第一种情形是,当事人在诉状中或诉讼过程中,明确要求法院将该利害关系人列为第三人,通知其参诉。第二种情形是,当事人并未提出将该利害关系人列为第三人,但法院在案件审理过程中,发现该利害关系人应当作为第三人参诉的,由法院依职权通知其参诉。无论是以哪种形式将该利害关系人列为第三人,一旦法院通知其参诉的,第三人即负有参诉的义务。第三人不参诉的,不影响法院对案件的判决,法院可以缺席判决。第三人不服判决的,有权上诉。

第六节 行政诉讼代理人

一、行政诉讼代理人的概念

诉讼代理人是指在代理权限内,以当事人的名义进行诉讼行为的人。诉讼代理权可能基于法律的直接规定产生,也可能基于当事人的委托而产生。诉讼代理制度的根本目的在于帮助当事人进行诉讼,提升案件审理水平,维护当事人合法权益。行政诉讼代理具有以下特征:

(1)代理人只能以被代理人的名义进行诉讼行为。这是代理的

一般特征和其本来意义。以谁的名义行事在法律上意味着,将来产生的后果由谁来承担。因此,代理人只能以被代理的当事人的名义进行诉讼行为。由于利益的对立性,代理人不得同时代理双方当事人。对于代理人能否同时代理同一方的两个以上当事人,我国法律未作规定。理论上认为,由于同一方当事人的利益也时常存在冲突,由同一代理人代理同一方的两个以上当事人,有可能出现代理的行为使某一被代理人受益,同时,又使另一被代理人受害的情形,故一般也不应允许同一代理人代理同一方的两个以上当事人。同理,代理人也不得同时代理当事人和第三人。

（2）代理人只能在代理权限范围内从事代理活动。代理人进行代理活动时,其行为的依据主要来自两个方面,一方面为法律的直接规定,另一方面为当事人的授权。无论代理权限来自何处,代理人始终不得超越代理权限的范围从事代理活动,否则,其代理行为不发生预期的法律后果。代理人越权代理给被代理人造成损害的,还应承担相应的法律责任。

（3）代理人的代理活动所产生的法律后果,由被代理人承担。代理人参与诉讼的目的就在于维护被代理人的利益,其代理活动的一切后果也应由被代理人承担。当然,如果代理人越权代理,代理人应自己承担相应的责任。

二、行政诉讼代理人的种类

按照代理人代理权限的依据不同,可将行政诉讼代理人分为三类,即法定代理人、指定代理人和委托代理人。

（一）法定代理人

法定代理人是指依据法律的直接规定而享有诉讼代理权,代理无诉讼行为能力人进行诉讼的人。法定代理人的代理权限直接来源于法律的规定而非当事人的委托,他可以从事当事人有权进行的任何诉讼活动。我国《行政诉讼法》第30条前段规定:"没有诉讼行为能力的公民,由其法定代理人代为诉讼。"在正常情况下,法定代理人由无诉讼行为能力人的近亲属充任,如果被代理人的近亲属死亡或因其他原因不能行使代理权的,则由未成年人或精神病人住所地的居民委员会、村民委员会作为法定代理人。法定代理人之间互相推诿代理职责的,可以由人民法院从法定代理人中指定其中的一人作为代理人。受法院指定参加诉讼的法定代理人,其法律地位仍为法定代理人,与正常情况下的法定代理人有同等的权利和义务。法定代理权源自监护人的监护权,一旦监护人丧失监护权的,即不得再以法定代理人身份参与诉讼。

(二) 指定代理人

指定代理人是指被人民法院依法指定代理无诉讼行为能力的当事人参加诉讼的人。指定代理人的产生是以法定代理人为基点和范围的,其产生的法定原因是法定代理人互相推诿代理责任,具体情况是指监护人之间推诿代理责任或事先未确定监护人而监护人之间又协商不成,其产生的法定方式是由人民法院在有监护资格的人之间指定。从范围上看,法定诉讼代理人与指定诉讼代理人是一致的,因而指定代理人在诉讼权利与义务等诉讼法律地位方面与法定代理人也十分相近。但指定诉讼代理人对代理权限的行使受到法院的监督,其代理范围只限于所指定的具体案件。

(三) 委托代理人

委托代理人是指受当事人、法定代理人的委托,并以他们的名义进行诉讼活动的诉讼代理人。当事人可以委托1—2名诉讼代理人。委托代理人的代理权来自委托人的授权。通常情况下,代理人与被代理人之间订立代理合同后,再由被代理人向人民法院出具授权委托书。

在通常情况下,由当事人本人委托诉讼代理人,如果当事人无诉讼行为能力,则其法定代理人可以依法委托诉讼代理人。法定代理人委托的代理人是无诉讼行为能力人的代理人,而不是法定代理人的代理人。可以接受当事人委托成为代理人的,主要有以下几类主体:(1) 律师、基层法律服务工作者;(2) 当事人的近亲属或者工作人员;(3) 当事人所在社区、单位以及有关社会团体推荐的公民。

委托诉讼代理须向法院提交委托书,载明代理人姓名、工作单位等基本情况,以及代理人的代理权限、代理期限。当事人因特殊情形口头委托诉讼代理的,人民法院应当将委托的有关事项记录在卷。如果当事人在诉讼过程中,取消代理人的代理权或变更代理的代理权限,应当书面告知人民法院,并由法院通知其他当事人。

对于外国人、无国籍人、外国组织在中华人民共和国进行行政诉讼的,如需要委托律师代理,应当委托中华人民共和国律师机构的律师,外国律师不得在我国法庭上以律师身份参加诉讼。但这并不禁止上述外国当事人委托律师以外的人以普通公民的身份进行代理活动。对于在我国领域内没有住所的外国当事人委托我国律师或其他人代理诉讼的,他从我国领域外寄交或托交的授权委托书,应当经所在国公证机关证明,并经我国驻该国使、领馆认证,或者履行经我国与该国订立的有关条约规定的手续,才具有法律效力。律师参与诉讼代理的,有权按照规定查阅、复制本案有关材料,有权向有关组织和公民调查、收集与本案有关的证据。当事人和其他诉讼代理人有权按照规定查阅、复制本案庭审材料,但涉及国家秘密、商业秘密和个人隐私的内容除外。

典型案例 8

董某等三业主诉水务局案①

玉龙岛花园"填湖"建房,使原来的临湖住户门前湖光山色荡然无存,董某等三业主向"管水"的行政部门投诉未果,遂状告其"行政不作为"。

董某、郑某、杨某三位玉龙岛花园业主诉称:1998年前后,他们冲着门前的湖光山色,买下了玉龙岛花园临湖的第一排别墅。但从2000年4月起,开发商武汉宏宇公司填湖造房,如今汤逊湖已被填了200余亩,他们的门前也建起了两排房屋,挡没了湖光山色。三业主认为,宏宇公司的行为破坏了周边生态平衡,影响了蓄洪排涝,属违法填湖,遂举报至管水的行政管理部门,但此事一直无果。一怒之下,三业主将省水利厅、武汉市水务局、江夏区水务局三级水利部门

---

① 参见赵中鹏:《填湖建房挡风景,业主状告水利部门"不作为"》,载中国法院网,www.chinacourt.org/public/detail.php?id=3401,2002年5月21日访问。

告上法庭。在激烈的答辩后,法官宣布休庭,择期宣判。

问题:董某等业主与本案有无利害关系?如果有利害关系,其受损的利益是什么?

典型案例9
川大学生蒋某诉中国人民银行成都分行案①

2002年12月23日,中国人民银行成都分行在报纸上刊登招录行员的启事,其中限定对象为"男性身高1.68米,女性身高1.55米以上"。另,成都分行于招录前一天再次发布招录启事时,将该规定取消,且注明"招录行员启事以本次为准"。川大学生蒋某因身高不足被拒,将银行诉诸法院,请求法院判令其含有身高歧视的行政行为违法,责令其停止发布违法广告,公开更正并取消报名资格的身高歧视限制。被告认为,自己只是中国人民银行的下属分支机构,按照国务院有关规定,其职员应是行员而不是公务员;招录行员是用工行为,而不是行政行为。被告还指出,原告在知道招录条件已更改的情况下,放弃可能被录用的权利未去报名,责任应由原告自己承担。

原告认为,中国人民银行是行政管理机关,依法行使法律赋予的行政管理职能,其招录的人员属于行政编制,工资等享受财政拨付,当然应该是公务员。

问题:1. 原告就本起纠纷,是否享有诉权?

2. 被告的招录行为是否属于行政行为?

典型案例10
付某等16名出嫁女诉村委会案②

昌邑市某村付某等16名出嫁闺女,因该村不给发放土地补偿费

---

① 参见《首例侵犯宪法平等权行政案成都开庭》,载中国法院网,www.chinacourt.org/public/detail.php?id=2712 &k title=身高 &k coontent=身高 &k author,2002年7月5日访问。

② 参见郝晓敏、宫兰芝:《十六名出嫁女状告村委会》,载中国法院网,http://www.chinacourt.org/public/detail.php?id=10806,2002年9月12日访问。

和生活补助费而将村委会告上法庭,在当地反响很大。付某等16人结婚后,户口仍在原籍昌邑市某村。该村土地不断被征用,所征用的土地补偿和生活补助费该村按照分地人口数平均分配给了有土地的村民,付某等16人因出嫁,虽然户口仍在本村,村委会却没有给她们分配土地,也未将土地补偿费和生活补助费发放给她们。为此,她们16人向法院提起诉讼,要求村委会发土地补偿费9000元及2001年、2002两年的生活补助费800元,共计9800元,并与村委会对簿公堂。被告村委会在开庭时答辩,未给原告付某等16人发放土地补偿费和生活补助费是经过村党支部、村民委员会、全体党员大会通过的,也经过了原告家长的同意,并且村委会是按照该村村规民约分配的土地补偿费和生活补助费,因此并无不妥。

问题:1. 本案为什么形态的诉讼?

2. 如果本案为行政诉讼,则村委会是否是适格的行政诉讼被告?

典型案例 11
大花园村村民诉村委会与徐某的合同无效案[①]

诸暨市浣东街道大花园村的后塘山上有一个石灰石矿,村经济合作社办理了采矿许可证,从此石矿成为村集体的"富源"。2001年8月,大花园村经济合作社、村民委员会未经合作社社员和村民会议讨论,将石灰石矿新开采点的开采权承包给了同村村民徐某,约定开采期限为5年,合计上缴承包款11万元。书面合同上未确定发包人是谁,但村经济合作社、村民委员会均在合同甲方一栏盖了章,原法定代表人陈某等均签名。承包人徐某随即交清了当年的承包款1万元,并投入资金购置设备和开采矿石。大花园村群众知情后,认为两委会擅自决定发包项目,且承包金额过低(合同规定,徐某头年上缴利润1万元,此后每隔一年增加1万元),已侵犯了村民的民主权利

---

① 参见方益波、徐东良:《386名村民打赢官司:发包未经民作主,法律面前不算数》,载中国法院网,http://www.chinacourt.org/public/detail.php?id=7542,2002年7月26日访问。

和经济利益。2002年3月,这个村386名村民(占全村户籍在册738人的过半数)集体向诸暨市人民法院起诉,要求法院确认村委会与徐某签订的承包合同无效。

问题:1. 本案村民应提起何种诉讼?

2. 在诉讼中,各方当事人诉讼地位如何?

思考题

1. 为什么在行政诉讼中,法院可以比在民事诉讼中更为积极地依职权追加当事人?
2. 在行政诉讼中,第三人的诉讼地位与被告的诉讼地位有无实质区别,为什么?
3. 什么是行政诉讼的被告?其法律特征是什么?与行政法学上的行政主体的概念是否一样,为什么?
4. 行政诉讼的原告的概念及特征是什么?与行政法学上的行政相对人的概念是否一样,为什么?
5. 简述我国行政诉讼制度中关于行政诉讼被告的确认原则及被告的具体形态。
6. 简述我国行政诉讼制度中原告资格的条件及原告的具体形态。

本章参考书目

1. 胡锦光、王丛虎:《论行政诉讼原告资格》,载《诉讼法论丛》2000年第4卷,法律出版社2002年版。
2. 刘巍:《行政诉讼原告资格转移与承受问题探析》,载《法学论坛》2001年第1期。
3. 王红岩:《行政诉讼第三人探析》,载《政法论坛》1991年第3期。
4. 马怀德、解志勇:《行政诉讼第三人研究》,载《法律科学》2000年第3期。
5. 姜明安主编:《行政法与行政诉讼法》(第二版),法律出版社2006

年版。

6. 甘文:《行政诉讼法司法解释之评论:理由、观点与问题》,中国法制出版社 2000 年版。
7. 全国人大常委会法制工作委员会行政法室编:《行政诉讼法立法背景与观点全集》,法律出版社 2015 年版。
8. 江必新主编:《中华人民共和国行政诉讼法理解适用与实务指南》,中国法制出版社 2015 年版。
9. 袁杰主编:《中华人民共和国行政诉讼法解读》,中国法制出版社 2014 年版。
10. 江必新、邵长茂:《新行政诉讼法修改条文理解与适用》,中国法制出版社 2015 年版。
11. 马怀德主编:《新编中华人民共和国行政诉讼法释义》,中国法制出版社 2014 年版。
12. 最高人民法院行政审判庭编著:《最高人民法院行政诉讼法司法解释理解与适用》(上、下册),人民法院出版社 2018 年版。

第五章 行政诉讼证据

内容摘要 从一定意义上说,打官司就是打"证据"。因此,证据制度在行政诉讼法中具有重要的意义。本章主要介绍:行政诉讼证据制度的特殊性;行政诉讼证据的分类;行政诉讼举证责任规则;法院调取、保全证据的程序;质证的规则;证据的认定和排除规则。

学习重点 行政诉讼举证责任规则;证据认定和排除的规则。

第一节 行政诉讼证据概述

一、行政诉讼证据的概念和特征

(一)诉讼证据与行政诉讼证据

要界定行政诉讼证据的概念,首先需要分析何谓诉讼证据。① 我国现行法律条文没有对这一概念作出定义,学界虽然展开了热烈的探讨,但尚未形成统一观点,出现了多种学说。② 综合分析各种学说,我们认为诉讼证据是诉讼主体用来证明案件真实情况的一切材料。行政诉讼证据就是在行政案件中行政诉讼主体用以证明行政案件真实情况的一切材料。诉讼证据多由当事人提交,但这些证据在法律上均无预决力,所有这些证据都必须经法院审查属实,才能作为

---

① 为了区别行政诉讼证据和行政程序证据,本章使用诉讼证据一词。显然,行政诉讼证据和行政程序证据并不完全相同。行政程序证据是行政主体实施行政行为时的事实依据和法律依据,行政诉讼证据则是法院在审理案件时的证据。但二者有时是等同的,即当事人将行政程序中的证据全部提交给法院,法院不需要调查其他证据就可以判案。在有些案件中二者是交叉关系,当事人并不将行政程序中的全部证据都提交法院,法院也可能会调取在行政程序中没有出现的证据。

② 关于诉讼证据的概念,学界中主要有以下学说:"原因说",即认为诉讼证据是确信某种事实存在或者不存在的原因;"手段说",即认为诉讼证据是认定某一争议事实的方法或者手段;"结果说",即认为诉讼证据是对待证事实的举证与调查的结果;"证明说",即认为诉讼证据是依据已知之材料对待证事实的推测;"事实说",即认为诉讼证据是推断案情存在或不存在的事实。

定案的根据,成为可定案证据。

(二)行政诉讼证据的特征

首先,作为诉讼证据的一种,行政诉讼证据具有与其他诉讼证据相同的特征,包括:关联性,即诉讼证据与待证事实之间具有内在联系;客观性,即诉讼证据必须是客观存在的事实,否则,无法证明案件事实;合法性,即证据的来源、内容和形式都必须合法。其次,基于行政诉讼特殊的诉讼目的、举证责任等规则,行政诉讼证据还具有不同于其他诉讼证据的特征:第一,证据种类的多样性。按照我国《行政诉讼法》的规定,行政诉讼的法定证据包括书证、物证、视听资料、电子数据、证人证言、当事人陈述、鉴定意见、勘验笔录,此外,还有其他诉讼证据中所不具备的现场笔录。另外,尽管我国《行政诉讼法》并未将行政机关作出行政行为时所依据的规范性文件明确作为法定证据,但在行政诉讼中,规范性文件同样起着一定的证明作用。因此行政诉讼证据的范围要大于其他诉讼的证据范围。第二,证据来源的特定性。行政诉讼实行被告承担主要举证责任的原则,同时,基于行政程序中的行政行为的基本原则,即先举证、后裁决,行政诉讼证据主要来自行政程序,并且主要由作为被告的行政机关提供给人民法院。第三,证明对象的单一性。行政诉讼中,法院主要围绕被诉行政行为是否合法进行审查,因此诉讼当事人的证明对象就是被诉的行政行为是否合法以及是否侵害了行政相对人的合法权益。第四,举证责任的特殊性。在民事诉讼中"谁主张,谁举证"是基本的举证规则,而在行政诉讼中,被告对行政行为的合法性承担举证责任,原告只在特定情况下对特定事项负有证明责任。第五,证据内容的专业性。行政诉讼审理的是行政行为,而随着社会的发展,行政事务的行业性、专业性与技术性都在不断增强。不同性质的行政行为具有不同的专业特点,因此决定了行政诉讼证据具有很强的专业性。

二、行政诉讼证据的种类

根据不同的标准,行政诉讼的证据可以划分为不同的种类,如原始证据、传来证据,直接证据、间接证据,主要证据、次要证据等。我国现行《行政诉讼法》第33条按照诉讼证据的具体形式,将行政诉讼的证据划分为以下八类：

（一）书证

书证，即作为证据的文书，是指以其内容、文字、符号、图画等来表达一定的思想并用以证明案件事实的材料。其特征是它通过其表达或反映的思想内容来证明案件的事实。在行政诉讼中，作为书证的文书主要有行政决定书、证明书、许可证、执照、通知书等。此外，还有文件、图表、账册、信函等。按照《行政诉讼证据规定》第10条的要求，当事人提供书证的，应当符合下列条件：（1）提供书证的原件，原本、正本和副本均属于书证的原件。提供原件确有困难的，可以提供与原件核对无误的复印件、照片、节录本。（2）提供由有关部门保管的书证原件的复制件、影印件或者抄录件的，应当注明出处，经该部门核对无异后加盖其印章。（3）提供报表、图纸、会计账册、专业技术资料、科技文献等书证的，应当附有说明材料。（4）被告提供的被诉行政行为所依据的询问、陈述、谈话类笔录，应当由行政执法人员、被询问人、陈述人、谈话人签名或者盖章。法律、法规、司法解释和规章对书证的制作形式另有规定的，从其规定。

（二）物证

物证，即作为证据的物品，是指以其存在的外形、规格、质量、特征等形式来证明案件事实的物品。其基本特征是以物品的自然状态来证明案件事实，不带有任何主观内容。作为证据的物品都是有形物，既可以为人们所观察，又可以在一定条件下进行比较，因此具有较强的证明力。按照《行政诉讼证据规定》第11条的要求，当事人向人民法院提供物证的，应当符合下列条件：（1）提供原物。提供原物确有困难的，可以提供与原物核对无误的复制件或者证明该物证的照片、录像等其他证据。（2）原物为数量较多的种类物的，提供其中的一部分。

（三）视听资料

视听资料，是指利用录音、录像、电子计算机等现代科技设备反映的音像和储存的信息资料等形式证明案件事实的材料。视听资料是随着现代科学技术的进步而发展起来的一种独立的证据种类，其特征是形象、生动，但是由于其内容的显示需要借助于科学仪器，因此容易被伪造。按照《行政诉讼证据规定》第 12 条的要求,当事人向人民法院提供计算机数据或者录音、录像等视听资料的,应当符合下列条件:(1)提供有关资料的原始载体。提供原始载体确有困难的,可以提供复制件。(2)注明制作方法、制作时间、作用人和证明对象等。(3)声音资料应当附有该声音内容的文字记录。

（四）电子数据

电子数据,是指以数字化形式生成、发送、储存、处理、传输的信息,包括电子交易信息、网络 IP 地址、电子邮件等。电子数据具有复合性、高科技性、脆弱性、隐蔽性、可挽救性等特征。2014 年修法时将电子数据明确列为证据的种类之一。

（五）证人证言

证人证言,是指了解案件情况的人以口头或书面的方式,向人民法院所作的与案件有关的事实的陈述。证人必须是自然人,凡是了解案件情况的人,都可以作为证人。但是,不能正确表达意思的人不能作为证人。证人在诉讼法上享有一定的权利并承担一定的义务。证人有权要求宣读、查阅或修改询问笔录,有权使用民族的语言文字进行陈述,另外,还有权请求支付作证所需的一切费用。同时,证人负有出庭作证和如实作证的义务。证人作伪证的,依照《行政诉讼法》规定追究其法律责任。按照《行政诉讼证据规定》第 13 条的要求,当事人向人民法院提供证人证言的,应当符合下列条件:(1)写明证人的姓名、年龄、性别、职业、住址等基本情况;(2)有证人的签名,不能签名的,应当以盖章等方式证明;(3)注明出具日期;(4)附有居民身份证复印件等证明证人身份的文件。

为了保护证人、鉴定人的合法利益,法律规定,证人、鉴定人及其近亲属的人身和财产安全受法律保护。人民法院应当对证人、鉴定人的住址和联系方式予以保密。证人、鉴定人因出庭作证或者接受询问而支出的合理费用,由提供证人、鉴定人的一方当事人先行支付,由败诉一方当事人承担。诉讼参与人或者其他人对审判人员或者证人、鉴定人、勘验人及其近亲属实施威胁、侮辱、殴打、骚扰或者其他打击的,应依法追究其法律责任。

(六) 当事人的陈述

当事人的陈述,是指当事人在行政诉讼中就其所经历的案件事实,向人民法院所作的陈述与辩解。当事人是行政诉讼的参与者,了解行政案件的事实。当事人的陈述是一种应用广泛并且有较强证明力的证据形式。但是,由于当事人与案件的结果有直接的利害关系,因此,当事人的陈述可能存在一定的片面性和虚假性。

下列案例说明应如何看待和分析当事人陈述的可信性,如果当事人在行政程序中的陈述和在行政诉讼中的陈述不同,应如何结合其他证据认定事实。

典型案例 12

叶某诉某区公安局案[①]

原告(上诉人):叶某,男,40 岁,原浙江省永嘉县人大常委会常务委员、法制工作委员会副主任。

被告(被上诉人):温州市鹿城区公安分局。

1990 年 6 月 25 日,叶某到温州市鹿城区参加会议。26 日晚 9 时许,遇到了暗娼章某。在准备前往嫖宿时被治安联防队员抓获,在派出所接受讯问时,叶某化名为"陈长波",并谎称自己是永嘉县个体户,承认自己有嫖宿意图和违法行为。6 月 27 日,鹿城区公安分局对其作出行政拘留 10 天的处罚,并于当天将其送交拘留所执行。6 月 30 日,叶某向温州市公安局提出申诉。温州市公安局于同年 7 月 9 日作出治安管理处罚申诉裁决,维持鹿城区公安分局原处罚裁决。叶某向法院起诉,温州市鹿城区人民法院经审理认为:公安局证据不足,撤销治安管理处罚裁决。被告上诉,二审法院维持一审判决。被告又向浙江省高级人民法院提出申诉。该院经审理认为:在一审、二审中,法院基本采信了叶某在法院的陈述,认定他只是出于好奇而与暗娼章某搭讪,在问明章某身份和嫖宿价格后即离去。但

[①] 最高人民法院中国应用法学研究所编:《人民法院案例选:民事、经济、知识产权、海事、民事诉讼程序卷》(上,1992 年—1996 年合订本),人民法院出版社 1997 年版,第 9 页。

是,叶某的这个陈述是不可信的。根据叶某本人和暗娼章某事发当天在派出所基本一致的交代,以及抓获叶、章二人的三名治安联防队员的证词,结合叶某当时隐瞒身份、自愿接受处罚等情节,是完全可以认定叶某具有嫖宿故意,并实施了主动与暗娼联系、谈价、商量嫖宿地点等行为的。叶某只是在真实身份暴露后,才推翻了原先的陈述。因此,浙江省高级人民法院撤销温州市中级人民法院和鹿城区人民法院的判决,维持治安管理处罚裁决。

(七) 鉴定意见

鉴定结论,是指由鉴定部门指派具有专门知识和专门技能的人对某些专门性问题进行分析、鉴别和判断,从而得出的能够证明案件事实的书面意见。按照《行政诉讼证据规定》第 14 条的要求,被告向人民法院提供的在行政程序中采用的鉴定意见,应当载明委托人和委托鉴定的事项、向鉴定部门提交的相关材料、鉴定的依据和使用的科学技术手段、鉴定部门和鉴定人鉴定资格的说明,并应有鉴定人的签名和鉴定部门的盖章。通过分析获得的鉴定意见,应当说明分析过程。以下案例说明如何在诉讼中使用鉴定意见:

典型案例 13

里某诉某公安分局案①

原告:里某,男,31 岁,加拿大籍。重庆利马高科技陶瓷有限公司的工程师。

被告:重庆市公安局九龙坡区公安分局。

里某是重庆利马公司聘请的加拿大籍工作人员,主要负责全厂的设备机械和控制软件的设计工作。1997 年 9 月 28 日,利马公司引进的陶瓷火花塞注浆机发生故障,为了检修和查找故障原因,公司准备从软件方面查找问题,但发现控制软件程序均设置有密码,该公司经理张某某立即打电话向在加拿大休假的里某索要密码,里某向张某某提供了五个密码,但是,均打不开计算机的控制程序。1997

---

① 参见张树义主编:《行政诉讼证据判例与理论分析》,法律出版社 2002 年版,第 95—96 页。

年10月28日,利马公司向重庆市公安局报案,称里某在控制软件上设置密码,又不向公司提供正确的密码,可能导致1200万美元的生产线瘫痪。1997年11月11日和同年12月6日,重庆市公安局聘请有关专家分别对里某资料文档中的LM004软盘、生产现场火花塞注浆机上的CPU模块及里某的手提电脑进行鉴定,其鉴定结论为:里某所设计的各种版本的MISC程序,皆设有其从未提供的密码、时间和计数条件,当时间和计数条件满足后,注浆场生产线就会瘫痪。重庆市公安局九龙坡分局依据《信息系统安全保护条例》第23条的规定,对里某进行了5000元的处罚。里某不服,向重庆市第一中级人民法院提起行政诉讼。本案中,被告提出的证据——电脑专家对原告资料文档中的软盘、生产现场火花塞注浆机上的中央处理器模块、原告的手提式电脑所作的鉴定结论是定案的重要证据。

(八) 勘验笔录、现场笔录

勘验笔录,是指对物品、现场等进行察看、检验后所作的能够证明案件情况的记录。如对有争议的建筑物进行拍照,确定方位并以文字、表格、图画等形式将所得结果做成的记录。人民法院在勘验物品或现场时,勘验人员必须出示有关证明,勘验时应邀请当地基层组织或者有关单位派人参加。当事人或其成年家属应当到场,拒不到场的,不影响勘验工作的进行。

现场笔录专指行政机关及其工作人员在执行职务的过程中,在实施行政行为时,对某些事项当场所作的能够证明案件事实的记录,又称为当场记录。它是行政诉讼中特殊的证据形式,只能在行政行为程序中形成,如公安机关对违反治安管理的人进行询问所作的笔录,其他诉讼中没有这种证据形式。行政案件涉及的现场包括行政违法行为发生的场所、作出行政行为的场所以及案件事实发生的其他场所。行政机关在执行职务过程中所作的现场笔录,应由执行职务人、当事人、见证人等有关人员签名或盖章。按照《行政诉讼证据规定》第15条的要求,被告向人民法院提供的现场笔录,应当载明时间、地点和事件等内容,并由执法人员和当事人签名。当事人拒绝签名或者不能签名的,应当注明原因。有其他人在现场的,可由其他人签名。法律、法规和规章对现场笔录的制作形式另有规定的,按照规定办理。要注意,现场笔录必须是当场制作的,不能事后补做。

现场笔录是为了适应行政审判的特殊性而设置的。现场笔录与勘验笔录相比,存在以下区别:首先,制作主体不同。勘验笔录的制作主体广泛,既可以是行政主体工作人员,也可以是人民法院审判人员;而现场笔录只能由行政主体的执法人员制作。其次,制作内容不同。勘验笔录是对一些专门的物品勘测后所作的记录,反映的多是静态的客观情况,且一般是案件发生以后制作的;而现场笔录则是对执法现场当时的情况所作的记录,一般为动态的事实,而且具有即时性。最后,证据效力不同。勘验笔录是间接证据,即与待定事实之间只有间接关系,不能单独、直接证明待证事实;而现场笔录是直接证据,可以直接证明案件事实。

行政机关在制作、运用现场笔录时应遵循下列规则,即现场笔录只有在以下情况下才能适用:第一,在证据难以保全的情况下,如对变质食品、数量较大的伪劣药品等制作现场笔录;第二,在事后难以取证的情况下,如对不洁餐具等制作现场笔录;第三,不可能取得其他证据或者其他证据难以证明案件事实时。

以下案例说明现场笔录在行政诉讼中的重要性:

典型案例14

柳某诉舟山海关案[①]

原告:柳某,男,韩国人,洪都拉斯籍"科蒙特"轮船长,住韩国釜山市。

被告:中华人民共和国舟山海关。

1993年6月8日夜,舟山市公安局普陀区分局出海缉私。6月9日22时,在东经120度20分公安人员登上"科蒙特"号轮,并由该轮当班船长柳某在海图上定位签字。公安人员出示搜查证,经检查该船共载有韩国产大宇牌轿车40辆、面包车20辆。6月11日,公

---

① 参见张树义主编:《行政诉讼证据判例与理论分析》,法律出版社2002年版,第76—80页。

安人员对该船包括柳某在内的11名船员逐个进行询问调查。柳某在接受调查后,还书写了船长声明并由翻译译为中文,声明中说明:"在中国海域于6月9日晚10时许在北纬34度30分,东经120度20分处被中国警方查扣。我当时向警方提供以下三份书证:一份是海关申报书,一份是港务厅出港证,一份是载货清单(无船长及大副签字),除以上三份单证外,没有提供其他任何单证。我承认这是走私行为,违反了中国法律,愿受中国政府处理。"后舟山海关对其作出没收走私汽车的处罚,柳某不服,向法院起诉。本案争议的焦点集中于对查获走私轮船时间和地点的认定上。原告声称,"科蒙特"轮是在1993年6月9日2时30分,东经124度20分,北纬36度20分在公海正常航行时,被中国警方使用武力控制的。而被告则提出,该轮是在1993年6月9日22时,在东经120度20分,北纬34度30分,即中国领海内被中国警方登临和检查的。对于自己的主张,原告提不出强有力的证据,原告自己所作的船长声明、原告自己在海图上所作的定位标签(有原告自己的签名)、"科蒙特"轮船上其他船员所做的口供的笔录、"科蒙特"号轮船的航海日志及轮机日志、中国渔政708号轮的航海日志,以及中国警方登临和检查"科蒙特"轮时所作的现场搜查记录,都足以证明,中国警方查获该轮的时间是1993年6月9日22时。

第二节 行政诉讼证据的提供

一、行政诉讼举证责任的概念

举证责任一词,最早出现在罗马法中,拉丁文为"omus probandi",并且被古罗马法学家使用。"原告有举证的义务,原告不尽举证责任时,应为被告胜诉的裁判";"主张的人有证明的义务,否定的人没有证明的义务"。公元前450年颁布的《十二铜表法》中规定:"凡主张曾缔结现金借贷或要式买卖契约的,负举证之责。"因此,可以得出结论,古罗马在开始使用这一概念时,认为举证就是提供证据,即主张权利的人应当提供证据,否则主张不成立。古罗马以后,英美法系国家和大陆法系国家由于存在不同的历史法律传统和法律制度,因此,关于举证责任的表述也是不同的。在英美法系国家,学者提出将举证责任分为提供证据的责任和说服责任。前者是指当事人提供证据证明其主张构成法律争端因而法院应当进行审理。后者是指在实体问题上,当事人应提供具有足够证明力的证据,从而获得法院的支持。在大陆法系国家,学者对于举证责任性质的认定基本上分为主观的举证责任说和客观的举证责任说。前者认为举证责任是当事人就自己的主张向法院提供证据的一种义务或负担。后者是指在法院审理终结,案件事实尚真伪不明时,据以作出对某方当事人不利的裁判后果的依据。我国学者也展开了对于何谓举证责任的讨论,形成了多种观点。① 综合以上分析,我们认为行政诉讼的举证责任,是指由法律预先规定,在行政案件的真实情况难以确定的情况下,由一方当事人提供证据予以证明,如果他提供不出证明相应事实情况的证据,则承担败诉风险及不利后果的制度。这个概念包含三个层次的意义:一是指当事人对所主张的事实提供证据;二是指当事人所提供的证据能够证明其主张;三是指当事人在其主张不能提供证据时要承担败诉的不利后果。举证责任制度是行政诉讼证据制度的核心内容。我们通常将法院视为一个天平,当事人双方各为天平的一方,证据就是当事人投向天平的砝码。一旦天平处于平衡状态,举证责任就成为决定性因素。这个责任在诉讼的一开始就已经由法律确定。

在我国,《民事诉讼法》《刑事诉讼法》都没有明确提出举证责任这一概念。作为成文法,《行政诉讼法》条文中第一次出现了举证责任这一概念,并规定了被告对行政行为的合法性负举证责任的基本原则。

---

① 学界存在以下多种观点:"风险义务说",认为举证责任类似于诉讼义务,当事人必须承担,不得放弃,一旦放弃,会带来不利的法律后果,因此,是一种风险义务;"法定后果说",认为举证责任是指法律预先规定,在案件真实情况难以确定的情况下,由一方当事人提供证据予以证明,否则将承担不利的诉讼后果;"权利义务说",即举证责任既是当事人的权利也是当事人的义务;"法律假定说",认为举证责任是法律假定的一种后果,即承担举证责任的一方应当证明自己的主张,否则将承担败诉的法律后果。

二、被告的举证责任

(一) 被告承担主要举证责任

在行政诉讼中,举证责任主要由被诉的行政主体一方承担。我国《行政诉讼法》第 34 条规定:"被告对作出的行政行为负有举证责任,应当提供作出该行政行为的证据和所依据的规范性文件。被告不提供或者无正当理由逾期提供证据,视为没有相应证据。但是,被诉行政行为涉及第三人合法权益,第三人提供证据的除外。"《行政诉讼法》确定被告对被诉的行政行为负举证责任,主要目的在于:

(1) 由被告方负举证责任,有利于保护原告一方的诉权。行政诉讼是作为原告的行政相对人认为行政主体的行政行为侵犯其合法权益而提起的。而行政相对人往往难以了解行政管理行为的具体依据和有关的专业知识,如果让原告承担举证责任,让其证明行政行为的违法性,显然不利于保护原告的诉权。

(2) 由被告方负举证责任,有利于充分发挥行政主体的举证优势。在国家行政管理活动中,行政主体处于主导的地位。因此,行政主体的举证能力比原告强,在诉讼中让举证能力强的一方当事人负举证责任,有利于当事人双方的诉讼地位在事实上的平等,同时也体现了负担公平原则。

(3) 由被告方负举证责任,有利于促进行政主体依法行政。依法行政是国家行政管理的一项基本原则,这一原则要求国家行政权力的运行必须正确、合法。本着行政行为"先取证,后裁决"的规则,行政诉讼中被告提供的证据应当在行政行为作出时都已经具备,在行政诉讼中,无论行政相对人能否提供行政行为违法的证据,行政主体都有义务提供行政行为合法的证据。

根据我国《行政诉讼法》第 34 条的规定,被告举证责任的范围包括:作出行政行为的证据和所依据的规范性文件,即举证范围不仅限于事实根据,还包括行政主体作出行政行为的法律及行政规范依据。被告对被诉的行政行为负有举证责任,并不意味着在行政诉讼中被告对一切事实都全部负举证责任,而只是在确定行政行为的合法性时,必须由被告承担举证责任。在行政诉讼的其他方面,如解决行政赔偿问题,原告也要承担一定范围内的证明责任。

(二) 被告的举证规则

根据法律和最高人民法院有关司法解释的规定,被告在承担举证责任时应遵循以下规则:

1. 举证期限

被告应当在收到起诉状副本之日起 15 日内向人民法院提交作出行政行为的证据和所依据的规范性文件,并提交答辩状。人民法院应当在收到答辩状之日起 5 日内,将答辩状副本发送给原告;被告不提出答辩状的,不影响人民法院审理。

被告不提供或者无正当理由逾期提供证据的,视为没有相应证据。但是,被诉行政行为涉及第三人合法权益,第三人提供证据的除外。

被告因不可抗力或者客观上不能控制的其他正当事由,不能在《行政诉讼法》规定的期限内提供证据的,应当在收到起诉状副本之日起 10 日内向人民法院提出延期提供证据的书面申请。人民法院准许延期提供的,被告应当在正当事由消除后 10 日内提供证据。逾期提供的,视为被诉具体行政行为没有相应的证据。

法律和司法解释之所以对被告的举证期限作如此严格的限定,是为了防止被告行政机关在一审期间非法收集证据。这一规定也是采纳了许多国家在行政诉讼制度中所适用的"案卷主义"原则。行政机关作出行政行为应当基于已调查的证据,即先取证、后裁决是依法行政的重要程序规则。这就决定了行政机关向法院提交的证据应当在作出决定之前就已经获得。一旦进入诉讼,应当可以很快向法院提供。行政机关的决定能否成立,法院只能根据行政机关作出行政行为时所依据的事实和理由来判断。如果行政机关决定时所依据的事实和理由不足以使其决定成立,事后又收集其他证据支持其决定,法院则不予采纳。而行政机关作决定时所依据的事实和理由一般都记载在行政机关作决定时的记录之中,法院对行政行为的司法审查内容,仅限于行政机关作出行政行为时的案卷。

以下案例可以说是美国"行政案卷排除规则"的典型案例:

原告是一家面包公司的工人,于 1978 年因车祸而背部受伤。

1980年原告申请残疾人补助,行政法官举行听证会,医学顾问证明原告的背部疾病严重,行政法官根据自己的观察认为事实并非如此,因此,在原告及其律师离开听证会时,行政法官决定跟踪观察。结果,行政法官发现原告快速穿过街道,没有使用拐杖,在上汽车时也没有表现出明显困难,因此驳回了原告的申请。原告不服,向法院起诉。上诉法院认为:行政法官超越了自己的角色,成了一名证人。行政法官作出原告不是残疾人的结论是依靠自己的观察,这些证据在行政案卷之外,不能作为认定事实的依据,因此,作出撤销判决。①

下述案例说明我国现行法律对被告举证时限的规定,以及法院如何根据该规定判案:

典型案例 15
隆胜石材厂诉福鼎市政府案②

原告:福建省福鼎市点头隆胜石材厂。住所地:福鼎市点头镇。
被告:福建省福鼎市人民政府。
第三人:福建玄武石材有限公司。住所地:福鼎市政协大楼。

原告福建省福鼎市点头隆胜石材厂不服被告福建省福鼎市人民政府于2001年3月13日以鼎政办〔2001〕14号文件下发的《关于2001年玄武岩石板材加工企业扶优扶强的意见》,向福建省福鼎市人民法院提起诉讼。

原告诉称:矿山每年开采的玄武岩荒料仅有9万立方米,都由第三人福建玄武石材有限公司负责给本市的920余家石材加工企业供应,平均每个加工企业只能得到不足98方。2001年的3月13日,被告下达鼎副政办〔2001〕14号文件,规定对31家企业要用倾斜增加供应荒料的办法扶优扶强。被告这种逐年提高扶优荒料提留量的做法,迫使原告逐年减产。原告认为,强劲、优势的企业只能通过公平竞争显露出来,不能通过行政手段扶持起来。请求撤销被告的鼎政办〔2001〕14号文件。

---
① 参见高家伟:《行政诉讼证据的理论与实践》,工商出版社1998年版,第18页。
② 选自《最高人民法院公报》2001年第6期,第211页。

被告没有向法院提交制作鼎政办〔2001〕14号文件的事实根据和法律依据。

福鼎市人民法院认为:按照法律规定,"被告应当在收到起诉状副本之日起10日内提交答辩状,并提供作出具体行政行为时的证据、依据;被告不提供或者无正当理由逾期提供的,应当认定该具体行政行为没有证据、依据"。本案被告福鼎市人民政府收到起诉状副本后,在法定期限内仅提交了答辩状,没有提供作出鼎政办〔2001〕14号文件的事实根据和法律依据,不能证明该文件是合法的,依法应予撤销。

2. 被告补充证据的条件

根据我国《行政诉讼法》第35条的规定,在诉讼过程中,被告及其诉讼代理人不得自行向原告、第三人和证人收集证据。但是在现实中,有些原告在行政诉讼中搞突然袭击,将在行政行为作出过程中没有向行政机关提供的证据或者理由向法院提出,在这样的情况下,如果不允许被告补充证据,显然有悖公平原则。因此《行政诉讼证据规定》第2条规定:原告或者第三人提出其在行政程序中没有提出的反驳理由或者证据的,经人民法院准许,被告可以在第一审程序中补充相应的证据。此外,被告作出具体行政行为时已经收集、因不可抗力等正当事由不能提供的证据,也可以经法院允许后补充。

典型案例 16

张某诉百和乡政府案①

原告:张某,男,生于1936年6月1日,汉族,住泸县百和乡土主街村,退休工人。

被告:四川省泸县百和乡人民政府。

原告依据国务院批准的《幼儿园管理条例》要求,于1996年10月10日向被告递交了"关于兴办幼儿园的申请报告"。但被告对原告"关于兴办幼儿园的申请"一直不予审批注册,原告人对此不服,

---

① 参见张树义主编:《行政诉讼证据判例与理论分析》,法律出版社2002年版,第190—192页。

向人民法院提起行政诉讼,被告在一审庭审中举出《百和乡土主片区幼儿教育规划》作为证据,借此证明该地区不再需要建设新幼儿园。四川省泸州市中级人民法院审理认为:对于被告所持的《百和乡土主片区幼儿教育规划》和"土主片区已有中心幼儿园(起诉后才开始改建),不能再在土主开办幼儿园"的理由,被告未在收到原告申请期间至诉讼前向原告出示或告知,中心幼儿园也是在原告起诉后才开始改建的,因而不能作为定案的依据。

三、原告的证明责任①

(一)原告承担有限的证明责任

我国《行政诉讼法》第37条规定:原告可以提供证明行政行为违法的证据。原告提供的证据不成立的,不免除被告的举证责任。根据该条规定,原告对被诉行政行为违法的主张承担推进责任,原告不能证明被诉行政行为违法时,只是增加了败诉的风险,而不意味着被告必然胜诉。也就是说,当待证事实为被诉行政行为的合法性时,原告要承担的是一种推进责任,是有限度的。这与被告需承担的证明责任并不等同。不过,于法律有特别规定的情形,证明责任依然要由原告承担:

(1)起诉被告不履行法定职责的案件中,原告应当提供其向被告提出申请的证据,证明其提出申请的事实。

被告不履行法定职责的案件通常是行政机关依行政相对人的申请作出的行为,按照行为的逻辑顺序,此种行为的前提条件是先有相对人的申请存在,没有相对人的申请,行政机关不得主动为之。既然原告起诉被告不作为,就负有责任证明他已经提出申请,进而才有权要求法院判令行政机关履行法定职责。实践中,有些行政机关自身没有完备的申请登记制度,因而行政相对人无法在提起诉讼时证明自己曾经提出申请,因此,《行政诉讼证据规定》第4条作出例外规定:第一,被告应当依职权主动履行法定职责的,这种情况不需要行

---

① 为了和被告承担的举证责任相区别,在此将原告提供证据的责任称为证明责任,有些教科书则直接称之为举证责任。

政相对人提出申请,如警察保护公民的人身和财产安全,就是警察的职责。第二,原告因被告受理申请的登记制度不完备等正当事由不能提供相关证据材料并能够作出合理说明的。这种情况在我国现行行政系统中普遍存在,在这样的情况下,要求原告证明自己提出申请的事实,就是勉为其难了。2014年《行政诉讼法》修改时明确了在起诉被告不履行法定职责的案件中,原告需提供其向被告提出申请的证据的例外情形,具体为:其一,被告应当依职权主动履行法定职责的;其二,原告因正当理由不能提供证据的。

（2）在行政赔偿、补偿的案件中,原告应当对行政行为造成的损害提供证据。但因被告的原因导致原告无法举证的,由被告承担举证责任。这是因为赔偿是以损害为前提的,而损害存在的事实应由要求赔偿者即由原告来承担举证责任。

不过,根据《行诉解释》第47条的规定,在行政赔偿、补偿案件中,因被告的原因导致原告无法就损害情况举证的,应当由被告就该损害情况承担举证责任。对于各方主张损失的价值无法认定的,应当由负有举证责任的一方当事人申请鉴定,但法律、法规、规章规定行政机关在作出行政行为时,依法应当评估或者鉴定的除外;负有举证责任的当事人拒绝申请鉴定的,由其承担不利的法律后果。当事人的损失因客观原因无法鉴定的,人民法院应当结合当事人的主张和在案证据,遵循法官职业道德,运用逻辑推理和生活经验、生活常识等,酌情确定赔偿数额。又根据《行诉解释》第97条,原告或者第三人的损失系由其自身过错和行政机关的违法行政行为共同造成的,人民法院应当依据各方行为与损害结果之间有无因果关系以及在损害发生和结果中作用力的大小,确定行政机关相应的赔偿责任。第98条则规定:因行政机关不履行、拖延履行法定职责,致使公民、法人或者其他组织的合法权益遭受损害的,人民法院应当判决行政机关承担行政赔偿责任。在确定赔偿数额时,应当考虑该不履行、拖延履行法定职责的行为在损害发生过程和结果中所起的作用等因素。

（二）原告、第三人的举证期限

原告或者第三人应当在开庭审理前或者人民法院指定的交换证据之日提供证据。因正当事由申请延期提供证据的,经人民法院准许,可以在法庭调查中提供。逾期提供证据的,视为放弃举证权利。

原告或者第三人在第一审程序中无正当事由未提供而在第二审程序中提供的证据,人民法院不予采纳。

第三节　行政诉讼证据的调取、保全、补充规则

一、行政诉讼证据的调取

行政诉讼证据的调取,是指法院依照职权调取特定证据或者根据原告方的申请调取原告方因客观原因而难以提供的证据。

(一)人民法院调取证据的启动方式

人民法院既可以依据职权调取证据,也可以根据当事人的申请调取证据。

1. 依职权调取证据

在行政案件的审理过程中,有些证据和当事人的利益之间没有直接关系,或者是不直接涉及案件事实,因此,当事人不会向法院提供证据,但是如果以上证据对于审理案件是必要的,法院可以根据需要依据职权调取证据。《行政诉讼证据规定》第 22 条规定,人民法院有权向有关行政机关以及其他组织、公民调取证据的情况,包括:(1)涉及国家利益、公共利益或者他人合法权益的事实认定的;(2)涉及依职权追加当事人、中止诉讼、终结诉讼、回避等程序性事项的。

2. 依申请调取证据

有些案件中,原告和第三人由于自身条件限制,无法收集证据,因此,需要法院的帮助,即当原告或者第三人不能自行收集,但能够提供确切线索时,可以申请人民法院调取证据材料。但是,并不是所有的证据,都可以申请法院调取。依规定,以下资料可以要求法院调取:(1)由国家机关保存而需由人民法院调取的证据材料;(2)涉及国家秘密、商业秘密、个人隐私的证据材料;(3)确因客观原因不能自行收集的其他证据材料。

要注意的是,法院只根据原告和第三人的申请调取证据,被告无

权要求法院调取证据。人民法院不得为证明被诉行政行为的合法性,调取被告在作出行政行为时未收集的证据。

(二)调取证据的要求

当事人申请人民法院调取证据的,应当在举证期限内提交调取证据申请书。

调取证据申请书应当写明下列内容:(1)证据持有人的姓名或者名称、住址等基本情况;(2)拟调取证据的内容;(3)申请调取证据的原因及其要证明的案件事实。

人民法院对当事人调取证据的申请,经审查符合调取证据条件的,应当及时决定调取;不符合调取证据条件的,应当向当事人或者其诉讼代理人送达通知书,说明不准许调取的理由。当事人及其诉讼代理人可以在收到通知书之日起3日内向受理申请的人民法院书面申请复议一次。人民法院应当在收到复议申请之日起5日内作出答复。人民法院根据当事人申请,经调取未能取得相应证据的,应当告知申请人并说明原因。

(三)委托调取证据

人民法院需要调取的证据在异地的,可以书面委托证据所在地人民法院调取。受托人民法院应当在收到委托书后,按照委托要求及时完成调取证据工作,送交委托人民法院。受托人民法院不能完成委托内容的,应当告知委托的人民法院并说明原因。

二、行政诉讼证据的保全

行政诉讼证据的保全,是指在证据可能灭失或以后难以取得的情况下,人民法院根据诉讼参加人的请求或依职权采取措施对证据加以确定和保护的一项诉讼制度。行政诉讼证据的保全既是保证当事人提供证据的补救方法,也是人民法院获取证据的一种手段。行政诉讼证据的保全对于保护当事人的合法权益、保证行政诉讼的顺利进行具有重要意义。

(一)证据保全的条件

根据《行政诉讼法》第42条的规定,采取证据保全措施需要具备以下两个条件:

1. 必须存在可能灭失或以后难以取得证据的情况

所谓可能灭失,是指证据以后有可能不存在或者提供证据的人有可能不存在。例如,作为证据的物品将要腐烂、变质、变形,或者作为证人的自然人有可能死亡等。所谓以后难以取得,是指失去某种机会或超过一定的时间,以后就难以取得的情况,如证人将要出国留学或到国外定居等。

2. 采取保全措施的证据必须与案件有一定的关联性

即该项证据能够证明该行政案件的事实,案件事实与证据之间存在着内在的联系。

(二)证据保全的启动方式

根据《行政诉讼法》第42条的规定,行政诉讼证据保全的启动方式有以下两种:

1. 依职权采取保全措施

在行政诉讼过程中,如果人民法院发现有关的证据可能灭失或以后难以取得,可以依职权主动采取证据保全措施。

2. 依当事人申请采取保全措施

诉讼当事人有权向人民法院提起保全证据的申请。当事人根据《行政诉讼法》第42条的规定向人民法院申请保全证据的,应当在举证期限届满前以书面形式提出,并说明证据的名称和地点、保全的内容和范围、申请保全的理由等事项。

人民法院是否采取证据保全措施,应根据具体的案情来确定。如果人民法院同意证据保全的申请,应作出准许裁定并及时采取证据保全措施;如果人民法院不接受当事人的申请,则应作出不予保全的裁定并说明理由。当事人申请保全证据的,人民法院可以要求其提供相应的担保。法律、司法解释规定诉前保全证据的,依照其规定办理。

(三)证据保全的方法

人民法院决定保全证据的,可以根据具体情况,采取查封、扣押、拍照、录音、录像、复制、鉴定、勘验、制作询问笔录等保全措施。如对证人证言的保全,一般采用制作证人证言笔录或者进行录音、录像等方法。对物证的保全,一般由人民法院进行勘验,制作勘验笔录,或者绘图、拍照、录像,也可以采取保存原物的方法。对书证的保全,一般可以采取拍照、复制等方法。对于专门问题可以由委托或者指定的鉴定部门出具鉴定书,鉴定书应包括下列内容:鉴定的内容;鉴定时提交的相关材料;鉴定的依据和使用的科学技术手段;鉴定的过程;明确的鉴定意见;鉴定部门和鉴定人鉴定资格的说明;鉴定人及鉴定部门的签名盖章。上述内容欠缺或者鉴定结论不明确的,人民法院可以要求鉴定部门予以说明,补充鉴定或者重新鉴定。对于现场,法院可以进行勘验。勘验现场时,勘验人必须出示人民法院的证件,并邀请当地基层组织或者当事人所在单位派人参加。当事人或其成年亲属应当到场,拒不到场的,不影响勘验的进行,但应当在勘验笔录中说明情况。审判人员应当制作勘验笔录,记载勘验的时间和地点、勘验人、在场人、勘验的经过和结果,由勘验人、当事人、在场人签名。勘验现场时绘制的现场图,应当注明绘制的时间、方位、绘制人的姓名和身份等内容。当事人对勘验结论有异议的,可以在举证期限内申请重新勘验,是否准许由人民法院决定。

人民法院保全证据时,可以要求当事人或者其诉讼代理人到场。

人民法院进行证据保全,应制作保全证据的笔录。被保全的证据与法院调查的其他证据具有同等的效力。经查证属实,可以作为定案的根据。

三、行政诉讼证据的补充

(一)人民法院有权要求当事人提供或者补充证据

《行政诉讼法》第39条赋予了人民法院要求当事人提供或者补充证据的权力,对此《行诉解释》作出了具体说明:对当事人无争议,但涉及国家利益、公共利益或者他人合法权益的事实,人民法院可以责令当事人提供或者补充证据。另外,根据行政诉讼的实践,在下列情形下,人民法院亦有权要求当事人提供或者补充证据:(1)被告作出行政行为时已经收集、因不可抗力等正当事由不能提供的;(2)原告或者第三人在诉讼过程中,提出了其在被告实施行政行为时没有提出的反驳理由或者证据的;(3)当事人提出了新的诉讼请求的;(4)其他要求提供证据或补充证据的情况。

（二）行政诉讼当事人有向人民法院主动、及时提供证据的权利和义务

当事人应当主动、及时地向人民法院提供证据；如果当事人拒不履行其法定的义务，应当承担相应的法律后果。被告对作出的行政行为负有举证责任，应当在收到起诉状副本之日起 10 日内，提供据以作出被诉具体行政行为的全部证据和所依据的规范性文件。被告不提供或者无正当理由逾期提供证据的，视为被诉行政行为没有相应的证据。被告因不可抗力或者客观上不能控制的其他正当事由，不能在上述期限内提供证据的，应当在收到起诉状副本之日起 10 日内向人民法院提出延期提供证据的书面申请。人民法院准许延期提供的，被告应当在正当事由消除后 10 日内提供证据。逾期提供的，视为被诉行政行为没有相应的证据。

第四节 证据的质证、审查和认定

一、证据的出示

随着我国司法审判体制的改革，在我国的司法实践中已经广泛建立起证据的庭前交换制度，《刑事诉讼法》规定公诉机关在送达起诉书正本时应当附带主要证据复印件，最高人民法院制定了民事诉讼证据制度以后，在民事诉讼中也确立了证据交换制度，现在，大多数民事诉讼案件都已实行证据交换制度。相对于民事诉讼而言，行政诉讼紧紧围绕行政行为的合法性问题，审理对象单一。在一般的行政案件中，证据材料并不多，是否在庭前进行交换，对于当事人顺利进行诉讼没有太大的影响。但是实践中也出现了一些历时较长、案情复杂的行政案件，因此，最高人民法院在《行政诉讼证据规定》中对于在行政诉讼中建立庭前证据交换制度进行了明确的规定，对于案情比较复杂或者证据数量较多的案件，人民法院可以组织当事人在开庭前向对方出示或者交换证据，并将交换证据的情况记录在卷。

二、证据的质证

（一）质证的含义

质证是证据制度的重要问题，也是法院进行庭审活动的核心程序。质证就是诉讼当事人在庭审中就法庭上出示的证据有无证明力以及证明力的大小采取辩论、质疑、说明等方式进行的对质和核实活动。

（二）质证规则

一般来说，质证是公开进行的，但是在特殊情况下，如涉及国家秘密、商业秘密和个人隐私或者法律规定的其他应当保密的证据，不得在开庭时公开质证。

当事人申请人民法院调取的证据，由申请调取证据的当事人在庭审中出示，并由当事人质证。人民法院依职权调取的证据，由法庭出示，并可就调取该证据的情况进行说明，听取当事人意见。

当事人主要围绕证据有无证明力、证明力的大小展开质证。针对证据是否具有证明力，当事人应当就证据的关联性、合法性和真实性等问题进行辩论、质疑、解释、说明。针对证据证明的效力大小，当事人可以就证据的来源、证据的形式、证据之间有无矛盾等进行质证。

就质证的程序而言，行政诉讼的质证程序不同于民事诉讼，鉴于被告在诉讼中承担主要的举证责任，因此，在庭审中，由被告先出示证据，原告就被告出示的证据进行质证。其后，由原告出示证据，被告进行质证和反驳。经法庭准许，当事人及其代理人可以就证据问题相互发问，也可以向证人、鉴定人或者勘验人发问。当事人及其代理人相互发问，或者向证人、鉴定人、勘验人发问时，发问的内容应当与案件事实有关联，不得采用引诱、威胁、侮辱等语言或者方式。

就质证的要求来说，对书证、物证和视听资料进行质证时，当事人应当出示证据的原件或者原物。但是当出示原件或者原物确有困难并经法庭准许时可以出示复制件或者复制品，或者当原件或者原物已不存在时，可以出示证明复制件、复制品与原件、原物一致的其他证据。视听资料应当当庭播放或者显示，并由当事人进行质证。

法庭的质证主要围绕案件事实展开，法庭在质证过程中，可以排除与案件没有关系的证据材料，但应当向当事人说明理由。

法庭在质证过程中，准许当事人补充证据的，对补充的证据仍应进行质证。

行政案件中，主要的证据都是由被告提供的，因此，除非存在特殊情况，被告方所有的证据都应在一审中提供。但是二审程序中也可能出现新证据，如：(1) 在一审程序中应当准予延期提供而未获准许的证据；(2) 当事人在一审程序中依法申请调取而未获准许或者未取得，人民法院在第二审程序中调取的证据；(3) 原告或者第三人提供的在举证期限届满后发现的证据。在二审中，当事人依法提供的新的证据，法庭也应当进行质证；当事人对第一审认定的证据仍有争议的，法庭应当重新进行质证。按照审判监督程序审理的案件，对当事人依法提供的新证据，法庭应当进行质证；因原判决、裁定认定事实的证据不足而提起再审所涉及的主要证据，法庭也应当重新进行质证。

三、证人、鉴定人、专业人员的出庭作证

(一) 证人出庭作证

证人是在诉讼开始前就知道案件事实的人，但是并不是所有知道案件事实的人都是证人，不能正确表达自己意志的人，就不能作为证人。根据当事人的申请，人民法院可以就证人能否正确表达意志进行审查或者交由有关部门鉴定。必要时，人民法院也可以依职权交由有关部门鉴定。

为了更好地查明案件的事实，提高诉讼效率，我国《刑事诉讼法》和《民事诉讼法》都规定了证人出庭作证的义务，因为，证人出庭，在庭上接受诉讼当事人及其代理人的询问，进行说明、反驳，可以更好地发挥证人证言的作用。最高人民法院在《行政诉讼证据规定》中明确规定在行政诉讼中，凡是知道案件事实的人，都有出庭作证的义务。但是在下列特殊情况下，经人民法院准许，当事人可以提

交书面证言:(1)当事人在行政程序或者庭前证据交换中对证人证言无异议的;(2)证人因年迈体弱或者行动不便无法出庭的;(3)证人因路途遥远、交通不便无法出庭的;(4)证人因自然灾害等不可抗力或者其他意外事件无法出庭的;(5)证人因其他特殊原因确实无法出庭的。

要求证人出庭作证,是当事人的诉讼权利,申请证人出庭作证的要求,应当在举证期限届满前提出,并经人民法院许可。人民法院准许证人出庭作证的,应当在开庭审理前通知证人出庭作证。当事人在庭审过程中也可以要求证人出庭出证,但是否准许,由法庭根据审理案件的具体情况决定,法庭准许证人出庭作证的,可以暂停庭审程序,并根据需要决定案件是否延期审理。

为了切实保证当事人的诉讼权利,正确审理案件,在行政诉讼中设置了不同于其他诉讼的证人出庭作证制度,即原告或者第三人不仅可以要求己方证人出庭作证,而且在法定情况下还可以要求被告方相关行政执法人员作为证人出庭作证。这些情形包括:(1)对现场笔录的合法性或者真实性有异议的;(2)对扣押财产的品种或者数量有异议的;(3)对检验的物品取样或者保管有异议的;(4)对行政执法人员的身份的合法性有异议的;(5)需要出庭作证的其他情形。

证人出庭作证时,应当出示证明其身份的证件。对于证人来说,诚实作证是一项法律义务,因此,证人作证时应当实事求是,陈述其亲历的具体事实,并对所陈述事实的真实性承担责任,证人作伪证的,应当承担相应的法律责任。为了保证证人作证的真实性,避免证人受到案件的干扰,出庭作证的证人不得旁听案件的审理。法庭询问证人时,其他证人不得在场,但是法院出于组织证人对质的目的,可以让证人参加相关部分的庭审。证人只负责陈述客观事实,证人根据其经历所作的判断、推测或者评论,不能作为定案的依据。

(二)鉴定人和专业人员出庭作证

鉴定人作为具有某方面专业技术资质的自然人或者组织,应法院或者诉讼当事人的要求就专业技术问题进行鉴定,其作出的鉴定意见具有较强的专业性,是法院判断技术问题的重要依据。同时因为鉴定意见的专业性,因此,外行人很难提出异议。为了更好地审查鉴定意见的真实性,最高人民法院有关司法解释规定,鉴定人有出庭作证的义务。当事人要求鉴定人出庭接受询问的,鉴定人应当出庭。鉴定人因正当事由不能出庭的,经法庭准许,可以不出庭,由当事人对其书面鉴定结论进行质证。在特殊情况下,经人民法院准许,鉴定人也可以不出庭,这些正当事由,包括:(1) 当事人在行政程序或者庭前证据交换中对鉴定结论无异议的;(2) 鉴定人因年迈体弱或者行动不便无法出庭的;(3) 鉴定人因路途遥远、交通不便无法出庭的;(4) 鉴定人因自然灾害等不可抗力或者其他意外事件无法出庭的;(5) 鉴定人因其他特殊原因确实无法出庭的。

对于出庭接受询问的鉴定人,法庭应当核实其身份、与当事人及案件的关系,并告知鉴定人如实说明鉴定情况的法律义务和故意作虚假说明的法律责任。因为很多行政案件都有很强的专业性,因此,最高人民法院有关司法解释规定除了鉴定人以外,被诉行政行为涉及的专门性问题,当事人可以向法庭申请由专业人员出庭进行说明,法庭也可以通知专业人员出庭说明。必要时,法庭可以组织专业人员进行对质。当事人对出庭的专业人员是否具备相应专业知识、学历、资历等专业资格有异议的,可以进行询问,由法庭决定其是否可以作为专业人员出庭。专业人员可以对鉴定人进行询问。

四、证据的审查和认定

(一) 证据的审查

人民法院裁判行政案件,应当以证据证明的案件事实为依据。人民法院对于各种证据材料,无论其来源的渠道如何,也无论其属于何种证据种类,都应当进行全面客观的审查,未经审查的证据,不能成为定案的根据。

人民法院应当从证据的关联性、真实性、合法性等方面对经过庭审质证的证据和无须质证的证据进行逐一审查和对全部证据综合审查。在审查认定证据的过程中,法官应遵循法官职业道德,运用逻辑推理和生活经验,对证据进行全面、客观和公正的分析判断。

首先,法庭需要确定证据材料与案件事实之间的证明关系,排除不具有关联性的证据材料,准确认定案件事实。

其次,法庭应当根据案件的具体情况,审查证据的合法性。具体审查以下方面:(1)证据是否符合法定形式;(2)证据是否符合法律、法规、司法解释和规章的要求;(3)是否有影响证据效力的其他违法情形。

再次,法庭应当根据案件的具体情况,从以下方面审查证据的真实性:(1)证据形成的原因;(2)发现证据时的客观环境;(3)证据是否为原件、原物,复制件、复制品与原件、原物是否相符;(4)提供证据的人或者证人与当事人是否具有利害关系;(5)影响证据真实性的其他因素。

最后,人民法院应当按照法定程序审查各种证据。人民法院对于收集来的各种证据应当严格按照法定的程序进行审查,未经法定程序审查的证据不能成为定案的根据,除非存在法定情形,其他证据均应经过庭审质证,未经庭审质证的证据,不能作为定案的依据。确定这一规则的目的在于加强当事人对人民法院的监督,促进人民法院全面客观地审查和判断证据。但是,对涉及国家秘密、商业秘密和个人隐私的证据应当保密,如果确有必要在法庭上出示的,应当实行不公开审理,不得在公开开庭时出示。

除了对证据本身的审查,《行诉解释》第44条还规定:人民法院认为有必要的,可以要求当事人本人或者行政机关执法人员到庭,就案件有关事实接受询问。在询问之前,可以要求其签署保证书。保证书应当载明据实陈述、如有虚假陈述愿意接受处罚等内容。当事人或者行政机关执法人员应当在保证书上签名或者捺印。负有举证责任的当事人拒绝到庭、拒绝接受询问或者拒绝签署保证书,待证事实又欠缺其他证据加以佐证的,人民法院对其主张的事实不予认定。

(二)非法证据的排除规则

非法证据的排除规则来源于英美法系,它是指基于人权保障或其他政策考虑,或者为了防止不可靠的证人证言与误导的证言,明确规定将那些与案件事实具有关联,本应加以使用的证据加以排除的证据规则。非法证据排除规则在美国证据法中设立的目的是纠正警察的错误行为,并作为实现《美国宪法第四条修正案》的保障手段。美国法上非法证据的排除理由主要有:保护私生活秘密权、保持法院系统的公正以及威慑。除法律另有规定外,法院不得采纳非法证据,将其作为定案依据,即所谓"毒树之果"必须排除。① 大陆法系国家在诉讼中对事实的认定主要基于法官的自由心证,对证据能力不作特别限制,没有形成英美法系的证据排除规则。但大陆法系国家几乎共同设置的一种排除规则就是严禁采用非法手段收集证据。日本的证据制度在第二次世界大战后受美国影响,在一定程度上吸收了非法证据排除规则。

我国最早确立非法证据排除规则和判断标准是在法复〔1995〕2号《最高人民法院关于未经对方当事人同意私自录制其谈话取得的资料不能作为证据使用的批复》(已失效)中。如何确定非法证据的范围和判断标准?《行政诉讼证据规定》规定以下证据不能作为可定案证据:(1)经合法传唤,因被告无正当理由拒不到庭而需要依法缺席判决的,被告提供的证据不能作为定案的依据,但当事人在庭前交换证据中没有争议的证据可以作为定案证据。(2)严重违反法定程序收集的证据材料。(3)以非法或者不正当手段获取的证据,包括以偷拍、偷录、窃听等手段获取的侵害他人合法权益的证据材料,以利诱、欺诈、胁迫、暴力等不正当手段获取的证据材料以及以其他违反法律禁止性规定或者侵犯他人合法权益的方法取得的证据。(4)违反举证的程序性规定的证据,人民法院一般不予采纳,包括:当事人无正当事由超出举证期限提供的证据材料;在中华人民共和国领域以外或者在中华人民共和国香港特别行政区、澳门特别行政区和台湾地区形成的未办理法定证明手续的证据材料;被告在行政程序中依照法定程序要求原告提供证据,原告依法应当提供而拒不

---

① 这一理论是美国刑事诉讼证据法的首创。在犯罪嫌疑人 Brewer 被送往监禁地点途中,一名官员与其进行了有关信仰的谈话,该官员暗示 Brewer 可能是凶手,但表示 Brewer 应当在一场暴风雪来临前说出被害人尸体的位置,以便被害人的家属为其进行一次基督教葬礼。Brewer 最后在该官员的诱导下作了招供,警察因此找到了被害人的尸体。本案中,该官员的诱供违反了法定原则,因此,Brewer 的招供就是非法证据,是毒树的果实。

提供,在诉讼程序中提供的证据。(5)当事人无正当理由拒不提供原件、原物,又无其他证据印证,且对方当事人不予认可的证据的复制件或者复制品。(6)被当事人或者他人进行技术处理而无法辨明真伪的证据材料。(7)不能正确表达意志的证人提供的证言。(8)不具备合法性和真实性的其他证据材料。另外,根据《行诉解释》,《行政诉讼法》第 43 条第 3 款之"以非法手段取得的证据"包括:严重违反法定程序收集的证据材料;以违反法律强制性规定的手段获取且侵害他人合法权益的证据材料;以利诱、欺诈、胁迫、暴力等手段获取的证据材料。

最高人民法院同时规定下列证据不能作为法院认定行政行为合法的证据:

被告及其诉讼代理人在作出行政行为后或者在诉讼程序中自行收集的证据;被告在行政程序中非法剥夺公民、法人或者其他组织依法享有的陈述、申辩或者听证权利所采用的证据;原告或者第三人在诉讼程序中提供的、被告在行政程序中未作为行政行为依据的证据;复议机关在复议程序中收集和补充的证据,或者作出原行政行为的行政机关在复议程序中未向复议机关提交的证据,也不作为人民法院认定原行政行为合法的依据。

在案件审理中,有多种证据,但是有些证据由于形成过程的缺陷和自身的性质导致在案件中不能独立作为证据使用,一般称之为非独立的定案证据,也就是说这些证据要和其他证据相互印证,方可作为定案证据,这些证据有:(1)不符合法律规定的证人证言,如未成年人所作的与其年龄和智力状况不相适应的证言;与一方当事人有亲属关系或者其他密切关系的证人所作的对该当事人有利的证言,或者与一方当事人有不利关系的证人所作的对该当事人不利的证言;应当出庭作证而无正当理由不出庭作证的证人证言。(2)难以识别是否经过修改的视听资料。(3)无法与原件、原物核对的复制件或者复制品。(4)经一方当事人或者他人改动,对方当事人不予认可的证据材料。(5)其他不能单独作为定案依据的证据材料。

(三) 证据的证明力

证据的证明力就是证据本身所显示出来的能够说服法官相信其所证实内容的效力。不同的证据具有不同的证明力,对案件事实的证明程度也就大小不一。证据的证明力除了与证据本身的属性有关以外,还受到社会各种因素的影响。多数案件都有多个证据,因此,法庭需要对不同证据的证明力进行分析,并综合判断确定可定案证据。

对于证明同一事实的数个证据,其证明效力一般可以按照下列情形分别认定:(1)特定机构或者部门出具的证据效力较强,如国家机关以及其他职能部门依职权制作的公文文书优于其他书证,法定鉴定部门的鉴定结论优于其他鉴定部门的鉴定结论,法庭主持勘验所制作的勘验笔录优于其他部门主持勘验所制作的勘验笔录。这是由出具证据的机关的特定性决定的,国家机关和职能部门行使国家权力,代表公共利益,因此,其职权范围内的行为具有较强的效力。法定鉴定部门是经过严格审查被确定为鉴定部门的,其技术能力和公正性都好于其他鉴定机构。(2)经过特殊程序的证据证明力更强,如鉴定意见、现场笔录、勘验笔录、档案材料以及经过公证或者登记的书证优于其他书证、视听资料和证人证言。(3)原始证据优于传来证据,如原件、原物的证明力优于复制件、复制品。这是从证据的来源判断证据的效力,原始证据直接来源于案件事实,自然比经过中间环节的传来证据更为可靠。(4)其他证人证言优于与当事人有亲属关系或者其他密切关系的证人提供的对该当事人有利的证言,出庭作证的证人证言优于未出庭作证的证人证言。(5)从证据的相互关系来看,数个种类不同、内容一致的证据优于一个孤立的证据。各个证据之间相互一致,当然比孤立的证据更能反映客观事实。(6)以有形载体固定或者显示的电子数据交换、电子邮件以及其他数据资料,其制作情况和真实性经对方当事人确认,或者以公证等其他有效方式予以证明的,与原件具有同等的证明效力。

(四)司法认知、自认、推定

司法认知,是指法院在审理中,无须当事人举证证明而直接认可特定事实问题的真实性。通过确定司法认知的范围,可以有效地提高审判效率,降低诉讼成本,减轻当事人的讼累。《行政诉讼证据规定》第 68 条规定司法认知的范围包括:(1)众所周知的事实;(2)自然规律及定理;(3)按照法律规定推定的事实;(4)已经依法证明的事实;(5)根据日常生活经验法则推定的事实。

以上事实都是司空见惯而且一般不会产生争议的事实,即使不经过举证,也不会影响案件的审理。但是,司法认知的事项,是有条件限制的,而且不能任意扩大。对于前述(1)(3)(4)(5)项,当事人有相反证据足以推翻时,法庭就不能运用司法认知的权力,而应该根据证据作出判断。

所谓自认,即诉讼中一方当事人对另一方当事人的主张表示明确认可的时候,法院可以直接根据当事人明确认可的行为对该事实进行认定。如在庭审中一方当事人或者其代理人在代理权限范围内对另一方当事人陈述的案件事实明确表示认可的,人民法院可以对该事实予以认定。另外,在不受外力影响的情况下,一方当事人提供的证据,对方当事人明确表示认可的,可以认定该证据的证明效力。但是自认并不是没有任何限制的。为了避免诉讼中当事人之间基于不正当的目的达成交易而进行自认的情形,法庭如发现有相反证据足以推翻当事人的自认,应不予认定。当然,如果对方当事人予以否认,又没有提供充分的证据进行反驳的,可以综合全案情况审查认定该证据的证明效力。同时需要注意的是,在行政赔偿诉讼中,人民法院主持调解时当事人为达成调解协议而对案件事实的认可,不得在其后的诉讼中作为对其不利的证据。因为在赔偿调解中,当事人基于获得更多的赔偿的目的,可能会承认一些并不存在的事实,这些受到利益诱导的自认显然并不真实,所以,不能在确定行政行为是否合法的问题上使用。

所谓推定,就是根据法律或经验法则,直接根据某一已知事实,确定另一事实的存在。推定的概念在国外的立法中已有规定,例如《法国民法典》第 1349 条规定:推定为法律或法官依已知的事实推论未知的事实所得的结果。《美国统一商法典》规定,推定或假设,是指事实的审理者必须发现该事实的存在,除非提出对该推定的不存在予以认定的证据。在我国行政诉讼中,法庭可以在两种情况下进行推定:一是被告在法定期限内不提供或者逾期提供证据的,视为没有证据;二是针对原告而言,当原告确有证据证明被告持有的证据对原告有利,被告无正当事由拒不提供时,可以推定原告的主张成立。有时被告为了避免败诉,可能不会将不利于自己的证据提供给法庭,如果原告方证明或者法院根据相关证据发现该证据掌握在被告手中,而且该证据对原告有利,在法院要求其提供的情况下,被告无正当理由拒绝提供的,法院就可以推定原告方主张该证据的内容不利于被告方,原告的主张成立。

典型案例 17

李某不服交通事故责任重新认定决定案①

原告:李某,男,30 岁,福建省连城县烟草公司驾驶员,住连城县莲峰镇。

被告:福建省龙岩市公安局交通警察支队。

被告福建省龙岩市公安局交通警察支队(以下简称龙岩交警队)于 2000 年 10 月 12 日作出[2000]第 343 号《道路交通事故责任重新认定决定书》,认定:(1)邱某(在交通事故中死亡)无证驾车,违章载人妨碍驾驶,占道行驶,是造成交通事故的原因之一,其行为违反了《道路交通管理条例》(现已失效)第 6 条、第 25 条、第 23 条第 1 项、第 49 条第 2 项的规定;(2)李某驾车占道行驶,未遵守右侧通行的原则,是造成交通事故的原因之一,其行为违反了《道路交通管理条例》第 6 条、第 49 条第 1 项的规定。决定撤销福建省连城县交通警察大队(以下简称连城交警队)第 20001033 号《道路交通事故责任认定书》的责任认定,重新认定邱某和李某负本事故的同等责任。原告李某不服该决定,向福建省连城县人民法院提起行政诉讼。

原告诉称:被告的重新认定决定书,以原告占道行驶为由推翻连城交警队的责任认定,是错误的。认定原告占道行驶,没有事实根据。请求依法撤销被告的责任重新认定决定书,并判决被告重新作出责任认定。

---

① 选自《最高人民法院公报》2001 年第 5 期,第 177—179 页。

被告辩称:此次重大交通事故的发生有两个原因。原告李某的责任是:第一,《道路交通事故现场勘查图》和现场照片反映,李某采取紧急制动留在道路上的制动拖印,是从道路中心线左侧 0.5 m 呈斜线状往右侧滑行,证明李某在发现危险前占据对方道路行驶,才使邱某在会车时对李某的行车动态判断失误,造成事故的发生。第二,现场勘查图表明,肇事路段宽直,视线良好,很早就可以发现对方来车的动态。李某留下的制动压印长 3.6 m、拖印长 15.1 m,由此可以判断,李某发现险情时距离对向来车应在 30 m 以上。这个距离内,只要驾驶员反应及时、处置有效,是可以避免事故发生的。但由于李某车速过快,驾车时疏忽大意,以致发现险情后采取紧急避险的措施不当。当然,对方邱某无证驾驶摩托车,后载三人,妨碍操作,交会车时占道行驶,也是造成交通事故的原因。综上所述,被告的责任认定事实清楚,证据确实充分,适用法律正确,程序合法,人民法院应当维持被告作出的责任重新认定决定书。

被告龙岩交警队向法庭提交了证人林某和吴某的证言、现场勘查简图、道路交通事故照片一组、道路交通事故车辆技术鉴定书、讯问李某的笔录等证据。

福建省连城县人民法院经审理认为:

现场勘查简图和道路交通事故照片表明,原告李某驾驶的金杯牌小客车的轮胎制动拖印起于连城城区往文亨方向路中线左侧 0.5 m,沿斜线向右进入自己一侧的车道内后,又前行约 6.15 m,在距离路中线 0.46 m 处出现轮胎制动拖印拐点(即两车碰撞点)。这些证据证明,两车碰撞时,李某驾驶的金杯牌小客车在自己一侧的车道内,而邱某驾驶的二轮摩托车处在占道位置,被告龙岩交警队认定李某占道行驶,无事实根据,认定有误;认定邱某无证驾驶,违章载人妨碍驾驶,占道行驶,事实清楚,证据充分,应予确认。据此,该院于 2000 年 12 月 19 日判决:撤销被告龙岩交警队所作的[2000]第 343 号《道路交通事故责任重新认定决定书》中关于责任认定的部分。龙岩交警队应从判决生效之日起 30 日内对本事故重新作出责任认定。

第一审宣判后,龙岩交警队不服提起上诉。

龙岩市中级人民法院认为：上诉人龙岩交警队提交的现场勘验简图，反映出现场路段有效路宽为 1.51 m，半幅路宽 7.55 m，路面视线良好。现场勘验简图和现场照片证实，两车碰撞点位于被上诉人李某驾驶的金杯牌小客车行驶的车道内距路中心线 0.46 m 处，这是道路交通事故发生时两车所处的位置。金杯牌小客车开始制动时虽然跨越道路中心线 0.5 m，但左侧仍留有约 6 米宽的有效路面。即使李某不向本车道驶回，所余有效路面也足可以使对向邱某驾驶的二轮摩托车安全通过。另外从金杯牌小客车的制动拖印、证人林某、吴某的证言和讯问李某的笔录中还可以看出，金杯牌小客车驶回本车道时，距离邱某的摩托车尚有 30 余米；从李某发现险情采取制动措施到两车碰撞时，邱某的摩托车始终处于占道位置。这些情节都证明，李某在发现险情前虽有占道行驶的行为，但该行为不会使对向驾驶摩托车的邱某认为前行无路，从而采取进入逆行车道的避险措施。李某自发现险情就开始制动同时驶回本车道，此时相距 30 m 以外的邱某如也能进入自己一侧的车道行驶，则两车相撞的事故完全可以避免。邱某的无证驾车、违章载人和占道行驶等违章行为，显然是导致事故发生的主要原因。而李某的占道行驶违章行为，却与事故的发生不存在因果关系，不应当对交通事故的发生承担责任。因此，二审法院判决驳回上诉，维持原判。

思考题

1. 行政诉讼证据有何特殊性？
2. 为什么被告在行政诉讼中负主要的举证责任？
3. 哪些证据不能作为定案证据？
4. 法院的证据认证规则是什么？

本章参考书目

1. 高家伟：《行政诉讼证据的理论与实践》，工商出版社 1998 年版。

2. 吕立秋:《行政诉讼举证责任》,中国政法大学出版社2001年版。
3. 张树义主编:《行政诉讼证据判例与理论分析》,法律出版社2002年版。
4. 杨解君主编:《行政诉讼法学》(第二版),中国方正出版社2004年版。
5. 全国人大常委会法制工作委员会行政法室编:《行政诉讼法立法背景与观点全集》,法律出版社2015年版。
6. 江必新主编:《中华人民共和国行政诉讼法理解适用与实务指南》,中国法制出版社2015年版。
7. 袁杰主编:《中华人民共和国行政诉讼法解读》,中国法制出版社2014年版。
8. 江必新、邵长茂:《新行政诉讼法修改条文理解与适用》,中国法制出版社2015年版。
9. 马怀德主编:《新编中华人民共和国行政诉讼法释义》,中国法制出版社2014年版。
10. 最高人民法院行政审判庭编著:《最高人民法院行政诉讼法司法解释理解与适用》(上、下册),人民法院出版社2018年版。

第六章 行政诉讼程序

内容摘要 行政诉讼的程序是具体保障诉讼当事人及法院进行诉讼活动的制度性装置,在我国,分为一审程序、简易程序、二审程序以及作为特殊审级的审判监督程序等。本章对其中的一些重要制度,比如起诉、受理、庭审、撤诉、诉讼强制措施、行政诉讼附带民事诉讼以及行政诉讼的类型化等进行了介绍。

学习重点 起诉的条件;行政诉讼一审程序;行政诉讼二审程序;行政诉讼强制措施;行政诉讼附带民事诉讼;行政诉讼类型化。

第一节 起诉与受理

诉讼活动的起点是起诉,因为司法活动以不告不理为原则,没有人起诉,法院不能主动受理。但起诉是原告单方面的行为,要让案件被法院审理,还必须符合一定的条件,它通过法院的审查与受理完成。因此,起诉与受理构成行政诉讼的初始阶段。起诉和受理是行政诉讼的开始,是两种性质不同却密切联系的诉讼活动,共同确立了行政相对人、人民法院和行政主体三者之间的行政诉讼法律关系。

一、起诉

(一) 起诉的概念

行政诉讼中的起诉,是指公民、法人或者其他组织认为行政机关的行政行为侵犯其合法权益,依法请求人民法院行使国家审判权给予司法救济的诉讼行为。它是原告单方面行使法律赋予的起诉权、向人民法院表示诉的意愿的行为。

(1) 起诉是相对人行使行政诉权的行为。行政诉权是现代社会公民最基本的权利之一,原告对起诉拥有完全的处分权,凡法律规定可以提起诉讼的行为,符合条件者,相对人都可以提起诉讼。

（2）起诉的直接目的在于启动诉讼程序，通过人民法院行使审判权，对被诉行政行为进行审查，从而使受到行政行为侵害的合法权益获得司法救济。

（3）起诉是相对人作出的具有法律意义的诉讼行为。起诉的法律后果在于：相对人选择了人民法院来解决行政争议，起诉是相对人向人民法院表示的诉讼请求，对此人民法院负有必须作出回应，即受理或不予受理的义务。

起诉一般采用书面方式，但起诉人书写确有困难的，也可以口头的方式提出。起诉状一般包括当事人的基本情况、诉讼请求、事实根据、证据及其来源等。

（二）起诉的条件

诉讼的一般原则是不告不理，因此，原告的起诉是行政诉讼程序发生的前提条件。起诉一旦成立，即标志着行政诉讼程序的开始。为了保证人民法院正确、及时地审理行政案件，保障当事人的诉讼权利得以充分行使，同时又防止当事人不负责任的"滥诉"，我国《行政诉讼法》规定了起诉条件，即当事人提起行政诉讼时必须符合的法定要件。所谓一般条件，即不论提起何种诉讼，也不论提出何种诉讼请求均需具备的条件。提起行政诉讼的一般条件是：

（1）原告适格。原告适格，即提起诉讼之人必须符合原告资格。诉讼是要花费成本的，有成本就要有收益。这个收益就是权利受到侵害的人通过诉讼得到补救。因此，法律上设定了原告资格，提起行政诉讼的人必须是认为行政行为侵犯其合法权益的公民、法人或者其他组织，即与被诉行政行为之间存在利害关系。

（2）有明确的被告。被告是责任的承担者，因而为诉讼所不可缺少。要求有明确的被告，即原告起诉需明确指出实施行政行为的行政机关、法律法规规章授权的组织的名称，也就是要明确与自己发生行政争议的机关的名称，否则原告起诉就是无的放矢，就会出现无人应诉的情形。实践中，原告指明的被告不一定是真正的被告，但只要原告表明自己告谁，有明确被告的要求即已满足。如果原告所指控的仅为工作人员，因某种条件所限弄不清应告哪一个行政机关，人民法院应帮助原告找出应该作为被告的行政机关，并让原告在起诉书中补正。而最终明确被告是法院的职责,应由法院协助原告完成。

（3）有具体的诉讼请求和事实根据。诉讼请求是原告向人民法院提出,并希望获得司法保护的实体性权利的主张。"不告不理"的司法性质决定了诉讼请求是诉讼活动的核心,原告提起诉讼必须要有诉讼请求。具体的诉讼请求就是要求原告的起诉状有明确的针对性,即必须针对特定的被告,就特定的事（某一实际存在的行政行为）提出明确的诉讼请求。如果原告没有提出明确的诉讼请求,人民法院将无从审理。原告提出或者补全自己的诉讼请求的最后期限为起诉状副本送达被告前;起诉状副本送达被告后,原告提出新的诉讼请求的,人民法院不予准许,但有正当理由的除外。提出新的诉讼请求是指增加诉讼请求,在行政诉讼中这是不予准许的,但原告可以减少诉讼请求或者变更诉讼请求;当然,如果原告有正当理由提出新的诉讼请求,应予准许。这一条规定并非剥夺原告改变诉讼请求的权利,而是旨在将诉讼保持于一定的秩序之中。

事实根据是原告向法院起诉所依据的事实和根据。原告提出诉讼请求不能空口无凭,必须有事实根据,包括案件的案情事实和证据事实。但值得注意的是,起诉时要求原告提供事实根据是为了证明案情事实（主要是行政争议）是否存在,而不是要求原告提供证据证明行政行为违法,即不是要求原告承担行政行为违法的举证责任。并且,原告所提供的事实根据,也不要求具有全面的、真实的证明作用,而以能够证明所争议的行政法上的权利义务关系客观存在为必要。

（4）属于人民法院的受案范围和受诉人民法院管辖。属于人民法院的受案范围即原告请求人民法院保护的权益,是人民法院审判权作用的领域。受案范围与起诉权的行使有直接的关系,受案范围决定了公民、法人或者其他组织的合法权益获得司法救济的范围,即诉权的范围,当事人只能在人民法院的受案范围内享有起诉权;不属于人民法院受案范围的,当事人不能起诉,人民法院也无权受理。但在行政诉讼立案审查阶段应当注意的是,案件是否属于人民法院行政诉讼的受案范围有时是需要经过实体审查才能够作出判断的。绝不能未经审查、仅依据案件的表面特征就一概不予受理。如果在立案审查时限内无法查清相关事实的,必须先受理后再进一步审查,如确实不属于人民法院的受案范围的,再驳回起诉亦为时不晚。

属于受诉人民法院管辖,是指当事人起诉的行政案件依法属于接受起诉状的人民法院管辖。当事人因选择管辖上的错误,将诉状递交给无管辖权的人民法院并不直接导致诉讼期限延误,当事人也并不因此丧失诉权。受诉人民法院应将诉状移送有管辖权的法院或告知当事人向有管辖权的法院起诉。

除了上述一般条件外,《行诉解释》第54条还对起诉人需要提交的必要起诉材料作出了规定:公民、法人或者其他组织提起诉讼时应当提交以下起诉材料:(1)原告的身份证明材料以及有效联系方式;(2)被诉行政行为或者不作为存在的材料;(3)原告与被诉行政行为具有利害关系的材料;(4)人民法院认为需要提交的其他材料。由法定代理人或者委托代理人代为起诉的,还应当在起诉状中写明或者在口头起诉时向人民法院说明法定代理人或者委托代理人的基本情况,并提交法定代理人或者委托代理人的身份证明和代理权限证明等材料。与此配套,《行诉解释》第55条规定了人民法院的审查权力和释明义务:人民法院应当就起诉状内容和材料是否完备以及是否符合《行政诉讼法》规定的起诉条件进行审查。起诉状内容或者材料欠缺的,人民法院应当给予指导和释明,并一次性全面告知当事人需要补正的内容、补充的材料及期限。在指定期限内补正并符合起诉条件的,应当登记立案。当事人拒绝补正或者经补正仍不符合起诉条件的,退回诉状并记录在册;坚持起诉的,裁定不予立案,并载明不予立案的理由。

(三)起诉的时间条件

起诉的时间条件即诉讼时效,是指诉权行使的有效期间,起诉必须在法律规定的期限内提出,超过法定期限的,当事人将因起诉时效届满而丧失诉权,人民法院对超过起诉期限的起诉可以拒绝受理。由于行政行为的复杂性,行政诉讼中的起诉时间条件也较为复杂。针对不同的行为,起诉的时间要求有所不同。

1. 一般期限与特殊期限

行政诉讼的起诉期限可以分为一般期限和特殊期限两类。一般期限是指《行政诉讼法》规定的,适用于一般案件的起诉期限。特殊期限是指为单行法律、法规所规定,适用于特定案件的起诉期限。这二者之间的关系是:单行法律法规有规定的,从其规定;单行法律法规没有规定的,从《行政诉讼法》的规定。

一般期限和特殊期限又可以分为两种情形:经复议的行政案件的起诉期限与直接提起诉讼的起诉期限。《行政诉讼法》第 45 条规定:"公民、法人或其他组织不服复议决定的,可以在收到复议决定书之日起十五日内向人民法院提起诉讼。复议机关逾期不作决定的,申请人可以在复议期满之日起十五日内向人民法院提起诉讼。法律另有规定的除外。"这就是一般期限,该条适用于经复议的行政案件,只要法律未作特殊规定,对行政复议决定不服的,必须在收到复议决定书之日起 15 日内起诉,否则即丧失诉权。另外,根据《行诉解释》第 59 条,公民、法人或者其他组织向复议机关申请行政复议后,复议机关作出维持决定的,应当以复议机关和原行为机关为共同被告,并以复议决定送达时间确定起诉期限。

直接提起诉讼的起诉期限又分为两种情况,即作为类案件的起诉期限和不作为类案件的起诉期限。《行政诉讼法》第 46 条第 1 款规定:"公民、法人或者其他组织直接向人民法院提起诉讼的,应当自知道或者应当知道作出行政行为之日起六个月内提出。法律另有规定的除外。"这是对作为类案件起诉期限的一般规定。

同时,《行政诉讼法》第 47 条对不作为类案件的起诉期限也进行了一般规定,即:"公民、法人或者其他组织申请行政机关履行保护其人身权、财产权等合法权益的法定职责,行政机关在接到申请之日起两个月内不履行的,公民、法人或者其他组织可以向人民法院提起诉讼。法律、法规对行政机关履行职责的期限另有规定的,从其规定。公民、法人或其他组织在紧急情况下请求行政机关履行保护其人身权、财产权等合法权益的法定职责,行政机关不履行的,提起诉讼不受前款规定期限的限制。"因此,如果法律、法规对行政机关履行法定职责的期限已作了规定,行政机关超过期限仍不作为的,从该期限届满之日起计算起诉期限;在没有相关的法律规范规定行政机关履行法定职责的期限的情况下,公民、法人或者其他组织申请行政机关履行法定职责,行政机关在接到申请之日起2个月内不履行,公民、法人或者其他组织向人民法院提起诉讼的,人民法院应当受理;公民、法人或者其他组织在紧急情况下请求行政机关履行保护其人身权、财产权的法定职责,行政机关不履行的,起诉期限不受上述规定的限制,当事人可以立即提起行政诉讼。例如,当事人接到恐吓电话,请求行政机关对此进行查处,行政机关不予答复或者拒绝提供保护的,当事人可以直接向法院起诉。这一规定,充分考虑到了行政效率与行政有效性之间的密切关系。

2. 特殊情况下起诉期限的计算

由于行政活动以及行政诉讼的复杂性,上述诉讼时效只适用于一般情况,对于行政诉讼中出现的特殊情况,按照上述诉讼时效计算可能对当事人极不公平。因此,《行政诉讼法》和《行诉解释》对诉讼时效作出了进一步的细致规定。

(1) 行政机关未告知当事人的诉权或起诉期限时起诉期限的起算。告知当事人诉权和起诉期限,是行政机关的一项法定义务,如果行政机关未告知当事人的诉权或起诉期限,行政机关就违反了行政法律关系的权利义务要求,应承担其不利后果,即行政机关对当事人延误期限负有直接责任。因此,行政机关作出行政行为时,未告知公民、法人或者其他组织诉权或者起诉期限的,起诉期限从公民、法人或者其他组织知道或者应当知道诉权或者起诉期限之日起计算,但从知道或者应当知道行政行为内容之日起最长不得超过1年。复议机关未告知公民、法人或者其他组织诉权或者起诉期限的,适用上述规定。此处的"1年"是行政机关未履行告知当事人诉权或者起诉期限时当事人行使诉权的最长保护期,即如果行政机关事后履行告知义务,当事人行使诉权的期限从告知之日起计算,如果行政机关一直未履行告知义务,则当事人行使诉权的期限以从当事人知道或应当知道行政行为的内容之日起1年为期,在1年之内的任何时候均可起诉,逾期则丧失诉权。

(2) 当事人不知道行政行为内容时起诉期限的起算。在行政审判实践中,经常遇到行政机关不仅未履行告知当事人诉权或起诉期限的义务,甚至未告知当事人行政行为内容的情形。另外,有的行政行为具有复效性,不仅影响到相对人的利益,还可能影响到其他相关人的利益。而实践中,行政机关一般只将行政决定书送达给直接的相对人,行政机关也不可能完全知道这个行为所影响的除相对人之外的其他利害关系人。由此,可能导致其他利害关系人由于不知道行政行为的内容而延误起诉期限。对此《行诉解释》规定,公民、法人或者其他组织不知道行政机关作出的行政行为内容的,其起诉期限从知道或者应当知道该行政行为之日起计算,但最长不得超过《行政诉讼法》第46条第2款规定的起诉期限,也即涉及不动产的行政行为从作出之日起算最长不得超过20年,其他案件自行政行为作出之日起最长不得超过5年。此处的"20年"和"5年"是当事人在行政机关作出行政行为时不知道该行政行为内容时行使诉权的最长保护期限,逾期则当事人丧失诉权。最长保护期的规定一方面有利于保护当事人的诉讼权利,另一方面也是为了维护行政法律关系的稳定,避免纠纷长期存在。

3. 起诉期限迟误的处理

所谓起诉期限的迟误,是指起诉行为在法定期限内未能进行或未能完成,当事人又在期限届满后再为或续为的诉讼行为。《行政诉讼法》第48条规定:"公民、法人或者其他组织因不可抗力或者其他不属于其自身的原因耽误起诉期限的,被耽误的时间不计算在起诉期限内。公民、法人或者其他组织因前款规定以外的其他特殊情况耽误起诉期限的,在障碍消除后十日内,可以申请延长期限,是否准许由人民法院决定。"本条规定了起诉期限的扣除与延长。起诉期限的扣除是一种法定扣除,即只要发生了法定事由,如不可抗力或者其他不属于其自身的原因,被耽误的时间就被扣除在起诉期限之外,起诉期限因此顺延,不再由法院决定是否能够延长。其中,不可抗力是指相对人不能预见、不能避免、无力克服的事由,如地震、洪灾以及台风、冰冻等气象灾害。其他不属于自身的原因主要是不可抗力之外的其他客观原因,如起诉人被限制人身自由而不能起诉或者因意外受伤暂时丧失意志等。

起诉期限的延长是在起诉期限扣除的基础之上,进一步保护起诉人诉权的重要措施。由于诉讼实践复杂多变,仅仅在不可抗力和不属于其自身的原因情况下对起诉人的诉权予以保护,有时是不充分的,当遇到其他特殊情况时,应由法院在个案中决定是否延长起诉人的诉讼期限。为了方便法院对起诉期限延长的认定,原告应当在提出延长申请时,提供相应的证据。

(四) 起诉的程序条件

起诉的程序条件是指提起行政诉讼与行政复议之间的程序衔接。起诉权的合法行使除应具备上述法定要件外,还应符合法律中关于行政诉讼与行政复议关系的规定。复议与诉讼的关系是行政诉讼制度中的一个重要问题。我国没有把行政复议程序作为当事人提起行政诉讼的前置条件,而采用了当事人自由选择的要求,但是肯定了在法律、行政法规中规定的复议前置条件对起诉的约束力。《行政诉讼法》第 44 条规定:"对属于人民法院受案范围的行政案件,公民、法人或者其他组织可以先向行政机关申请复议,对复议决定不服的,再向人民法院提起诉讼;也可以直接向人民法院提起诉讼。法律、法规规定应当先向行政机关申请复议,对复议决定不服再向人民法院提起诉讼的,依照法律、法规的规定。"据此,处理行政复议与行政诉讼的关系时,当事人选择补救手段是行政复议与行政诉讼关系的一般原则,行政复议前置是行政复议和行政诉讼关系的例外,需要特别规定。2023 年修订后的《行政复议法》规定,复议前置需要由法律、行政法规作出特别规定。同时,司法最终解决是一般原则,而行政复议裁决终局是例外。

1. 行政案件经复议的情形

根据我国现行法律、法规的规定,规定行政复议的情况主要有:

(1) 行政复议与行政诉讼的强制性选择。所谓强制性选择是指当事人对行政行为不服的,可以选择向上一级行政机关申请复议,或直接向人民法院起诉。这两种选择,当事人只能选择其一而为之。并且,选择行政复议的,行政复议决定即为发生法律效力的终局裁判,当事人也因选择复议而丧失起诉权,不得再提起诉讼。

(2) 一级复议前置。当事人对行政行为不服,必须经上一级行政机关复议,对复议不服的,才可向法院起诉,否则,人民法院不予受理。这是一级复议前置的规定。2023 年修订的《行政复议法》优化了行政复议前置范围,第 23 条明确对当场作出的行政处罚决定不服、对行政机关作出的侵犯其已经依法取得的自然资源的所有权或者使用权的决定不服、认为行政机关未依法履行法定职责、申请政府信息公开但行政机关不予公开等情形,应当先申请行政复议;同时,将行政复议前置其他情形的设定权限由"法律、法规"修改为"法律、行政法规",并规定对行政复议前置情形,行政机关在作出行政行为时应当告知公民、法人或者其他组织先向行政复议机关申请行政复议。根据《行诉解释》的规定,在复议前置的情况下,如果复议机关不受理复议申请或者在法定期限内不作复议决定,公民、法人或其他组织不服,依法向人民法院提起诉讼的,人民法院应当受理。因为此时相对人已无法获得行政救济,所以就应该打开司法救济之门,允许相对人向法院提起诉讼。如果相对人仅对原行政机关的行政行为不服,起诉时就以原行政机关为被告;如果相对人是对复议机关的不作为不服,则以复议机关为被告。这一规定解决了实践中存在的在复议前置的条件下,复议机关为了不当被告而怠于履行职责,不受理复议申请或者在法定期限内不作复议决定的问题。

另外,有以下两种须经复议的情形值得注意:第一,法律、行政法规只规定对某类行政行为不服,可以申请复议,没有规定可以向人民法院起诉,而《行政诉讼法》规定可以向人民法院起诉的,当事人应先向行政机关申请复议,对复议不服的,才可向人民法院起诉。这是复议前置程序的特殊情况。第二,法律、行政法规规定,当事人对行政行为不服,必须经过复议才向人民法院起诉的,如果行政机关在复议决定中追加当事人,被追加的当事人对复议决定不服的,可以直接向人民法院起诉。

2. 当事人可以自由选择行政复议与行政诉讼的情形

当法律、法规未规定行政复议为提起行政诉讼的必经程序时,当事人可以自由选择救济手段。行政复议并非行政诉讼的必经阶段,相对人可以直接起诉,也可以先提起行政复议,对复议决定不服的仍可以提起行政诉讼,这里所体现的是"司法最终解决原则"。这一原则是行政复议与行政诉讼衔接的根本准则。在相对人可以自由选择救济途径的情况下,应注意以下三种特殊情形的处理方式:

（1）当事人既提起诉讼又申请复议的处理。法律、法规未规定行政复议为提起行政诉讼的必经程序，公民、法人或者其他组织既提起诉讼又申请复议的，由先受理的机关管辖。如果最先受理的机关是复议机关，那么当事人对复议决定不服的，仍有权提起行政诉讼。如果先受理的机关是司法机关，那么司法机关的裁决就是最终的，当事人不能再提起行政复议。同时立案的，由公民、法人或者其他组织选择。

（2）当事人在复议期间提起诉讼的处理。公民、法人或者其他组织已经申请行政复议，在法定复议期间内又向人民法院起诉的，人民法院不予受理。因为复议和诉讼不能齐头并进，相对人一旦先申请了行政复议，就应当等待复议机关作出决定；如果复议机关迟迟不作决定，也要等待复议期限的经过。这样一方面是对复议机关作出复议决定权力的尊重，另一方面也不会给行政复议与行政诉讼的衔接带来混乱。

（3）当事人在复议期间撤回复议申请的处理。法律、法规未规定行政复议为提起行政诉讼的必经程序，公民、法人或者其他组织向复议机关申请行政复议后，又经复议机关同意撤回复议申请，在法定期限内对原行政行为提起诉讼的，人民法院应当受理。此处的"法定期限"是《行政诉讼法》规定的相对人直接向人民法院提起诉讼的期限，相对人提出复议又撤回复议申请的，期间不予排除。

综上，人民法院在审查起诉状时应根据上述规定及当事人的实际情况，分别对待：对于复议前置的案件，应告知当事人先申请行政复议；对于复议终局的案件，则应在明确告知当事人后裁定不予受理。

二、受理

（一）受理的概念

受理是指人民法院对公民、法人或者其他组织的起诉进行审查，对符合法律规定的起诉条件的案件决定立案审查的诉讼行为。原告起诉与人民法院受理是两种不同性质却又有密切联系的诉讼行为。起诉是受理的前提，因为人民法院对行政案件采取不告不理的原则，所以，如果没有当事人的起诉行为，也就没有人民法院的受理行为。

但是,受理又不是起诉的必然结果。是否决定受理,是人民法院依据国家审判权对起诉行为进行审查的单方面行为的结果。因此,人民法院通过对起诉的审查,决定是否受理,是一种十分重要的诉讼行为。

(二) 对起诉的审查

人民法院在接到原告的起诉状后,应当组成合议庭对原告起诉的内容和形式进行审查,并根据审查的结果作出受理或者不予受理的裁定。人民法院对起诉进行审查的主要内容是:

(1) 原告是否适格。即原告是否具有诉讼主体资格,是否是行政行为侵犯其合法权益的公民、法人或者其他组织。

(2) 被告是否适格。原告起诉时仅满足有明确的被告要求即可,最终明确被告是法院的职责。法院通过对原告的起诉进行审查,如果发现原告所起诉的被告不适格,人民法院应告知原告变更被告;如果原告不同意变更的,人民法院有权裁定驳回起诉。法院认为应当追加被告的,应当征得原告的同意,对于人民法院认为应当追加而原告不同意追加的被告,人民法院应当通知其以第三人的身份参加诉讼。

(3) 原告起诉是否有具体的诉讼请求和事实根据。如在起诉条件中所述,原告只要在起诉状中有明确的诉讼请求,且能够提供行政机关或其工作人员作出行政行为的证据,或证明该行政行为已经存在,即已满足这一条件。在现实生活中,能够证明行政机关作出某一行政行为的关键证据,是具体的行政决定书。因此,如果行政管理相对人能够向法院提供行政机关的行政决定书,即可认为完全满足了有明确的事实根据这一起诉条件。但在我国行政法领域,行政机关在作出行政决定时,不制作、不送达行政决定书的现象比较普遍,这也反映出我国行政执法过程中广泛存在的不遵守起码的程序规则的严重现象。对此《行诉解释》第 63 条规定:行政机关作出行政行为时,没有制作或者没有送达法律文书,公民、法人或者其他组织只要能证明行政行为存在,并在法定期限内起诉的,人民法院应当依法立案。

(4) 请求事项是否属于行政审判权限范围以及受诉人民法院

管辖。

（5）法律规定必须由法定代理人或者指定代理人、代表人为诉讼行为的，是否由法定代理人或指定代理人、代表人为诉讼行为以及由诉讼代理人代为起诉，其代理是否符合法定要求。根据法律规定，无诉讼行为能力的公民的诉讼行为必须由法定代理人代为行使，在法定代理人不能行使此项权利时，由法院指定的代理人代为行使。法定代表人代表法人或其他组织进行诉讼，无法定代表人时，由指定代表人代为行使。法定或指定代理人、代表人的权利和诉讼地位是由法律规定的，其他人不可替代，否则诉讼将不能合法地进行下去。由诉讼代理人代为起诉的，必须符合法定要求，否则人民法院不予受理或裁定驳回起诉。

（6）法律、法规规定行政复议为提起诉讼的必经程序的，是否已经过复议。

（7）起诉是否超过法定期限。

（8）起诉人是否重复起诉。对于起诉人来说，如果已向法院提起诉讼，法院受理后，该行政争议就已属于受理法院，该法院已享有对该案件的审判权，并负有依法定程序按法定期限审结此案的义务。双方当事人取得原告和被告资格，各自享有法律赋予的诉讼权利，承担法律规定的诉讼义务，由此就排除了其他国家机关包括其他法院对该案的管辖权。如果起诉人再向其他法院起诉，该法院应裁定不予受理或者驳回起诉。这项规定是为了防止出现不一致的判决以及保证诉讼的稳定性。

（9）起诉人已撤回起诉后再行起诉是否有正当理由。原则上，在行政诉讼中人民法院裁定准许原告撤诉后，原告以同一事实和理由重新起诉的，人民法院不予受理。至于准许撤诉的裁定确有错误，原告申请再审的，人民法院应当通过审判监督程序撤销原准许撤诉的裁定，重新对案件进行审理。但是，原告或上诉人因未按规定的期限预交案件受理费，又不提出缓交、减交、免交申请或者提出申请未获批准而按自动撤诉处理的，在法定期限内再次起诉或者上诉，并依法解决诉讼费预交问题的，人民法院应予受理。

（10）诉讼标的是否为生效判决的效力所羁束。诉讼标的是当事人主张或否认的权利或法律关系,它是法院所裁判的对象,在行政诉讼中,诉讼标的就是行政行为的合法性。如果被诉的行政行为合法与否在其他生效的行政判决中已被确认,相对人就不能再提起行政诉讼。因为这会出现判决不一致而导致无法执行的情况。但是,如果被诉行政行为合法与否是在民事判决或是在刑事判决中确认的,则另当别论。因为在民事诉讼或是刑事诉讼中,法院往往仅将行政行为作为证据审查,这种审查缺乏行政诉讼那种复杂的机制,而且这三种诉讼在诉讼请求、原被告的举证责任等诸多方面均存在差异,因此可能导致对行政行为认定的错误,此时剥夺相对人的诉权不符合公平原则。

(11) 起诉是否具备其他法定要件。除前面所列的 10 条外,法院还要审查当事人起诉是否具备其他的法定要件,例如起诉状是否符合一般的形式要求等。

(三) 审查的结果

人民法院通过对上述各方面的审查,应作出如下处理:

(1) 对于符合《行政诉讼法》规定的起诉条件的,应当登记立案;如果当场不能判断是否符合起诉条件的,应当接受起诉状,出具注明收到日期的书面凭证,并在 7 日内决定是否立案。

人民法院一旦立案,则意味着:第一,对于人民法院而言,该行为确定了特定法院的个案审判权和相应职责,该法院的审判活动宣告正式开始;同时,该行为还产生了排他的管辖权,当事人不得再行起诉,其他人民法院也不再受理;第二,对于行政机关而言,受理行为确定了其与行政相对人之间彼此平等的诉讼地位,而在此前的行政程序中双方的地位是不完全平等的;第三,对提起诉讼的行政相对人而言,其起诉时效中断,原告地位确立,同时还要交纳案件受理费。

(2) 不符合起诉条件的,受诉人民法院应当自收到起诉状之日起 7 日内作出不予受理的裁定,裁定书应当载明不予立案的理由。

裁定不予受理(已经受理的则裁定驳回起诉)的情形是:请求事项不属于行政审判权限范围的;起诉人无原告诉讼主体资格的;起诉人错列被告且拒绝变更的;法律规定必须由法定或指定代理人、代表人为诉讼行为,而未由法定或指定代理人、代表人为诉讼行为的;由诉讼代理人代为起诉,其代理不符合法定要求的;起诉超过法定期限且无正当理由的;法律、法规规定行政复议为提起诉讼的必经程序而未申请复议的;起诉人重复起诉的;已撤回起诉,无正当理由再行起诉的;诉讼标的为生效判决的效力所羁束的;起诉不具备其他法定要件的。

当事人对不予受理的裁定不服的,可在接到裁定书之日起10日内向上一级人民法院提出上诉,上一级人民法院的裁定为终局裁定。

(3)起诉状内容有欠缺或者有其他错误的,应当给予指导和释明,并一次性告知当事人需要补正的内容。不得未经指导和释明即以起诉不符合条件为由不接收起诉状。

(4)受诉人民法院自收到起诉状之日起7日内不能决定是否立案的,应当先予立案。

这一条规定体现了《行政诉讼法》对当事人诉权的尊重。因为对于关系到当事人重大利益的问题,仅仅给予7天时间且不经开庭审理,在许多情况下是无法作出正确判断的,而过分仓促的结果只能是牺牲行政管理相对一方的利益。

(5)对于不接收起诉状、接收起诉状后不出具书面凭证,以及不一次性告知当事人需要补正的起诉状内容的,当事人可以向上级人民法院投诉,上级人民法院应当责令改正,并对直接负责的主管人员和其他直接责任人员依法给予处分。

上述规定的期限,从受诉人民法院收到起诉状之日起计算;因起诉状内容欠缺而责令原告补正的,从人民法院收到补正材料之日起计算。

另外,受诉人民法院自收到起诉状之日起7日内(因起诉状内容欠缺而责令原告补正的,从人民法院收到补正材料之日起计算)既不立案,又不作裁定的,起诉人可以向上一级人民法院起诉。上一级人民法院认为符合起诉条件的,应当予以立案、审理,也可以指定其他下级人民法院立案、审理。这一规定是针对行政诉讼起诉及受理阶段经常出现的法院对行政管理相对一方当事人的起诉利益任意剥夺,对当事人的起诉既不立案、又不作出裁定的突出问题而规定的。这一规定为当事人在此种情形下提供了新的救济途径,有利于更加充分地保护当事人的诉权。此外,根据《行诉解释》第 6 条的规定,当事人以案件重大复杂为由,认为有管辖权的基层人民法院不宜行使管辖权或者根据《行政诉讼法》第 52 条的规定,向中级人民法院起诉的,中级人民法院应当根据不同情况在 7 日内分别作出以下处理:(1)决定自行审理;(2)指定本辖区其他基层人民法院管辖;(3)书面告知当事人向有管辖权的基层人民法院起诉。

第二节 行政诉讼一审程序

第一审程序是从人民法院裁定受理到作出第一审判决的诉讼程序。在行政诉讼中,第一审程序是最重要、最基础的程序,这不仅是因为第一审程序是所有行政案件基本的、必经的程序阶段,更重要的是,这一程序还是二审及再审程序的参照,在有关后两类程序的法律规定不甚详明时,都需要比照第一审程序中的类似规定加以明确和具体化。

一、审理前的准备

审理前的准备是指在人民法院案件受理后至开庭审理前,为保证审判工作的顺利进行和案件正确及时审理,审判人员需进行各项准备活动。审理前的准备主要包括以下几项内容:

(一)组成合议庭

合议庭是人民法院行使行政审判权、审理行政案件的基本组织形式。行政案件必须由合议庭审理是行政诉讼区别于其他诉讼的一个重要特点。《行政诉讼法》规定:人民法院设行政审判庭审理行政案件。人民法院审理行政案件,由审判员组成合议庭,或者由审判员、陪审员组成合议庭。合议庭的成员,应当是 3 人以上的单数,即行政诉讼合议庭的组成形式有两种:一种是由审判员组成的合议庭,另一种是由审判员和人民陪审员组成的合议庭。合议庭在审判长的领导下进行活动,合议庭全体成员集体审理、共同评议,按少数服从多数的原则表决案件审理工作中的重大事宜。

（二）交换诉状

这一阶段的工作内容主要包括以下几项：(1) 通知被告应诉，人民法院应当在立案之日起 5 日内，将起诉状副本和应诉通知书发送给被诉行政机关，同时通知被告应诉并提供答辩状。(2) 被告提交答辩状副本。被告应当在收到起诉状副本之日起 15 日内提交答辩状，并提供作出行政行为的证据、依据；被告不提供或者无正当理由逾期提供的，应当认定该行政行为没有证据、依据。但被告不提供答辩状的，不影响案件的审理。人民法院应当在收到答辩状之日起 5 日内，将答辩状副本发送原告。(3) 向第三人送达诉讼文书。有第三人参加诉讼的，比照上述规定发送起诉状副本或答辩状副本。

（三）处理管辖异议

当事人提出管辖异议，应当在接到人民法院应诉通知书之日起 10 日内以书面形式提出，逾期不提出管辖异议的，视为无异议。对当事人提出的异议，人民法院应当进行审查。异议成立的，裁定将案件移送有管辖权的人民法院；异议不成立的，裁定驳回。

（四）审查诉讼文书和调查收集证据

通过对原告、被告提供的起诉状、答辩状和各种证据材料进行审查，合议庭可以全面地了解案情，熟悉原告的诉讼请求和理由及被告的答辩理由，为开庭审理做好准备，同时在比较全面了解案情的基础上，根据实际情况对诉讼主体进行全面审查，及时更换和追加当事人，决定或通知第三人参加诉讼；调查收集证据则是在合议庭认为案件证据不够确凿、充分时，为了提高行政审判质量而自行组织的调查、取证工作。

（五）审查其他内容

主要是根据案件具体情况，决定诉的合并与分离，确定审理的形式，决定开庭审理的时间、地点，决定是否采取诉讼保全措施，审查行政行为是否具有停止执行的条件，审查是否有先行给付的情况存在等。

二、开庭审理

（一）庭审方式

庭审阶段是全部审理活动的中心环节，其主要任务是审查核实证据,查明案情,正确适用法律,确认当事人之间的权利义务关系,最后作出正确判决。按照《行政诉讼法》的规定,在第一审程序中应当一律实行开庭审理,不得进行书面审理。由于行政案件的案情一般都比较复杂,审理难度大,开庭审理易于查明案情,能够比较充分地保障当事人的合法权益。在开庭审理时,应遵循以下两项原则:

(1)以公开审理为原则。行政案件的审理形式有两种:公开审理和不公开审理。人民法院审理行政案件的活动,除涉及国家秘密、个人隐私和法律另有规定外,一律公开审理。涉及商业秘密的案件,当事人申请不公开审理的,可以不公开审理。公开审理与开庭审理并不是同一概念。开庭审理有公开进行和不公开进行的区别,而公开审理都是开庭审理,以开庭方式进行。无论公开审理或不公开审理,在宣告判决、裁定时,都应公开进行。

(2)审理行政案件原则上不适用调解。人民法院审理行政案件,原则上不得以调解书的方式结案,只能依法作出裁判。这是因为:第一,调解要求当事人双方必须对其权利享有实体处分权。行政诉讼的被告是行政机关,不享有实体处分权。行政机关代表国家行使行政管理职权,这种职权是人民通过法定程序赋予的,行政机关行使的法定职权同时也是行政机关的法定职责,对行政机关来讲,权利义务是不能分割的,行政机关只能依法行使职权而不能处分自己的职权。正因为如此,以对实体权利享有处分权为基础的调解就不能适用于行政诉讼中。第二,行政诉讼没有调解的必要。行政诉讼以合法性审查为原则,在行政行为的合法与违法之间并不存在第三种选择。然而,由于行政实践的高度复杂性,自由裁量权已经深入行政机关日常执法、行政的各个方面,僵硬地不适用调解原则已经无法适应行政审判实践的发展,因此在这一原则之外,《行政诉讼法》规定了行政审判不适用调解的例外情形,即当涉及行政赔偿、补偿以及行政机关行使法律、法规规定的自由裁量权的案件时,可以调解。调解应当遵循自愿、合法原则,不得损害国家利益、社会公共利益和他人合法权益。

(二)庭审程序

庭审程序是人民法院在当事人、诉讼参加人及其他诉讼参与人

的参加下,依法定程序审理行政案件的过程。完整的庭审程序一般由如下程序组成:

(1) 开庭准备。在开庭前3日传唤、通知当事人、诉讼参与人按时出庭参加诉讼。

(2) 宣布开庭。开庭前由书记员查明当事人、诉讼参加人和其他诉讼参与人是否到庭。审判长宣布开庭,宣布案由,依法核对当事人身份,宣布合议庭组成人员和书记员及本案鉴定人、勘验人、翻译人员名单,告知当事人诉讼权利义务,交代申请回避权,询问当事人是否申请回避。

回避有两种:依申请回避与主动回避。当事人认为审判人员与本案有利害关系或者有其他关系可能影响公正审判的,有权申请审判人员回避。审判人员认为自己与本案有利害关系或者有其他关系的,应当申请回避。当事人申请回避,应当说明理由,在本案开始审理时提出;回避事由在案件开始审理后知道的,应当在法庭辩论终结前提出,被申请回避的人员,在人民法院作出是否回避的决定前,应当暂停参与本案的工作,但案件需要采取紧急措施的除外。对当事人提出的回避申请,人民法院应当在3日内以口头或者书面形式作出决定。院长担任审判长时的回避,由审判委员会决定;审判人员的回避,由院长决定;其他人员的回避,由审判长决定。申请人对驳回回避申请决定不服的,可以向作出决定的人民法院申请复议一次。复议期间,被申请回避的人员不停止参与本案的工作。对申请人的复议申请,人民法院应当在3日内作出复议决定,并通知复议申请人。回避的规定同时适用于书记员、翻译人员、鉴定人、勘验人。

针对实践中当事人滥用申请回避的权利浪费司法资源、降低诉讼效率、影响法庭秩序的现象,《行诉解释》第74条第3款规定:对当事人提出的回避申请,人民法院应当在3日内以口头或者书面形式作出决定。对当事人提出的明显不属于法定回避事由的申请,法庭可以依法当庭驳回。

(3) 法庭调查。法庭调查是审判人员在法庭上,在诉讼当事人和参与人的参与下,全面调查案件事实,审查判断各项证据的诉讼活动。法庭调查的顺序是:告知当事人诉讼权利和义务;询问当事人和当事人陈述;通知证人到庭作证;告知证人的权利义务,询问证人;宣读未到庭的证人证言;通知鉴定人到庭,告知其权利义务,询问鉴定人,宣读鉴定结论;出示物证、书证、视听资料;通知勘验人到庭,告知其权利义务,宣读勘验笔录、现场笔录。

（4）法庭辩论。法庭辩论是指在审判人员主持下,双方当事人就本案的事实、证据以及作出行政行为的法律依据,行使自己的辩论权利,阐述自己的主张和根据,针对对方提出的主张进行反驳,开展相互辩论的诉讼活动。法庭辩论的基本顺序如下:原告及诉讼代理人发言;被告及诉讼代理人发言;第三人及诉讼代理人发言;双方相互辩论。在辩论中发现新的情况需要进一步调查时,审判长可以宣布停止辩论,恢复法庭调查或决定延期审理,待事实查清以后,再继续法庭辩论。法庭辩论需要双方当事人的陈述,终结时,当事人还有最后陈述的权利。在司法实践中,有的当事人将法庭当成发泄个人不满的舞台,不服审判长指挥;个别当事人藐视法庭,不举证也不陈述,致使庭审无法进行。针对这种现象,《行诉解释》第80条第1款规定了当事人拒绝陈述的法律后果:原告或者上诉人在庭审中明确拒绝陈述或者以其他方式拒绝陈述,导致庭审无法进行,经法庭释明法律后果后仍不陈述意见的,视为放弃陈述权利,由其承担不利的法律后果。

（5）合议庭评议。法庭辩论结束后,审判长宣布休庭,由合议庭全体成员对本案进行评议。评议时,采取少数服从多数原则。评议应当制作笔录,评议中的不同意见,必须如实记入评议笔录,评议笔录由合议庭全体成员及书记员签名。对于重大疑难的案件,提请院长交审判委员会讨论决定。审判委员会的决定,合议庭必须执行。

（6）宣读判决裁定。合议庭评议以后,可以当庭宣判,也可以定期宣判。在一审判决书中应当明确告知当事人上诉权,并明确说明上诉权行使的期限和方式。

（三）审理期限

人民法院应当在立案之日起6个月内作出第一审判决,鉴定、处理管辖异议以及中止诉讼的时间不计算在内。有特殊情况需要延长审理期限的,由高级人民法院批准,高级人民法院审理第一审案件需要延长的,由最高人民法院批准。基层人民法院申请延长审理期限,应当直接报请高级人民法院的批准,同时报中级人民法院备案。

三、案件的移送和司法建议

(一)案件的移送

案件的移送,是指人民法院在审理行政案件时,发现行政机关工作人员有违反政纪或犯罪行为,或被处罚人的行为构成犯罪,应当追究刑事责任的,将案件全部或者部分移送给有关部门处理的措施。接受移送的有关机关,应依法履行追究查处的职责。这种移送不同于移送管辖,而是主管事项的移送。被移送的案件主要包括刑事案件、内部行政案件及应当由其他部门处理的行政违法案件等。

(二)司法建议

司法建议是人民法院行使审判权时,对于与案件有关的但不属于人民法院审判权所能解决的问题向有关方面提出的建议。行政诉讼规定的司法建议是人民法院维护法庭纪律、执行生效的行政判决、裁定的一种手段。根据《行政诉讼法》第66条第2款的规定,人民法院对被告经传票传唤无正当理由拒不到庭,或者未经法庭许可中途退庭的,可以将被告拒不到庭或者中途退庭的情况予以公告,并可以向监察机关或者被告的上一级行政机关提出依法给予其主要负责人或者直接负责人员处分的司法建议。同时,根据《行政诉讼法》第96条的规定,行政机关拒绝履行判决、裁定的,第一审人民法院可以向监察机关或者该行政机关的上一级行政机关提出司法建议。《行政诉讼法》规定接受司法建议的机关要根据有关规定进行处理,并将处理结果告知人民法院,这一规定使司法建议具有一定的促进作用,有利于行政判决、裁定的执行。

四、简易程序

《行政诉讼法》于订立之初,并未规定简易程序,所有行政案件不管具体情况,一律根据普通程序审理。即人民法院审理行政案件,由审判员组成合议庭,或者由审判员、陪审员组成合议庭。合议庭的成员,应当是3人以上的单数。

最高人民法院在2010年下发《最高人民法院关于开展行政诉讼简易程序试点工作的通知》(法〔2010〕446号),指出为保障和方便当事人依法行使诉讼权利,减轻当事人诉讼负担,保证人民法院公正、及时审理行政案件,经中央批准,决定在部分基层人民法院开展行政诉讼简易程序试点工作。通过三年多的实践探索,2014年修正的《行政诉讼法》增加了简易程序一节,将简易程序的有关规定上升为法律。

(一)简易程序适用的范围

《行政诉讼法》第82条规定,下列第一审行政案件中,人民法院认为事实清楚、权利义务关系明确、争议不大的,可以适用简易程序审理:(1)被诉行政行为是依法当场作出的;(2)案件涉及款额2000元以下的;(3)属于政府信息公开案件的。另外,除上述第一审行政案件外,当事人各方同意适用简易程序的,可以适用简易程序。

发回重审、按照审判监督程序再审的案件不适用简易程序。

(二)适用简易程序审理的案件

适用简易程序审理的案件,由审判员一人实行独任审理,并应当在立案之日起45日内审结。

人民法院可以采取电话、传真、电子邮件、委托他人转达等简便方式传唤当事人。经人民法院合法传唤,原告无正当理由拒不到庭的,视为撤诉;被告无正当理由拒不到庭的,可以缺席审判。但以简便方式送达的开庭通知,未经当事人确认或者没有其他证据证明当事人已经收到的,人民法院不得缺席判决。

适用简易程序审理的案件,一般应当一次开庭并当庭宣判。法庭调查和辩论可以围绕主要争议问题进行,庭审环节可以适当简化或者合并。

适用简易程序案件的举证期限由人民法院确定,也可以由当事人协商一致并经人民法院准许,但不得超过15日。被告要求书面答辩的,人民法院可以确定合理的答辩期间。人民法院应当将举证期限和开庭日期告知双方当事人,并向当事人说明逾期举证以及拒不到庭的法律后果,由双方当事人在笔录和开庭传票的送达回证上签名或者捺印。当事人双方均表示同意立即开庭或者缩短举证期限、答辩期间的,人民法院可以立即开庭审理或者确定近期开庭。

当事人就适用简易程序提出异议且理由成立的,或者人民法院认为不宜继续适用简易程序的,应当转入普通程序审理。人民法院发现案情复杂,需要转为普通程序审理的,应当在审理期限届满前作出裁定并将合议庭组成人员及相关事项书面通知双方当事人。案件转为普通程序审理的,审理期限自人民法院立案之日起计算。

第三节 行政诉讼的二审程序

第二审程序是上级人民法院对下级人民法院就第一审案件所作的判决、裁定,在发生法律效力以前,基于当事人的上诉,依据事实和法律,对案件进行审理的程序。我国法律规定人民法院审理行政案件实行两审终审制度。因此除了最高人民法院所作的第一审判决、裁定是终审判决、裁定外,当事人不服地方各级人民法院所作的第一审判决、裁定(部分),都有权依法向上一级人民法院提起上诉,从而引起第二审程序。

一、上诉的提起与受理

(一)上诉的提起

上诉是当事人不服人民法院的一审判决、裁定,依法要求第二审人民法院审理的诉讼行为。当事人不服人民法院第一审判决的,有权在判决书送达之日起 15 日内向上一级人民法院提起上诉。当事人不服人民法院第一审裁定的,有权在裁定书送达之日起 10 日内向上一级人民法院提起上诉。

上诉是行政诉讼法赋予当事人的一项基本诉讼权利。上诉的对象既可以是一审判决也可以是一审裁定。当事人的上诉必须在一定的期限内提出,逾期则丧失上诉权。上诉既可以通过原审人民法院提出,也可以直接向二审人民法院提出。当事人提出上诉,应当按照其他当事人或者诉讼代表人的人数提出上诉状副本。

（二）上诉的受理

上诉的受理是第二审人民法院收到上诉状后依法决定是否将其作为上诉案件立案,开始第二审程序的诉讼活动。原审人民法院收到上诉状的,应当在5日内将上诉状副本发送其他当事人,对方当事人应当在收到上诉状副本之日起15日内提出答辩状。原审人民法院应当在收到答辩状之日起5日内将副本发送上诉人。对方当事人不能提出答辩状的,不影响人民法院审理。原审人民法院收到上诉状、答辩状的,应当在5日内连同全部案卷和证据,报送第二审人民法院。已经预收的诉讼费用,一并报送。

第一审人民法院作出判决和裁定后,当事人均提出上诉的,上诉各方均为上诉人。诉讼当事人中的一部分人提出上诉的,没有提出上诉的对方当事人为被上诉人,其他当事人依原审诉讼地位列明。

上诉受理后,即标志着案件进入第二审程序。上诉受理后一项非常重要的法律后果是,上诉一经受理,在第二审程序中,行政机关不得改变其原行政行为。行政行为是行政机关代表国家所实施的能产生法律效果的行为,一经作出,本身就具有确定力。而且,在第一审程序中,行政机关的行政行为已经人民法院审查,无论合法、违法均已经国家审判权确认,行政机关对此完全丧失处分权。因此,在二审程序中,行政机关无论是作为上诉人还是被上诉人,均不得改变原行政行为。

二、上诉案件的审理

第二审人民法院审理上诉案件,除《行政诉讼法》对第二审程序有特别规定外,均适用第一审程序。这里仅就第二审程序中审理的特别之处作一些说明。

（一）审理方式

第二审人民法院审理行政案件可以实行书面审理。所谓书面审理,是指人民法院只就当事人的上诉状及其他书面材料进行审理,作出判决或裁定,不需要诉讼参加人出席法庭,也不向社会公开的一种审理方式。书面审的核心是法律审,即在案件事实清楚,各方当事人对事实问题不存在争议,而仅对法律适用问题意见相左时所采取的审理方式。《行政诉讼法》第 86 条规定:"人民法院对上诉案件,应当组成合议庭,开庭审理。经过阅卷、调查和询问当事人,对没有提出新的事实、证据或者理由,合议庭认为不需要开庭审理的,也可以不开庭审理。"因此,书面审最重要的适用条件是事实清楚。

(二)审理对象

第二审人民法院审理上诉案件,应当对原审人民法院的判决、裁定和被诉行政行为进行全面审查,而不受上诉范围的限制。因为原审人民法院的裁判正确与否与被诉行政行为是否合法密切相关,同时对被诉行政行为进行全面审查,也是合法性审查原则在二审程序中的具体运用。另外在司法实践中,二审法院也不可能置行政行为的合法性问题而不顾,只审查一审法院裁判的合法性。

行政诉讼二审的全面审查原则包括以下两个方面:(1)二审法院审理行政案件,既要对原审法院的裁判是否合法进行审查,又要对被诉行政行为的合法性进行审查;(2)二审法院审理行政案件,对被诉行政行为的合法性进行全面审查,不受上诉范围的限制。

(三)审理期限

第二审人民法院审理上诉案件,应当自收到上诉状之日起 3 个月内作出终审判决,有特殊情况需要延长的,由高级人民法院批准,高级人民法院审理上诉案件需要延长的,由最高人民法院批准。

第四节 行政诉讼的审判监督程序

审判监督程序又称再审程序,是指人民法院对已经发生法律效力的判决、裁定,发现违反法律、法规的规定,依法再次审理的程序。行政诉讼实行二审终审制,审判监督程序并不是每个行政诉讼案件的必经程序,而只是对已经发生法律效力的违反法律、法规的判决、裁定,确实需要再审时所适用的一种特殊程序,其设置的目的是保证人民法院审判工作的公正、正确,体现审判工作实事求是、有错必纠的原则。

一、审判监督程序的提起

(一) 提起审判监督程序的条件

提起再审程序应当具备以下条件:

1. 提起审判监督程序的主体,必须是有审判监督权的组织或专职人员

首先,最高人民法院对地方各级人民法院有审判监督权;上级人民法院对下级人民法院有审判监督权,他们均可以提起再审程序。其次,各级人民法院院长对本院已经发生法律效力的判决、裁定,发现违反法律、法规规定认为需要再审的,有权提请审判委员会决定是否再审。最后,人民检察院作为国家的法律监督机关,有权对确有错误的人民法院的已经发生法律效力的判决、裁定按照法定程序提起抗诉,对于检察院的抗诉,人民法院必须提审或指令下级人民法院再审。

当事人的申诉虽然不能直接引起审判监督程序,但它是人民法院发现判决、裁定错误的重要途径,同时也是法律赋予当事人的一项重要的诉讼权利。对当事人的申诉,人民法院应当充分重视,对申诉事实和理由应进行审查,以便发现原审裁判是否确有错误,决定是否提起再审。《行政诉讼法》第 90 条规定:"当事人对已经发生法律效力的判决、裁定,认为确有错误的,可以向上一级人民法院申请再审,但判决、裁定不停止执行。"《行诉解释》第 110 条进一步规定:当事人向上一级人民法院申请再审,应当在判决、裁定或者调解书发生法律效力后 6 个月内提出。有下列情形之一的,自知道或者应当知道之日起 6 个月内提出:(1) 有新的证据,足以推翻原判决、裁定的;(2) 原判决、裁定认定事实的主要证据是伪造的;(3) 据以作出原判决、裁定的法律文书被撤销或者变更的;(4) 审判人员审理该案件时有贪污受贿、徇私舞弊、枉法裁判行为的。人民法院接到当事人的再审申请后,经审查,符合再审条件的,应当立案并及时通知各方当事人;不符合再审条件的,予以驳回。

2. 提起审判监督程序必须具备法定理由

引起审判监督程序的根本原因是发现了已发生法律效力的判

决、裁定违反法律、法规规定,确有错误,否则,不能提起再审程序。有下列情形之一的,人民法院应当再审:(1)不予立案或者驳回起诉确有错误的;(2)有新的证据,足以推翻原判决、裁定的;(3)原判决、裁定认定事实的主要证据不足、未经质证或者系伪造的;(4)原判决、裁定适用法律、法规确有错误的;(5)违反法律规定的诉讼程序,可能影响公正审判的;(6)原判决、裁定遗漏诉讼请求的;(7)据以作出原判决、裁定的法律文书被撤销或者变更的;(8)审判人员在审理该案件时有贪污受贿、徇私舞弊、枉法裁判行为的。

(二)提起审判监督的程序

(1)原审人民法院院长提起审判监督程序,必须报经审判委员会决定。

(2)上级人民法院提起审判监督程序,既可以自己审理,也可以指令下级人民法院再审。

(3)人民检察院进行抗诉,应当符合有关法律的规定,其抗诉的具体程序是:最高人民检察院对各级人民法院已经发生效力的裁判向最高人民法院抗诉。上级人民检察院对下级人民法院已经发生效力的裁判,向同级人民法院抗诉。地方各级人民检察院对同级人民法院已经发生法律效力的裁判,可以向同级人民法院提出检察建议,并报上级人民检察院备案;也可以报请上级人民检察院,由上级人民检察院向同级人民法院提起抗诉。对于人民检察院的抗诉,人民法院应当再审。人民法院开庭审理抗诉案件时,应当通知人民检察院派员出庭。

二、再审案件的审理

(1)人民法院按照审判监督程序再审的案件,如果发生法律效力的判决、裁定是由第一审人民法院作出的,按照第一审程序审理,所作的判决、裁定,当事人可以上诉;如果发生法律效力的判决、裁定是由第二审人民法院作出的,按照第二审程序审理,所作的判决、裁定是发生法律效力的判决、裁定;如果上级人民法院按照审判监督程序提审的,按照第二审程序审理,所作的判决、裁定是发生法律效力的判决、裁定。人民法院审理再审案件,应当另行组成合议庭。

（2）按照审判监督程序决定再审的案件，裁定中止原判决、裁定、调解书的执行，但支付抚恤金、最低生活保障费或者社会保险待遇的案件，可以不中止执行。上级人民法院决定提审或者指令下级人法院再审的，应当作出裁定，裁定应当写明中止原判决的执行；情况紧急的，可以将中止执行的裁定口头通知负责执行的人民法院或者作出生效判决、裁定的人民法院，但应当在口头通知后10日内发出裁定书。

第五节 行政诉讼强制措施

一、行政诉讼强制措施概述

排除妨害的行政诉讼强制措施，是为了维护行政诉讼程序而由法律规定的，由人民法院对妨害诉讼的违法行为所采取的强制性的排除措施，主要适用于妨害行政诉讼的行为。在行政诉讼中由于双方当事人利益对立，经常会产生妨害诉讼的行为，如毁灭或隐匿证据，导致法院无法正常审理案件。对此，法院应当采取强制措施予以排除。行政诉讼强制措施，就其性质而言，是一种诉讼上的强制性手段，不属于法律制裁，法律规定排除妨害的行政诉讼强制措施的目的，是为了保证行政案件审理的正常进行。

二、妨害行政诉讼的行为

（一）妨害行政诉讼行为的构成

妨害行政诉讼的行为，是指在行政诉讼中，诉讼参与人以及其他公民、法人故意实施的破坏诉讼秩序、阻碍诉讼活动正常进行的违法行为。妨害行政诉讼行为的构成要件为：

（1）必须有妨害行政诉讼的实际行为。妨害行政诉讼的行为包括作为和不作为两种形式，但都必须是已经实施了妨害行为，而不仅仅是意图；而且行为人所实施的妨害行为是法律所禁止的违法行为。

（2）必须是在诉讼过程中实施的行为。诉讼过程指原告起诉成立后和判决实施前。如果妨害行为是在起诉前或判决实施后所为,则不能认定为妨害行政诉讼行为。

(3)必须是行为人的故意行为。故意是指行为人明知自己的行为违反行政诉讼法的规定,会妨害行政诉讼的正常进行,而有意识地去实施这种行为。

(二)妨害行政诉讼行为的种类

根据我国《行政诉讼法》第59条第1款的规定,妨害行政诉讼的行为有以下几种:

(1)有义务协助调查、执行的人,对人民法院的协助调查决定、协助执行通知书,无故推脱、拒绝或者妨碍调查、执行的。

(2)伪造、隐藏、毁灭证据或者提供虚假证明材料,妨碍人民法院审理案件的。

(3)指使、贿买、胁迫他人作伪证或者威胁、阻止证人作证的。

(4)隐藏、转移、变卖、毁损已被查封、扣押、冻结的财产的。

(5)以欺骗、胁迫等非法手段使原告撤诉的。

(6)以暴力、威胁或者其他方法阻碍人民法院工作人员执行职务,或者以哄闹、冲击法庭等方法扰乱人民法院工作秩序的。

(7)对人民法院审判人员或者其他工作人员、诉讼参与人、协助调查和执行的人员恐吓、侮辱、诽谤、诬陷、殴打或者打击报复的。

三、排除妨害行政诉讼的强制措施

根据我国《行政诉讼法》的规定,排除妨害行政诉讼行为的措施主要有:(1)训诫。训诫是指人民法院对有轻微违反行政诉讼秩序要求的人,以批评警告的方式指出行为人的错误及其危害,并责令不许再犯。(2)责令具结悔过。它是指人民法院对犯有轻微妨害行政诉讼行为的人,令其写出书面悔过书,认识所犯错误的性质、危害,并保证不再重犯的强制措施。(3)罚款。罚款是人民法院对犯有较重妨害行政诉讼行为的人实施经济制裁,责令其缴纳一定数量的金钱的强制措施。罚款的数额应在1万元以下。(4)司法拘留。司法拘留是人民法院对严重妨害行政诉讼行为的人限制其人身自由的一种强制措施,拘留的天数应在15日以下。严重妨害行政诉讼构成犯罪的,应依法追究刑事责任。

人民法院对实施妨害行政诉讼行为的单位,可以对其主要负责人或者直接责任人员依照上述规定予以罚款、拘留;构成犯罪的,依法追究刑事责任。

人民法院在采取排除妨害行政诉讼的强制措施时应遵循排除措施的形式与妨害行为的性质相适应,排除措施程度与妨害行为的情节相适应的原则。训诫由审判组织当场作出,训诫情形记入笔录;责令具结悔过则由合议庭作出,悔过书要附卷备查;罚款、司法拘留则要由合议庭作出书面决定,报请人民法院院长批准后才能实施。当事人不服的,可以向上一级人民法院申请复议一次,复议期间不停止执行。

第六节　行政诉讼中的其他制度

一、审理程序延阻

审理程序延阻是指因特殊原因而使诉讼活动不能按正常程序进行的延期审理、诉讼中止或诉讼终结等法定情形。

(一) 延期审理

延期审理是指人民法院把已定的审理日期或正在进行的审理推延至另一日期再审理的制度。通知、公告开庭日期后,或者开庭审理期间,由于特殊情况合议庭无法在原定审理期日进行审理,而推迟审理期日的决定,称为延期审理。我国《行政诉讼法》未规定延期审理的情况,在审判实践中,应参照《民事诉讼法》的有关规定。

(二) 诉讼中止

诉讼中止是在诉讼进行过程中,诉讼程序因特殊情况的发生而中途停止的一种法律制度。诉讼中止的法律效果是暂时停止本案的全部诉讼活动,待中断行政诉讼的情况消除后,再恢复诉讼程序,中止前业已进行的诉讼行为依然有效。根据法律规定,法定的可以导致诉讼中止的事由包括:(1)原告死亡,须等待其近亲属表明是否参加诉讼的;(2)原告丧失诉讼行为能力,尚未确定法定代理人的;

(3) 作为一方当事人的行政机关、法人或者其他组织终止,尚未确定权利义务承受人的;(4) 一方当事人因不可抗力的事由,不能参加诉讼的;(5) 案件涉及法律适用问题,需要送请有权机关作出解释或者确认的;(6) 案件的审判须以相关民事、刑事或者其他行政案件的审理结果为依据,而相关案件尚未审结的;(7) 其他应当中止诉讼的情形。

(三) 诉讼终结

诉讼终结是指结束因特殊情况的发生不能继续进行或者继续进行毫无意义的诉讼程序的法律制度。可以导致诉讼终结的法定事由包括:(1) 原告死亡,没有近亲属或者近亲属放弃诉讼权利的;(2) 作为原告的法人或者其他组织的权利义务的承受人放弃诉讼权利的;(3) 因原告死亡,须等待其近亲属表明是否参加诉讼的,或原告丧失诉讼行为能力,尚未确定法定代理人的,或作为一方当事人的行政机关、法人或者其他组织终止,尚未确定权利义务承受人而中止诉讼满 90 日仍无人继续诉讼的,但有特殊情况的除外。

二、撤诉与被告改变行政行为

(一) 撤诉

1. 撤诉的概念

撤诉是原告或上诉人在自立案到宣告判决或裁定前的诉讼过程中,主动撤回诉讼请求,经人民法院准许而终结诉讼的法律制度。根据《行政诉讼法》的规定,撤诉有自愿申请撤诉和视为申请撤诉(或按撤诉处理)两种。所谓视为申请撤诉(或按撤诉处理)是指原告并未明确表示自动放弃诉讼,人民法院根据原告拒绝履行法定诉讼义务的行为,推定其自愿申请撤诉,并裁定准许撤诉,从而终结诉讼。

申请撤诉包括撤回起诉与撤回上诉,准予撤诉是人民法院审判权的表现。在我国行政诉讼中撤诉并不纯粹是原告或上诉人单方面的诉讼行为,而是原告或上诉人申请撤诉和人民法院准予撤诉的两种行为共同构成的诉讼活动。原告或上诉人行使请求权,需经人民法院决定准许撤诉,撤诉才能最终实现。如果人民法院不准许撤诉,案件即不能终结,诉讼程序必须继续下去。即使在视为申请撤诉的情况下,法院仍要裁定是否准许,这是人民法院审判权的表现。此项制度设置的意图在于:防止原告申请撤诉是受被告行政机关的胁迫,而非内心自愿;同时,防止被告为达到让原告撤诉的目的而以牺牲公共利益与他人利益为代价来满足原告的不合理要求。

2. 撤诉的条件

撤诉的条件包括人民法院准许原告自愿申请撤诉的条件和视为申请撤诉(或按撤诉处理)的条件。人民法院准许原告自愿申请撤诉必须满足以下条件:(1)申请撤诉是原告(或上诉人)的专属权利,被告或第三人均不得提出撤诉请求。(2)撤诉申请必须是自愿并明确提出。(3)申请撤诉必须符合法律规定。原告撤诉不得规避法律,也不能损害国家、社会公共利益和他人利益。(4)撤诉申请的提出必须是在判决、裁定作出之前。(5)撤诉必须经人民法院准许。因为原告申请撤诉与被告行政机关在一审期间改变行政行为密切相关。从行政管理角度看,变更或撤销自己的行政行为属于被告行政机关主动纠正自己的错误,如果原告同意此种改变并申请撤诉,法院理应终结诉讼。但是为了避免行政机关以牺牲公共利益或第三人利益为代价,满足原告不合理的要求,法律规定在此种情况下,人民法院必须对原告的撤诉申请进行审查。因为行政诉讼的目的并不仅仅是为了保护认为自己权益受到行政行为侵害的当事人的个人利益,还要通过对行政行为的合法性的审查,监督行政机关依法行政。对于被告明显违法或失当地撤销、变更原行政行为而原告申请撤诉等不正常现象,如果人民法院一概听之任之,那就完全背离了设立行政诉讼制度的目的。

3. 撤诉的法律后果

在行政诉讼中,经法院裁定准许撤诉后,原告以同一事实和理由重新起诉的,人民法院不予受理。这点与民事诉讼不同。其原因在于:在行政诉讼中,被告行使的是国家的行政权力,原告撤诉后,行政机关所作的行政行为就处于确定状态,原告必须履行该行政行为的义务,如果允许原告重新起诉,势必会引起一系列与此相关的法律关系的再度动荡,从而引起社会关系的不稳定。但原告以不同事实或理由重新起诉或重新起诉有正当理由的,人民法院应当受理。如果准予撤诉的裁定确有错误,原告申请再审的,人民法院应当通过审判监督程序撤销原准予撤诉的裁定,重新对案件进行审理。但如果原告或者上诉人是因未按规定预交案件受理费而按撤诉处理的,原告或者上诉人在法定期限内再次起诉或者上诉,并依法解决诉讼费预交问题的,人民法院应予受理。

(二) 被告改变行政行为

行政诉讼一审过程中,被告改变行政行为的情形经常发生。实践中,很多情况下原告申请撤诉,是由于被告在行政诉讼过程中改变了被诉行政行为。撤销或变更行政行为是行政机关所享有的行政权的固有内容,同时被告行政机关改变被诉行政行为属于主动纠正错误,因此被告若在一审期间改变错误的行政行为,法院应当允许。但由于行政诉讼的核心是对被诉行政行为的合法性进行审查,因此被告改变行政行为可能会产生一些诉讼程序上的问题,并可能对法院的裁判结果产生影响。《最高人民法院关于行政诉讼撤诉若干问题的规定》(2007年12月17日通过,自2008年2月1日起施行,简称《撤诉规定》)对被告改变行政行为作出了明确的规定。

1. 审查撤诉的一般规定

《撤诉规定》第1条规定,人民法院经审查认为被诉行政行为违法或者不当,可以在宣告判决或者裁定前,建议被告改变其所作的行政行为。

(1) 在行政诉讼中,人民法院可以建议被告改变其所作的行政行为。现行《行政诉讼法》尽管原则上规定审理行政案件不适用调解,但从立法的精神上看,并没有限制和禁止人民法院通过一定的工作,促使行政机关主动纠正错误,并以准许原告撤诉的方式结案。《撤诉规定》采用"建议"的提法,意在准确把握人民法院的定位和作用,以与民事诉讼中的调解有所区别。

(2) 人民法院建议行政机关改变被诉行政行为应当在合法性审查的基础上进行。根据《行政诉讼法》的规定,人民法院审理行政案件,应当对行政行为是否合法进行审查。提倡和鼓励以当事人撤诉的方式结案,同样不能排除或放弃合法性审查原则。人民法院应当在通过对行政行为的合法性、适当性进行审查,初步确认行政行为违法或明显不当的基础上,根据案件具体情况建议被告改变被诉行政行为。否则就会放弃司法审查的功能,从而使得行政诉讼的制度和功能名存而实亡。

（3）人民法院提出改变被诉行政行为的建议,应当限于被诉行政行为属于违法或者明显不当。至于合法的行政行为,人民法院只能判决驳回原告的诉讼请求。在被诉行政行为合法的情况下,支持原告明显不合理的诉求,或者纵容被告不当行使处分权,都有可能危害公共利益和他人合法权利,破坏行政法治秩序。

（4）建议的提出应当限定在宣告判决或者裁定前。也就是说,在诉讼程序启动后,宣告判决或者裁定之前的任何诉讼阶段都可以提出建议。起草调研过程中,有的地方法院提出,应当明确,人民法院的建议只能在对行政案件立案受理后提出,目的是防止在立案阶段就动员原告与被告和解,以免给原告行使诉权设置障碍。

2. 对"被告改变其所作的行政行为"情形的界定

原告撤诉的一个重要前提是行政机关改变被诉行政行为,也就是说,行政案件处理新机制是通过行政机关在诉讼过程中主动改变被诉行政行为来实现的。因此有必要对《行政诉讼法》第62条"被告改变其所作的行政行为"的情形进行界定。

（1）属于"被告改变其所作的行政行为"的情形:第一,改变被诉行政行为所认定的主要事实和证据;第二,改变被诉行政行为所适用的规范依据且对定性产生影响;第三,撤销、部分撤销或者变更被诉行政行为的处理结果。

（2）视为"被告改变其所作的行政行为"的情形。实践中以不直接触及被诉行政行为本身的处理方法进行诉讼中和解的,也有相当多的数量,这种方法应当得到司法解释的肯定。

第一,根据原告的请求依法履行法定职责,这种情形属于行政机关对行政不作为的自我纠正。

第二,采取相应的补救、补偿等措施,这种情形是在被诉行政行为之外又作出一种附加的行政行为。这里的"等"字属于等外,即除了补救、补偿措施外,也可以采取其他一些附加行为。

第三,在行政裁决案件中,书面认可原告与第三人达成的和解。

由于原告与第三人达成的和解对于被诉行政行为的主要内容往往有所改变,被告对此书面认可,等于改变了原行政行为。需要说明的是,本项内容在定稿之前并没有附加"在行政裁决案件中"这一定语,之所以加以强调,是因为这类情形多发生在行政裁决案件中。但在实践中,这类情形的出现又不只限于行政裁决案件,因此,在适用时应当不囿于此范围。

3. 人民法院对履行情况的监控

在原告和被告行政机关之间达成的和解中,往往具有履行权利义务的内容,为防止行政机关在改变被诉行政行为后,不履行或不及时履行所承诺的义务,致使当事人的合法权益再次遭受侵害,甚至由此产生循环诉讼,人民法院有必要对行政机关履行义务的情况进行监督,并注意选择作出准许撤诉裁定的最佳时机。

《撤诉规定》第5条明确规定:被告改变被诉行政行为,原告申请撤诉,有履行内容且履行完毕的,人民法院可以裁定准许撤诉;不能即时或者一次性履行的,人民法院可以裁定准许撤诉,也可以裁定中止审理。对于准许撤诉与中止审理两种处理方法的选择,一般可以视原告的意见而定。

三、缺席判决

缺席判决,是人民法院在开庭审理时,在一方当事人或双方当事人未到庭陈述、辩论的情况下,合议庭经过审理所作的判决。缺席判决是相对于出席判决而言的,它是为了维护法律的尊严、维护到庭一方当事人的合法权益、保证审判活动正常进行而设立的一种程序性法律制度。

根据《行政诉讼法》的有关规定,缺席判决适用于下述几种情况:(1)经人民法院两次合法传唤,被告无正当理由拒不到庭,或者未经法庭许可中途退庭的;(2)原告或上诉人申请撤诉,人民法院裁定不予准许,原告或者上诉人经合法传唤无正当理由拒不到庭,或者未经法庭许可而中途退庭的。

至于行政诉讼第三人经合法传唤无正当理由拒不到庭,或者未经法庭许可而中途退庭的,不影响案件的审理。因为行政诉讼中的第三人与案件并无直接的利害关系,因此当第三人经合法传唤无正当理由拒不到庭,或者未经法庭许可而中途退庭时,可以视其为放弃权利,并不影响案件审理的继续进行。

四、财产保全和先予执行

(一) 财产保全

《行诉解释》第76条第1款规定:"人民法院对于因一方当事人的行为或者其他原因,可能使行政行为或者人民法院生效裁判不能或者难以执行的案件,根据对方当事人的申请,可以裁定对其财产进行保全、责令其作出一定行为或者禁止其作出一定行为;当事人没有提出申请的,人民法院在必要时也可以裁定采取上述保全措施。"

根据上述规定,法院在诉讼中采取财产保全措施的情形有:(1) 对于因一方当事人的行为或者其他原因,可能使人民法院生效裁判不能或者难以执行的;(2) 对于因一方当事人的行为或者其他原因可能使行政行为不能或者难以执行的。在民事诉讼中仅将裁判不能或者难以执行作为财产保全的案件,而在行政诉讼中增加了行政行为不能或者难以执行而采取保全措施的规定,原因在于:如果法律、法规没有赋予行政机关强制执行权,行政机关必须申请人民法院强制执行其行政行为,《行诉解释》第159条规定:行政机关或者行政行为确定的权利人申请人民法院强制执行前,有充分理由认为被执行人可能逃避执行的,可以申请人民法院采取财产保全措施。后者申请强制执行的,应当提供相应的财产担保。

财产保全可以通过两种途径提出:(1) 人民法院依对方当事人的申请采取保全措施;(2) 人民法院依职权主动采取保全措施。

(二) 先予执行

行政诉讼中的先予执行是指人民法院在判决确定之前裁定由给付义务人(通常是被诉行政机关)预先给付对方部分财物,或者为一定行为的法律制度。《行政诉讼法》第57条第1款规定:"人民法院对起诉行政机关没有依法支付抚恤金、最低生活保障金和工伤、医疗社会保险金的案件,权利义务关系明确、不先予执行将严重影响原告生活的,可以根据原告的申请,裁定先予执行。"因此,在行政诉讼中,对判决的先予执行主要适用于行政机关没有依法发给抚恤金、社会保障金、最低生活保障费等案件。先予执行又叫先行给付,它实际上是判决尚未确定之前,权利人实现了未来判决中确认的部分实体权利,因此,先予执行对以后的判决内容具有预决的意义。在此种情形下,先予执行的裁定必须是人民法院依原告的申请作出,而不能依职权主动作出。

第七节 行政诉讼附带民事诉讼

一、行政诉讼附带民事诉讼概述

行政诉讼附带民事诉讼是指人民法院在审理行政案件的同时,对与引起该案件的行政争议相关的民事纠纷一并审理的诉讼活动和诉讼关系的总称。行政诉讼附带民事诉讼是由行政诉讼派生的,且是在行政诉讼中附带审理和裁判,所以又被称为行政附带民事诉讼。社会生活是复杂的,由此产生的社会关系往往错综交织在一起,因此,在划分行政诉讼与民事诉讼的国家,经常就会产生行政诉讼附带民事诉讼问题。行政诉讼附带民事诉讼的特点是:

(1) 行政诉讼附带民事诉讼实质是两种不同性质的诉讼的合并。行政诉讼所要解决的是被诉行政行为的合法性问题,而民事诉讼解决的是当事人之间的民事争议。两个不同性质的诉从根本上说是可以分离的,合并审理是为了诉讼经济。但审理中两个诉要分别适用不同的诉讼原则和诉讼制度,不能混淆。

(2) 两个分属于不同诉讼系列的诉讼请求之间具有内在联系。行政诉讼是主诉,行政争议的解决与民事争议的解决具有密切联系,行政行为合法性的解决是民事争议解决的前提。因此,一般要遵循"先行后民"的程序。

(3) 附带民事诉讼的原告亦是行政诉讼的原告,他既可以是受行政处罚或处理的公民、法人或者其他组织或被其侵害的人,又可以是经过行政机关依法裁决的权属纠纷或民事纠纷的双方当事人中的任何一方。但附带民事诉讼的被告不能是行政诉讼的被告,即行政诉讼中的被告不能成为附带民事诉讼的被告。附带民事诉讼的原告在行政诉讼过程中提出了附带审理民事争议的诉讼请求，而这种民事请求多是经行政机关裁决或处理过，当事人不服而起诉的。行政附带民事诉讼程序的确立主要是为了当事人节约诉讼成本，如果民事争议当事人不愿利用这种便利，可以另行提起民事诉讼，行政附带民事诉讼也就没有了适用的可能。

二、审理和裁判

《行政诉讼法》第 61 条规定："在涉及行政许可、登记、征收、征用和行政机关对民事争议所作的裁决的行政诉讼中，当事人申请一并解决相关民事争议的，人民法院可以一并审理。在行政诉讼中，人民法院认为行政案件的审理需以民事诉讼的裁判为依据的，可以裁定中止行政诉讼。"据此，行政诉讼附带民事诉讼的适用条件如下：

（1）被诉行政行为内容涉及行政许可、登记、征收、征用或者是行政机关对民事争议所作的行政裁决。如果原告提起行政诉讼的标的不是上述行为的，即使涉及民事纠纷，法院一般也不能一并审理。

其中，行政裁决是行政机关以公断人的身份裁断两造之间发生的民事纠纷的行政行为。这种行政行为具有司法活动的特点，行政主体不是单纯地作出决定，而是解决民事纠纷，由此所形成的法律关系是三方而不是双方法律关系。由于行政裁决是行政行为，因此具有一般行政行为所具有的效力。民事纠纷双方如果对行政裁决不服，要求重新解决民事争议，必须首先通过行政诉讼的途径摆脱行政裁决的效力对他们的束缚，但当事人提起行政诉讼的主要目的是为自己的民事争议的最终解决创造条件。因此从诉讼效率、便民的立足点出发，允许人民法院在对行政裁决进行审查后判定其违法之时，一并对双方主体的民事争议进行审查是合理的。

（2）在被诉的行政裁决行为的合法性存在争议的情况下，法院才可能进行合并审理。因为一并审理的目的是在行政诉讼中解决民事纠纷。若行政裁决合法，法院应当作出维持判决，民事纠纷可以依行政裁决而得以解决。

（3）民事争议当事人要求法院一并解决相关民事争议。若民事争议当事人没有要求法院一并审理的，法院不应该一并审理。

是否对民事纠纷和行政争议一并审理，应尊重当事人意愿。若有一方当事人不同意一并审理的，法院就不应该一并审理。即使在上述所列的条件均具备的情况下，法院也不是必须一并审理，而是可以一并审理，因为在有的情况下，有些民事案件，特别是涉及复杂案情的案件，不适宜由行政审判庭来审理。

行政附带民事诉讼案件的审理与裁判的关键在于，由于是两种不同的诉，既适用行政诉讼程序也适用民事诉讼程序。法院在审理过程中应当区别两种不同争议的性质，对被诉行政行为的审查适用行政诉讼规则，对民事争议则适用民事诉讼规则。

第八节 行政诉讼种类

一、国外关于行政诉讼种类的划分

（一）行政诉讼类型划分的意义

社会生活中经常发生无数行政争议，它们被诉之于法院构成行政诉讼。在行政诉讼中，将诉之于法院的行政案件划分类型，称为行政诉讼类型的划分。之所以划分类型，就在于不同类型的行政案件，当事人之间纠纷的性质不同，原告的诉讼请求以及法院在处理案件上的权力以及裁判的方式等不同，案件的诉讼程序和判决的效果也有所不同。具体而言，划分行政诉讼类型具有以下几方面的意义：

（1）权利保护功能。诉讼类型是就当事人之间各种各样的行政争议，根据争议的性质、原告的诉讼请求和法院裁判的方式，依其共通性予以整合、分类，以确定其救济途径及救济方式，由此可以为公民提供适当的权利保护模式。

（2）规范法院行政审判活动，统一且合目的地处理复杂而大量的行政案件。没有进行类型划分的行政案件，就像无序排列的原子，杂乱无章,行政审判的不确定性增大。事实上,行政案件类型不同,法院处理的规则也有所不同。因此,对行政诉讼类型进行划分,有利于行政审判工作的统一,不因人而异,从而使行政诉讼能够更好地解决纠纷,充分地发挥其制度功能。

(3) 合理界定司法权与行政权之间的关系。行政诉讼是司法权作用于行政权的活动,因此涉及司法权作用于行政权的范围、强度等方面。由于行政活动的复杂性,并非所有的行政活动都适合置于司法权的控制之下。通过行政诉讼类型的划分,可以合理界定司法权与行政权之间的关系。

(二) 国外行政诉讼类型的划分

行政诉讼是因行政争议而产生的,由于争议事项的性质不同以及各国环境背景的差异,各国行政诉讼制度所承认的诉讼类型在种类、适用的对象等方面,均有所不同。如法国学者以法官判决案件权力的大小为标准,将行政诉讼案件划为四类:一是完全管辖权之诉;二是撤销之诉;三是解释行政决定的意义及审查其合法性之诉;四是处罚之诉。现代法国有些学者根据行政诉讼的标的性质进行分类,又将行政诉讼案件分为客观的行政诉讼和主观的行政诉讼两类。日本学者认为,根据请求的种类,行政案件诉讼分为抗告诉讼、当事人诉讼、民众诉讼和机关诉讼,其中抗告诉讼又分为撤销诉讼(包括处分的撤销诉讼、裁决的撤销诉讼两种)、无效等确认诉讼、不作为的违法确认诉讼。[①] 同时,行政诉讼类型也因标准的不同而有各种分类,但较为公认的划分有以下几种类型[②]:

(1) 主观诉讼与客观诉讼。依据行政诉讼与公民具体权益之间的关系,行政诉讼可以分为主观诉讼和客观诉讼。主观诉讼是指以保护主观个人的权益为目的的诉讼,客观诉讼是指并非直接提供当事人权益的保护,而是达成一定立法目的的客观诉讼,如为了公益的诉讼、权限争议之解决等。行政诉讼大多属于主观诉讼,如请求保护自己权利的违法撤销之诉、要求确认自己权利的确认之诉以及给付

---

① 参见〔日〕盐野宏:《行政法》,杨建顺译,法律出版社 1999 年版,第 303 页。
② 参见翁岳生编:《行政法》(下册),中国法制出版社 2002 年版,第 1338—1344 页。

之诉等都属于主观诉讼。

（2）形成诉讼、给付诉讼及确认诉讼。以原告起诉要求的内容或行政诉讼判决的内容作为标准，行政诉讼可以分为形成诉讼、给付诉讼及确认诉讼。形成诉讼是指以请求法院形成一定法律关系为目的的诉讼。给付诉讼即原告对被告主张一定给付请求权，并请求法院判决被告给付的诉讼。确认诉讼则是指请求确认法律关系存在或不存在的诉讼，如行政行为违法确认诉讼、行政行为无效确认诉讼和行政不作为违法确认诉讼等。

（3）抗告诉讼与当事人诉讼。根据行政诉讼与公权力的关系，行政诉讼可分为抗告诉讼与当事人诉讼。所谓抗告诉讼，是指不服公权力行使的诉讼，是行政诉讼的主要形态，如撤销之诉、行政不作为确认诉讼等均属于此类。当事人诉讼则是指非以直接挑战公权力行为为目的，而是有关对等当事人之间公法上权利义务关系的诉讼，如行政法上有关行政合同给付之诉讼即属于此类。

除上述诉讼类型之分外，还有许多根据不同标准划分的诉讼类型，如根据起诉原告的资格，可区分为被害人诉讼、利害关系人诉讼、民众诉讼、纳税人诉讼等；根据起诉原告是否为行政行为相对人，可区分为相对人诉讼和第三人诉讼。这些都对我们认识行政诉讼有所助益。

二、我国行政诉讼类型化的发展

（一）我国行政诉讼类型化的现状

自1989年4月4日制定，1990年10月1日正式施行《行政诉讼法》以来，我国行政诉讼制度有了很大的发展。具体表现在：

（1）行政诉讼的受案范围不断扩大。受案范围直接决定着公民诉权的大小，也决定着法院对行政行为的审查范围，因此始终是行政诉讼中的焦点问题。从制度层面看，受案范围是在不断地扩大。尤其是自2000年《若干解释》出台，我国行政诉讼受案范围的基本格局得以明晰，即只要是行政行为违法侵权，而又不属于法律上明确排除的范围的，公民都有权提起行政诉讼。这意味着公民的权利可以更多地得到司法救济。在《若干解释》和多年实践经验的基础之上，

2014年《行政诉讼法》的修改更是在很大程度上扩大了行政诉讼的受案范围。不过,《行政诉讼法》第12条是以划定类型的方式列举哪些行为属于人民法院的受案范围的,这就使得法院在判断一些特征模糊的行为是不是属于行政行为时产生疑惑和争议。基于此,《行诉解释》第1条改列举为概括,又对不属于人民法院受案范围的情形作了排除。这大大减少了争议产生的可能。

(2)原告的资格扩大。对原告资格的理解也直接关系着公民权利的保护。以往我们对行政诉讼原告的理解比较狭窄,大多数情况下限定于相对人。但现在行政诉讼的原告已从相对人扩展到相关人,即只要与被诉行政行为有利害关系,均具有原告资格,有权提起行政诉讼,从而使更多的公民不再会因为对原告资格理解的狭窄而被排除在司法救济之外。

(3)对行政诉讼规则的把握越来越深。行政诉讼以行政行为为诉讼标的,行政诉讼制度发展的过程也是人们对行政行为认识逐渐深化的过程,随着人们对行政行为复杂性的认识越来越丰富,行政诉讼制度的内容也不断发展,如驳回原告诉讼请求判决和确认判决的出现、行政诉讼证据规则的逐步完善等,都表明了这一点。

但是,行政诉讼类型的研究在我国行政诉讼法学中基本上是空白的。在1989年《行政诉讼法》的基础上,人们只是根据原告的诉讼请求将行政诉讼分为撤销之诉、变更之诉、请求作为之诉和损害赔偿之诉。随着最高人民法院一系列司法解释和《行政诉讼法》修正案的相继出台,新增的确认判决、给付判决以及行政协议案件判决的出现,人们开始认识到行政诉讼的复杂性,如果不对行政诉讼进行分类,将不利于行政诉讼制度的发展,自此国内开始出现行政诉讼类型化的研究,但仍很粗浅,有待深化。

(二)行政诉讼类型化的发展

对行政诉讼进行分类,首先需要明确分类的目的以及影响因素,进而把握行政诉讼的类型化。

社会事务是复杂的,由此产生的争议也纷繁多样。解决纠纷的诉讼活动必须遵循一定的规则,而对规则的把握需要借助分类。案件类型不同,所需遵守的规则也就不同。因此,行政诉讼类型化可以进一步明确规则。以往我们对行政诉讼类型的认识局限于原告的诉讼请求。这种认识是与我国行政诉讼的初创阶段相适应的。现在行政诉讼制度有了一定的发展,我们也已经有了一定的经验积累,近几年有人开始对行政诉讼进行类型划分研究[①],我们可以在此基础上进一步将行政诉讼类型化。

影响行政诉讼分类的因素以及据此可以类型化的有以下几个方面:

(1) 保护公民权利。设立行政诉讼制度的首要目的是保护公民权利,因此,无论是诉讼类型的划分,还是由此决定的相应规则,都应当着眼于对公民权利的保护。从保护公民权利的角度,行政诉讼可以分为形成诉讼、给付诉讼和确认诉讼。因为公民提起行政诉讼无非是由于自己的权利受到了影响:他或者是为了形成某种状态,以避免权利受到损害;或者是自己应得的利益未能得到,因而要求行政机关给付;或者是因为某种法律关系或法律事实处于不确定状态而要求予以确认。

(2) 行政行为因素。从某种意义上说,行政诉讼可以看作是行政行为的延伸,因为整个行政诉讼都是围绕着行政行为进行的,行政行为的表现形态以及法律上对行政行为的要求等都会对行政诉讼类型的划分产生影响。根据法律对行政行为的要求,行政诉讼可以分为作为之诉与不作为之诉。前者是针对行政机关实施的某项行为提起诉讼,后者则是对行政机关应当作为而不作为提起的诉讼。作为与不作为在法律上有不同的要求,法院审查判断的标准也有所不同。

(3) 人民法院因素。行政诉讼本质上是司法对行政的审查,司法权作用于行政权,就涉及二者之间的关系。因此,人民法院因素也应当在行政诉讼类型的划分中予以考虑。法国行政诉讼类型的划分就是以此为标准的。根据人民法院对行政案件判决权力的大小,可以将行政诉讼案件划分为完全管辖权之诉、撤销之诉、解释行政决定的意义及审查其合法性之诉和处罚之诉。完全管辖权之诉是指法官可行使全部审判权力的诉讼,既可以撤销、变更乃至重新决定行政机

---

① 马怀德主编:《行政诉讼原理》(第二版),法律出版社 2009 年版,第 108—110 页。

关的决定,也可以判决行政主体负赔偿责任,还可以审判行政机关单方面的行为、双方行为、法律行为和事实行为。撤销之诉是指法官的权力仅限于审查行政决定是否合法,是否应撤销行政行为,法官不能变更或重新作出行政决定,也不能判决行政主体赔偿损失。解释行政决定的意义及审查其合法性之诉是指法院解释一个行政行为的意义或审查其合法性的诉讼,法官在此无权就某一行政争议作出裁断,而只能决定一个行政行为的意义,或审查其合法性。处罚之诉是指行政法官对于违法的人直接判决处罚的诉讼。处罚之诉主要是对侵占或破坏某些公产的行为的处罚。

(4) 社会利益因素。社会因利益而产生纠纷,人们为了解决纠纷而诉诸法院,因此,对行政诉讼类型的划分也应当考虑社会利益因素。社会利益可以分为个体的利益和公共利益。个体的利益固然需要保护,公共利益也不应当忽略。从社会利益的角度考虑,行政诉讼可以分为主观诉讼和客观诉讼两类。前者保护个体自身所具有的权利,后者则是为了公益之维护。二者在原告资格方面显然是有区别的。前者的要求较为严格,后者的要求则比较宽泛;同时,这两类诉讼在适用法律上也有区别。

从上述行政诉讼类型划分来看,我国行政诉讼制度目前尚比较粗陋,亟须通过类型化研究加以完善。

思考题

1. 原告的起诉条件是什么?
2. 妨碍行政诉讼的行为有哪些?《行政诉讼法》上设置了哪些应对措施?
3. 行政诉讼能否附带民事诉讼?为什么?在制度上如何设置?
4. 我国行政诉讼应否进行类型化?如果进行类型化,我们的制度应进行哪些建构?

本章参考书目

1. 马怀德主编：《行政诉讼原理》（第二版），法律出版社 2009 年版。
2. 应松年主编：《行政诉讼法学》，中国政法大学出版社 1999 年版。
3. 翁岳生编：《行政法》（下册），中国法制出版社 2002 年版。
4. 〔日〕盐野宏：《行政法》，杨建顺译，法律出版社 1999 年版。
5. 姜明安主编：《行政法与行政诉讼法》（第二版），法律出版社 2006 年版。
6. 全国人大常委会法制工作委员会行政法室编：《行政诉讼法立法背景与观点全集》，法律出版社 2015 年版。
7. 江必新主编：《中华人民共和国行政诉讼法理解适用与实务指南》，中国法制出版社 2015 年版。
8. 袁杰主编：《中华人民共和国行政诉讼法解读》，中国法制出版社 2014 年版。
9. 江必新、邵长茂：《新行政诉讼法修改条文理解与适用》，中国法制出版社 2015 年版。
10. 最高人民法院行政审判庭编著：《最高人民法院行政诉讼法司法解释理解与适用》（上、下册），人民法院出版社 2018 年版。

第七章　行政诉讼的审理规则

内容摘要　行政诉讼在我国是解决行政行为合法性的诉讼活动，因而具有一些区别于其他国家行政诉讼或司法审查的审理规则。本章着重对我国行政诉讼的审理对象、审理标准及行政诉讼的法律适用进行介绍。我国行政诉讼的审理对象在目前是行政机关作出的行政行为；行政诉讼的审理标准主要是行政行为的合法性标准；行政诉讼的法律适用在遵循一般法律适用规则的基础上还具有其特色，主要是法律、法规的依据性地位和规章的参照性地位。

学习重点　行政诉讼的审理对象；行政诉讼的审理标准；法律、法规在行政诉讼中的地位；参照规章的含义。

第一节　行政诉讼的审理对象

一、行政诉讼审理对象的含义

我国《行政诉讼法》第6条规定："人民法院审理行政案件，对行政行为是否合法进行审查。"由此可知，人民法院的审理核心在于判断行政机关的行政行为的合法性问题，这就为我国各级法院审理行政案件确立了较为明确的审理对象。具体而言，这一条的含义包括以下几点：

（1）行政纠纷的审理主体是人民法院。我国宪法赋予法院以审判权，一般认为包括了行政审判权。因而，公民、法人或其他组织对行政机关在行政管理活动中作出的行政行为不服而向人民法院提出诉讼请求时，人民法院便取得了对该纠纷的审理权，哪怕是行使行政权的各级行政机关也必须接受法院的审理。这也就在法律上明确了行政诉讼审理的主体，从而排除了行政机关在行政诉讼中审理原告的可能性。

（2）人民法院审理的是作为被告的行政机关,而不是作为原告的公民、法人或其他组织。行政诉讼在英美法系国家也被称为司法审查,其针对的主体是行使公权力的主体,绝非行使私权利的主体。在我国的行政诉讼制度上,行政诉讼审理所针对的主体也是行使行政权力的行政机关。这里的行政机关是广义上的,它是指在行政管理活动中行使国家公共行政权的各级行政机关以及得到法律、法规授权的行使公共管理职能的其他组织,包括被授权的社会团体、事业与企业组织、基层群众性自治组织以及有关的技术检验鉴定机构等,如工会、律师协会、注册会计师协会、村民委员会、公立大学等。

（3）人民法院在行政诉讼中针对被告的行政行为进行审理。行政行为是指行政主体行使行政职权作出的产生法律效果的行为。在《行政诉讼法》制定之初,行政诉讼的审理对象和调整范围均是具体行政行为。而2014年《行政诉讼法》修正后,由于新法纳入了对规范性文件可以一并审查的规定以及具体行政行为概念本身的不周延等原因,删掉了"具体"二字,将《行政诉讼法》的调整对象修改为行政行为。[1] 这一改变不仅在逻辑上避免了具体行政行为和抽象行政行为两者概念上的不周延,而且在操作上起到了明确受案范围、保护起诉人诉讼权利的效果。

（4）法院审理的是行政行为的合法性,而不是合理与否的问题。行政诉讼制度是一种针对行政机关行为的外部监督方式,其涉及行政权与司法权的关系,一般认为司法权不能代替行政权作出判断、不能干涉行政裁量权。因而,行政诉讼只审查行政行为的合法性,而不审查行政行为的合理性问题。行政系统内部就可以从合法性与合理性两个方面进行全面的监督与审查。虽然行政诉讼制度没有行政系统内部的监督方式细致与深入,但其具有一套较为完整的确保公正实现的程序机制,从而,其往往是任何一个立志于法治国家建设的国度都必须建立的一种针对行政机关的监督机制。在我国,判断行政行为合法与否的标准主要是从行政行为的证据情况、适用法律情况、

---

[1] 参见江必新、邵长茂:《新行政诉讼法修改条文理解与适用》,中国法制出版社2015年版,第27—29页。

法定程序的遵守情况等方面进行审查。这也就是下节要重点阐述的审理标准的内容。

（5）行政诉讼的审理对象决定了行政诉讼审理结果即行政判决也是针对行政行为的合法性作出的。行政诉讼是针对被告的行政行为合法性进行审理的，因而，经过了这样的审理程序而作出的行政判决也是针对行政机关的行政行为进行的合法与否的判断。法院对行政行为作出了否定性判断，也不必然证明法院就已经在法律上对作为原告的权益作出了肯定性保护，原告权益是否会得到法院的支持还要具体分析法院作出判决的理由及内容，比如法院以违反法定程序为由撤销行政行为时，与原告的实体权利得失并无必然关系。反之亦然，法院对行政行为作出了肯定性判断也不等于法院就必然对原告的所有权益作出了否定性判断，这是因为法院只审查行为的合法性，不涉及合理性问题，更何况随着社会的迅速变迁与发展而产生的法律、法规变化问题也牵涉其中。

二、行政诉讼审理对象的立法理由

行政诉讼作为一种解纷机制，为什么其主要只对纠纷的一方即行使行政权力的行政机关的行为进行审理，而不审理原告行为的违法与否呢？这主要是由行政诉讼制度的本质、特点与目的决定的，具体理由可从以下角度进行分析：

第一，行政诉讼本质上是司法权对行政权的监督，司法权不能与行政权联合来审理原告行为的违法与否。行政诉讼的启动是因为原告对行政机关的行政行为不服，如果在行政诉讼中法院和行政机关共同审理与确定原告的行为在法律上是否违法，并在此基础上判断被告行为的合法与否，就势必造成无人再愿意提起诉讼的情景，司法权对行政权的监督也就沦为空话，司法权在事实上成为行政权的附庸与帮手。这也是与我们宪法上权力分工的目的相违背的。司法权与行政权在不同机关之间进行分配就是要发挥各自的功能，以此为社会秩序与长治久安作贡献。司法权与行政权在行政诉讼中共同审理原告不利于解决行政纠纷，而一个社会存在一个顺达与通畅的解纷机制是该社会长治久安的基本条件。

第二,原告行为违法并不必然证明被告的行政行为就合法,即使原告的行为是违法的,其也可能存在值得法律保护的利益。行政行为的违法不完全取决于原告行为的性质。被告的行为违法可能是实体上的违法也可能是程序上的违法,只要是其中的一方面违法即会存在侵害原告合法权益的情形。在行政诉讼中最容易引起审理对象上混乱的原因就在于涉及两个实体违法的问题:一是原告在行政程序中的实体违法,一是被告在行政程序中对原告的违法行为进行处理的职权违法行为。① 在这两个违法行为中,行政诉讼的审理对象是判断行政机关的行为到底是否符合法律的要求,在有些情况下即使原告的行为在法院看来确实是违法的,但法院只要审理发现被告的行为也违法,法院就应当对行政机关的行为作出否定的评判。至于原告违法的责任追究应当由行政机关在行政行为中加以解决,构成犯罪的则由刑事司法机关予以追究。总之,行政机关行为的合法性与否与原告的行为无直接的关系,不能单纯从原告行为的违法性自然得出被告行为合法的结论。

第三,行政诉讼以被告的行政行为为审理对象,也是追究与惩戒违法行政行为、促进行政机关依法行政的必然要求。行政机关作为行使行政权的主体,在其行使职权的过程中极易侵犯公民的合法权益,如果不加以监督,公民权利在行政机关面前将失去保障,我们提出的构建法治政府的目标就无法实现。在行政诉讼中运用具有一定独立性和公正性的国家司法权来审理行政行为,是对构建法治政府的促进与推动,同时也是法治政府的必然要求。

第四,以被告的行政行为为行政诉讼审理对象,也是由行政诉讼的目的决定的。中国行政诉讼的目的是保护公民的合法权益,这主要是从行政诉讼制度的宪法背景、行政职权的特殊性、行政诉讼的特殊性等方面得出的必然结论。② 在这样的诉讼目的下,行政诉讼的审理对象不可能是原告的行为,而必然是行使公权力主体的行政机关的行为,否则,行政诉讼的目的就无法实现。

---

① 马怀德主编:《行政诉讼原理》(第二版),法律出版社 2009 年版,第 80 页。
② 同上书,第 68—69 页。

三、特殊情况下的审理对象

（一）不作为诉讼中的审理对象

不作为诉讼是指公民、法人或其他组织在申请行政机关作出特定的行政行为，而行政机关未作出任何表示的情况下提起的行政诉讼。广义的不作为诉讼还包括行政机关明确拒绝作为的诉讼，这种诉讼是在公民、法人或其他组织申请行政机关作出特定的行政行为，而行政机关认为其不符合法定条件而明确拒绝其申请并作出了行为后，公民、法人或其他组织向法院提起的诉讼。此时，法院应当从行政机关的这种明确拒绝行为的事实依据、适用法律法规情况及法定程序的遵守等方面对其进行审理。

对于行政机关在行政活动中未作出任何决定的不作为情况，在行政诉讼中人们往往对行政诉讼的审理对象产生困惑，这主要是由于在这种情况下行政机关没有作出任何有形的行为，仿佛无从审理。其实，这种诉讼的审理对象仍然是行政机关的行为，即法院应当从行政机关是否有明确的法律作为义务、是否逾越了法定或合理的作为期限等方面对行政机关没有作出任何决定的行为进行审理。

（二）经过行政复议的行政诉讼的审理对象

这种行政诉讼案件可能会存在两种情况：一种是行政复议机关经过复议改变原行政机关的行政行为，一种是行政复议机关维持原行政机关的行政行为，不予任何改变。对于后一种维持的情况，虽然原行政机关的行政行为并未因为复议机关的行为在法律效力上发生改变，对相对人权益发生作用的仍是原机关的行为，但事实上复议机关的维持决定意味着复议机关作出了与原机关相同的行为。所以，此时的行政诉讼被告是原作出行政行为的行政机关和行政复议机关，行政诉讼的审理对象也是原行政机关的行政行为和复议机关的复议决定，并且审理内容仍然是二者的合法性。相比《行政诉讼法》制定之初，在复议维持的情况下仅由原行政机关当被告的规定，这一规定可以有效避免复议机关因不愿当被告，而更加倾向于维持原行政行为的情况。需要注意的是，如果复议决定维持原行政行为，人民法院后判决撤销被诉行政行为，复议决定自然无效。

而对于前一种情况,由于复议机关改变了原行政行为,所以此时原行为在法律上的效力已被复议机关的行为撤销,对相对人的权益发生作用的已变成行政复议机关的复议行为,所以此时行政诉讼的被告是行政复议机关,行政诉讼的审理对象也是行政复议机关的行政复议行为,法院针对行政复议机关的复议行为的合法性进行审理。当然,判断原行政行为是否被复议机关改变要从原行政行为的主要事实和证据、所适用的法律规范以及处理结果等方面进行。根据《行诉解释》第22条,《行政诉讼法》第26条第2款规定的"复议机关改变原行政行为",是指复议机关改变原行政行为的处理结果。复议机关改变原行政行为所认定的主要事实和证据、改变原行政行为所适用的规范依据,但未改变原行政行为处理结果的,视为复议机关维持原行政行为。复议机关确认原行政行为无效,属于改变原行政行为。复议机关确认原行政行为违法,属于改变原行政行为,但复议机关以违反法定程序为由确认原行政行为违法的除外。

另外,行政复议机关在法定期间内不作出复议决定,当事人对原行政行为提起诉讼的,此时的审理对象是原行政机关的行政行为;当事人对行政复议机关的不作为不服提起诉讼的,行政诉讼的被告是行政复议机关,审理对象也是复议机关的行政复议不作为。

第二节 行政诉讼的审理标准

一、行政诉讼审理标准的概念

行政诉讼审理标准也被称为行政诉讼的审查标准,它是指人民法院在行政诉讼活动中审查判断被诉行政行为是否合法并依此作出判断的法律标准。也就是说,审理标准是法院认定被告行政行为合法或违法的法律标尺,法院将根据这样的标准作出相应的诉讼判决。其包含以下内容:

其一,行政诉讼审理标准是关于被告的法律标准。由于行政诉讼的审理对象是被告的行政行为,而不是原告的行为合法与否,因此,我们行政诉讼的审理标准必然也是针对被告的,而不是在行政诉讼中由法院对原告的行为在法律上作出判断。

其二,行政诉讼审理标准是审理被告行政行为的标准。我国行政诉讼的受案范围在目前的情况下还只能是行政行为,而不包括抽象行政行为,因此,即使法院在行政诉讼中发现有关的抽象行政行为有违法的情况,也不能根据行政诉讼的审理标准作出判断。《行政诉讼法》上规定的审理标准只是针对行政行为提供的判断其违法与否的法律标尺。

其三,行政诉讼审理标准只是判断行政行为合法、违法的标准。这也是《行政诉讼法》赋予法院对行政机关的行政行为司法审查强度或深度的权限范围。行政诉讼的审理标准是合法与违法的标准,而不是合理与否的标准,它是行政诉讼合法性审查的具体化与体现,而且行政诉讼法为行政行为既提供了合法性标准(证据确凿、适用法律法规正确、符合法定程序),也提供了违法性标准(主要证据不足、违反法定程序、超越职权等)。

其四,行政诉讼审理标准是与行政诉讼的诉讼结果相联系的法律标准。行政诉讼的审理标准是法院最后作出判决的标准与理由。如果根据法律规定,行政行为证据确凿、适用法律法规正确、符合法定程序,那么法院就必须作出驳回诉讼请求判决;如果行政行为超越职权,法院就必须作出撤销判决。所以,我们也可以说行政诉讼的审理标准也是判断法院是否依法审理行政案件的法律标准,依照行政诉讼法规定的审理标准而作出的判决就是正确判决,否则,就是错误判决,可能会引起上诉或审判监督程序。

二、我国行政诉讼审理标准的种类

根据我国《行政诉讼法》的规定,我国行政诉讼审理标准有合法性标准与违法性标准。其中,合法性标准是行政行为证据确凿,适用法律、法规正确,符合法定程序。这也就是人民法院作出驳回诉讼请求判决的审理标准与条件,且这三个方面的条件必须全部具备,缺一不可。违法性标准是法院判断行政行为违法的各种法律准绳,包括以下七种:主要证据不足;适用法律、法规错误;违反法定程序;超越法定职权;滥用职权;不履行或拖延履行法定职责;明显不当。被诉行政行为只要构成以上七种情形中的任何一种,其行为便属于违法的行政行为,应当予以撤销、变更、判决限期履行或确认其违法等。

三、外国行政诉讼的审理标准

外国行政诉讼的审理标准主要是违法性标准,但由于各国的法律传统与宪政背景存在很大差异,在审理标准的具体内容方面也存在较大的差异性。

(一)美国司法审查的标准

美国关于司法审查的标准主要规定在美国《联邦行政程序法》第706节,这是美国联邦法院司法审查标准的一般性规定,除非其他法律另有规定,联邦法院都适用该规定。其规定如下:

"对当事人所提出的主张,在判决所必要的范围内,审查法院应决定全部有关的法律问题,解释宪法和法律条文的规定,并且决定行政行为表示的意义或适用。审查法院:

1. 应强迫执行不合法拒绝的或不合理迟延的行政行为;

2. 认为出现下列情况的行政机关的行为、裁定和结论为不合法并撤销之:

(1)专横、任性、滥用自由裁量权或其他不符合法律的情形;

(2)违反宪法的权利、权力、特权或特免;

(3)超越法定的管辖权、权力或限制或者没有法定的权利;

(4)没有遵守法律要求的程序;

(5)适用本编第556节和第557节规定的案件,或者法律规定的其他依行政机关的听证记录而审查的案件,没有实质性的证据支持;

(6)没有事实根据,达到事实必须由法院重新审理的程度。

在作出上述决定时,法院应当审查全部记录,或记录中为一方当事人所引用的部分,并且应当充分注意法律对产生不正确的结果的错误所作的规定。"[①]

根据这些规定,我们可以看出美国的司法审查标准涉及划分法

---

① 王名扬:《美国行政法》(下),北京大学出版社2016年版,第503—504页。

律问题与事实问题。对事实问题的审查范围,根据事实问题性质的不同、行政机关权力大小的不同以及缺乏事实根据严重程度的不同,规定了三个不同的审查标准,分别适用不同的事实问题。这三个标准是:实质性证据标准;专横、任性、滥用自由裁量权标准和法院重新审理标准。实质性证据标准适用于法院审查行政机关依正式程序裁决所作出的决定的事实问题。因为正式裁决只能依据听证记录的资料,行政机关对事实问题的裁定是否有合理的证据支持,易于审查。实质性证据标准是指,法院判定行政行为是否合法,取决于作出该行政行为依据的证据是否具备足够的合理性,这种合理性表现为证据和结论之间的充分关系。法院对证据合理性的检视,要立足于一个理性人的视角。专横、任性、滥用自由裁量权标准适用于行政机关根据非正式程序作出的决定,其含义一般是指行政行为达到了非常不合理的程度,以至于任何合理的人都不会作出这样的判断。这一标准主要表现为不正当的目的,忽视相关的因素,不遵守自己的先例和诺言,显失公平的严厉制裁,不合理的迟延。法院重新审理标准是法院完全独立地对案件事实作出新的裁定,完全不顾行政机关的意见。其适用的情况非常有限,根据美国法院的判例,主要是以下情况:行政机关的行为属于司法性质的裁判,而行政机关对事实裁定的程序不适当;在非司法性行为的执行程序中,出现行政程序中没有遇到的问题;法律规定的重新审理,即对于影响个人重要利益的行政行为,法律可能允许法院重新审理行政机关关于事实问题的裁定,涉及宪法中人身自由的保障的事实,法院也可以进行重新审理。

对法律问题的审查包括法律的解释和法律的适用两个方面。法院对行政机关的法律解释可以进行独立的审查,不受行政机关解释的限制。当然,不受限制的含义不是不考虑,因为行政机关也有解释法律的权力。不受限制是指法院在考虑行政机关的意见后,可以独立地最后决定法律问题。正确地解释法律是法院不可放弃的任务。法院必须拒绝行政机关错误的解释,法院对法律问题可以进行深入的审查,用法院的意见代替行政机关的意见。在法律适用方面,美国法院确立了"格雷诉鲍威尔原则",即法院在审理法律适用问题时应按照合理性标准,不论法院是否同意行政机关的决定,只要这个决定合理,不是出于专横、任性、滥用自由裁量权力,法院必须接受。但这一原则也有限制。在行政机关依非正式程序作出决定时,法院没有必要都适用这个原则;如果行政机关对于性质相同的问题,没有说明正当理由,先后作出的决定互相矛盾,在这种情况下行政机关对自己没有把握作出的决定,不能希望一定得到法院的接受。法院在自己力所能及的范围内,可以作出独立的判断;在对同样的问题不同的行政机关作出不同的决定时,专家的意见如有分歧,法院也可以自己作出独立的判断;当法律的适用涉及管辖权事实时,法院的审查也比一般事实严格,不适用"格雷诉鲍威尔原则"。①

(二) 英国司法审查的标准②

司法审查在英国没有成文法的规定,它是根据普通法的原则进行的,概括来说就是"越权无效"。在英国,行政机关的权力来源于议会制定的法律,而议会具有最高的权力,议会所通过的法律法院必须执行。因此,如果一个公共机构所行使的权力没有超过法律所规定的范围,不论法院对它的决定是否同意,也不论这个决定的内容是否正确和妥当,法院都无权过问。只有在公共机构的行为超越了法定授权时,法院才可以根据越权无效原则进行审查。越权无效是一个大的范畴,内容极其丰富,总的来说,法院在司法审查中既要审查行政机关的行为是否超越议会授权的明确界限,也要审查行政行为是否违反议会授权时所暗含的保障与要求。③

根据英国法院的判例产生的理由有:违反自然公正原则;程序上的越权;实质的越权。

1. 违反自然公正原则

自然公正原则是最低限度的公正程序原则,是普通法上的原则,不能和制定法相冲突,在同一事项上如果有制定法所规定的程序时,应适用制定法。在普通法上,它包括两个最基本的程序规则:任何人或团体在行使权力可能使别人受到不利影响时必须听取对方意见,

---

① 王名扬:《美国行政法》(下),北京大学出版社2016年版,第503—535页。
② 王名扬:《英国行政法、比较行政法》,北京大学出版社2016年版,第128—150页。
③ 杨小君主编:《行政诉讼法学》,陕西旅游出版社1999年版,第458页。

每个人都有为自己辩护和防卫的权利;任何人或团体不能作为自己案件的法官。具体来说,听取对方意见原则包括:(1)公民有在合理时间以前得到通知的权利;(2)了解行政机关的论点和依据的权利;(3)为自己辩护的权利。当然,当事人行使陈述和辩护权利的方式必须结合具体情况而定,不能违背法律授予行政机关权力的目的。不能做自己案件的法官的规则是避免偏私的必要程序。公民在其权利和合理的利益受到行政决定不利影响时,有权要求必须由一个没有偏私或没有利益牵连的行政官员决定。在行政程序上没有偏私,不仅指实际上没有偏私存在,而且在外观上也不能令正直的人怀疑可能有偏私。英国好多法院在很多判决中声称公正不仅需要真正存在,而且需要使人相信它是存在的。有些情况看起来是偏私,实际上不是或法律上不认为是偏私,如部长执行政策、不能代替的机构作出的决定、法律的特别规定。

2. 程序上的越权

这是指行政机关违反成文法所规定的必须遵守的程序,其与自然公正原则可以互相补充。只要议会的成文法规定了强制性的程序,行政机关就必须遵守。通常有咨询程序、委任程序和说明理由程序等。

3. 实质的越权

行政机关和行政裁判所超过法定权力范围的行为是实质的越权,这种行为是无效的行为,也是英国司法审查适用最多的理由,其主要有:(1)超越管辖权范围。广义的管辖权是指行政机关所具有的一切权力,这就包括了实质越权的全部情况。狭义的管辖权是就行政机关对某事是否有权处理和决定而言的。行政机关必须对某事有进行处理和决定的权限,然后才能作出不同的决定与处理。行政机关没有或超越管辖权作出的决定与处理,便是无效的行为。(2)不履行法定义务。不履行法定义务包括许多情况,如不行使权力。在司法审查中主要有行政机关不行使自由裁量权和用契约约束自己的裁量权等情形。(3)权力滥用。有时候看起来是在权力范围之内的行为,其实也是一种越权行为。议会有时会为行政机关保留一定的裁量空间,但这并不意味着行政机关可在此空间范围内滥用权力。根据法院的判例,其主要表现在:不符合法律规定的目的,即只要行政机关行使权力的目的不符合法律规定,不问动机如何,即使出于善意的行为也是越权;不相关的考虑,即行政机关在作出决定和裁定时考虑了不应当考虑的因素或不考虑应当考虑的因素;不合理的决定标准,法院在审查行政机关的行为是否合理时往往有一个客观标准,即行政机关的决定只能在任何具有一般理智的人都不会采取时才是不合理的决定。

(三) 法国行政诉讼的审理标准①

在法国,行政诉讼主要是越权之诉,因而其审理标准也是法国行政诉讼审理标准的主要标准,包括无权限、形式上的缺陷、权力滥用和违反法律。

1. 无权限

这是指行政机关超越其权限范围或行使了根本不属于行政机关的权限,是一种最严重的违法行为。按违法严重程度可以分为权限篡夺行为与一般无权限行为。

权限篡夺行为,是指一个没有行政官吏地位的人行使行政机关的权力或行政机关行使不属于行政机关的权力。如一个冒充官吏的人行使了行政机关的权力,或行政机关行使了立法机关或司法机关的权力。权力篡夺行为有时构成行政行为的不存在,有时构成暴力行为。任何人、任何法院,在任何时候可以主张这种行为无效。

一般无权限行为,发生在一个行政机关侵犯其他行政机关权限的时候,每个行政机关只能就一定的事务,在一定的时间和一定的地域行使权力。超越这个界限就可能侵犯其他行政机关的权力,构成行政法院撤销的理由。

2. 形式上的缺陷

形式上的缺陷是指行政行为欠缺必要的形式或程序,或者不符合规定的形式和程序。这些程序或形式是由法律规定的,行政法院在行政审判中对形式的违法表现出极大的灵活性,作出不同的对待,考虑不同的情况。只有违反主要程序、违反保护当事人利益的程序

---

① 王名扬:《法国行政法》,北京大学出版社2016年版,第534—645页。

等情况才是构成撤销的理由和标准。

3. 权力滥用

权力滥用是指行政机关的决定虽然在其权限范围以内,但不符合法律授予这种权力的目的,这是一种具有主观性审查的标准。权力滥用主要有以下几种情况:(1)行政机关行使权力的目的不是出于公共利益,而是出于私人利益或所属团体的利益;(2)行政机关行使权力的目的符合公共利益,但不符合法律授予这种权力的特别目的;(3)程序滥用。

4. 违反法律

违反法律是越权之诉中最主要的标准,是除以上情形之外的一切违法行为,范围非常广泛。违反法律包括三种情况:行政决定直接违反法律;行政决定的法律依据错误;行政决定的事实根据不符合法律规定。

（四）德国行政诉讼的审理标准①

德国的行政诉讼种类分为撤销之诉、义务之诉、停止作为之诉、一般的给付之诉、确认之诉和规范审查与颁布之诉等,不同的诉讼类别其审理标准不同,然而,撤销之诉在行政诉讼中居核心地位,因而行政诉讼的审理标准主要是撤销之诉中的标准。一般包括以下几种标准:

1. 无权限

这是指无行政主体资格的组织或个人实施行政行为,具体包括:应由行政主体作出的行政行为却由非行政主体作出,有关行政人员违反回避义务实施所禁止的行为。

2. 超越管辖权

超越管辖权是指具有行政主体资格的组织超越了其法定权限而实施的行政行为,主要包括超越地域管辖权和超越实体管辖权。超越实体管辖权包括下级行使专属上级的权力和一个部的机关行使了另一个部的权力。

---

① 姜明安主编:《外国行政法教程》,法律出版社1993年版,第132—135页;〔德〕弗里德赫尔穆·胡芬:《行政诉讼法》,莫光华译、刘飞校,法律出版社2003年版,第408—437页。

3. 实体瑕疵

这包括法律瑕疵、事实瑕疵、违背善良道德、不清楚和错误方法等。法律瑕疵主要表现在行政行为与法律相抵触,根据无效的法律作出行为以及无法律依据的行为等;事实瑕疵主要包括没有事实依据的行为,强迫相对人实施无法实现的行为,事实错误、地点错误和时间错误的行为等;违背善良道德,如以纯粹的任意为根据的行为和根据不道德的考虑所作的行为;不清楚是指行政行为内容不够完整、清晰、明确和确定;错误方法是指行政行为是在欺诈、胁迫等情况下所作出的行为。

4. 违反程序和形式

在德国将程序瑕疵归入审查标准之中是困难的,因为德国的程序法打上了"程序服务功能"和"实体法优位"观念的烙印。所以德国行政法院对程序的审查采取较为宽松的标准,如果遵守某一程序与形式,本来就不会对行政行为产生任何实际的影响,那么,这种行政行为不会因未遵守这种程序和形式而被宣布无效。换言之,违反程序必须对行政行为的实体内容具有实际的影响时,才是构成撤销或宣布无效的标准。

5. 超越自由裁量权

自由裁量权是行政主体在法律没有严格条件的限制时,可以自主判断的权力,超越自由裁量权包括裁量的逾越、裁量的怠惰等。

6. 滥用自由裁量权

德国的滥用自由裁量权只存在于行政裁量领域,包括:违反合理性原则,即违反妥当性、必要性和比例原则;不正确的目的,指行政主体所采用的手段,不符合授权法的目的,任何为了一种与授权法不同的目的所行使的行政权力都是违法的;不相关的考虑,认为如果一项决定是根据不相关的因素作出的,或行政决定的作出没有考虑应该考虑的因素,均属违法;违反客观性,德国法要求,一切行政决定都必须以客观因素为基础,不应主观作出,如依私仇和友谊作出,则是违法的;违反平等对待,这包括相同情况不同对待和不同情况相同对待。

四、我国行政诉讼审理标准的具体内容①

我国的行政诉讼有违法性标准与合法性标准,然而违法性标准是行政诉讼审理过程中的重点内容。以下对我国《行政诉讼法》确立的违法性标准作详细的介绍。

1. 主要证据不足

作为行政诉讼审理标准的主要证据不足是指行政主体在行政活动过程中据以作出行政行为的事实缺乏主要证据,不足以构成其认定事实,从而使行政行为缺乏事实基础而成为违法的行为。这一标准包含以下含义:

第一,证据不足。在行政活动过程中行政机关的行为必须有事实依据,不能根据主观臆断作出决定。而且,可以毫不夸张地说,行政证据在行政活动中居于核心地位,因为每一个行政行为的作出都是行政主体解释法律、收集证据并在证据基础上适用法律作出结论的过程。证据不足就意味着行政主体作为行政行为的证据不足以形成证据的真实性、关联性及合法性,不能真实、全面地反映案件的事实,从司法审查的角度看就是不足以作出被诉的行政行为。没有充足的证据支持,行政行为就没有了事实根基。这一标准主要是从行政行为的事实问题方面进行的审查。

第二,构成违法并撤销行政行为必须达到主要证据不足的程度。证据不足会使事实不清,但不是一项或几项证据不足都会使行政行为违法并被撤销。由于案件的完整事实是由若干具体的事实构成的,各项具体的事实在各个案件中的地位与作用不同,有主要证据与次要证据之别,因而不同的证据在适用法律上的地位与作用也不相同。根据《行政诉讼法》的规定,只有主要证据不足,才属于行政行为违法并应撤销的情况,如果仅仅是次要证据不足,就不足以认定行政行为违法并予以撤销。这里的主要证据是指行政主体作出行政行为依法所必需的基本事实条件。任何一个行政行为的作出都必须符

---

① 以下内容参照杨小君主编:《行政诉讼法学》,陕西旅游出版社 1999 年版,第 460—481 页;应松年主编:《行政诉讼法学》,中国政法大学出版社 1999 年版,第 260—272 页。

合法律为之设定的条件也就是事实构成要件,只有具备这些事实构成要件,行政行为才能实施;否则,行政行为就不能实施。凡是反映与证明这些构成事实的证据,统称为主要证据。而那些虽然也是案件的事实,但不是适用行政行为构成事实的事实证据,就不属于主要证据而是次要证据。①

第三,主要证据不足是作为被告的行政主体在行政活动中作出的行政行为的主要证据不足。行政诉讼的审理对象是被告的行政行为,因而,作为审理标准的主要证据不足是审查被告业已认定的事实、证据,是否足以使它在法律上可以作出该被诉的行政行为。行政诉讼的审理标准不是判断原告的行为违法与否的标准,原告的行为可能确实存在违法行为,但只要行政机关在行政活动过程中没有依法收集到足够的证据作为其行为的支持,则被告的行为仍然是违法并应予以撤销的。在行政诉讼中法院也会查清案件的全部事实,但法院查到的原告行为的违法性也不能证明被告行政机关的行为就是合法的。

第四,主要证据不足最终将导致行政行为违法并予以撤销的法律后果。主要证据不足首先涉及行政行为的事实问题,但由于我们的行政诉讼法对这一事实问题加以规定,只要某一行为构成了主要证据不足,便同时也是一个法律问题,法院在行政诉讼中必然对这一行为作否定性的评价。法院将会在经过依法审理后对主要证据不足的行政行为运用国家司法权作出撤销性的判决。所以说,主要证据不足既是事实问题,更是一个严肃的法律问题。

行政行为的主要证据不足在实践中的表现主要有以下几种:(1)行政行为完全没有或基本没有证据。这主要是行政机关的工作人员在没有调查取证或其根本就不想调查取证的情况下作出的违法行为。(2)行政行为所依据的主要事实是虚假的。证据必须是真实的,臆想的事实不能作为行政行为的依据。(3)行政行为的有效证据不足。虽然行政行为可能有主要证据,但这种主要证据用司法的标准判断是违法的。证据必须是合法的,当合法的证据不足时也是

---

① 杨小君主编:《行政诉讼法学》,陕西旅游出版社 1999 年版,第 461 页。

违法的行为。(4) 主要证据之间相互矛盾且不能予以排除。虽然有主要证据但相互之间冲突,而且用司法的标准无法排除,证据之间无法形成严密的链条。

2. 适用法律法规错误

这是指作为被告的行政机关在适用普遍的实体性法律规范实施行政行为时出现的种种与法律法规规定之间不一致、相冲突或相违背的情况。从行政诉讼法的整体规定来看,这里的适用法律法规错误是指实体性的违反,如果是程序方面与法不符应属于违反法定程序的范畴。这一行政诉讼审理标准的含义包括以下内容:

第一,这种违法行为发生在适用法律规范的过程之中。行政机关的行政行为实际上是将普遍性的法律规范运用于具体事项与人的过程,在这一过程中行政机关必然要进行解释法律和适用法律的活动。但我们的行政诉讼审理标准不直接针对行政机关的解释法律活动,而是针对行政机关经过解释法律活动之后的适用法律规范的活动过程并以此作为判断行为违法与否的标准。这是因为解释法律的活动最终要体现在适用法律的活动中,将适用法律规范的错误作为审理标准更具有彻底性与效率性。

第二,适用法律法规错误是一种实体上的违法。行政机关的行政行为原本在适用法律规范方面既应该遵守实体性的规定也应遵守程序性的规范,但由于我们的《行政诉讼法》在行政诉讼审理标准方面作了比较详细的规定,将程序性的要求、职权方面的要求及遵守法律目的、法律精神的要求单独作为审理标准来规定。所以,这里的适用法律法规错误就不包括违反法律程序、超越职权和滥用职权等内容。

第三,适用法律法规错误包括适用法律、法规、合法的规章与其他规范性文件错误。我国《行政诉讼法》只规定了适用法律、法规错误,没有明确规定规章和其他规范性文件的问题。我们认为由于《行政诉讼法》明确规定了规章在行政诉讼中的参照地位,所以规章在与法律法规相一致、相吻合、不冲突的情况下,行政机关适用合法的规章错误的话,法院也可以以适用法律法规错误为由予以撤销。规章以下的其他规范性文件的适用错误,《行政诉讼法》没有直接或间接的规定,但我们认为只要这些规范性文件是与法律法规以及合法的规章相一致的,法院经过诉讼审理认为行政机关行政行为适用这些规范性文件错误的,也可以以此为理由予以撤销。这也就是将合法的规章及其他规范性文件视为法律法规的延伸和具体化。其实,在行政实践中存在大量行政机关适用规章和其他规范性文件错误的情况,如果法院对这些适用错误不进行司法的判断,不利于行政诉讼保护公民合法权益的目的的实现。

适用法律法规错误在行政实践中是大量存在的,主要表现在:(1)不适用任何法律规范。行政机关是执法机关,已有的法律规范是行政机关执法的依据与标准,如果行政机关在执法中不适用法律规范或概括地声称依据有关法律法规都是适用法律法规错误的表现。(2)适用法律法规整体文件错误。行政机关在行政活动中适用了法律规范,但其适用是不正确的,应当适用此法律文件却适用了彼法律文件。由于整体的法律文件都用错了,运用这样的法律规范处理行政关系必然也是错误的。这种情况在行政法领域普遍存在,因为行政法的法律规范数量多、层次杂,没有一个统一的法典,行政机关经常选择适用了错误的法律文件。主要有:应当适用高位法却适用了低位法;应当适用特别法却适用了一般法;应当适用新法却适用了旧法;等等。(3)适用法律规范的条、款、项错误。即使行政机关选择了正确的法律文件,但只要在适用具体的条、款、项上发生了错误,同样构成适用法律法规错误。比如,应当适用同一法律文件的此条或此款项却适用了彼条或彼款项。这往往是因为行政机关在认定事实的性质上发生了错误。

3. 违反法定程序

行政诉讼法规定的违反法定程序的行政诉讼审理标准是指行政机关的行政行为的步骤、方式、时限、顺序等违反了法律的规定,而导致行为违法的各种情况。行政诉讼法将程序违法作为行政诉讼的审理标准在行政法治化的进程中起到了非常重要的推动作用,但对于这一标准的理解却存在较大分歧,一些法官认为只要违反法律规定的程序就是违法并应当撤销,而不问这种程序的性质是强制性的还是非强制性的。我们认为行政诉讼法的违反法定程序应当包含以下含义：

第一，这一标准是针对行政行为的程序的标准。行政行为的作出必须有一定的步骤、方式、顺序、时限等方面的形式。如果行政行为的程序与法定的程序存在冲突或不符合法定程序，则构成了违反程序方面的违法。比如，依法应当举行听证会而行政机关不举行就直接作出行为，这样的行为就是程序违法行为。

第二，违反法定程序标准并构成法院予以撤销的情形必须是违反了法律所规定或要求的强制性的侵犯公民合法权益的程序性规定。这里的"法"应当是广义的法，包括全国人大的法律、国务院的行政法规、地方性法规以及符合法律法规的部门及地方政府规章中所规定的程序。但也不是违反这些规范中的任何程序都是构成违反法定程序的标准的行为，行政行为所违反的程序必须是强制性的程序规定，而不是任意性或指导性的程序规定。同时，也应当区分内部程序与外部程序，行政机关的行政行为虽然违反了一定的内部程序，但只要这种行政行为没有侵犯公民的合法权益，法院也不应当以此为由撤销行政行为。也就是说，违反法定程序标准是一个灵活的标准，不应当是一个僵硬的程序标准，法院要区分强制性程序和任意性程序，也要区分涉及公民权益的程序和不涉及公民权益的程序。

第三，违反法定程序标准中要求的程序是应当有程度要求的，不同程度的程序违法其法律后果不同，法院的判决也不同。轻微的程序违法不应当就予以撤销，而可以确认该程序违法。确认程序违法既维护了公民的利益也合理关注了行政的效率要求。我国《行政诉讼法》第 74 条第 1 款便规定，行政行为程序轻微违法，但对原告权利不产生实际影响的，人民法院判决确认违法，但不撤销行政行为。

违反法定程序的情况与种类大致有以下几种：（1）从程序违法的内容来看，有说明理由程序的违法，听取陈述及申辩程序的违法，信息公开的违法，回避程序的违法，教示程序的违法，时限的违法等。（2）从违反程序的性质来说，有违反强制性的程序和违反任意性或指导性的程序，违反涉及公民实体权益的程序和违反不涉及公民实体权益的程序。对于违反强制性的和涉及公民实体权益的程序，法院应当予以撤销,对于违反任意性和指导性的程序和不涉及公民实体权益的程序,法院应当使用确认判决予以违法性确认。

4. 超越职权

超越职权是指行政机关超越法律法规赋予的权限范围与限度作出行政行为,从而使该行政行为因越权而违法。具体来说,这一行政诉讼审理标准的含义包括以下几点:

第一,行政机关依法具有一定权限。只有某一机关具有一定的行政权限,其行为才有可能是超越行政职权的行为。如果某一机关根本就没有行政职权,那么其行为就不是行政行为,而是一般的民事行为。如某一私营企业作出的所谓"行政处罚",由于其没有职权,这种行为就不是行政行为。超越职权的标准始终是以某一机关有行政职权为前提的,至于说这种行政职权是否还要具体限制与明确已无必要,只要该机关具有一定行政职权,拥有行政主体资格就可以。比如,工商机关有工商行政管理的权力而无收税的权力,如果从事收税活动就构成超越职权;如果是一个无任何公务身份的人从事所谓的"收税",就不是超越行政职权而是一种违法行为,甚至有可能是犯罪行为。

第二,行政机关的行为超越了其法定职权范围。在法定职权范围之内的行为是合法行为,只有行政机关的行为超越了法律法规为之设定的界限时,才构成违法行为。任何一个行政机关的职权都是有限制的,包括地域限制、事务限制、时限限制、手段限制,等等。

第三,超越职权的行为是违法无效的行为,法院应当予以撤销。越权无效是公认的行政法原则,只要是越权行为法院就应当撤销。在一个行政行为包含若干个处理内容或事项的情况下,如果各个事项和内容是彼此可分的、独立的,法院就应当对超越职权的部分予以撤销;如果一个行政行为的若干部分是紧密相连不可分割的,法院就应当予以全部撤销。

超越职权的情形主要包括:超越主管事项权限;超越主管地域权限;超越手段权限;超越时限;超越法定幅度;等等。

5. 不履行法定职责

这一标准是指在行政活动中,经过公民、法人或其他组织的申请从而使行政机关对某事项具有特定与明确的履行职责但行政机关仍在程序上不履行其法定的作为职责的违法情形。这一违法情况在行政诉讼中可能被法院判令其作为或在判令行政机关作为已无实际意义的情况下作出确认其行为违法的判决。这一审理标准的含义包括以下几点：

第一，不履行法定职责是一种不作为的违法形式。行政行为包括作为和不作为两种形态，其他审理标准基本上是针对作为的行政行为，只有这一标准是专门针对不作为的，从而构筑起了针对行政行为的完整的审理标准。

第二，行政机关依法应当具有某项具体和明确的法定职责。行政主体的职责权限是法律设定的，只有确实在法律上负有职责义务的行政主体才有可能构成不履行法定职责，这种明确与具体的法定职责一般只在公民、法人或其他组织向行政机关提起申请后才得以具体化。比如，公民向工商局申请企业营业执照，工商局不予颁发营业执照的行为才是不履行法定职责的行为。

第三，行政机关在程序上不作出任何履行法定职责的行为。公民申请行政机关作出某一行为时，行政机关可能有两种处理结果，即明确拒绝作出这一行为和不及时在法定时间内作出答复。明确拒绝行为本身是一个作为行为，但其内容是否定性的，对于这样否定性的作为应当适用行政作为的审理标准，即法院判断这样的否定性行为是否已经证据充分、是否适用法律法规正确、是否符合法定程序、是否超越职权等。只有行政机关拖延履行法定职责或不予答复行为，才是一种构成行政诉讼审理标准的不履行法定职责的行为。

第四，不履行法定职责是一种违法行为，法院应当责令其履行法定职责或确认其违法。在行政机关不履行其法定职责的情况下，若法院责令其履行对原告的合法权益的保护还有意义的话，法院应当作出责令行政机关履行法定职责的判决；如果行政机关再履行法定职责已经没有任何实际意义，法院就应当作出确认该不履行法定职责违法的判决。

不履行法定职责的审理标准在实践中比较难以把握，很容易扩大化。因为往往认为行政机关拥有法定职权就同时具有了法定职责,而如果不履行法定职责,法院就可以作出责令其履行的判决或确认其违法的判决。而我们认为在行政诉讼中,作为行政诉讼审理标准的不履行法定职责原则上是一种在公民、法人或其他组织向有法定职权的行政机关提出申请后,才能构成的违法形态。因为法律上规定的职权以及行政机关负有的行使职权的义务是一种抽象的概念,只有原告向行政机关提出了申请才使这种职权职责具体化和明确化,否则与原告的自身利益并无直接的关系,行政机关的不作为也往往不是原告权益受到侵害的直接原因。

6. 滥用职权

滥用职权是行政行为违法的一种复杂形态,它是指行政主体在不违背法律具体规定的外在形式下,违背法律原则、精神、目的的各种违法行为,是以外在的合法掩盖实质上的不合法律目的、法律精神的违法形态。这种审查标准是针对行政裁量行为的,法律授予行政机关在特定条件下可以行使裁量的权力,并不是授予其可以不顾事实,按照个人意志、随心所欲地行使这项权力。当然,行政机关在法定职权内的行为要构成滥用职权的行为必须达到一定程度才可以。这一审理标准包括以下含义:

第一,行政机关的行为形式上在法律授予其职权范围之内。行政机关的行为在形式上并没有诸如证据不足、程序违法等情况。

第二,滥用职权在实质上违背了法律授予其权力的目的、精神和原则。法的目的、精神与原则是立法者制定法律的根本所在,具有统率其他条文的作用,也是实质主义法治理念的必然要求。如果行政机关的行为与法的目的、精神与原则相左,则是一种实质的和根本性的违法。

第三,滥用职权是一种表现在外的具有一定客观性的违法行为。在事实层面上,滥用职权必然会涉及行政主体的主观方面,但我们认为,行政主体的主观方面必须依靠其外在行为加以推断。因此法院在审查行政主体是否构成滥用职权的时候依然要遵循客观性的审理标准。

第四,滥用职权达到一定程度法院才能使用撤销判决将其撤销。行政机关行使行政裁量的行为只要没有达到专横与任性的程度,法院都不宜使用撤销判决将其撤销,这也是对行政利益的合理关注和考虑。因为既然法律赋予了行政机关一定的裁量权,行政机关就具有一定的自主判断权。只要这种自主判断在一般人看来是合理的、可接受的,法院就应当尊重行政机关的判断。

一般来说,滥用职权可以表现为:(1)不正当的目的;(2)不考虑法律规定的相关因素或考虑了不相关因素;(3)反复无常;(4)相同情况不同对待,不同情况相同对待;(5)不合理的迟延;(6)不适当的程序等。

7. 明显不当

明显不当,是指行政机关或行政机关工作人员对行政相对人所实施的行政行为明显不合理。主要特征是行政机关及其工作人员实施的行政行为虽然没有违反法律的禁止性规定,但却明显不合情理或者不符合公正要求。表现方式有显失公允、受不相关因素影响、不符合惯例、不符合传统、违背公众意志等。对明显不当可以作出以下的理解:

第一,行政行为必须达到明显不当的程度。行政行为通常具有一定的裁量空间,在出现轻微和一般的公正性问题时,法院无权进行审查,这属于行政机关的裁量权范围。只有这种不公正、不恰当到了明显的程度,才使本来属于行政机关自己决定的合理性问题转化为由人民法院进行审判的合法性问题。

第二,行政行为明显不当,性质上是违法行为,所以法院可以将其撤销或部分撤销,并且可以责令被告重新作出行政行为。行政行为明显不当的情形主要包括明显违反公平对待的行政行为,以及与手段明显不相当的行政行为。

第三节 行政诉讼的法律适用

一、行政诉讼法律适用概述

行政诉讼法律适用是指人民法院按照行政诉讼法定程序,通过识别、判断和选择,将宪法、法律、法规(或参照规章的规定)具体运用于各种行政案件,从而对行政机关行政行为的合法性进行审查的专门活动。

行政诉讼法律适用的特征：

（1）行政诉讼法律适用是审查性适用。行政诉讼法律适用与行政机关在行政程序中的法律适用相比较,有自己的特殊性。首先,适用主体是人民法院,并非行政机关。根据《行政诉讼法》的规定,我国的行政诉讼是指人民法院通过依法审理行政案件,对行政行为是否合法进行审查并作出裁判。因此,在行政诉讼中,人民法院是法律适用主体。虽然,在诉讼中,被告可以依法改变其所作的(被诉的)行政行为,但是,就被诉行政行为的合法性裁判而言,人民法院是唯一主体。其次,行政诉讼法律适用是第二次适用。一般说来,行政诉讼中的法律适用,是人民法院对被诉行政行为的第二次法律适用。行政机关在行政程序中作出行政行为的法律适用称为第一次适用。人民法院对行政机关的法律适用的审查,就是第二次适用,也称审查适用。在行政程序中,行政机关作出具体行政法律行为,甚至作出事实行为,就其实质而言,都可以认为是行政机关依照行政程序适用法律、法规或规范性文件于特定行政案件法律事实的活动。这就是首次适用。如果当事人不服,向人民法院提起行政诉讼,人民法院依法受理,审理并作出具有最后法律效力的法律适用,就是第二次法律适用。行政机关的第一次适用,主要处置当事人的行为事实；人民法院的第二次适用则着眼于审查行政机关对行为事实的认定结论或结果是否合法正确。在人民法院的第二次适用中,也关注公民、法人或其他组织的行为事实,但是其审理对象,一般地说,主要不是公民、法人或者其他组织的行为或状态事实,而是行政机关对它的认定结论。行政诉讼法律适用,正是在审查行政机关针对公民、法人或其他组织的行为或状态事实所作出的认定结果和随后的法律适用是否合法的基础上所作的再适用。

（2）行政诉讼法律适用只解决合法性问题。在行政诉讼法律适用中,人民法院应当遵循对行政行为的合法性审查原则。针对被诉的行政行为,人民法院的权力限于解决合法性问题,一般不解决合理正当性问题。《行政诉讼法》第 6 条规定:"人民法院审理行政案件,对行政行为是否合法进行审查。"同时,行政诉讼原则上不适用调解,但也有例外。《行政诉讼法》第 60 条第 1 款规定:"人民法院审理行政案件,不适用调解。但是,行政赔偿、补偿以及行政机关行使法律、法规规定的自由裁量权的案件可以调解。"

行政诉讼法律适用只解决合法性问题,这是由分权原则所决定的。行政机关行使行政权,司法机关行使司法权,行政权和司法权分离并相互制约。这个原则决定了人民法院在行政诉讼中针对被诉行政行为的审查权力是有限的,法律适用权力也是有限的,并非事无巨细、一览无余地替代(行政)性审查。否则,就是司法权代替行政权。行政诉讼法律适用原则,只解决合法性问题,这也是由效率原则所决定的。行政机关的特长在于掌握行政专业知识和技术标准,一般情况下能够对事实认定和法律适用作出正确选择,就此而言,较法院是有优势的。此外,许多重要的行政案件,往往经过行政听证程序或复议程序,法院重新审理(事实问题)会浪费时间和精力,法院不切实际地解释和适用法律,和法院监督行政机关依法行政目的不一致,会妨碍行政效率。

(3)在个案中进行法律解释往往是行政诉讼法律适用的重要组成部分。人民法院应当坚持司法公正原则,合法适当地解释法律。在行政诉讼法律适用中,法院个案解释法律的原则和技术,在法律规定方面是缺失的。最高人民法院曾提出"技术"规则。"人民法院对于所适用的法律规范,一般按照其通常语义进行解释,有专业上特殊含义的,该含义优先;语义不清楚或者有歧义的,可以根据上下文和立法宗旨,目的和原则等确定其含义。法律规范在列举其适用的典型事项后,又以'等'、'其他'等概括性词语表示的事项,均为明文列举的事项以外的事项,其所概括的情形应为与列举事项类似的事项。"[①]最高人民法院的上述规定具有指导作用。

(4)根据《行政诉讼法》的规定,法律适用依据是法律、行政法规、地方性法规、自治条例和单行条例,并可参照规章。

(5)行政诉讼法律适用具有最终的法律效力。在行政诉讼中,

---

① 《最高人民法院公报》2004 年第 6 期,第 8 页。

应当说,人民法院的法律适用具有最终性,因为法院适用法律的效力高于行政机关适用法律的效力。人民法院对被诉行政行为的法律适用和各种裁判,行政机关和当事人各方都必须遵守和执行,行政机关不得以同一事实和理由就同一问题再作出和司法裁判不同的行政行为;立法机关和法院也不得随意改变生效的司法裁判,这既是由权力分工原则决定的,也是由一事不再理原则所决定的。按照法定监督权力和监督程序,依法可以改变的除外。

二、行政诉讼的审理依据

(一) 宪法

宪法是国家的根本大法,是国家、民族、人民利益的集中体现。我国《宪法》序言中明确规定:"本宪法以法律的形式确认了中国各族人民奋斗的成果,规定了国家的根本制度和根本任务,是国家的根本法,具有最高的法律效力。全国各族人民、一切国家机关和武装力量、各政党和各社会团体、各企业事业组织,都必须以宪法为根本的活动准则,并且负有维护宪法尊严、保证宪法实施的职责。"因此,在行政诉讼中,宪法是行政诉讼法律适用的最高和最后标准。我国《立法法》第 98 条规定:"宪法具有最高的法律效力,一切法律、行政法规、地方性法规、自治条例和单行条例、规章都不得同宪法相抵触。"虽然,《行政诉讼法》并未明确规定人民法院审理行政案件,以《宪法》为根据,但是,从《宪法》本身和《立法法》《行政诉讼法》的原则和精神看,《宪法》是行政诉讼的审理依据。

(二) 法律

法律是指由全国人民代表大会及其常务委员会根据《宪法》,依据法定立法程序制定的规范性文件,包括基本法律和一般法律。在法律适用的规范体系中,法律仅次于宪法,与之相抵触的下级规范性文件归于无效。具体明确的法律规则是法院司法审查主要的适用依据。依据我国《行政诉讼法》的规定,法律是我国法院审理行政案件必须作为依据的法律规范,法院对此没有取舍判断的权力。

(三) 行政法规

行政法规是国务院根据宪法和法律的有关规定,为领导和管理国家各项行政工作,依照法定程序制定的规范性文件。行政法规有条例、规定和办法三种形式。行政法规的法律效力地位仅次于宪法和法律,高于地方性法规、自治条例和单行条例,在全国范围内具有普遍的约束力。《行政诉讼法》规定,行政法规也是人民法院审理行政案件、判断行政行为合法性的依据之一。这是因为:

(1)《行政诉讼法》第63条明确规定,行政法规是人民法院审理行政案件的依据之一,《行政诉讼法》是全国人民代表大会制定的基本法律,法院必须遵守。

(2)行政法规是由国务院制定的。首先,国务院是最高国家权力机关的执行机关,是最高国家行政机关,负责国家的行政管理工作。因此国务院的地位是非常重要的。其次,行政法规往往是宪法和法律的直接具体化,如果排除行政法规的适用,全国的行政管理工作将难以有效进行。

(3)根据《宪法》和《立法法》的规定,有关地方国家权力机关制定的地方性法规、自治条例和单行条例,都不得和行政法规相抵触。《立法法》第99条第2款规定:"行政法规的效力高于地方性法规、规章。"

(4)特别授权立法权。根据《立法法》的有关规定,应当由全国人民代表大会及其常委会制定法律的事项,国务院可以根据全国人民代表大会及其常委会的授权决定先行制定行政法规,这就是所说的特别授权立法。国务院在授权的范围内制定行政法规,其法律效力近似于法律。《立法法》第12条规定:"本法第十一条规定的事项尚未制定法律的,全国人民代表大会及其常务委员会有权作出决定,授权国务院可以根据实际需要,对其中的部分事项先制定行政法规,但是有关犯罪和刑罚、对公民政治权利的剥夺和限制人身自由的强制措施和处罚、司法制度等事项除外。"根据本条规定,国务院被授予的权力是很大的。当然,根据《立法法》第13条的规定,授权决定应当明确授权的目的、事项、范围、期限以及被授权机关实施授权决定应当遵循的原则等。被授权机关应当严格按照授权目的、事项、范围、期限行使该项权力。被授权机关不得将该项权力转授给其他机关。

由此可见,无论是最高人民法院还是地方各级人民法院,在行政诉讼的法律适用中,都必须以行政法规为依据。当然,行政法规不能违反宪法和法律,违反宪法和法律的行政法规是无效的。但是依据《行政诉讼法》的规定,行政法规在行政诉讼中与法律处于同等的地位,法院必须依据行政法规的规定审理行政案件,无权对行政法规作出判断。

(四) 地方性法规

根据《行政诉讼法》的规定,地方性法规是行政诉讼法律适用的依据之一。地方性法规是指由省、自治区、直辖市及较大的市的人民代表大会及其常委会在《宪法》和《立法法》的范围内制定的规范性文件。根据《立法法》第 80 条、第 81 条的规定,省、自治区、直辖市的人民代表大会及其常务委员会根据本行政区域的具体情况和实际需要,在不同宪法、法律、行政法规相抵触的前提下,可以制定地方性法规。设区的市的人民代表大会及其常务委员会根据本市的具体情况和实际需要,在不同宪法、法律、行政法规和本省、自治区的地方性法规相抵触的前提下,可以对城乡建设与管理、环境保护、历史文化保护、基层治理等方面的事项制定地方性法规,法律对设区的市制定地方性法规的事项另有规定的,从其规定。设区的市的地方性法规须报省、自治区的人民代表大会常务委员会批准后施行。地方性法规的效力低于宪法、法律和行政法规,高于本级和下级政府规章。地方性法规只要不和上位法相抵触,就可以制定,这和行政立法必须根据上位法才能制定相区别。应该说,前者的活动空间比后者大一些。因为"不抵触"和"根据"的区别是显而易见的。那么,《行政诉讼法》将地方性法规作为法院审理行政案件的依据之一,其理由是什么呢?

(1) 根据《宪法》和有关组织法的规定,地方性法规的制定主体是相应的地方权力机关,地方国家行政机关和地方司法机关都由相应的地方权力机关产生,对其负责,受其监督,这一体制决定了地方性法规应当成为制定地方政府规章和作出其他行政行为的依据,因此,人民法院审理行政案件时,应当将地方性法规作为依据之一。

(2) 地方性法规的地位是重要的。根据《宪法》和《立法法》的规定,地方人民代表大会及其常委会,只要不和上位法相抵触,根据本行政区域的具体情况和实际需要,就可以制定地方性法规。由此可见,地方性法规在执行法律和行政法规、处理地方性事务过程中,所起的作用是重要的。如《立法法》第 82 条第 1 款、第 2 款规定:"地方性法规可以就下列事项作出规定:(一)为执行法律、行政法规的规定,需要根据本行政区域的实际情况作具体规定的事项;(二)属于地方性事务需要制定地方性法规的事项。除本法第十一条规定的事项外,其他事项国家尚未制定法律或者行政法规的,省、自治区、直辖市和设区的市、自治州根据本地方的具体情况和实际需要,可以先制定地方性法规。在国家制定的法律或者行政法规生效后,地方性法规同法律或者行政法规相抵触的规定无效,制定机关应当及时予以修改或者废止。"既然地方性法规处于这样重要的地位,就应当将其作为行政诉讼法律适用的依据之一。

(3)很多法律、行政法规规定由地方性法规将其规定的原则具体化,地方性法规将法律、行政法规的精神和地方事务的特点有机结合起来,在国家的法律规范体系中是不可缺少的。

(4)省、自治区、直辖市和设区的市是重要的国家地方行政区域,在国家政治和经济建设及其他事务中具有重要地位。

在法律和行政法规制定之前,地方性法规往往是中央立法的前奏,从建设社会主义市场经济和加快改革开放的需要出发,也有必要将地方性法规作为法律适用的依据。如《立法法》第 84 条第 1 款规定:"经济特区所在地的省、市的人民代表大会及其常务委员会根据全国人民代表大会的授权决定,制定法规,在经济特区范围内实施。"根据本条规定,经济特区法规是由全国人民代表大会授权制定的。又根据《立法法》第 101 条第 2 款的规定,经济特区法规根据授权对法律、行政法规、地方性法规作变通规定的,在本经济特区适用经济特区法规的规定。正是因为经济特区法规具有较高的规格,在行政诉讼法中作为法律适用依据就是必然的。

(五)自治条例和单行条例

根据《行政诉讼法》的规定,民族自治地方制定的自治条例和单行条例也是行政诉讼法律适用的依据。自治条例是民族自治地方的人民代表大会根据《宪法》和法律的规定,结合本民族的政治、经济、文化特点,并保证民族区域自治制度在本地区得以全面实施的一种综合性条例。单行条例是民族自治地方的人民代表大会适应当地的民族特点,为解决某一方面的专门性问题而制定的条例。自治条例和单行条例分为自治区、自治州、自治县三个级别。自治州、自治县的自治条例和单行条例报省、自治区、直辖市的人民代表大会常务委员会批准后生效。自治条例和单行条例可以依据当地民族的特点,对法律和行政法规的规定作出变通规定,但不得违背法律或行政法规的基本原则,不得对宪法和民族区域自治法的规定及其他法律、行政法规专门就民族自治地方所作的规定作出变通规定。自治条例和单行条例与地方性法规处于同一级别。但是,在宪法和法律的范围内,民族自治地方比一般的行政区域享有更多的权力,所以,《行政诉讼法》第63条第2款规定,人民法院审理民族自治地方的行政案件,并以该民族自治地方的自治条例和单行条例为依据。

(六) 行政规章

行政规章是由法定的行政机关,依照法定权限和程序制定的规范性文件。行政规章分为部门规章和地方政府规章。根据《立法法》第91条的规定,部门规章是国务院各部、委员会、中国人民银行、审计署和具有行政管理职能的直属机构以及法律规定的机构,根据法律和国务院的行政法规、决定、命令,在本部门的权限范围内制定的。部门规章规定的事项应当属于执行法律或国务院的行政法规、决定、命令的事项。根据《立法法》第93条的规定,地方政府规章是由省、自治区、直辖市和设区的市、自治州的人民政府,根据法律、行政法规和本省、自治区、直辖市的地方性法规制定的。地方政府规章可以就下列事项作出规定:(1) 为执行法律、行政法规、地方性法规的规定需要制定规章的事项;(2) 属于本行政区域的具体行政管理事项。规章的制定权,除了《立法法》的根据外,还有《宪法》和其他法律的根据。《宪法》第90条第2款规定:"各部、各委员会根据法律和国务院的行政法规、决定、命令,在本部门的权限内,发布命令、指示和规章。"《地方各级人民代表大会和地方各级人民政府组织法》第74条第1款规定:"省、自治区、直辖市的人民政府可以根据法律、行政法规和本省、自治区、直辖市的地方性法规,制定规章,报国务院和本级人民代表大会常务委员会备案。设区的市、自治州的人民政府可以根据法律、行政法规和本省、自治区的地方性法规,依照法律规定的权限制定规章,报国务院和省、自治区的人民代表大会常务委员会、人民政府以及本级人民代表大会常务委员会备案。"既然,行政规章有《宪法》《立法法》及其他法律的根据,为什么《行政诉讼法》又规定,人民法院审理行政案件,参照规章,而不是依据规章呢? 主要原因是:第一,有权制定规章的行政机关,其作出的行政行为,是可以受案的诉讼对象,如果规章是法律适用依据,可能影响针对有权制定规章的机关作出的行政行为的司法审查。因为,如果以规章为依据,等于规章自己规定司法审查的标准,可能不利于保护当事人的合法权益,也和行政机关依法行政原则不太一致。第二,有权制定规章的行政机关,在建立和完善社会主义市场经济体制过程中,名称、职能、组成变动相对较快,这就必然影响规章的法律效力,如果直接以规章为依据,会对人民法院的法律适用带来一定的困难。第三,虽然《立法法》和其他法律、法规对规章的实体和程序作了界定,但是,无论是部门规章还是地方政府规章都不同程度地存在着问题,如许多规章随意设定许可、收费,地方保护主义、分割市场的不合理做法也往往有规章依据。并且一些规章与上位法抵触,或规章之间相互冲突,这必然影响人民法院正确适用法律规范。但是,人民法院审理行政案件又不可能完全撇开行政规章,因为:第一,行政规章的制定有《宪法》《立法法》及其他法规的依据,规章的制定机关、权限、程序、效力及其监督都是比较明确的,许多规章是有效和合理的。第二,许多规章是法律、法规的具体化,而这些规章对于法律、法规的实施是必不可少的。第三,行政机关的行政行为,又往往以行政规章为依据,特别是在法律、法规缺位的情况下,规章将是行政行为的重要依据。因此,人民法院审理行政案件既不能完全撇开规章也不能直接依据规章,那么规章的定位是什么呢? 根据《行政诉讼法》第63条第3款的规定,规章的地位是"参照"。"参照"又是什么呢? 按照王汉斌《关于〈中华人民共和国行政诉讼法(草案)〉的说明》,现在对规章是否可以作为法院审理行政案件的依据仍有不同意见,有的认为应该作为依据,有的认为不能作为依据,只能以法律、行政法规和地方性法规作为依据。我们考虑,宪法和法律规定国务院各部委和省、市人民政府有权依法制定规章,行政机关有权依据规章行使职权。但是规章与法律、法规的地位和效力不完全相同,有的规章还存在一些问题。因此草案规定法院审理行政案件时,参照规章的规定,是考虑了上述两种不同的意见,对符合法律、行政法规规定的规章,法院要参照审理,对不符合或不完全符合法律、行政法规原则精神的规章,法院可以有灵活处理的余地。

据此,我们认为,"参照"规章和"依据"规章是不同的。"参照"比"依据"规格低一些。对于那些符合法律和法规的规章,人民法院在审查依据规章作出的行政行为的合法性时,就应该适用规章;如果行政机关的行政行为是依据不符合法律、法规规定或法律原则的规章作出的,人民法院就应该不适用该规章,但法院无权在判决书中明确宣布该规章无效,而只有不予适用的权力,可不将此规章作为审理案件的标准。

三、行政诉讼法律适用的若干其他问题

(一) 法律解释

法律解释是指有关国家机关对法律、法规、规章等的权威性解释。法律解释和对法律的一般理解不是一回事,法律解释具有法律上的效力,可以普遍适用。法律解释和司法、执法人员在个案中解释、分析、理解法律也有区别。法律解释具有普遍约束力。司法、执法人员的个案解释只对本案有效,具有个案性质,当然在实行判例法的国家,个案解释也有立法性质。在行政诉讼法律适用中,如何对待有权机关的法律解释,有关法律解释的法律地位如何,这些问题也会遇到。

根据《立法法》和《全国人民代表大会常务委员会关于加强法律解释工作的决议》的规定,有关《行政诉讼法》的解释根据解释的主体分类,主要有以下五类[①]:

(1) 全国人大常委会的立法解释。对于法律的规定需要进一步

---

① 参见梁治平编:《法律解释问题》,法律出版社 1998 年版,第 165—197 页。

明确具体含义的、法律制定后出现新的情况需要明确适用法律依据的,由全国人大常委会解释。这类解释具有与法律相同的效力。

(2) 全国人大常委会工作机构对具体问题的法律询问的"答复"。《立法法》第69条规定,全国人民代表大会常务委员会工作机构可以对有关具体问题的法律询问进行研究予以答复,并报常务委员会备案。

(3) 最高人民法院的司法解释。司法解释,包括审判解释、检察解释和审判与检察联合解释。对于行政审判,目前主要是最高人民法院的司法解释。最高人民法院的司法解释的名称大致有"意见、解释、解答、规定、决定、办法、批复、答复、通知、复函、函、纪要"等,在内容上主要分为四类:一是针对某一类案件的解释;二是对司法工作的有关操作规范所作的规定;三是直接对法律条文规定所作的解释;四是直接对某一法律所作的系统全面的解释。

(4) 国务院及其主管部门的行政解释。包括两类:一类是不属于审判中的其他法律、法令如何具体应用的问题,由国务院及主管部门进行解释;另一类是就部门规章、地方规章和部门与地方规章之间的冲突进行的解释。

(5) 地方解释。凡属于地方性法规包括自治条例、单行条例本身需要进一步明确界限或作出补充规定的,由制定地方性法规或自治条例、单行条例的机关解释。

这些解释的效力如何呢？根据《立法法》第53条的规定,全国人民代表大会常务委员会的法律解释同法律具有同等效力,再加上我国解释体制走的基本是"谁制定谁解释"的路径,因而法律解释的效力依附于解释的机关并对应于相应的法律、法规的层级。法院在审理行政案件时,有些可以直接作为依据,有些需要参照,有些需要提请裁决。

《最高人民法院关于审理行政案件适用法律规范问题的座谈会纪要》第1条规定,根据立法法、行政法规制定程序条例和规章制定程序条例关于法律、行政法规和规章的解释的规定,全国人大常委会的法律解释,国务院或者国务院授权的部门公布的行政法规解释,人民法院作为审理行政案件的法律依据;规章制定机关作出的与规章具有同等效力的规章解释,人民法院审理行政案件参照适用。

(二) 规范性文件的适用与附带审查

根据宪法和法律的规定,我国行政机关制定的规范性文件包括行政法规、规章和一般行政规范性文件。根据《行政诉讼法》第13条第2项的规定,一般行政规范性文件是指行政机关制定、发布的具有普遍约束力的决定、命令。即行政机关针对不特定对象发布的能反复适用、具有普遍约束力的规范性文件的行为。有关行政机关制定的一般行政规范性文件,具有宪法上的根据,但是,《行政诉讼法》对其法律效力地位没有规定。一般行政规范性文件的效力低于行政规章是无疑的。人民法院在进行司法审查时,不能完全"依据",也不能完全撇在一边,"因为行政机关往往将这些具体应用解释和其他规范性文件作为行政行为的直接依据"①。《最高人民法院关于审理行政案件适用法律规范问题的座谈会纪要》认为,这些具体应用解释和规范性文件不是正式的法律渊源,对人民法院不具有法律规范意义上的约束力。必须注意的是,一般行政规范还存在许多问题,特别是在对公民、法人或其他组织设定义务、限缩权利方面存在着随意性。因此,人民法院在考虑是否适用规章之下的一般行政规范性文件时,应当平衡维护行政机关依法有效行使行政权,保障公民、法人或其他组织合法权益两个方面,决定是否适用一般行政规范性文件。根据《最高人民法院关于审理行政案件适用法律规范问题的座谈会纪要》的规定,人民法院经审查认为被诉行政行为依据的具体应用解释和其他规范性文件合法、有效并合理、适当的,在认定被诉行政行为合法时应承认其效力;人民法院可以在裁判理由中对具体应用解释和其他规范性文件是否合法、有效、合理或适当进行评述。

对于人民法院来说,规范性文件不仅有适用的问题,还有审查的问题。《行政诉讼法》第53条规定了规范性文件附带审查制度:公民、法人或者其他组织认为行政行为所依据的国务院部门和地方人民政府及其部门制定的规章以外的规范性文件不合法,在对行政行为提起诉讼时,可以一并请求对该规范性文件进行审查。人民法院

---

① 见《最高人民法院公报》2004年第6期,第6页。

依照《行政诉讼法》的规定,对规范性文件进行合法性审查,对于合法的规范性文件,应当作为行政行为的执法依据;对于不合法的规范性文件,人民法院不得作为行政行为合法性的依据。《行诉解释》于第十一章专门对规范性文件附带审查作出细化规定,主要体现在以下几个方面:

(1)明确规范性文件制定机关的权利。《行诉解释》第147条规定:人民法院在对规范性文件审查过程中,发现规范性文件可能不合法的,应当听取规范性文件制定机关的意见。制定机关申请出庭陈述意见的,人民法院应当准许。行政机关未陈述意见或者未提供相关证明材料的,不能阻止人民法院对规范性文件进行审查。

(2)明确规范性文件审查的具体方式。《行诉解释》第148条规定:"人民法院对规范性文件进行一并审查时,可以从规范性文件制定机关是否超越权限或者违反法定程序、作出行政行为所依据的条款以及相关条款等方面进行。有下列情形之一的,属于行政诉讼法第六十四条规定的'规范性文件不合法':(一)超越制定机关的法定职权或者超越法律、法规、规章的授权范围的;(二)与法律、法规、规章等上位法的规定相抵触的;(三)没有法律、法规、规章依据,违法增加公民、法人和其他组织义务或者减损公民、法人和其他组织合法权益的;(四)未履行法定批准程序、公开发布程序,严重违反制定程序的;(五)其他违反法律、法规以及规章规定的情形。"

(3)明确规范性文件不合法的处理方式。《行诉解释》第149条规定:人民法院经审查认为行政行为所依据的规范性文件合法的,应当作为认定行政行为合法的依据;经审查认为规范性文件不合法的,不作为人民法院认定行政行为合法的依据,并在裁判理由中予以阐明。作出生效裁判的人民法院应当向规范性文件的制定机关提出处理建议,并可以抄送制定机关的同级人民政府、上一级行政机关、监察机关以及规范性文件的备案机关。规范性文件不合法的,人民法院可以在裁判生效之日起3个月内,向规范性文件制定机关提出修改或者废止该规范性文件的司法建议。规范性文件由多个部门联合制定的,人民法院可以向该规范性文件的主办机关或者共同上一级行政机关发送司法建议。接收司法建议的行政机关应当在收到司法建议之日起60日内予以书面答复。情况紧急的,人民法院可以建议制定机关或者其上一级行政机关立即停止执行该规范性文件。《行诉解释》第150条规定:人民法院认为规范性文件不合法的,应当在裁判生效后报送上一级人民法院进行备案。涉及国务院部门、省级行政机关制定的规范性文件,司法建议还应当分别层报最高人民法院、高级人民法院备案。《行诉解释》第151条规定:各级人民法院院长对本院已经发生法律效力的判决、裁定,发现规范性文件合法性认定错误,认为需要再审的,应当提交审判委员会讨论。最高人民法院对地方各级人民法院已经发生法律效力的判决、裁定,上级人民法院对下级人民法院已经发生法律效力的判决、裁定,发现规范性文件合法性认定错误的,有权提审或者指令下级人民法院再审。

值得一提的是,2018年10月30日最高人民法院发布了徐云英诉山东省五莲县社会医疗保险事业处不予报销医疗费用案、方才女诉浙江省淳安县公安局治安管理行政处罚案、袁西北诉江西省于都县人民政府物价行政征收案等九个行政诉讼附带审查规范性文件的典型案例,以指导各级人民法院适用和附带审查规范性文件。

(三)行政法判例

在行政法方面,判例的作用超过民法、刑法中的判例价值。因为行政法制并不完备,规则没有民事、刑事法律规则细化。因此行政案件中的判例,特别是具开拓性、典型性的司法判决,可以成为先例,就此而言,对实现行政法治是不可缺少的。遵守先例是英美司法制度的重要原则,法国司法制度中并不实行这个原则,但是,在法国行政法方面却实行判例法制度,先例在行政法中起到主要作用,许多重要的行政法原则由法国最高行政法院在判决中创造并予以发展。由此可见行政法判例的作用。

判例与案例不同,不是所有的案例都能构成判例。这里所说的判例是指《最高人民法院公报》公布的一些典型案件。我国不是一个判例法国家,法律一直没有承认判例"法"的地位,但在实践中,判例已成为指导法院判案的重要依据。

2000年6月发布的《最高人民法院裁判文书公布管理办法》以"办法"的形式,对最高人民法院各审判庭作出的"有重大影响"和

"具有典型意义、有一定指导作用"的判决作出了规定。

《最高人民法院公报》1991年第3期"梁宝富不服治安行政处罚复议决定案"、1994年第4期"张晓华不服磐安县公安局限制人身自由、扣押财产行政案"、1996年第3期"黄梅县振华建材物资总公司不服黄石市公安局扣押财产及侵犯企业财产权行政上诉案"、1999年第4期"田永诉北京科技大学拒绝颁发毕业证、学位证行政诉讼案"等判例或多或少有些"造法"性质,有的弥补了法律的空白,有的是对抽象性法律作出创造性的解释,有的是对现有法院审理案件时模糊或有争议地方的厘清。对于判例适用的问题,不能着眼于个案中事实到事实的类推。提炼出一些法律原则作为本级或下级法院的依据的做法,应该更符合我国国情。加入WTO以后,在行政诉讼中,也应当有条件地实行判例法制度,这将有积极作用。

四、行政诉讼法律适用冲突的处理规则

(一) 行政诉讼法律适用冲突的概念

所谓法律规范冲突,是指针对同一问题的多个现存的法律规范在内容上彼此不一致,在效力上相互排斥的情况。行政诉讼的法律适用冲突,是指人民法院在审判行政案件的过程中,发现对同一法律事实或关系有两个或两个以上现存的法律规范性文件作出了不相同的规定,法院适用不同的法律规定就会产生不同裁判结果的现象。例如,发生于某市的国土资源行政案件,某市行政机关适用了某省、市的地方性法规,如果该案当事人诉到法院,人民法院认为该地方性法规和国务院的行政法规或全国人大常委会的矿产资源法相抵触,那么,是适用某地方性法规,还是矿产资源法,就是行政诉讼法律适用冲突。

行政诉讼法律适用冲突的特点在于:

(1) 主要是国内法律适用上的冲突。任何一国的行政管理权只能在其本国领土行使。行政行为是一种公法行为,根据国家主权原则,行政行为通常情况下只适用本国的法律、法规、规章等。这和民商法法律适用冲突有较大的区别,在民商法等私法适用冲突中,主要表现为国与国之间的法律冲突。在行政诉讼法律适用冲突中,行政机关或人民法院只选择适用我国的行政法律规范,不会适用有关外国的行政法律规范。当然,对国外的行政法律规范,根据国际法基本原则,在某种情况下可以承认其有一定的法律适用上的效力。如《海上海事行政处罚规定》第 7 条第 5 款规定:"有海事行政违法行为的中国籍船舶和船员在境外已经受到处罚的,不得重复给予海事行政处罚。"根据该款规定,中国海事行政机关对境外的海事行政处罚,承认其具有法律效力,中国海事行政机关不再重复处罚。

(2)行政法律适用冲突不可避免。只要一个国家里不只有一个立法主体,法律冲突就不可避免。即使只有一个立法主体,法律冲突仍可能发生,如新法与旧法关系不明确,法律适用冲突就会形成。总之,立法主体的多重性,立法职权划分的不清晰,行政法调整对象的变化等,都会引起行政法律适用冲突。

(3)这种法律适用冲突发生在行政诉讼活动之中。在行政程序中,行政机关依据法律、法规、规章等作出行政行为,由于各个法律规范性文件的规定不一致或矛盾,行政法律适用冲突也会发生,此时,发现和解决法律适用冲突问题的主体是行政机关。而行政诉讼法律适用冲突,则是人民法院在审查行政行为合法性过程中发现的法律冲突,由于法院法律适用具有最终的效力,法律冲突问题不容回避,并且必须找出解决的办法。

(4)行政诉讼法律适用冲突是复杂的,其表现形式多种多样。大多数冲突,如下位法和上位法冲突,是不合法的冲突。有些冲突是法律允许的,如新法、旧法在适用上的冲突,并非新法、旧法本身存在问题,只是选择适用新法和旧法的问题。就层级冲突而言,主要包括:行政法规与法律的冲突;地方性法规及自治条例、单行条例与法律的冲突;地方性法规及自治条例、单行条例与行政法规的冲突;规章与法律的冲突;规章与行政法规的冲突;规章与地方性法规的冲突;规章之下的规范性文件与各种上位法的冲突;等等。就平级冲突而言,包括法律与法律之间、行政法规与行政法规之间、地方性与地方性法规之间、规章与规章之间的冲突。

就冲突的内容而言,具体说来,主要有:第一,在行政处罚的构成条件、种类、幅度、设定权限方面的冲突;第二,在当事人承担法律义务的条件、数量、性质方面的冲突;第三,在当事人享受法律权利的条件、数量、范围、性质方面的冲突;第四,在法律术语的内涵和外延方面作扩大或缩小解释引起的冲突。

(二) 行政诉讼法律适用冲突的形式

1. 特别冲突

特别冲突是指在我国法律体系中特别法律规定与普通法律规定之间的不一致或冲突。如我国有关法律对少数民族在有关婚姻、生育、上学等方面有特别照顾的规定,这些特别规定和一般规定是不一致的。

2. 层级冲突

层级冲突是指各种效力等级不同的立法文件就同一事项的规定不一致而产生的法律适用上的冲突。具体表现主要有:法律和宪法的不一致;行政法规和法律的冲突;地方性法规、自治条例、单行条例与行政法规、法律、宪法的冲突;规章与地方性法规、行政法规、法律乃至宪法的冲突;本行政区域内的较大的市的人民政府制定的规章与省、自治区人民政府制定的规章之间的冲突;规章以下的一般行政规范性文件与法律规范的冲突等。

3. 平级冲突

平级冲突是指法律规范效力层级相同的各种立法文件就同一事项有不相一致的规定而产生的法律适用冲突。其主要表现为:国务院各部委制定的规章之间发生的适用冲突;国务院各部、委制定的规章与各省、自治区、直辖市人民政府制定的规章之间发生的适用冲突;国务院各部、委制定的规章与各省、自治区人民政府所在地的市及国务院批准的较大的市的人民政府制定的规章之间发生的适用冲突;最高审判机关、最高检察机关的司法解释和最高行政机关的行政解释之间的适用冲突。

4. 新旧法冲突

新旧法冲突是指调整同一法律关系的新的行政法律规范与旧的行政法律规范不一致而产生的法律适用冲突。一般包括两种形式:同一机关制定的立法文件,新的规定与旧的规定不一致;同一机关制定的立法文件,新的一般规定与旧的特别规定不一致。

5. 人际冲突

人际冲突是指由于公民的民族、种族、身份的不同,法律对其权利义务作了不同的规定,由此产生的法律适用上的冲突。

6. 区际冲突

区际冲突是指不同行政区域的立法文件因规定不同而产生的法律适用冲突。

(1) 我国大陆行政法律文件与香港特别行政区、澳门特别行政区、台湾地区之间非国家主权性质的法律规范文件的适用冲突。

(2) 国内不同行政区域之间的法律适用冲突。包括:不同省、自治区、直辖市之间的法律文件适用冲突;较大的市之间的法律文件适用冲突;省、自治区、直辖市与其辖区外的较大的市之间的法律文件适用冲突;没有隶属关系的各民族自治地方之间的法律文件适用冲突;民族自治地方与和它没有隶属关系的普通行政区之间的法律文件的适用冲突。

除了上述几种冲突外,有时法律适用冲突表现为复合型冲突,即两种或两种以上的冲突。如经济特区的法律文件与法律是一种层级冲突,也是一种特别与一般的冲突。

五、法律冲突的选择适用规则和方法

(一) 选择适用法律规范的规则和方法的定义

选择适用法律规范的规则和方法是指人民法院在审理行政案件时,特别是审查行政行为的合法性时,为解决法律适用方面的冲突所采取的方法和所遵循的原则,由此决定选择适用适当的法律规范性文件和法律规范条款,特别是行政法律规范条款。它具有如下特点:

(1) 选择适用法律规范的规则是人民法院解决行政法律适用冲突应当遵循的规则。《立法法》第五章"适用与备案审查"对此集中作了规定。当然,除《立法法》之外,《宪法》及其他法律、法规等也有一些规定。选择适用规则的最终目的是通过这些规则的引导,将适当的行政法律规范条款适用于特定的行政案件。

(2) 选择适用规则是一种方法或规则。当然它是一种法律上的

方法或原则。在国际私法上,称之为冲突规范。在美国法上,这种冲突规范也适用于公法关系的法律适用冲突。选择适用规则将指导法律适用主体确定适用某个法律规范文件,然后,再从所确定的法律规范文件中选择相应的行政法律规范条款。

(3) 选择适用规则,其结构由两部分组成,第一部分指出有两种或两种以上的行政法律规范文件冲突,第二部分指出要适用何种行政法律规范文件。如《立法法》第103条规定:"同一机关制定的法律、行政法规、地方性法规、自治条例和单行条例、规章,特别规定与一般规定不一致的,适用特别规定;新的规定与旧的规定不一致的,适用新的规定。"其中"特别规定与一般规定不一致的"及"新的规定与旧的规定不一致的",就是选择适用规则结构的第一部分。"适用特别规定"及"适用新的规定",就是所选择适用的行政法律规范文件。

(4) 在行政诉讼中,人民法院是选择适用主体。人民法院应当根据《宪法》和《立法法》及其他法律规定,以法制统一原则、公平原则和人权保障原则为指针,正确行使选择适用权力。一般情况下应当按照上位法优于下位法、后法优于前法以及特别法优于一般法等法律适用规则,选择恰当的法律规范。但是,冲突规范涉及的问题重大、有关机关存在很大争议,法院选择法律规范遇到很大困难的,应当按照《立法法》规定的程序逐级送请有权机关裁决。

(5) 选择适用规则适用于解决公法关系中的法律适用冲突,同时也适用于解决私法关系中的法律适用冲突。因为:第一,在解决私法争议中,仍然可能遇到公法冲突问题,公法冲突的解决需要按照《立法法》《行政诉讼法》的选择适用规则去办。第二,《立法法》及《行政诉讼法》规定的选择适用规则既适用于公法关系中的法律适用冲突,也适用于私法关系中的法律适用冲突。如前述《立法法》第103条的规定,其中法律、法规、规章等既可以规定公法规范也可以规定私法规范,"新的规定与旧的规定不一致的",既可能是私法规范,也可能是公法规范。因此,行政诉讼中的选择适用规则和民商法中的冲突规范,既有区别,也有共同点,二者共同构成统一的法律适用冲突的选择适用规则体系,即统一的冲突规范。

（二）选择适用法律规范的规则的种类（公法上的冲突规范）

根据《宪法》和《立法法》的规定，行政诉讼中的选择适用规则可以作如下分类：

1. 特别法与一般法冲突适用规则

一般法和特别法冲突时，通常情况下适用特别法。同一机关制定的法律、行政法规、地方性法规、自治条例和单行条例、规章的特别规定与一般规定不一致的，适用特别规定；同一法律规范性文件的不同条文对相同事项有一般规定和特别规定的，优先适用特别规定；法律之间、行政法规之间或者地方性法规之间对同一事项的新的一般规定与旧的特别规定不一致的，依据《最高人民法院关于审理行政案件适用法律规范问题的座谈会纪要》（简称《纪要》）的规定处理。该《纪要》第2条中规定："法律之间、行政法规之间或者地方性法规之间对同一事项的新的一般规定与旧的特别规定不一致的，人民法院原则上应按照下列情形适用：新的一般规定允许旧的特别规定继续适用的，适用旧的特别规定；新的一般规定废止旧的特别规定的，适用新的一般规定。不能确定新的一般规定是否允许旧的规定继续适用的，人民法院应当中止行政案件的审理，属于法律的，逐级上报最高人民法院送请全国人民代表大会常务委员会裁决；属于行政法规的，逐级上报最高人民法院送请国务院裁决；属于地方性法规的，由高级人民法院送请制定机关裁决。"就同一行政区域而言，一般法和特别法冲突时，通常也优先适用特别法，《纪要》第2条中还规定："地方性法规与部门规章之间对同一事项的规定不一致的，人民法院一般可以按照下列情形适用：（1）法律或者行政法规授权部门规章作出实施性规定的，其规定优先适用；（2）尚未制定法律、行政法规的，部门规章对于国务院决定、命令授权的事项，或者对于中央宏观调控的事项、需要全国统一的市场活动规则及对外贸易和外商投资等需要全国统一规定的事项作出的规定，应当优先适用；（3）地方性法规根据法律或者行政法规的授权，根据本行政区域的实际情况作出的具体规定，应当优先适用；（4）地方性法规对属于地方性事务的事项作出的规定，应当优先适用；（5）尚未制定法律、行政法规的，地方性法规根据本行政区域的具体情况，对需要全国统一规定以外的事项作出的规定,应当优先适用;(6)能够直接适用的其他情形。不能确定如何适用的,应当中止行政案件的审理,逐级上报最高人民法院按照立法法第八十六条第一款第(二)项(2023年《立法法》已修正,现为第106条第1款第2项)的规定送请有权机关处理。"

2. 位阶冲突适用规则

位阶冲突适用规则是指因位阶不同而效力等级不同的法律规范文件冲突,应当适用哪个位阶法律规范的冲突适用规则。一般认为在这种情况下应当适用效力等级高的行政法律规范。《纪要》第2条对下位法不符合上位法的情形作了细节规定。这些情形主要有:下位法缩小上位法规定的权利主体范围,或者违反上位法立法目的,扩大上位法规定的权利主体范围;下位法限制或者剥夺上位法规定的权利,或者违反上位法立法目的,扩大上位法规定的权利范围;下位法扩大行政主体或其职权范围;下位法延长上位法规定的履行法定职责期限;下位法以参照、准用等方式扩大或者限缩上位法规定的义务或者义务主体的范围、性质或者条件;下位法增设或者限缩违反上位法规定的适用条件;下位法扩大或者限缩上位法规定的义务或者义务主体的范围、性质或者条件;下位法扩大或者限缩上位法规定的给予行政处罚的行为、种类和幅度的范围;下位法改变上位法已规定的违法行为的性质;下位法超出上位法规定的强制措施的适用范围、种类和方式,以及增设或者限缩其适用条件;法规、规章或者其他规范性文件设定不符合行政许可法规定的行政许可,或者增设违反上位法的行政许可条件;其他相抵触的情形。

根据《纪要》的规定,《纪要》本身是"参照"执行性的司法解释,这是人民法院审理行政案件时应当明确的。但是《纪要》对于解决地方性法规、自治条例和单行条例乃至行政法规与法律、宪法是否冲突,法院是否有权判断和评定的问题提供了较好的思路:(1)人民法院原则上有权判断和评定。(2)可以适用上位法,而不适用和上位法抵触的地方性法规、自治条例和单行条例、行政法规。(3)问题重大,各方有争议的,法院应当按《立法法》规定的程序送请有权机关裁决。

3. 相同位阶等级冲突适用规则

相同位阶等级冲突适用规则是解决效力等级相同的法律规范文件冲突的适用规则。关于平级规章冲突的选择适用规则，《立法法》有明确的规定。《立法法》第 102 条规定："部门规章之间、部门规章与地方政府规章之间具有同等效力，在各自的权限范围内施行。"《立法法》第 106 条第 1 款第 3 项规定："部门规章之间、部门规章与地方政府规章之间对同一事项的规定不一致时，由国务院裁决。"

应该说，《立法法》和《行政诉讼法》对规章之间发生冲突时如何适用未作规定，而仅仅规定了由最高人民法院送请国务院作出解释或者裁决的解决办法。《纪要》弥补了这个缺失。《纪要》第 2 条第 4 款规定了规章冲突的选择适用规则。部门规章与地方政府规章之间对相同的事项的规定不一致的，人民法院一般可以按照下列情形适用：(1) 法律或者行政法规授权部门规章作出实质性规定的，其规定优先适用；(2) 尚未制定法律、行政法规的，部门规章对于国务院决定、命令授权的事项，或者对属于中央宏观调控的事项，需要全国统一的市场活动规则及对外贸易和外商投资等事项作出的规定，应当优先适用；(3) 地方政府规章根据法律或者行政法规的授权，根据本行政区域的实行情况作出的具体规定，应当优先适用；(4) 地方政府规章对属于本行政区域的具体行政管理事项作出的规定，应当优先适用；(5) 能够直接适用的其他情形，不能确定如何适用的，应当中止行政案件的审理，逐级上报最高人民法院送请国务院裁决。

国务院部门之间制定的规章对同一事项的规定不一致的，人民法院一般可以按照下列情形选择适用：(1) 适用与上位法不相抵触的部门规章的规定；(2) 与上位法均不抵触的，优先适用根据专属职权制定的规章规定；(3) 两个以上的国务院部门就涉及其职权范围的事项联合制定的规章规定，优先于其中一个部门单独作出的规定；(4) 能够选择适用的其他情形，不能确定如何适用的，应当中止行政案件的审理，逐级上报最高人民法院送请国务院裁决。

国务院部门或者省、市、自治区人民政府制定的其他规范性文件对相同事项的规定不一致的，参照上述精神办理。

关于最高审判机关解释（法律）、最高检察机关解释（法律）、最高行政机关解释(法律)之间的冲突,在各自的职责权限范围内有效,如果不能确定如何适用,可以送请全国人大常委会裁决。

4. 新旧法冲突适用规则

新旧法冲突适用规则是指同一机关制定的新的法律规范与旧的法律规范的规定不一致而决定适用何种法律规范的冲突适用规则。一般以三种规则体现出来:同一机关制定的立法文件,新的规定与旧的规定不一致的,适用新的规定。但是,如果法律事实发生于旧法生效期间,应该适用旧的规定;当然,如果对保护公民、法人或者其他组织的权益更有利的话,可以适用新法。其法律依据主要是《立法法》的规定。《立法法》第103条规定,同一机关制定的法律、行政法规、地方性法规、自治条例和单行条例、规章,特别规定与一般规定不一致的,适用特别规定;新的规定与旧的规定不一致的,适用新的规定。同法第104条规定,法律、行政法规、地方性法规、自治条例和单行条例、规章不溯及既往,但为了更好地保护公民、法人和其他组织的权利和利益而作的特别规定除外。

法院审查行政行为的合法性,实体问题适用旧法,程序问题适用新法。根据司法审查惯例和《纪要》的有关规定,相对人的行为发生在新法施行以前,行政行为作出在新法施行以后,人民法院审查行政行为的合法性时,实体问题适用旧法规定,程序问题适用新法规定,但是下列情形除外:(1)法律、法规或者规章另有规定的;(2)适用新法对保护行政相对人的合法权益更为有利的;(3)按照行政行为的性质应当适用新法的实体规定的。

同一机关制定的立法文件,新的一般规定与旧的特别规定不一致的选择适用规则,依特别冲突选择适用规则。

5. 人际冲突选择适用规则

人际冲突选择适用规则是指调整不同民族、种族或人的特别身份的法律适用冲突规则,可以按照特别法优先于一般法的适用规则处理。但是,选择适用的准据法不能违反宪法规定的平等原则。

6. 区际冲突适用规则

区际冲突适用规则是指规定不同行政区域的法律规范发生适用冲突时,适用哪一行政区域法律规范的冲突适用规则。

（1）我国大陆与香港特别行政区、澳门特别行政区以及台湾地区之间的区际冲突适用规则。我国大陆与上述三个地区的私法方面的冲突可以适用民法上的冲突规范以及《纪要》中确定的冲突规范来解决。我国大陆和上述三个地区公法方面的冲突可以适用"属地管辖原则",即适用行政行为地法。但是,不得违反一个中国原则,所适用的公法不得违背中华人民共和国国家主权和领土完整原则。应当遵循和适用依法在特别行政区生效的全国性法律,否则就是违法。对我国台湾地区而言,一个中国原则是必须遵循和适用的。

（2）我国内地不同行政区域的法律规范冲突选择适用规则。我国是单一制的国家结构,在不同行政区域,宪法、全国性的法律和行政法规都是必须遵循的,因此,无隶属关系的行政区域之间的公法方面的冲突可以适用如下规则:第一,因不动产行政案件发生的法律适用冲突,可以适用不动产所在地的行政法律规范。如荒山荒地使用权出让。但是,各行政区域的行政法律规范都不能和法律、行政法规相冲突。第二,在遵守宪法、法律、行政法规的前提下,有关行政程序方面发生冲突的,适用行政执法机关所在地的程序规范。第三,在遵守宪法、法律、行政法规前提下,有关涉及本行政区域的规划、环境、卫生、社会保障等方面的社会关系的,可以适用行政行为地法律规范。但是对当事人的权益保障更有利的话,可以适用其他行政区域的行政法律规范。第四,在遵循宪法、法律、行政法规前提下,对公民、法人或其他组织的行为能力和权利能力有不同规定的,可以适用当事人行为地法,也可以适用与行为地最密切相关地法。

典型案例18

某公司诉某市土地管理局土地使用权出让合同解除后不退还已付的出让金要求退还案①

原告:某省某大酒店有限公司。

被告:某市土地管理局。

1993年11月23日,原告某省某大酒店有限公司(以下简称某

---

① 选自《最高人民法院公报》2000年第4期,第128—130页。

公司)与被告某市土地管理局(以下简称某市土地局)依据《城镇国有土地使用权出让和转让暂行条例》的有关规定,经协商一致签订了《国有土地使用权出让合同》,某市土地局将位于某市城区鼓楼西北角面积为8939.77平方米的国有土地使用权有偿出让给某公司,使用期40年,土地出让金为8045793元。合同约定:合同签订30日内,某公司向某市土地局缴付土地使用权出让金总额的15%,计1206868.95元人民币作为合同的定金;某公司应在签订合同后60日内,支付全部土地使用出让金,逾期30日仍未全部支付的,某市土地局有权解除合同,并可请求某公司赔偿;某公司在向某市土地局支付全部土地使用权出让金5日内,依照规定办理土地使用权登记手续,领取《国有土地使用证》,取得土地使用权。

合同签订后,原告某公司于1993年12月27日给付某市土地局定金1206868.95元,土地出让金2793131.05元,两项合计400万元。1993年12月28日,某市土地局给某公司核发了8939.77平方米土地的土地使用权证书。后某公司向某市土地局提出书面申请,称因资金周转困难和冬季无法施工,请求将余款4045793元的付款日期延长至1994年4月1日,某市土地局研究后表示同意,到1994年4月1日某公司未将余款缴付某市土地局,某市土地局多次催促某公司履行合同,某公司均未履行。1994年9月22日,某市土地局书面通知某公司,限其于9月30日之前全部履行合同,否则将按照有关规定处理。某公司接到通知后,至9月30日仍未履行合同。1994年9月30日,某市土地局依据《城镇国有土地使用权出让和转让暂行条例》第14条和《某省城镇国有土地使用权出让和转让实施办法》第11条的规定,决定解除合同,收回土地使用权,所发土地使用证注销登记,对某公司已经支付的定金1206868.95元和土地出让金2793131.05元不予退还。某市土地局将该决定通知书于1994年10月24日送达某公司。某公司在接到通知书后,曾于1996年3月、4月在向某市人民政府的有关请求报告中主张过权利,但均无结果。

为此,某公司以某市土地局单方撕毁合同为由,于1997年8月20日向某市中级人民法院提起诉讼,要求被告某市土地局退还土地使用金2793131.05元,并赔偿因此造成的一切经济损失;或者继续履行已经签订的《国有土地使用权出让合同》,将约定出让的土地确定由其使用。

被告某市土地局辩称:从1994年4月1日至9月30日,原告某公司应当支付违约金792万元,再加上剩余款,原告已经无能力履行合同。在这种情况下,我局依据有关规定决定解除合同,已交付的定金以及出让金不予退回。另外,原告某公司起诉已经超过诉讼时效,人民法院依法应当裁定驳回其起诉。

某市中级人民法院经审理认为:根据我国民事法律的有关规定,民事活动应当遵循自愿、公平、等价有偿、诚实信用的原则来进行。原告与被告签订的《国有土地使用权出让合同》为有效合同。原告在合同规定的期限内未按照约定交清土地出让金,属于违约行为,其所支付的定金依法不予退还。但被告某市土地局没收原告某公司交纳的除定金以外的部分土地出让金,于法无据,依法应予返还。被告某市土地局辩称以该部分土地出让金赔偿因违约造成的损失,因其不能提供证据证明其损失已超过所付定金数额,故不予支持。原告某公司所诉利息一节,因导致解除合同系原告违约所致,亦不予支持。被告某市土地局辩称原告某公司的起诉已经超过诉讼时效期间一节,因原告某公司在法庭中已经提供合法有效证据,证明其曾于1996年3月、4月主张过权利,故据此足以认定诉讼时效中断,原告某公司的起诉未超过诉讼时效期间。被告某市土地局所辩无据为证,不予认定。

依照《民法通则》第4条、第89条第3项之规定,该院于1997年11月27日判决如下:

被告某市土地局在本判决生效后10日内退还原告某公司土地使用金2793131.05元。

宣判后,某市土地局不服,向某省高级人民法院提出上诉,称:(1)双方签订的《国有土地使用权出让合同》是完全按照《城镇国有土地使用权出让和转让暂行条例》和《某省城镇国有土地使用权出让和转让实施办法》执行的,其对某公司的2793131.05元土地出让金依法不予退还,而不是没收。国务院《城镇国有土地使用权出让和转让暂行条例》第14条虽未明确规定在受让方违约时不予退还已交纳的部分出让金,但也未规定应该退还;而某省人民政府根据国务院授权而制定的《某省城镇国有土地使用权出让和转让实施办法》第11条明确规定定金和出让金不予退还。(2)关于诉讼时效问题。我局于1994年10月24日将解除合同的书面通知送达某公司,在此后3年的时间中,某公司向我局提出的要求是重新受让土地,始终未主张过退还出让金。某公司于1997年8月20日起诉,已远远超过了诉讼时效,一审判决所述"原告主张权利"只是一个模糊的说法。我局与某公司同为平等民事主体,某公司主张权利只应向我局主张或向法院起诉,而不应向别的人或上级单位主张。

某公司答辩称:(1)某市土地局解除土地使用权出让合同并收回颁发的国有土地使用证,不符合《土地管理法》第19条的规定,应依法确认该转让合同有效。(2)我公司曾于1996年3月16日正式向某市人民政府递交过请示报告,主张过权利,不存在超过诉讼时效的问题。

某省高级人民法院审理认为:某市土地局与某公司依法签订的《国有土地使用权出让合同》为有效合同。某公司在规定期限内未按约定交清土地出让金属违约行为,其所支付的定金适用定金罚则,不予退还。某市土地局对某公司已交纳的部分出让金不予退还,其所依据的《某省城镇国有土地使用权出让和转让实施办法》第11条的规定,超越了国务院《城镇国有土地使用权出让和转让暂行条例》第53条规定的授权范围,故其行为缺乏法律依据,其主张依法不予支持。某市土地局所称某公司的起诉已超过诉讼时效一节,因某公司已向某市政府行文主张权利,某市政府系某市土地局的主管部门,故应视为与向某市土地局主张权利有同等效力,应认定时效中断。综上所述,对某市土地局的上诉请求依法不予支持。原审判决认定事实清楚,适用法律正确。根据《民事诉讼法》第153条第1款第1项之规定,该院1999年7月28日判决如下:

驳回上诉,维持原判。

问题:本案是关于省政府规章和行政法规的冲突问题,法院可以直接认定规章无效吗?根据我国《行政诉讼法》的有关规定,规章合法的予以参照,不合法的可以灵活处理,灵活处理是否包括可以直接在判决书中认定其无效？为什么？

思考题

1. 我国行政诉讼的审理对象是什么？制度上作此安排的理由是什么？
2. 我国行政诉讼的审理标准是什么？
3. 试述英国、美国、法国、德国行政诉讼审理标准的内容。
4. 我国行政诉讼的审理依据是什么？行政规章在行政诉讼中的法律地位是什么？
5. 我国的行政诉讼法律适用冲突规则是什么？

本章参考书目

1. 应松年主编：《行政诉讼法学》，中国政法大学出版社1999年版。
2. 马怀德主编：《行政诉讼原理》（第二版），法律出版社2009年版。
3. 马怀德主编：《司法改革与行政诉讼制度的完善》，中国政法大学出版社2004年版。
4. 杨小君主编：《行政诉讼法学》，陕西旅游出版社1999年版。
5. 王名扬：《英国行政法、比较行政法》，北京大学出版社2016年版。
6. 王名扬：《法国行政法》，北京大学出版社2016年版。
7. 王名扬：《美国行政法》（上、下），北京大学出版社2016年版。
8. 全国人大常委会法制工作委员会行政法室编：《行政诉讼法立法背景与观点全集》，法律出版社2015年版。
9. 江必新主编：《中华人民共和国行政诉讼法理解适用与实务指南》，中国法制出版社2015年版。
10. 袁杰主编：《中华人民共和国行政诉讼法解读》，中国法制出版社2014年版。
11. 江必新、邵长茂：《新行政诉讼法修改条文理解与适用》，中国法制出版社2015年版。

第八章 行政诉讼裁判

内容摘要 行政裁判是法院依法审理后,对行政案件实体与程序问题在法律上所作的最后判断。判决是针对实体问题的判断,裁定是针对程序问题的判断。法院的最终裁判是发生法律效力的法律文书,各方当事人都必须遵守。我国在行政诉讼制度上构筑了不同的判决种类,这些判决种类基本适应了行政审判的需要。

学习重点 行政判决的概念、种类及其法律效力;一审判决的种类及其适用条件。

第一节 行政诉讼的判决

一、行政诉讼判决的概念与特点

行政诉讼判决,是指人民法院根据审理所查清的事实,依据法律规定对行政案件的实体问题作出的结论性处理决定。行政诉讼的判决是行政诉讼结果的表现形式,是人民法院解决行政争议的基本手段,是人民法院行使行政审判权对行政主体进行监督的集中体现。

行政诉讼判决的基本特点是:

(1) 行政诉讼判决是以国家审判机关的名义作出的,不是以非国家权力主体的社会组织的名义作出的。每级人民法院的公章上都有国徽,其代表的是国家。审判权是国家主权的组成部分。

(2) 行政诉讼判决是对案件实体问题作出的处理,而非对纯诉讼程序问题作出的结论意见。在行政诉讼中,判决是对作为诉讼标的的行政行为的合法与否作出的判定,或者对原告的诉讼请求作出是否支持的实体判定,而非对原告是否具有诉权或其他程序问题作出的结论性意见。

(3) 行政诉讼判决是人民法院对案件的权威性判定,具有约束双方当事人的法律效力,并由国家强制力保障实施。

二、行政诉讼判决的种类

根据不同的标准可以对行政诉讼判决作以下几种分类:

(1)根据作出判决的法院的审级,可以将行政诉讼判决分为一审判决和二审判决。根据两审终审原则,一个行政案件,经两级人民法院的审理才宣告终结。当事人对一审法院判决不服的可以上诉至上一级人民法院,上一级人民法院作出的即为二审判决,往往又可称为终审判决。应该指出的是,最高人民法院审理一审案件时实行一审终审。

(2)根据判决是否发生法律效力,可以将行政诉讼判决分为生效判决和未生效判决。生效判决是终审判决或一审判决超过上诉期限,当事人双方未上诉的判决;未生效判决主要是指一审判决宣告后在法定上诉期限内当事人尚未提起上诉的判决。

(3)根据双方当事人在庭审时是否出庭,可以将行政诉讼判决分为缺席判决与对席判决。缺席判决是在双方当事人中一方、往往是被告方未出庭的情况下,法院根据查清的事实作出的判决。对席判决是指在诉讼双方当事人均出席庭审的情况下法院作出的判决。

(4)根据一审判决的性质,即法院对行政行为合法与否作出的结论性意见,可以将一审行政诉讼判决分为:确认行政行为合法或者有效的判决;撤销判决,或确认行政行为违法或无效的判决;履行判决,即判决被告在一定期限内履行法定职责的判决;给付判决,即具有公法上请求权的公民、法人或者其他组织对行政机关不履行给付义务(以财产或金钱的给付义务为主)的行为不服提起行政诉讼,人民法院判令行政机关依法承担给付义务的判决;变更判决,即对显失公正的行政处罚予以变更的判决;驳回原告诉讼请求的判决,即人民法院经过实体审理,不支持原告的诉讼请求而予以驳回的判决类型。

三、行政诉讼判决的效力

这里的法律效力不仅仅是指判决的效力,也包括裁定和决定的效力。根据法学理论,法律效力通常包括既判力即确定力、拘束力和执行力。除上述三力外,每种具体的判决又各自具有不同的特点,下面分别阐述。

(一) 撤销判决的效力

撤销判决的效力可分为两种情况:

第一,全部判决撤销的效力,又可分为可以重新作出行政行为的判决和不可以重新作出行政行为的判决。这种撤销判决生效后:其一,行政行为对相对人自始无效,以后也不发生任何效力。行政行为对原告造成损害的,原告可依撤销判决(实为违法确认)向被告请求赔偿。其二,被告承担败诉的法律后果,主要是指承担诉讼费。同时,被告不得以同一事实和理由重新作出行政行为,但法院以违反法定程序为由撤销的除外。

第二,部分判决撤销的效力。对行政行为的部分撤销意味着部分维持,对撤销的部分使其既向前又向后失去效力。对撤销的部分又可分为可以重新作出行政行为的和不可以重新作出行政行为的两种。这一点与第一种全部判决撤销相同。

(二) 履行判决的效力

履行判决除了具有其他判决所具有的拘束力和既判力之外,还具有较强的执行力。人民法院判决被告履行法定职责,应明确指出其所应履行职责的内容和履行期限。强制履行判决一经生效,被诉行政机关必须按判决所确定的内容和履行期限履行职责。否则,原告可申请人民法院或由人民法院依职权按《行政诉讼法》第 96 条第 3 项的有关规定处理。

(三) 变更判决的效力

从实质上讲,变更判决是指人民法院用判决的形式,重新确定争议中的当事人之间的行政法律关系,从而使被诉行政机关的原行政处罚决定部分或全部失去法律效力或不发生任何法律效力。因此,变更判决一经生效,当事人不得就已决事项重新向法院起诉,被告行政机关也不能就已决事项重新作出决定。变更判决后,法院已经裁决的行政行为即已被确定,只能依判决执行,不能再作争执。就人民法院而言,当事人如以重新形成的行政法律关系为标的提起诉讼,人民法院应本着一事不再理的原则驳回其起诉;其他诉讼涉及本判决所形成的行政法律关系时,法院亦不得作出与该判决意旨相反的判决。人民法院的变更判决一经宣告或送达,原告不得申请撤诉,被告不得改变或撤销已经司法裁判的行政行为,也不得征得原告同意,由原告申请撤诉。作出判决的人民法院不能随意撤销、变更或废弃已经作出的判决,也不能对已作出的判决置之不理,重新审理判决终结的案件。

变更判决发生法律效力之后,一方当事人不履行义务时,对方以判决为根据,可以申请人民法院强制执行,或者由行政机关依法强制执行(前提是行政机关依法拥有强制执行权),以国家强制力保证判决内容的实现。

第二节 一审判决的种类及其适用条件

行政判决是对被诉行政行为作出合法与否的总体评价后作出的结论性意见,是审判机关对行政行为进行法律监督的基本手段。根据行政行为违法合法情形、状态的不同,行政判决有八种基本形式。如果从诉讼结果的角度看,可以分为原告胜诉的判决与原告败诉的判决。

一、原告败诉、被告胜诉的判决有驳回原告诉讼请求的判决

人民法院认定被诉行政行为合法有效或者原告申请被告履行法定职责或者给付义务理由不成立,从而作出否定原告对被诉行政行为指控,驳回原告诉讼请求的判决。驳回判决直接针对的是原告的诉讼请求,是对现已形成的行政法律关系的确认。行政行为被人民法院维持意味着其取得了司法的确认、取得了最终的法律效力和法律地位。驳回原告诉讼请求是一种实体判决,区别于驳回起诉的裁定。

驳回诉讼请求判决适用的条件有如下五个,这五个条件须同时具备、缺一不可,否则,即可能适用撤销判决。

(1)证据确凿。这一条件的另一种表述应为事实清楚,即行政行为的作出是建立在由证据确凿、充分所决定的法定事实要件基础上的。从另一角度说,证据确凿也就是行政行为的理由和客观动因

充分。因为行政行为是把抽象的规范适用到特定的人和事上去的行为,为什么把这一规范适用到此对象而非彼对象,其根据就是要具备由证据确凿、充分而决定的法定事实。

(2)适用法律、法规正确。在法定事实要件具备之后,行政行为的实施还要求选择正确的行政法规范。适用的法律规范必须是现实生效的规范,不能是尚未生效或已经被废止的规范。

(3)符合法定程序。法定程序是指由法律、法规和规章设定的行政机关实施行政行为的行政程序,包括应具备的方式、形式、手段、步骤、时限等。行政行为该具备而不具备法定的形式,或空间顺序上先后颠倒、紊乱,时间上超过时限等都是不符合法定程序的行为。而合法的行政行为应是全部符合法定程序的行为。

(4)没有超越职权。行政行为的内容没有超出法律、法规赋予该行政机关的权限范围。

(5)没有滥用职权。行政行为的实施符合法律规定的目的、原则和精神,并且行政机关正当地、合理地行使了职权。

二、原告胜诉、被告败诉的判决有撤销判决、确认违法或无效的判决、履行判决和变更判决

(一)撤销判决

撤销判决是指人民法院认定被诉行政行为全部或部分违法,从而全部或部分撤销被诉行政行为及责令被告重新作出行政行为的判决。撤销判决的实质在于消灭行政行为的效力,视为没有作出任何决定,恢复行政行为作出之前行政主体与相对人之间的状态。根据行政行为违法状态的不同,撤销可分为全部撤销和部分撤销。前者是将行政行为整体上宣布为违法,后者则仅使可分的行政行为独立的一项或几项失去效力。同时,根据撤销后行政机关还能否作出行政行为,又可分为终止性的撤销和发回性的撤销。前者作出后,被告不能就同一对象另行作出决定;后者则可以重新作出行政行为。这两种分类综合起来考察,行政诉讼的撤销判决就有如下四种:第一,终止性的全部撤销;第二,发回性的全部撤销;第三,终止性的部分撤销;第四,发回性的部分撤销。

这就是《行政诉讼法》第 70 条"行政行为有下列情形之一的,人民法院判决撤销或者部分撤销,并可以判决被告重新作出行政行为"的正确含义。也就是说,全部或部分撤销后发回的就是法条中的"判决被告重新作出行政行为"的意思。这是学习、理解《行政诉讼法》的一个重点和难点。

撤销判决的适用条件如下:

(1)主要证据不足。主要证据是相对次要证据而言的,指行政机关认定基本事实必不可少的证据。主要证据不足,说明行政行为的理由、客观动因和法定事实要件不充分,意味着行政行为认定的事实不能确定,至少存在着不合理的疑点。主要证据不足,足以证明行政行为存在瑕疵,《行政诉讼法》已把它提高到违法的程度而加以规定,从而成为法院撤销行政行为的法定条件。

(2)适用法律、法规错误。行政行为是行政机关把抽象的法律规范适用到特定的人和事上去的行为。特定的人和事需要特定的法律规范作为"准绳"去加以衡量、定性和处理。适用法律、法规错误从原则上说是指行政机关在作出行政行为时,适用了不该适用的法律规范。具体是指本该适用此法律、法规却适用了彼法律、法规,本该适用此法律、法规中的甲条款,却适用了乙条款,适用了未生效的法律、法规,适用了已被废止的法律、法规等。适用法律、法规错误往往会导致行政行为定性或处理上的错误,自应包含在法院撤销行政行为的条件之中。

(3)违反法定程序。法定程序是指法律、法规和规章设定的行政机关实施行政行为的方式和步骤的行政程序。违反了法定行政程序,指空间上不具备某种特定形式,先后顺序颠倒、紊乱,或超过了法定时限。违反法定程序有时并不影响行政行为实体结果的正确性,但考虑到日后我国要制定统一的行政程序法,且现行行政程序规范较为简单、粗糙,若予违反即应予以撤销。行政程序与行政诉讼二者,如果说后者是行政行为合法性的事后纠正的话,前者则是行政行为合法性的事前保障。加强行政程序立法是我国行政立法的当务之急。同时,并非所有程序违法的行政行为均应当被撤销,有一个违法程度的考量。根据《行政诉讼法》第 74 条的规定,行政行为轻微违法,但对原告权利不产生实际影响的,人民法院判决确认违法,但不撤销行政行为。

(4) 超越职权。每个行政机关都有自己特定的职责权限,超出了法律、法规赋予它的权限范围,即为超越职权。越权无效是一个国际上公认的行政法原则。超越职权即是行政机关没有法律根据的"法外行政",自然应属违法行政行为的表现之一。实践中,超越职权主要有以下几种:

第一,无权限,指法律、法规根本没有赋予行政主体某项行政职权,行政主体自行行使了该项职权。

第二,职权侵越,如下级机关行使了上级机关的职权,上级机关行使了下级机关的职权等。

第三,空间上的越权,也叫地域上的越权,指行政机关对管辖区域以外的对象作出处理决定。

第四,时间上的越权,指行政机关超出法定的行使职权的有效期限。

(5) 滥用职权。滥用职权是指行政机关实施的行政行为背离了法律、法规的原则、精神和目的,即行政机关不正当地行使了职权。要判断某一行政行为是否滥用职权,必须探究行政机关行使职权的意图,甚至公务员个人的目的和动机。滥用职权主要有如下几种表现:

第一,行使职权不符合法律规定的目的,不是出于公共利益的需要。主要指以权谋私、中饱私囊、暗示索贿实施的行政行为。

第二,不相关考虑。行政行为的实施没有考虑应该考虑的因素,或考虑了不该考虑的因素。

第三,极不合理或显失公正,是指行政机关实施的行政行为违背一般人的正常智力判断,不合乎理性,明显不公正。大多数情况下,是行政机关滥用自由裁量权造成的极不合理或显失公正的结果,故而行政处罚显失公正是可以判决撤销的。

(6) 明显不当。行政机关及其工作人员对行政相对人所实施的行政行为明显不合理。其主要特征是行政行为虽然没有违反法律的禁止性规定,但是却明显不合情理或者不符合公正要求。表现方式主要有：显失公平、受不相关因素影响、不符合惯例、不符合传统等。需要注意的是，明显不当的撤销标准虽然看似是合理性问题的考量，但事实上，当不合理达到一定程度便可构成不合法，这一点与《行政诉讼法》合法性的审理内容是一致的。对于涉及合理性的问题，只有达到"明显不当"，构成违法的情况下，人民法院才可加以干预。

在适用撤销判决时，应注意以下几点：

其一，复议决定维持原行政行为，复议机关与作出原行政行为的行政机关为共同被告的，人民法院应当对复议决定和原行政行为一并作出裁判；复议决定改变原行政行为错误，人民法院判决撤销复议决定的，应当责令复议机关重新作出复议决定。

其二，根据《行政诉讼法》第71条的规定，人民法院判决撤销被诉行政行为，并判令其重新作出行政行为时，被告不得以同一事实和理由，作出与被撤销的行政行为基本相同的行政行为。但《行诉解释》第90条对此种限制又作了变通的规定：其一，被告重新作出行政行为时，虽然与原行政行为结果相同，但其认定的主要事实或主要理由有变化的，不受此限；其二，人民法院以违反法定程序为由判决撤销被诉行政行为的，被告重新作出行政行为时不受此限；其三，如果行政机关以同一事实和理由重新作出与原行政行为基本相同的行政行为，人民法院应当根据《行政诉讼法》第70条、第71条的规定直接判决撤销或者部分撤销新作出的行政行为，同时，人民法院还可根据《行政诉讼法》第96条的规定作出司法建议、罚款和追究刑事责任。

（二）确认违法判决

确认违法判决是指人民法院经过审理认为被诉行政行为违法但不合适作出撤销判决或履行判决，转而确认被诉行政行为违法的判决。确认违法判决的适用标准与撤销判决基本一致，根据《行政诉讼法》第74条的规定，适用确认违法判决的情形分为两大类：一类是行为违法但不得撤销的，另一类是无内容可撤销的。这两类情形虽然均适用确认违法判决，但判决原因和判决效果均有所不同。

行为违法但不得撤销的情形有：

第一，行政行为依法应当撤销，但撤销会给国家利益、社会公共利益造成重大损害的。这一规定主要是出于对社会经济成本和国家利益、社会秩序的考量。在适用本条时,首先损害的对象必须是国家利益和公共利益,如果是对第三人的利益造成损害,则不在此列。而且损害必须是重大的,这一判断须由法院作出,判断标准和理由应当具备能够被常人所理解的合理性。

第二,行政行为程序轻微违法,但对原告权利不产生实际影响的。根据《行政诉讼法》第70条的规定,行政行为程序违法,应当判决撤销。但是在轻微违法情况下,若不区分违法程度,统一撤销的话,则可能导致被告行政机关重新作出相同的行政行为,造成行政资源的浪费。

在此类情况之下,确认违法判决对被诉行政行为的合法性进行了否定评价,但是行政行为持续存在,而且仍然有效。确认违法的判决是为了解决后续原告的赔偿问题,而不能对行政行为本身有何改变,以维护社会秩序和保护社会公共利益。

无可撤销内容的情形包括:第一,行政行为违法,但不具有可撤销内容的;第二,被告改变原违法行政行为,原告仍要求确认原行政行为违法的;第三,被告不履行或者拖延履行法定职责,判决履行没有意义的。在此类情形下,之所以不能判决撤销违法行政行为或履行职责,是因为已经没有可供撤销的内容或者履行已无意义,即无可撤销的内容。在这一情况之下,不仅行为的合法性被作了否定性判决,而且行为的效力也被否定了,尽管由于行为不具有内容,因此被否定的效力无法表现出来。

(三) 确认无效判决

《行政诉讼法》第75条规定:"行政行为有实施主体不具有行政主体资格或者没有依据等重大且明显违法情形,原告申请确认行政行为无效的,人民法院判决确认无效。"行政行为违法可以分为三类:轻微违法、一般违法和重大且明显违法。重大且明显违法是指行政行为存在一般正常的有理智的人都足以判断的违法性,应当具备重大违法和明显违法两个要素。《行诉解释》第99条规定:"有下列情形之一的,属于行政诉讼法第七十五条规定的'重大且明显违法':(一) 行政行为实施主体不具有行政主体资格;(二) 减损权利或者增加义务的行政行为没有法律规范依据;(三) 行政行为的内容客观上不可能实施;(四)其他重大且明显违法的情形。"

无效的行政行为与被撤销的行政行为不同,无效的行政行为意味着该行政行为自始不发生法律效力,且永远不发生法律效力,法院的无效判决仅仅是表明被诉行政行为无效,而非影响行政行为效力的原因;而被撤销的行政行为在被撤销之前是完全有效的,只有被法院判决撤销后,才会失去其效力。针对无效行政行为的起诉,不受起诉期限的限制,因为无效行政行为自始无效,不会因为起诉期间的经过而有所改变。同时,与前述确认违法的判决不同,确认无效判决的作出是以原告申请为前提的,而确认违法的判决则没有这个限制。

需要注意的是,在司法实践中,有的原告提起的是撤销诉讼,法院经审理后发现被诉行政行为不属于一般违法情形,而属于重大且明显的无效行为;有的原告提起的是确认无效诉讼,法院经审理后发现被诉行政行为不属于重大且明显的无效行为,而属于一般违法行为。对此,《行诉解释》第94条规定:"公民、法人或者其他组织起诉请求撤销行政行为,人民法院经审查认为行政行为无效的,应当作出确认无效的判决。公民、法人或者其他组织起诉请求确认行政行为无效,人民法院审查认为行政行为不属于无效情形,经释明,原告请求撤销行政行为的,应当继续审理并依法作出相应判决;原告请求撤销行政行为但超过法定起诉期限的,裁定驳回起诉;原告拒绝变更诉讼请求的,判决驳回其诉讼请求。"

(四)履行判决

履行判决是指人民法院责令被告限期履行法定职责的判决。这种判决是针对《行政诉讼法》规定的三种可诉的不作为而设定的,即第12条第1款第3项规定的对申请行政许可不予答复的,第6项规定的申请保护人身权、财产权等合法权益拒绝履行或者不予答复的,第10项规定的没有依法支付抚恤金、最低生活保障待遇或者社会保险待遇的。

人民法院经审查,对第一种可诉的情况可作出责令被告限期答复的判决,也可以判决被告直接颁发相应的许可证,但这种情况应当是相当特殊的,司法权不可以无限制地干涉行政权。这也是在理论上需要继续探讨的问题。

对第二种可诉的情况,人民法院认定确属被告应履行的,履行的内容应是被告去制止违法行为,去解救、寻求相应申请保护的人身与财产而不能把保护的结果在判决书上表述出来。

对第三种可诉的情况,人民法院经审查认定原告确实具有取得相应抚恤金的法定条件和资格,且行政机关举不出不给原告发放抚恤金的根据时,即可判决被告在一定期限内发放抚恤金。

（五）给付判决

给付判决是指具有公法请求权的公民、法人或者其他组织对行政机关不履行给付义务的行为不服提起行政诉讼,人民法院判令行政机关依法承担给付义务的判决。给付判决的适用条件是被告必须负有给付义务。给付义务不同于履行判决中的"法定职责",并非由行政机关的职责引出,而是通过其他原因导致的义务,例如行政机关的先行行为(如侵权)或合同行为等。给付义务是不同于法定职责外的其他行政义务。给付义务的内容多以金钱或财产为主,如行政赔偿、行政补偿之诉等;而履行判决中所涉及的内容则是行政相对人请求行政机关作出行政行为的内容。

（六）变更判决

变更判决是指人民法院作出的对被告实施的明显不当的行政处罚或涉及对款额的确定、认定错误的其他行政行为,予以变更的判决。《行政诉讼法》第77条第1款规定:"行政处罚明显不当,或者其他行政行为涉及对款额的确定、认定确有错误的,人民法院可以判决变更。"这里的"可以"不是指可以变更,也可以维持,而是指可以变更,也可以撤销。因为,明显不当的行政处罚本身就具备《行政诉讼法》第70条撤销判决的适用基础。

明显不当是一个相对的判断,是从比较中得出的判断。没有比较就无显失公正可言。总的来说,行政处罚只有在任何具有一般公平、正义与理性判断的人都不会采取时才算是明显不当的,即行政处罚违背常规的对比、对称、平等、比例规则,明显地畸轻畸重;同样情况、不同对待;不同情况,同样对待且对比悬殊。

明显不当的行政处罚是可以撤销的,那么,在何时予以变更呢？我们认为,法院在以下情况下宜作出变更判决:

(1) 法院对该种处罚掌握得比较透彻,对该类行政执法比较熟悉且掌握了充分、确凿证据证明原告违法行为的情节与后果;

(2) 该类处罚是由于实施者出于不良动机、偏见或恶意而实施的。

第三节 二审判决与再审判决

一、二审判决

（一）维持判决

二审法院通过对上诉案件的审理,确认一审判决认定事实清楚,适用法律、法规正确,作出的驳回上诉,维持一审判决的判决。一审判决具备以下三个条件,二审法院才能判决维持原判:(1) 一审判决认定事实清楚,即一审法院对行政行为是否合法的裁决有可靠的基础和确凿的证据支持并排除了合理怀疑;(2) 一审判决适用法律、法规正确,即一审法院对行政行为是否合法的认定和据此作出判决的法规、法律正确;(3) 一审法院的审理程序合法。

（二）依法改判

二审法院通过对上诉案件审理,确认一审判决认定事实清楚,但适用法律、法规错误,或者确认一审判决认定事实不清、证据不足及违反法定程序可能影响案件正确判决的,在查清事实后依法改变一审判决。依法改判有两方面的原因:(1) 一审判决认定事实清楚,但适用法律、法规错误;(2) 一审判决认定事实不清,证据不足,或者违反法定程序可能影响案件正确判决。这种情况下,二审法院通常将案件发回一审法院重审。如果二审法院认为一审法院由于主观原因或者客观原因很难或者不可能查清案件事实,可以在查明事实真相后直接改判。

二审法院审理上诉案件需要改判时,应当撤销一审判决的部分或者全部内容,并依法判决维持、撤销或者变更被诉行政行为。

二、再审判决

人民法院审理再审行政案件,应当对原裁判认定的事实和适用的法律进行全面审查,不受原裁判范围和当事人申诉范围的限制。人民法院对行政案件进行再审后,应分别对不同情况作出处理。

(1)原判决、裁定认定事实清楚,适用法律正确的,应当判决维持并继续执行原判决、裁定。原中止执行的裁定自行失效。

(2)原判决、裁定认定事实或者适用法律、法规有错误的,依法改判、撤销或者变更。

(3)原判决认定基本事实不清、证据不足的,发回原审人民法院重审,或者查清事实后改判。原审人民法院对发回重审的案件作出判决后,当事人提起上诉的,第二审人民法院不得再次发回重审。

按照第一审程序进行再审所作出的判决、裁定,当事人可以上诉;凡是按照第二审程序进行再审所作出的判决、裁定,是生效的判决、裁定,当事人不能上诉。

人民法院作出的再审裁判,应当在案由中注明本案是由上级法院提审、指令再审还是由本院审判委员会决定再审,还是因为人民检察院抗诉而再审。再审判决、裁定的宣告同样应当公开进行。

第四节 行政诉讼的裁定与决定

一、裁定的概念、特点及其适用条件

行政诉讼中的裁定,是人民法院在审理行政案件的过程中,为解决本案的程序问题所作出的对诉讼参与人发生法律效果的司法意思表示。与判决相比,裁定具有以下特点:

第一,裁定是人民法院解决程序问题的审判行为,是对程序问题作出的判定行为。按照《行政诉讼法》的规定,人民法院解决实体问题的最终审判行为是判决,解决程序问题的审判行为是裁定。所谓程序问题有两方面的内容:一是在人民法院主持下,人民法院指挥当事人和其他诉讼参与人按照法定程序进行诉讼活动中所发生的问题;二是人民法院按照法定程序审理行政案件中发生的问题。

第二,裁定在诉讼的任何阶段都可以作出。哪一个诉讼环节上出现了应予裁定的程序问题,都可以及时作出裁定,解决所发生的程

序问题,而不必像判决一样,必须在开庭审理、经过言词辩论后,直至案件审理终结时才可以作出。所以,裁定这种审判行为是在诉讼过程中解决程序问题,是法院指挥当事人按法定程序进行诉讼所采取的一种普遍方式,具有很大的灵活性和适应性。

第三,由于裁定所解决的是程序问题,因而其法律依据是程序性规范。

第四,裁定可以是书面的形式,也可以是口头的形式。通常人民法院指挥诉讼的裁定,由审判长、承办审判员口头作出;涉及当事人诉讼权利或对实体权利义务作出临时性、应急性措施的裁定,由合议庭以人民法院的名义书面作出。对书面裁定,《行政诉讼法》或者其他法律也没有规定严格的定式。尽管在审判实践中书面裁定形成了一定的格式,但这是为了工作上的便利,而不是法律要求的必备形式。

根据我国《行政诉讼法》及其司法解释,裁定有以下类型:

(1) 不予受理的裁定。

(2) 驳回起诉的裁定。

上述这两种裁定适用的条件是一致的,区别在于:在立案审查阶段对尚未作出立案决定的起诉,适用不予受理的裁定。根据司法解释的规定,在立案审查的7日内不能决定是否受理的,应当先受理,事后发现不符合起诉条件的,作出驳回起诉的裁定。两种裁定适用的条件均为:第一,原告起诉的事项为《行政诉讼法》第13条规定的事项,或其他不属于人民法院主管的行政案件的;第二,起诉人无原告诉讼主体资格的;第三,不符合起诉的程式,且无法补正或者原告不按规定期限补正的;第四,依照规定应当经过复议的行政案件,原告未向复议机关申请复议的;第五,起诉超过法定期限的;第六,对人民法院正在审理或者审理终结的行政案件,起诉人又就同一事项向人民法院提起诉讼的;第七,起诉人错列被告的;第八,案件不属于受诉法院管辖的;第九,已撤回起诉,无正当理由再行起诉的;第十,起诉不具备法律规定的其他条件的。有上述情形之一的,人民法院应当裁定不予受理或裁定驳回起诉。不予受理的裁定,是法院认为原告的起诉不合法,不能立案审理,否定原告的起诉行为。原告对不受理的裁定或驳回起诉的裁定不服,有权在接到裁定后10日内提起上诉,要求上级法院撤销原裁定。

(3)管辖异议的裁定。

对以上三种裁定,当事人不服的可以在10日内向上一级人民法院提出上诉。

(4)停止执行的裁定。《行政诉讼法》第56条在确定不停止执行原则的同时,规定了可例外停止执行的一种情形。其中,原告申请停止执行,人民法院认为该行政行为的执行会造成难以弥补的损失,并且停止执行不损害社会公共利益的,人民法院应裁定停止执行。

(5)准予或不准撤诉的裁定。原告提起诉讼后,又申请撤回起诉,或在案件宣判之前要求撤诉,人民法院认为应准予或不准其撤诉的,应当使用裁定。

(6)采取诉讼保全措施的裁定。根据行政审判实践,人民法院对于可能因当事人一方的行为或者其他原因,使判决不能执行或者难以执行的案件,可根据对方当事人的申请,或者依职权作出诉讼保全的裁定。

(7)先行给付的裁定。人民法院审理请求给付财物的案件,在作出裁决交付执行之前,因权利人难以或无法维持生活或工作的,可裁定义务人先行给付一定款项或特定物,并立即交付执行。

(8)补正判决书失误的裁定。如果判决书有错写、误算、用词不当、遗漏判决原意、文字表达超出判决原意的范围,以及正本与原本个别地方不符等失误,实践中通常以裁定加以补正。但如果判决书遗漏部分诉讼请求、诉讼费用以及涉及当事人实体权利等内容,则应作出补充判决,不得以裁定为之。

(9)撤销原判、发回重审的裁定。这是上级法院审理上诉案件适用的一种裁定。上级法院认为原判决认定事实不清,证据不足,或者由于违反法定程序可能影响案件正确判决的,发回原审人民法院重审。上诉审法院驳回上诉和维持原判,用判决;而撤销原判,用裁定,二者不同,上诉审法院驳回上诉,维持原判,是确认原判认定事实清楚,适用法律法规正确,处理结果适当,从而否定上诉人的上诉请求,是解决实体问题的审判行为,应当使用判决。而撤销原判,是上诉法院认为原判认定事实不清,证据不足,或者认为原判违反法定程序可能影响案件的正确判决,而作出的解决程序问题的审判行为。撤销原判,发回重审,使原判自始不发生效力。但对实体问题,上诉审法院未作肯定或否定的判定。因此,撤销原判,发回重审,应当适用裁定,不能适用判决。

根据《行政诉讼法》的规定,撤销原判、发回重审适用于下述三种情况:一是一审判决认定基本事实不清的;二是一审判决证据不足的;三是一审遗漏当事人或者违法缺席判决等严重违反法定程序的。

(10) 中止、终结审理裁定。在行政诉讼进行中,由于发生一定的客观情况,可能使诉讼不能继续进行,法院需要裁定中途停止诉讼,待以后情况变化后再恢复诉讼。此种情形称为中止诉讼。裁定中止诉讼的条件包括:在诉讼期间,一方当事人死亡,需要等待继承人或权利承受人参加诉讼;一方当事人因不可抗拒之事由不能参加诉讼;本案的审理必须以另一案的审理结果为依据,而另一案尚未审理终结的;等等。中止诉讼的期限要待妨碍诉讼进行的事由消失后,再恢复中止的诉讼程序。

在行政诉讼中,由于发生特殊原因或者原告撤回诉讼,使诉讼无法继续进行,而应结束诉讼程序的,称为终结诉讼。如一方当事人死亡,没有继承人参加诉讼,或者原告撤回诉讼等,均可以终结审理,结束诉讼程序。原告撤诉是终结诉讼最常见的原因。《行政诉讼法》规定的撤诉有三种情况:一是原告自动申请撤诉;二是被告改变其所作出的行政行为,原告同意并申请撤诉;三是经人民法院两次合法传唤,原告无正当理由拒不到庭,或者未经法庭许可中途退庭的,视为申请撤诉。前两种情况,是原告自愿申请撤诉;后一种情况,是原告妨害诉讼秩序,拒不到庭,按撤诉处理,带有强制性。前两种申请撤诉,由人民法院审查,认为合法的,作出准予撤诉的裁定;而视为撤诉的,则由人民法院作出按撤诉处理的裁定。

原告撤诉后,是否能对同一被告、同一诉讼标的,以同一理由再行起诉,是一个值得研究的理论与实际问题。在民事诉讼中,争议的诉讼标的是双方当事人处于平等地位的民事法律关系。在这种关系中,双方当事人互不享有实施支配对方行为的权利,原告撤诉只是对起诉行为的撤诉,不影响争议的民事法律关系,因而撤诉以后,可以提起新的诉讼。在行政诉讼中,争议的诉讼标的是行政法律关系,当事人双方所处的法律地位不同。被告是国家行政机关,通过它作出的行政行为来行使行政权力,作为原告的行政相对人受行政行为的支配,原告一旦撤诉,行政行为的效力,由有争议而变为确定。因此,原告撤诉以后,一般不应准许其再对原行政行为提起新的诉讼。

行政裁定的书面形式,就是行政裁定书。

二、行政诉讼决定的概念及适用范围

行政诉讼中的决定,是人民法院为了保证行政诉讼的顺利进行,对诉讼中发生的某些特殊事项所作的司法判定。与判决和裁定相比,决定具有如下特点:

(1)就决定所解决的问题而言,它既不同于判决所解决的案件实体争议问题,也不同于裁定所解决的程序问题,而是解决诉讼过程中可能出现的特殊问题。

(2)就决定的功能而言,它旨在保证案件的正常审理和诉讼程序的正常进行,或者为案件审理和当事人的诉讼活动创造必要的条件。

(3)就决定的效力而言,决定不是对案件的审判行为,不能依上诉程序提起上诉,当事人对决定不服,只能申请复议。

决定是人民法院在诉讼过程中,对某些特殊问题行使职权的方式,具有司法行政权力的性质。凡未列入判决、裁定解决的问题,均可以采用决定的方式解决。实践中,决定主要有以下几种:

(1)有关回避事项的决定。当事人申请审判人员回避,依所申请回避的对象的不同,由不同的组织或者人员作出是否回避的决定。院长担任审判长时的回避,由审判委员会决定;审判人员的回避,由院长决定;其他人员(即书记员、翻译人员、鉴定人、勘验人员)的回避,由审判长决定。

（2）对妨害行政诉讼行为采取强制措施的决定。予以训诫、责令具结悔过的，通常由审判长当庭作出口头决定，记入笔录即可；处罚款、拘留的，经院长批准，由合议庭作出书面决定。

（3）有关诉讼期限事项的决定。公民、法人或者其他组织因不可抗力或者其他特殊情况耽误法定期限的，在障碍消除后的10日内，可以申请延长期限，由人民法院决定。此外，高级人民法院和最高人民法院亦可作出关于是否延长审理期限的决定。

（4）审判委员会对已生效的行政裁判认为应当再审的决定。合议庭已经审结的行政案件，裁判发生法律效力后，发现违反法律、法规规定，认为需要再审的，由院长提交审判委员会讨论决定是否再审。审判委员会决定再审的，院长应当按照审判委员会的决定作出再审的裁定。

（5）审判委员会对重大、疑难行政案件的处理决定。合议庭审理的重大、疑难的行政案件，经评议后，合议庭应报告院长，由院长提交审判委员会讨论决定，并依此决定制作判决，向当事人宣告、送达。

（6）有关执行程序事项的决定。执行过程中，案外人对执行标的提出异议的，由执行员进行审查，认为有理由的，报院长批准中止执行，由合议庭审查或由审判委员会作出决定。此外，行政机关拒绝履行判决、裁定的，人民法院可以从期满之日起，对该行政机关按日处以50元至100元的罚款决定。

典型案例19
蔡某某诉某市劳动教养管理委员会案[①]

1983年8月11日凌晨2时许，原告蔡某某在丰台区后村176号院前与在该院居住的蔡某娟及居住在该村152号的蔡某娟之弟蔡某旭等人发生口角，被人劝开。蔡某旭即请蔡某坤去原告处与蔡某某讲和，原告让蔡某旭等人拿出两万元人民币了结此事或放鞭炮赔礼。原告于同日中午12时许，伙同同乡阿雷等四人（均在逃），找到蔡某

---

① 选自张锋：《中国律师办案全程实录之②：行政诉讼》，法律出版社2004年版，第164页。

娟及蔡某旭家,阿雷等四人携带自制火药枪及刀等凶器,先后闯入蔡某娟姐弟家中打砸物品,原告打碎蔡某娟家玻璃两块。随后原告及阿雷等人逃匿。1983年8月23日原告被当地公安派出所抓获。被告依据《劳动教养试行办法》,对原告作出劳动教养两年六个月的处理决定。但被告的劳动教养决定违反了在劳动教养前必须征求被劳动教养人所在单位或街道组织的意见的法定程序。

一审法院经开庭审理判决维持了被告某市劳动教养委员会对原告蔡某某作出的劳动教养两年六个月的决定。但由于被告违反了劳动教养的法定程序,一审人民法院向被告发出了以后应注意遵守程序的司法建议。一审原告提出上诉,二审判决主要内容为:(1)撤销一审判决;(2)撤销被上诉人的劳动教养两年六个月的决定;(3)被上诉人在三个月内补正程序之后可以对上诉人重新作出行政行为。被上诉人的劳动教养管理委员会在两个半月后征询了被劳动教养人所在街道的意见,补正了必须遵守的法定程序后,仍然作出对一审原告蔡某某劳动教养两年六个月的决定,期限仍从原劳动教养两年六个月作出之日起计算。

[评论] 第一,劳动教养的性质。劳动教养属于中国特色的一种"保安处分"。其法律根据源于1957年全国人大常委会批准公布的《国务院关于劳动教养问题的决定》,1979年全国人大常委会又通过了相应的补充决定。劳动教养的主体是大中城市的劳动教养管理委员会。一般由副市长兼任劳动教养委员会的主任,实际上是由公安局法制办具体操作承办。被劳动教养的对象包括1957年决定的六种人再加上1979年补充规定的四种人。劳动教养的期限为1年至3年,必要时延长1年。关于劳动教养的性质,行政法学界曾有过是行政强制措施还是行政处罚的争论,但现在通说认为劳动教养是一种最严厉的行政处罚,它比行政拘留15日重得多,也比刑法中的管制、拘役和3年以下有期徒刑更严厉。从现代法治的角度反思,一个公民的人身自由未经正当司法审判程序而由政府来决定限制或剥夺其3年时间是欠妥当的。2013年12月28日《全国人民代表大会常务委员会关于废止有关劳动教养法律规定的决定》公布并施行,这意味着已实施五十多年的劳教制度被依法废止。

第二,关于违反法定程序的后果,根据《行政诉讼法》第70条(1989年《行政诉讼法》第54条)的有关规定,违反法定程序的行政行为应在撤销之列。本案中某市劳动教养委员会违反了劳动教养法规中规定的劳动教养前必须征询被劳动教养人所在单位或街道组织的意见的法定程序。1982年1月21日《国务院关于转发公安部制定的劳动教养试行办法的通知》(已失效)第12条曾规定:对需要劳动教养的人,承办单位必须查清事实,征求本人所在单位或街道组织的意见,报请劳动教养管理委员会审查批准。公安部法制司对山东省公安厅鲁公发〔1991〕2840号请示答复中也指出:关于对需要劳动教养的人,在决定前是否必须征求本人所在单位意见的问题,我们认为:经过征求本单位意见有利于使劳动教养决定更加切实、准确,并能取得单位的支持和配合。因此在《劳动教养试行办法》(1982年1月21日公安部颁布)没有修改前,仍应作为必经程序执行。上述法规及规范性文件的规定十分明确,征询意见是劳动教养前的必经程序,这是"迈不过去的门槛"。程序中的顺序为先一后二再三,现在被告未经二而直接从一至三,这里的二即为必经的法定程序。本案中的未征询意见即为上列之二的欠缺,这足以影响最终行为的合法性,应当予以撤销。

根据《行政诉讼法》第71条(1989年《行政诉讼法》第55条)的规定,人民法院撤销行政行为后,被告重新作出行政行为时,不得以同一事实和理由作出与被撤销的行政行为基本相同的行政行为。仅以此规定看,本案中的劳动教养管理委员会补正程序之后再次对原告作出劳动教养两年六个月的决定,即违反了上述规定,但是最高人民法院的《行诉解释》第90条对上述《行政诉讼法》第71条作了除外限制的规定,即人民法院以违反法定程序为由,判决撤销被诉行政行为,行政机关重新作出行政行为时,不受《行政诉讼法》第71条的限制,即还可以作出与被撤销的行政行为基本相同的行政行为,本案中的劳动教养管理委员会对蔡某某在终审判决作出后两个半月时,重新作出的劳动教养决定,即属此种决定。通过本案可以得出的基本结论是:行政诉讼最低的价值在于促使行政机关严格按照法定程序办事。

典型案例 20
环球生物工程公司诉某区卫生局与工商局案[①]

[**案情介绍**] 环球生物工程公司(系本案原告,以下简称环球公司)与某市新桥医院于 1985 年 9 月 18 日、1986 年 12 月 11 日两次签订联合试制"人工 α-干扰素"合同。试生产期间,共生产 23777 瓶。1988 年 4 月,某区卫生局发现此药在既未取得批准号,又未取得试制号的情况下,进行批量销售,治疗使用,直接注入人体,该区卫生局认为,这一行为违反了《药品管理法》的有关规定,于 1989 年 2 月 24 日以区卫生局、区工商局(均系本案被告)的名义,对该公司作出处罚:(1)责令"人 α-干扰素"停产,没收已查获的 61 瓶,并且监督销毁;(2)没收非法所得 51353.04 元;(3)罚款 35655 元。该公司不服,向某区人民法院提出起诉。

某区人民法院受理此案。原告的起诉理由为:"人 α-干扰素"仅作为临床试用,没有进入流通领域,并准备在试制成功后再申请许可证,请求撤销处罚决定。一审法院审理中,环球公司又提出:产品生产地在他处,某区卫生局无管辖权。一审法院认为:环球公司与新桥医院在《药品管理法》颁布实施后,未经卫生部门审核批准,擅自生产"人 α-干扰素",其行为是违法的,其生产、销售的"人 α-干扰素"依法按假药处理,某区卫生局对该案有管辖权,对环球公司作出的处罚决定,事实清楚,证据确实,适用法律正确,处罚恰当。环球公司要求撤销被某区卫生局作出的处罚决定的理由不能成立。某区工商局不是药品监督部门,不具备实施处罚的主体资格,在对环球公司行使处罚权时,属越权行政,因此撤销该区工商局的处罚主体资格,但维持对原告的原处罚决定。环球公司对一审不服,向市中级人民法院提出上诉,后认识到其行为的违法性,表示接受处罚,于 11 月 5 日申请撤诉,市中级人民法院于 11 月 13 日裁定准予撤诉,按一审判决执行。

[**案例评析**] 本案涉及行政诉讼法上的两个主要问题是:撤销判决的适用与二审程序中的撤诉。

[①] 节选自马怀德主编:《行政诉讼法学案例教程》,知识产权出版社 2003 年版,第 104 页。

第一,关于撤销判决的适用。

本案一审判决在维持[①]了某区卫生局和区工商局联合署名实施的行政处罚的内容的同时,又撤销了区工商局的处罚主体资格,处罚的主体由区卫生局一家承担。也就是说,区卫生局完全有资格处罚环球公司,且处罚的证据确凿、充分,适用法律、法规正确,没有违反法定程序,也没有超越职权和滥用职权,同时,更未显失公正。在诉讼中,法院应当予以维持。本案中的工商局与卫生局共同实施上述行政行为,原告以该两个行政主体为共同被告起诉,一审法院将其列为共同被告是正确的。但工商局有没有权力实施上述处罚是本案的症结问题。工商局与卫生局的联名处罚实际上是超越了职权,法院撤销其主体资格,并不影响该行政处罚的内容和效力。从理论上说,本案中法院也可把联名的处罚全部撤销,判令适格的主体重新作出处罚,但这样又增加了一道行政程序。本案中法院径直撤销不适格的主体,维持适格主体的合法的处罚内容,可以说收到了事半功倍的效果。

第二,关于二审程序中的撤诉。

本案是一个以上诉人撤回上诉而终结的二审案件。上诉人撤回上诉仍属于行政诉讼法中撤诉的问题。环球公司对一审维持处罚判决不服,在法定期间内向上一级法院上诉,就必然引起上一级法院对此案的二审。但上诉权是一审当事人享有的一项诉讼权利,对权利既可以行使,也可以抛弃,即处分权利。当事人对权利的处分,除损害公共利益和他人利益之外,国家一般尊重其意愿。本案的上诉人,通过学习我国《药品管理法》和有关药品管理方面的法规、规章,认识到擅自生产、销售"人 α-干扰素"的行为违反了法律规定,表示接受监督机关的处罚,自愿向二审法院提出撤回上诉,自觉履行处罚所确立的义务。上诉人与被上诉人的矛盾纠纷不复存在,二审法院经审查认为撤诉也并无损害公共利益、他人利益和撤诉人的合法权益,自然应裁定准许撤诉,终结案件。应该说明的是:若法院裁定不准许撤诉的,人民法院应就该案继续审理,通过依法作出公正判决来结案。《行诉解释》第 79 条规定,原告或者上诉人申请撤诉,人民法院

---

① 我国《行政诉讼法》制定之初,对于证据确凿,适用法律、法规正确,符合法定程序的行政行为,适用维持判决,而非修改后的驳回诉讼请求判决,特此说明。

裁定不予准许的,原告或者上诉人经传票传唤无正当理由拒不到庭,或者未经法庭许可中途退庭的,人民法院可以缺席判决。

思考题

1. 维持判决的概念及其适用条件。
2. 撤销判决的概念、种类、条件及撤销后发回的限制以及适用撤销判决应注意的问题。
3. 变更判决的概念及其适用条件。
4. 驳回原告诉讼请求判决的适用条件。
5. 确认违法无效的判决的概念及其适用条件。

本章参考书目

1. 姜明安主编:《行政法与行政诉讼法》,北京大学出版社、高等教育出版社1999年版。
2. 张正钊主编:《行政法与行政诉讼法》,中国人民大学出版社1999年版。
3. 方世荣主编:《行政法与行政诉讼法》,中国政法大学出版社1999年版。
4. 应松年主编:《行政法学教程》,中央党校出版社2001年版。
5. 全国人大常委会法制工作委员会行政法室编:《行政诉讼法立法背景与观点全集》,法律出版社2015年版。
6. 江必新主编:《中华人民共和国行政诉讼法理解适用与实务指南》,中国法制出版社2015年版。
7. 袁杰主编:《中华人民共和国行政诉讼法解读》,中国法制出版社2014年版。
8. 江必新、邵长茂:《新行政诉讼法修改条文理解与适用》,中国法制出版社2015年版。
9. 最高人民法院行政审判庭编著:《最高人民法院行政诉讼法司法解释理解与适用》(上、下册),人民法院出版社2018年版。

第九章　行政诉讼的执行

内容摘要　本章的内容包括行政诉讼的执行和非诉行政行为的执行。行政诉讼的执行是执行人民法院生效的判决或裁定,与其他诉讼执行相比较有其特殊性,在执行组织、执行措施等内容上表现尤其突出。非诉行政行为的执行是人民法院对行政机关业已作出的行政行为的执行,有关执行范围、申请执行的条件,以及人民法院对行政行为审查等构成其主要内容。

学习重点　行政诉讼执行的特点;行政诉讼执行措施;非诉行政行为的执行范围;非诉行政行为执行案件的审查。

第一节　行政诉讼执行概述

一、行政诉讼执行的概念与特点

行政诉讼执行是指行政案件当事人逾期拒不履行人民法院生效的法律文书,具有强制执行权的组织运用国家强制力量,依法采取强制措施,促使义务人履行义务,从而使生效法律文书的内容得以实现的活动。行政诉讼的执行不包括非诉行政行为的执行,它们是两种不同的制度。

诉讼的执行程序不同于审判程序,它不是针对诉讼案件是非曲直作出的裁断,而是为保证已作出的裁断内容得以执行,使法院在裁判中所确定的当事人的合法权益得以最终实现,这是所有诉讼执行程序所追求的目的。由于行政诉讼执行与其他诉讼执行有着相同的目的,因而在制度或程序规则上有许多相同之处,但也由于行政诉讼与其他诉讼所存在的差异,其执行程序也有其自身突出的特点,主要体现在以下几方面:

1. 在执行机关方面

执行机关,是指有权接受申请人的执行申请,主持执行程序,采取强制执行措施的主体。行政诉讼的执行机关不仅有人民法院,还包括有强制执行权的行政机关。

人民法院是行使审判权的国家机关,它享有与审判权密不可分的执行权,是行政审判的判决、裁定的主要执行主体。人民法院作为执行机关时,原则上由第一审人民法院负责执行,人民法院在行使司法权时实行"审执分离"的原则,执行由人民法院的专门执行机构负责,行政诉讼的执行也不例外。实行审执分离,是司法体制的一项重要原则,它既有利于提高人民法院审判和执行工作的质量与效率,也有利于通过执行发现审判中存在的问题,起到相互监督的作用。

在一定的情况下,作为行政案件一方当事人的行政机关也可以作为执行机关,但该行政机关必须具有法律所赋予的强制执行权。在行政诉讼的裁判为行政相对人一方确定了义务时,如果相对人一方拒不履行义务,此时,作为另一方当事人的行政机关则为执行申请人,这时,如果该行政机关没有强制执行权,只能申请人民法院强制执行,而如果该行政机关依法享有强制执行权,则不必申请人民法院执行,可以自行依法强制实施。行政机关成为行政诉讼的执行主体,是由它的特殊地位决定的,法律之所以赋予行政机关强制执行权,其目的在于促使公民、法人或其他组织履行其行政法上的义务,确保行政机关能够有效地实施行政管理。当作为相对人的一方不履行人民法院生效的裁判时,对其强制执行,目的也是实现其行政法上的义务。法院实施执行与行政机关实施执行在本质上是一致的。因此,只要行政机关依法享有强制执行权,就可以直接对被执行人实施强制执行。当然,此时行政机关的执行是以人民法院生效的裁判文书为执行根据,而非行政机关所作的行政行为。

2. 在执行根据方面

执行根据也称为执行文书,是申请人据以申请执行和执行人员据以执行的凭证。行政诉讼的执行根据是人民法院生效的裁判。

与民事诉讼的执行根据不同,行政诉讼的执行根据仅指人民法院生效的裁判文书，而没有其他机构制作的生效的法律文书。人民法院生效的裁判文书包括行政判决书、行政裁定书、行政赔偿判决书和行政赔偿等调解书，而且这些法律文书中所确定的内容应具有执行意义，有可供执行的内容。

无论执行机关为人民法院还是行政机关，都以人民法院生效的裁判为执行根据。这也是行政诉讼执行与非诉行政行为的执行的主要区别之一，有关非诉行政行为的执行在本章第三节加以阐述。

3. 在执行措施方面

在行政诉讼中，对行政相对人一方和行政机关采取不同的执行措施，对行政机关拒不履行法院生效的裁判设定专门的执行措施，这一点与民事诉讼是不同的。因为，行政诉讼当事人有一方必为行使职权的行政机关，因此执行程序中的被执行人要么是相对人一方，要么就是行政机关，而行政机关作为行使职权的国家机关与一般的公民、法人或其他组织的地位是不同的，对其财产或行为等采取强制执行不能适用与对公民、法人或其他组织采用的相同的方式。我国《行政诉讼法》对行政机关强制执行的措施作了特别的规定。

4. 在执行对象方面

执行对象是指行政诉讼执行所指向的客体，是由人民法院强制执行的裁定所确定的。与民事诉讼执行相比较，行政诉讼的执行对象更具广泛性，它包括物、行为、人身。

（1）物。物是适用范围最为广泛的执行对象，它可以是特定物，如没收的财物，也可以是种类物，如货币、票证等；可以是动产，也可以是不动产。对于不同种类的物，需要采取不同的强制执行措施。

（2）行为。作为执行对象的行为，是指法律文书确定应为的特定行为，只有行为实施了，这种义务才完成，它不能直接用具体的物表示或替代。行为包括作为和不作为，如义务人拆除违章建筑属作为行为，义务人停止排放污染物则是不作为行为。

（3）人身。人身作为执行对象，是行政诉讼执行不同于民事诉讼执行的特点之一。以人身为执行对象仅限于关于限制人身自由的行政处罚案件的执行，即人民法院作出的裁判内容是确认行政机关的行政拘留等行政处罚行为合法,而在裁判生效后,义务人无故拒不执行处罚时,则针对其人身自由采取强制性手段加以限制。对人身的强制执行仅适用于行政程序中的相对人一方,而且只能适用于自然人。依照法律规定,对人身的执行通常交由行政机关执行。

二、行政诉讼执行的原则

(一) 依法执行原则

执行虽然不能简单地理解为强制执行,但它是以强制执行措施为后盾的,具有突出的强制性,对被执行人的权利义务产生直接的重大影响,因此,执行活动必须严格依法进行,不能侵害公民、法人或其他组织的合法权益。

依法执行原则的具体要求是:

(1) 执行机关必须是依法享有执行权的人民法院和行政机关,没有法律赋予的执行权,任何组织或个人都不能实施执行活动。

(2) 执行机关必须在法律规定的期限内,依据法定的程序,采取法定措施实施执行。执行机关在执行程序上或采取的措施上,如违反法律规定,则为违法行为,应当承担法律责任。

(3) 人民法院在采取措施时,不得超出被执行人应当履行义务的范围。法律文书所规定的义务人的义务是确定的,法院在采取执行措施时应以法律文书所确定的范围为限。这也是依法执行原则的具体要求。

在执行中,由于执行组织违法采取执行措施、超出执行范围或违反法定执行程序等,给公民、法人或其他组织合法权益造成损害的,应当依法纠正,并依据《国家赔偿法》的有关规定进行国家赔偿。

(二) 执行适当原则

执行适当原则,也有学者称之为从轻从优原则,是指以最轻微的方法达到强制执行的目的。这是许多国家在强制执行上所普遍适用的原则,它是作为法律的一般原则——比例原则在执行制度上的具体体现。

实行执行适当原则的目的在于对当事人权益的保护,特别是对行政诉讼中作为一方当事人的相对人适用这一原则显得尤为重要。

根据这一原则,无论执行机关是人民法院还是行政机关,在执行时对强制执行措施的选择,应首先选择最轻微的强制手段,只有在这种手段不能奏效,无法实现义务时,才能选择较严厉的强制手段。

另外,执行适当原则还要求在执行中必须保障公民、法人或其他组织的基本权益,要根据被执行人的实际情况,为其保留必要的生产资料以及本人及其所供养家属的生活必需品,以保证被执行人在维持其基本的生产和生活的条件下全面履行义务,而不能完全剥夺被执行人的财产。对此《民事诉讼法》有明确的规定,法院在采取扣留、提取被执行人收入,查封、扣押、冻结、拍卖、变卖被执行人的财产等执行措施时,应当保留被执行人及其所扶养家属的生活必需费用和生活必需品。

(三)告诫执行原则

告诫执行是指当义务人逾期不履行义务时,执行组织将执行决定及其内容告知义务人,督促其履行义务的程序,即在实施强制执行前,给当事人留有一定的期限,劝说其自动履行义务。

之所以实行告诫执行原则,是由执行目的决定的。任何法律上的执行都是以义务实现为目的,只要义务得以履行,执行任务也就完成了。如果执行组织通过告诫,使义务人知悉强制执行的可能性与危险性,进而自动地实现义务,就无须实行强制执行。通过这种缓和的方式使义务得到履行,既可以实现执行目的,也可以减少义务人不必要的损失,同时也减少执行成本,对国家或个人都有益。因此,在执行程序中,告诫应为必经程序,非经告诫不得实行强制执行措施。

这一原则在法律规定的执行程序中有具体体现。首先法律规定了当事人自动履行生效法律文书的期限,到期不履行时,进入强制执行阶段,而即使在强制执行时,也要给被执行人提供自动履行义务的机会,告诫其在一定期限内自动履行。我国《民事诉讼法》第251条规定:"执行员接到申请执行书或者移交执行书,应当向被执行人发出执行通知,并可以立即采取强制执行措施。"

第二节 行政诉讼执行措施与程序

一、执行措施

执行措施是指执行组织依法采取强制执行的具体手段与方法。执行措施直接针对被执行人的人身、财产实施,对其产生重大影响,因此执行措施由法律明确规定,而不能由执行组织任意采取。有关规定行政诉讼执行措施的法律主要是《行政诉讼法》《民事诉讼法》以及相关的其他单行的行政法律规范。

在行政诉讼中,由于被告行政机关一方所行使的行政权力,与国家利益、公共利益相关,因而对其采取的强制执行措施不同于对相对人一方的强制措施。

(一)适用于行政机关的执行措施

行政机关拒绝执行判决、裁定的,第一审人民法院可以采取以下措施:

(1)强制划拨。对应当归还的罚款或者应当给付的款额,通知银行从该行政机关的账户内划拨。当人民法院采取该项措施时,可以向行政机关的开户银行发出协助执行通知书,由银行将应支付的款项从行政机关的账户转到权利人的账户上。

(2)罚款。行政机关在规定期限内不履行义务的,从期满之日起,对该行政机关负责人按日处以50元至100元的罚款。这种方式又称为执行罚,其目的在于用罚款的办法,对行政机关施加压力,使其意识到不履行人民法院裁判的不良后果,从而促使其自动履行。

(3)公告。将行政机关拒绝履行的情况予以公告。通过将拒绝履行的行为公之于众,给行政机关施加压力,迫使其执行。

(4)提出司法建议。行政机关拒不履行义务时,人民法院可以向监察机关或者该行政机关的上一级行政机关提出司法建议。通过这种方式,使对行政机关负有监督职责的上级机关或有关部门,对行政机关或有关人员作出相应的处理,以促使义务得到履行。接受司法建议的机关,应将处理情况告知人民法院。提出司法建议是一种间接执行措施,适用得比较广泛。

(5) 拘留。拒不履行判决、裁定、调解书,社会影响恶劣的,可以对该行政机关直接负责的主管人员和其他直接负责的人员予以拘留。

(6) 追究刑事责任。对拒不履行判决、裁定,情节严重构成犯罪的,依法追究主管人员和直接责任人员的刑事责任。严格地说,追究刑事责任并不是一种执行措施,而是对犯罪行为的惩罚,它的存在是要通过其所具有的威慑力量,给人造成心理压力,以此达到促使义务人履行义务的目的。

从上述执行措施可以看出,对行政机关适用的强制措施主要是间接强制手段,通过这些措施促使行政机关自己履行义务,而不是直接实现义务,这是由行政机关的特殊性所决定的。

(二) 适用于行政相对人的执行措施

对于相对人的执行措施适用《民事诉讼法》的规定,以直接强制手段为主。具体措施包括:

(1) 冻结、划拨被执行人的存款。被执行人未按执行通知履行法律文书确定的义务的,人民法院有权向银行或其他储蓄业务单位查询被执行人的存款情况,并有权冻结、划拨被执行人的存款。人民法院冻结、划拨存款,应当作出裁定,直接向存款银行或其他储蓄业务单位发出协助执行通知书,接到通知的银行或其他储蓄业务单位应当立即办理。冻结、划拨存款的数额不得超出被执行人应当履行义务的范围。

(2) 扣留、提取被执行人的收入。人民法院直接从发放或存放被执行人收入的单位扣留、提取被执行人的收入。被执行人的收入包括劳动收入和其他合法收入,如工资、奖金、稿费、股票、债券等。人民法院扣留、提取被执行人的收入,应向有关单位发出协助执行通知书,在扣留、提取收入时,如果被执行人是公民的,应当保留被执行人及其所扶养家属的生活必需费用。

(3) 查封、扣押、冻结、拍卖、变卖被执行人的财产。人民法院采取这些措施时,应当作出书面裁定,裁定中应当写明被执行人的财产数额、存放地点以及人民法院决定采取的强制执行措施,裁定书应当送达被执行人和有关单位。在执行查封、扣押措施时,应当通知被执行人在场,并对被查封、扣押的财产,造具清单,由在场人签名或者盖章后,交被执行人一份。财产被查封、扣押后,执行人员应当责令被执行人在指定期间履行法律文书确定的义务,被执行人逾期不履行的,人民法院可以按照规定交有关单位拍卖或者变卖被查封、扣押的财产。

(4) 强制被执行人迁出房屋、拆除违章建筑或者退出土地。被执行人强占他人房屋或强占他人土地,或者违法占有公有土地时,被执行人应自动退出土地或迁出房屋。如果被执行人没有自动履行义务,则强制其迁出或者强制其退出。被执行人的违章建筑,应当强制拆除。人民法院实施这些强制措施时,应由法院院长签发公告,责令被执行人在指定期间内自行履行;被执行人逾期不履行的,由执行人员强制执行,强制执行所耗费的人力、物力,应计入执行费用,由被执行人负担。

除上述执行措施外,还包括强制被执行人交付法律文书指定的财物或者票证,强制完成法律文书指定的行为等。

二、执行程序

行政诉讼执行程序,除依据我国《行政诉讼法》以及相关司法解释外,在许多具体内容上也要适用《民事诉讼法》的相关规定。

(一)执行提起

执行提起引起执行程序的开始,它可由申请人提起,也可以由法院依职权决定执行。

1. 申请执行

申请执行是指当一方当事人拒不履行生效的判决、裁定时,申请人向人民法院提出申请,请求人民法院强制执行的行为。《行诉解释》第152条第1款规定:"对发生法律效力的行政判决书、行政裁定书、行政赔偿判决书和行政调解书,负有义务的一方当事人拒绝履行的,对方当事人可以依法申请人民法院强制执行。"申请人申请执行必须具备以下条件:

(1) 有权申请执行的人,只能是人民法院生效的法律文书中确认享有权益的一方当事人,既可能是行政相对人,也可能是作出被诉行政行为的行政机关,但如果行政机关依法享有强制执行权的,则可以自行执行,无须申请人民法院强制执行。

(2)申请执行的依据是已经生效的人民法院制作的法律文书,即行政判决书、行政裁定书、行政赔偿判决书和行政赔偿调解书。

(3)申请执行应当向有执行管辖权的人民法院提起。行政诉讼的执行一般由第一审人民法院执行,当第一审人民法院认为情况特殊,需要由第二审人民法院执行时,可以报请第二审人民法院执行,对此第二审人民法院可以决定由其执行,也可以决定由第一审人民法院执行。有关执行的管辖,行政诉讼与民事诉讼不同,第一审人民法院和第二审人民法院都有管辖权,是一种灵活的规定,目的在于排除来自被告行政机关的干扰或压力,以解决现实中出现的执行难问题。

(4)申请执行必须遵守法定的申请执行期限。根据《行诉解释》第153条的规定,申请执行的期限为2年。申请执行时效的中止、中断,适用法律有关规定。申请执行的期限从法律文书规定的履行期间最后一日起计算;法律文书规定分期履行的,从规定的每次履行期间的最后一日起计算;法律文书中没有规定履行期限的,从该法律文书送达当事人之日起计算。逾期申请的,除有正当理由外,人民法院不予受理。

(5)申请执行应递交申请执行书和据以执行的法律文书,书写确有困难的,也可以口头申请,由执行人员记入笔录,申请执行书应当写明申请执行的理由和具体要求,需要执行的标的的名称、数量和地点等。

2. 移交执行

移交执行,是指由审判案件的机构直接将案件移交给执行机构执行。它是由人民法院依职权主动采取的,是引起执行程序开始的一个法定原因。移交执行是国家干预原则在执行程序中的具体体现,其目的在于更及时地实现裁判所确认的当事人的权利,维护公共利益和司法裁判的权威。

哪些案件需要移交执行,法律并无具体规定,而是由人民法院根据具体情况决定,一般是在权利人缺乏保护自己的能力,或者案件的执行关系到国家和公共利益的情况下适用。

(二) 执行审查

执行机构接到申请执行书后,应在法定期限内,对申请执行的材料进行审查,对案情进行了解。执行审查的具体内容包括:(1) 申请执行人是否具有申请资格;(2) 申请执行是否在法定期限内提出;(3) 申请执行的内容是否明确;(4) 申请执行所需的材料是否齐备;(5) 其他需要审查的事项。

经审查对符合条件的,应予以立案;对认为不符合条件的,将有关材料退回,不予立案执行;如果发现材料不足,可以交由申请人补充后予以立案。

(三) 执行实施

决定立案执行后,则开始进行执行准备工作,要在一定期限内将执行申请送达被执行人,应当了解被执行人不履行义务的原因和履行义务的能力等情况,以便确定所要采取的执行措施、执行时间、执行范围等。在采取执行措施前应依法向被执行人发出执行通知书,予以告诫,责令被执行人在指定的期限内自动履行法律文书确定的义务,逾期仍不履行的,采取强制措施予以执行。

(四) 执行阻却

1. 执行中止

执行中止是指在执行过程中由于出现某种特定的法定事由,而暂时停止执行,待事由消失后执行程序继续进行的制度。根据法律规定,需要执行中止的情形有:(1) 申请人表示可以延期执行的;(2) 案外人对执行标的提出确有理由的异议的;(3) 作为一方当事人的公民死亡,需要等待继承人继承权利或承担义务的;(4) 作为一方当事人的法人或其他组织终止,尚未确定权利义务承受人的;(5) 人民法院认为需要中止的其他情形。

中止执行应当作出书面裁定,裁定应载明中止执行的理由,裁定送达当事人后立即生效。待中止执行的情况消失后,执行继续进行,即恢复执行。恢复执行可以由申请人提出请求,人民法院批准,也可以由人民法院依职权主动恢复。

2. 执行终结

执行终结是指在执行过程中,由于出现法定的事由,使执行程序的继续进行成为不必要或不可能,从而结束执行程序的制度。与执行中止不同,执行终结是结束执行,不再恢复执行。执行终结的法定事由有:(1)申请人撤销执行申请的。申请执行权是权利人的一项权利,可以自由处分,但对于行政机关来说,这种处分权应更严格地限制,只有经法院同意方可终结执行程序。(2)据以执行的法律文书被撤销的。执行是以生效的法律文书为依据,当这一依据被撤销,执行也就失去了存在的基础,就不可继续执行。(3)作为被执行人的公民死亡,无遗产可供执行,又无义务承担人的。(4)追索抚恤金案件的权利人死亡的。抚恤金是基于人身和生存而存在的权利,只能由权利人本人享有,不能转让和继承,当追索抚恤金案件的权利人死亡时,此项权利即告消灭,被执行人的义务也随之消灭,因此,应终结执行。(5)人民法院认为应当终结的其他情形。

需要执行终结的案件,人民法院应当作出书面终结执行的裁定,送达当事人后生效。

3. 执行异议

执行异议是指在执行过程中,案外人对执行标的主张权利,提出不同意见。如人民法院查封被执行人甲的财产时,与本案权利义务争议无关的案外人乙提出在执行的财产中有一部分为乙所有,不能予以执行。执行异议不是基于诉讼而产生的,而是为保护案外人的合法权益而产生的,所以,只有案外人才有权提出。

案外人提出执行异议时,应当采用书面形式,书写确有困难的,也可以口头提出。执行人员对执行异议,应按照法定程序进行审查,包括询问提出异议的人,审核有关证据。如果认为提出异议的理由不成立的,予以驳回,执行工作继续;如果认为理由成立的,应当报院长批准后中止执行。

(五)执行完毕

人民法院依法定程序,采取执行措施,实际完成了法律文书所确定的执行内容,或实现了执行根据所规定的状态,从而结束了执行程序,为执行完毕。这是执行案件在内容与程序上的终结,在此阶段,执行人员应当结清执行交付的各种费用，清理所有执行文书材料，书写执行结案报告，告知执行完毕。

（六）执行回转

执行回转，是在执行程序结束后，因为执行根据被依法撤销，致使取得利益的一方当事人，将既得利益退还给原来的被执行人，恢复到执行程序开始前的状态的制度。

执行回转制度是一种纠错制度，在执行结束后，如果发现据以执行的法律文书确有错误，应当依法定程序加以纠正，一旦该执行根据被撤销，则依其所确定的权利义务就失去了合法根据，使已取得利益的权利人的利益失去了合法保护的基础，因此，为保护原被执行人的利益，已取得利益的人应返还被执行的财产，将已被执行的财产恢复到执行前的状态。需要执行回转的，原申请人可以自动返还财产或者自动恢复到执行前的状态，如果原申请人不主动履行，则可强制执行，回转执行的措施、程序与执行阶段相同。

第三节 非诉行政行为的执行

一、非诉行政行为的执行的概念与特点

非诉行政行为的执行是指公民、法人或其他组织既不向人民法院提起行政诉讼，又不履行行政机关生效的行政行为时，行政机关或相关权利人向人民法院提出执行申请，由人民法院审查并裁定执行行政行为的法律制度。非诉行政行为的执行与人民法院的行政诉讼执行虽然都是人民法院的执行活动，但有着本质上的不同，其特征具体表现为：

（1）执行机关是人民法院。行政机关作出生效的行政行为后，义务人应当自觉履行行政行为为其设定的义务，以实现行政行为的内容，当义务人无正当理由拒不履行义务时，则产生强制执行的问题。但实施强制执行必须由法律赋予强制执行权的组织进行，由于我国在行政行为强制执行的制度上以申请人民法院强制执行为原则，行政机关自行执行为例外，因此，法律赋予行政机关强制执行权

较少,行政行为的强制执行,主要由人民法院进行。

（2）执行依据是行政机关的生效的行政行为。人民法院进行非诉行政行为的执行的依据不是人民法院生效的判决、裁定,也不是仲裁机构的裁决等,而是行政机关作出的业已生效的行政行为,或者说是行政机关作出的生效的法律文书,这是非诉行政行为的执行与行政诉讼的执行的本质区别,非诉行政行为的执行目的是实现行政行为的内容。但必须明确,这并不表明非诉行政行为的执行是行政机关委托人民法院实施的执行,人民法院的执行并不是代表行政机关,它属于独立的司法行为,而非行政行为。

（3）非诉行政行为的执行程序所要实现的主要目的在于确保作为执行依据的行政行为的合法性,以防止行政专横和滥用权力。对于行政机关执行行政行为的申请,人民法院并非一律执行,而是要依法定程序对行政行为的合法性加以审查。

只有人民法院认定行政行为合法的才执行,否则不予执行,行政行为也就无法实现其内容,因此,审查行政行为的合法性是非诉行政行为的执行程序的实质内容,排斥或阻止违法行政行为进入执行是非诉行政行为执行的宗旨。当然,对于行政机关申请执行的行政行为,一旦法院认定其合法,则执行,所以,它有助于实现行政行为所确定的义务、保障行政法治的作用也是不可否认的。

二、非诉行政行为执行案件的范围与管辖

（一）非诉行政行为执行案件的范围

申请法院强制执行行政行为的范围是关于人民法院与行政机关强制执行权分工的问题。行政行为的强制执行分为行政机关自行强制执行与申请人民法院强制执行。

我国《行政强制法》第 13 条规定：行政强制执行由法律设定。法律没有规定行政机关强制执行的,作出行政决定的行政机关应当申请人民法院强制执行。只要法律没有明确授予行政机关自行强制执行权,行政机关就只能申请人民法院强制执行,而不能自行强制执行。与此配套,《行诉解释》第 156 条对申请期限作出了规定：没有强制执行权的行政机关申请人民法院强制执行其行政行为,应当自

被执行人的法定起诉期限届满之日起3个月内提出。逾期申请的,除有正当理由外,人民法院不予受理。

根据目前有关法律的规定,申请法院强制执行行政行为的情形具体有以下几种:

(1)法律没有授予行政机关强制执行权,只规定申请人民法院强制执行的,应申请人民法院强制执行。

(2)法律明确授予了行政机关强制执行权,但同时规定行政机关也可以申请人民法院强制执行的,可以申请人民法院强制执行。

(3)法律没有对强制执行作具体规定的,则属于没有授予行政机关强制执行权,只能申请人民法院强制执行。

法律规范上虽然明确了只有具有强制执行权的行政机关才能自行强制执行,而其他行政机关只能申请人民法院强制执行,但法律规范以什么为标准把某种行政行为的强制执行权赋予某行政机关,或不赋予某行政机关,没有统一标准,《行政强制法》也未作出明确规定,这是行政行为强制执行在立法上仍需要解决的问题。

(二)非诉行政行为执行案件的管辖

行政机关申请人民法院强制执行其行政行为的,原则上由申请人所在地的基层人民法院受理,即行政机关所在地的基层人民法院有管辖权,这与以往的由被执行人所在地人民法院执行不同,它既方便申请人申请执行,也可以避免出现由被执行人所在地人民法院执行所可能存在的地方保护现象。

申请人所在地基层人民法院执行是原则,对于执行对象是不动产的,则由不动产所在地的基层人民法院受理,这与诉讼上不动产纠纷专属管辖的原则是一致的。但要注意,涉及包含不动产在内的整体财产的执行案件,根据有关司法解释的规定,应当由申请人所在地的人民法院管辖,而不是由不动产所在地人民法院管辖。

为解决实践中可能出现的执行困难,《行诉解释》还规定在遵循由申请人所在地基层人民法院管辖原则的同时,当基层人民法院认为执行确有困难时,可以报请上级人民法院执行,上级人民法院可以决定由其执行也可以决定由下级人民法院执行。"上级人民法院"的规定表明对执行法院的级别并没有严格的限制,既可以是中级人民法院,也可以是高级人民法院,这种灵活性更加有利于案件的执行。这种特点同样体现在《行政强制法》第 54 条和《最高人民法院关于办理申请人民法院强制执行国有土地上房屋征收补偿决定案件若干问题的规定》第 1 条有关管辖权问题的规定之上。

三、非诉行政行为执行的程序

(一) 行政机关申请法院执行前的催告程序

根据我国《行政强制法》第 54 条的规定,行政机关申请人民法院强制执行前,应当催告当事人履行义务。催告书送达 10 日后当事人仍未履行义务的,行政机关可以向所在地有管辖权的人民法院申请强制执行。这是《行政强制法》关于行政机关申请法院强制执行前的催告程序的规定。

催告,是行政机关在申请人民法院强制执行前,向在法定期限内不申请行政复议或者提起行政诉讼,又不履行行政决定的当事人发出通知,要求和督促其自觉履行行政决定的程序。行政机关申请人民法院强制执行前,催告是一个必经的程序。实施催告程序,一方面给当事人提供了自我纠错的机会,另一方面可以减轻当事人与行政机关之间的对抗情绪。

催告书送达 10 日后当事人仍未履行义务的,行政机关可以向人民法院申请强制执行。需要注意的是,为保护当事人的合法权益,应当参考《行政强制法》第 36 条的规定,允许当事人收到催告书后进行陈述和申辩。当事人提出的事实、理由或者证据成立的,行政机关应当采纳。

(二) 申请

申请执行是人民法院非诉行政行为执行程序开始的必要条件,没有申请人的申请,人民法院不能主动启动非诉行政行为执行程序。

1. 非诉行政行为执行的申请人

申请人主要是作出行政行为的行政机关和法律、法规授权的组织,在一定条件下行政行为所确定的权利人也有权申请强制执行。

行政行为所确定的权利人是指行政机关根据法律的授权对平等主体之间民事争议作出裁决的行政行为所涉及的当事人,在这种裁决行为中,平等的民事主体双方当事人是利益相对的双方,当行政裁决作出后往往会出现双方当事人中,一方当事人权利得到确认,而另一方当事人负有义务的情形,如行政机关就有关平等主体之间的土地使用权争议进行裁决,当行政机关确认土地使用权为甲方时,则乙方不具有此权利,如果土地已被乙方占有,行政裁决作出后,乙方就承担了应当退还土地的义务。在此甲方为行政行为所确定的权利人,当乙方不履行义务时,需要强制执行,以保障权利人实现权益。在这种情况下,行政裁决的内容实现最终受益的是权利人,如果只有作出裁决的行政机关有权申请执行,权利人不能提出申请,一旦行政机关不积极主动地申请法院执行,将会导致权利人的权益得不到维护,因此,允许权利人直接向人民法院申请强制执行,为权利人提供切实的救济途径,更有利于充分地保护相对人的合法权益。

行政行为所确定的权利人申请法院强制执行,以行政机关先行申请为前提条件,即应先由行政机关申请人民法院强制执行,只有行政机关在法定期限内没有申请人民法院强制执行的,权利人才可以向法院申请执行。行政行为所确定的权利人资格同样也会发生转移,如果作为权利人的公民死亡或者作为权利人的法人或其他组织的资格终止,则公民的继承人或法人、其他组织的权利承受人也可以申请强制执行。权利人申请人民法院强制执行,除了权限、条件等特别规定外,参照行政机关申请人民法院强制执行行政行为的规定。

作为申请人的行政机关在申请执行程序中,其任务是核清情况,制作申请书和准备要向人民法院提交的证明材料。

2. 申请期限

申请人民法院强制执行应当在法定期限内,否则法院不予受理。行政机关申请人民法院强制执行其行政行为,应当自被执行人的法定起诉期限届满之日起 3 个月内提出。逾期申请的,除有正当理由外,人民法院不予受理。

此外,行政机关根据法律的授权对平等主体之间民事争议作出裁决后,当事人在法定期限内不起诉又不履行,作出裁决的行政机关在申请执行的期限内未申请人民法院强制执行的,生效行政裁决确定的权利人或者继承人、权利继受人在 6 个月内可以申请人民法院强制执行。

3. 申请材料

行政机关申请强制执行时,必须向法院提交相应的材料,以便人民法院进行审查。根据《行诉解释》第155条第2款的规定,行政机关申请人民法院执行,应当提交《行政强制法》第55条规定的相关材料。

4. 财产保全

非诉行政行为执行中的财产保全程序与诉讼程序中的财产保全程序一道,被《行诉解释》第159条予以规定,即行政机关或者行政行为确定的权利人申请人民法院强制执行前,有充分理由认为被执行人可能逃避执行的,可以申请人民法院采取财产保全措施。后者申请强制执行的,应当提供相应的财产担保。

(三) 受理

受理是人民法院对行政机关申请人民法院强制执行的申请书以及有关材料进行初步审查,对符合法律规定的申请立案审理的行为。人民法院接到行政机关的强制执行申请后,应当在5日内作出是否受理的裁定。对于不属于本院管辖的强制执行申请,可以裁定不予受理。

接到申请人申请后,人民法院首先对申请是否符合条件进行审查,具体审查的内容为:(1) 行政行为依法可以由人民法院执行;(2) 行政行为已经生效并具有可执行内容;(3) 申请人是作出该行政行为的行政机关或者法律、法规、规章授权的组织;(4) 被申请人是该行政行为所确定的义务人;(5) 被申请人在法定期限内未履行义务;(6) 申请人在法定期限内提出申请;(7) 申请人应当向有管辖权的法院申请执行。

人民法院对经审查认为符合条件的申请,应当立案受理,并通知申请人;对不符合条件的申请,应当裁定不予受理。在《行政强制法》草案审议过程中,有关部门提出,人民法院作出不予受理裁定后,行政机关该如何应对,是否还有解决途径,建议在法律中明确。经过研究讨论,法律赋予了行政机关向上一级人民法院申请复议的权利,即《行政强制法》第56条第2款的规定,行政机关对人民法院不予受理的裁定有异议的,可以在15日内向上一级人民法院申请复议,上一级人民法院应当自收到复议申请之日起15日内作出是否受理的裁定。

（四）审查

人民法院受理申请人执行申请后,应当由行政审判庭组成合议庭对申请执行的依据进行审查,以书面审查为主要方式,审查的实质内容为申请人申请执行的行政行为的合法性。

非诉行政行为执行对行政行为的合法性审查不同于行政诉讼的审查,它没有设定双方当事人对抗辩论程序,法院只是通过对行政机关申请执行时提供的材料进行审查,来判断行政行为的合法性,因此,这种审查是仅限于行政机关提供的材料,但它不仅仅是形式或程序的审查,对行政行为内容本身的合法性也有实质上的审查,只是这种审查程度没有诉讼程序严格。《行诉解释》第161条第1款对审查的标准作了规定,被申请执行的行政行为有下列情形之一的,人民法院应当裁定不准予执行:(1)实施主体不具有行政主体资格的;(2)明显缺乏事实根据的;(3)明显缺乏法律、法规依据的;(4)其他明显违法并损害被执行人合法权益的情形。可见,审查的基本原则是重大明显违法的行政行为不予执行。之所以采取重大明显违法标准,理由是重大明显违法的行政行为,在理论上属于无效行政行为,而无效行政行为的显著特征是其自始无效,不仅对当事人无效,而且对任何机关都无效,有权机关可以依法否定其效力。

（五）裁定

人民法院对行政机关的强制执行申请进行审查后,就是否强制执行行政决定作出裁定。这里存在两种情形:一是对于申请证明材料完整有效,且行政决定具备法定执行效力的,人民法院应当自受理之日起7日内作出执行裁定。二是对于明显缺乏事实、法律法规根据以及其他明显违法并损害被执行人合法权益的行政决定,人民法院在作出裁定前可以听取被执行人和行政机关的意见,并应当自受理之日起30日内作出是否执行的裁定。裁定不予执行的,应当说明理由,并在5日内将不予执行的裁定送达行政机关。

行政机关对人民法院不予执行的裁定有异议的,可以自收到裁定之日起15日内向上一级人民法院申请复议,上一级人民法院应当自收到复议申请之日起15日内作出是否执行的裁定。据此,上一级人民法院收到行政机关的复议申请后,如果作出的是执行裁定,案件就进入执行阶段;如果作出的是维持下一级人民法院不予执行的裁定,那么意味着该案件正式终结,行政机关的决定不再执行。《行政强制法》在此规定复议程序,有利于规范和监督人民法院的审查权,维护公共利益和当事人的合法权益。

（六）执行

人民法院作出执行裁定后,行政机关申请强制执行的案件就进入实施程序。执行主体应当在一定期限内完成执行行为,从而实现行政决定所确定的义务。《行政强制法》没有对人民法院实施强制执行的一般期限作出明确规定,但这并不意味着人民法院实施强制执行可以不受时限的约束。这里可以适用《最高人民法院关于人民法院办理执行案件若干期限的规定》（法发〔2006〕35号）第1条的规定,即"……非诉执行案件一般应当在立案之日起3个月内执结。有特殊情况须延长执行期限的,应当报请本院院长或副院长批准。申请延长执行期限的,应当在期限届满前5日内提出"。

除了强制执行的时限,人民法院实施强制执行时,还应遵循人民法院执行工作的一般程序,即应当出示有关证件与法律文书,制作执行笔录。执行笔录应当载明被执行人、执行时间和地点、执行内容和方式、执行过程、执行人员等内容。人民法院强制执行完毕后,应当将执行结果书面通知申请强制执行的行政机关。

此外,《行政强制法》第59条规定:"因情况紧急,为保障公共安全,行政机关可以申请人民法院立即执行。经人民法院院长批准,人民法院应当自作出执行裁定之日起五日内执行。"这是对行政机关申请立即执行的规定。行政机关申请人民法院立即执行行政决定,必须符合"情况紧急"和"保障公共安全"这两个条件。申请立即执行,不受《行政强制法》第56条、第57条、第58条规定的限制。对于什么情况下属于情况紧急,是否属于保障公共安全,由行政机关根据具体情况作出判断,最后由人民法院裁量。如果法律法规对情况紧急的情形作出了规定,则应遵守法律法规的规定。

典型案例 21

某市技术监督局不执行判决案

[案情] 1994年4月21日,经人举报,某市技术监督局对某省某汽车运输总公司正在实施运输的车辆以及车内装载的500箱瓶装酒进行了扣留封存。至10月27日,市技术监督局以(晋)技监封字〔94〕第014号《封存通知书》,认定该批酒和该车辆为假冒商品及贩假工具,将其扣留封存。汽车运输总公司对此决定不服,于1995年1月8日,向人民法院提起行政诉讼。一审法院经审理认定市技术监督局的决定合法,作出维持判决。汽车运输总公司仍不服,提起上诉,二审法院经审理认定,市技术监督局对500箱瓶装酒进行扣留的决定,事实清楚,适用法律规范正确,但对于运输车辆的扣留,认定事实不清,适用法律不当。二审法院于1997年2月8日作出终审判决如下:(1)撤销一审法院的行政判决;(2)撤销某市技术监督局(晋)技监封字〔94〕第014号《封存通知书》中关于封存车辆的决定;(3)某市技术监督局在接到本判决之日起两个月内返还原封存的车辆;(4)某市技术监督局应赔偿某汽车运输总公司车辆被封存期间造成的经济损失人民币15万元。终审判决后,某市技术监督局拒绝执行判决,运输总公司于1997年10月25日向人民法院申请强制执行。

[处理] 人民法院接到执行申请后,认为被告某市技术监督局不执行判决是不合法的,于1997年11月10日向某市技术监督局发出执行通知,限其在接到通知后7日内执行判决。期满后,某市技术监督局仍不执行,人民法院则采取了强制执行措施:划拨技术监督局15万元的赔偿款转交运输总公司;对于不返还扣留的车辆行为,向某市技术监督局的上级部门提出了司法建议,12月25日某市技术监督局返还了车辆。

[评析] 本案所涉及的行政诉讼执行案件,作为被告的行政机关拒不履行人民法院生效的判决,相对人有权申请人民法院强制执行,法院在对行政机关实施强制执行时,有其特别的执行措施,本案人民法院的执行活动符合法律的规定。

典型案例 22
某市土地管理局申请某县人民法院强制执行案

[案情] 朱某全家7口人,已有宅基地的面积为160平方米。1995年3月,朱某申请增批宅基地建房,未获批准。同年7月,朱某擅自在自己承包的耕地内建房,被乡政府发现制止,同年9月,朱某不顾乡政府的多次制止,擅自建成两间瓦房,占地面积60余平方米。同年11月7日,某县土地管理局作出处罚决定:没收朱某非法建造的瓦房两间,罚款1000元。朱某不服,向市土地管理局申请复议。市土地管理局认为,县土地管理局的处罚决定错误,于同年11月20日依法作出限朱某在收到复议决定书的次日起15日内自行拆除非法建筑两间,责令退还非法占用的土地,恢复耕地原状的决定。复议决定作出后,朱某在法定期限内没有提起行政诉讼,也未在规定的时间内拆除非法建筑。同年12月7日,市土地管理局申请某县人民法院强制执行。

[处理] 某县人民法院收到市土地管理局执行申请后,对申请进行了审查。根据我国当时有效的1988年修正的《土地管理法》第52条的规定,当事人期满不起诉又不履行的,由作出处罚决定的机关申请人民法院强制执行。根据当时有效的《行政复议条例》的规定,行政复议机关改变具体行政行为的,由复议机关申请人民法院强制执行,因此,申请人合格,并且符合其他申请条件。人民法院审查了市土地管理局的复议决定,认定复议决定合法,作出予以执行的裁定。

[评析] 本案属于非诉行政行为执行案件,人民法院受理非诉行政行为的执行要符合条件,首先要在受理范围内,本案根据当时有效的《土地管理法》与《行政复议条例》的规定属于申请执行的范围。人民法院依法执行复议机关的决定的重要程序是对复议决定的内容的合法性进行审查,只有认定行政行为合法,才能予以执行。

1. 行政诉讼执行的特点是什么?

2. 行政诉讼的执行对行政机关有哪些执行措施？
3. 非诉行政行为的执行有何特性？
4. 试分析与评论人民法院对非诉行政行为执行的审查标准。

本章参考书目

1. 傅士成：《行政强制研究》，法律出版社2001年版。
2. 贾苑生、李江、马怀德：《行政强制执行概论》，人民出版社1990年版。
3. 甘文：《行政诉讼法司法解释之评论：理由、观点与问题》，中国法制出版社2000年版。
4. 江必新：《中国行政诉讼制度之发展》，金城出版社2001年版。
5. 全国人大常委会法制工作委员会行政法室编：《行政诉讼法立法背景与观点全集》，法律出版社2015年版。
6. 江必新主编：《中华人民共和国行政诉讼法理解适用与实务指南》，中国法制出版社2015年版。
7. 袁杰主编：《中华人民共和国行政诉讼法解读》，中国法制出版社2014年版。
8. 江必新、邵长茂：《新行政诉讼法修改条文理解与适用》，中国法制出版社2015年版。
9. 最高人民法院行政审判庭编著：《最高人民法院行政诉讼法司法解释理解与适用》（上、下册），人民法院出版社2018年版。

第十章　涉外行政诉讼

内容摘要　关于涉外行政诉讼,我国《行政诉讼法》设专章作了规定,但鉴于当时对外开放的程度不高,涉外行政诉讼案件还不是很多,故《行政诉讼法》的规定比较简略。随着我国入世和对外开放步伐的加快,国家行政管理中的涉外因素增多,涉外行政纠纷也随之增加,因此,涉外行政诉讼将变得日益重要。为满足现实需要,最高人民法院于 2002 年颁布了带有涉外因素的《关于审理国际贸易行政案件若干问题的规定》《关于审理反倾销行政案件应用法律若干问题的规定》《关于审理反补贴行政案件应用法律若干问题的规定》。本章根据《行政诉讼法》和相关司法解释的规定,对涉外行政诉讼的概念、特点、类型、重要性以及涉外行政诉讼的原则和具体制度进行分析。

学习重点　涉外行政诉讼的概念与特点;涉外行政诉讼的代理制度;涉外行政诉讼的管辖制度;涉外行政诉讼的证据制度。

第一节　涉外行政诉讼概述

一、涉外行政诉讼的概念

涉外行政诉讼,是指当事人中的原告、第三人具有涉外因素的行政诉讼。具体地说,涉外行政诉讼是指外国人、无国籍人和外国组织对行政行为不服起诉到法院或参与到他人已经提起的行政诉讼中,由法院依法进行审判的法律制度。涉外行政诉讼是行政诉讼制度的重要组成部分。

为更好地理解涉外行政诉讼,需要明确以下问题:

一是外国人。外国人是指不具有所在国国籍但具有其他国国籍的人。具体在我国,外国人是指不具有中国国籍但具有其他国国籍的人。由于各国对国籍的规定不同,还存在着双重国籍人。既具有我国国籍又具有其他国国籍的双重国籍人不是外国人。外国人若在我国留学或经商或申请注册商标等,都要遵守我国法律,服从我国行政机关的管理。如果在行政管理中,外国人和我国行政机关发生纠纷,可以依法提起行政诉讼。

二是无国籍人。无国籍人是指不具有任何国家国籍的人。与双重国籍人一样,无国籍人也是由于各国对国籍规定不同而造成的。无国籍人定居在我国时所生的子女具有中国国籍。通常,无国籍人不享有任何国家的外交保护。和外国人一样,无国籍人若要在我国境内从事某工作或申请某事项,也要遵守我国法律,服从行政机关的管理。如果在管理中无国籍人和我国行政机关发生争议,也可以依法提起行政诉讼。

三是外国组织。外国组织是指外国政府或地区批准成立的法人和非法人组织,包括这些组织的派出机构。凡外国人申请成立,而由我国政府批准的法人或非法人组织,如外商独资企业等,属于国内组织而非外国组织。

另外,需要明确的是,港、澳、台地区居民或组织作为原告或第三人提起或参与的行政诉讼不属于涉外行政诉讼的范畴。虽然由于历史的原因,香港和澳门回归祖国后实行和祖国内地不同的制度,但香港和澳门的居民均为中国公民,如果他们作为原告或第三人起诉或参与行政诉讼,不具有涉外行政诉讼的性质。台湾是中国领土不可分割的组成部分,台湾居民或组织提起或参与行政诉讼,也不属于涉外范围。

虽然港、澳、台地区居民或组织作为原告或第三人提起或参与的行政诉讼不具有涉外性质,但鉴于港、澳、台地区的政治、经济和社会制度与祖国内地存在巨大差异,因此,在行政诉讼中涉及具体制度的,如代理、期间、送达等,可参照涉外行政诉讼的规定。

二、涉外行政诉讼的特点

涉外行政诉讼的特点是与其他诉讼比较而言的。和普通行政诉讼相比,涉外行政诉讼有三个明显的特点:

第一,主体的涉外性。这是涉外行政诉讼的根本特征。涉外行政诉讼当事人中原告或第三人一方必为外国人、无国籍人、外国组织。涉外行政诉讼的被告只能为我国的行政机关和法律、法规、规章授权的组织。以我国行政机关为被告提起诉讼是我国行政诉讼不可或缺的条件之一,因此,涉外行政诉讼的被告不具有涉外性。

第二,原则的特殊性。因为涉外行政诉讼的当事人中有外国人、无国籍人以及外国组织,因而,涉外行政诉讼的原则较为特殊。除普通行政诉讼要适用的原则外,还要强调国家主权原则、同等原则和对等原则等。这些原则将在下一节中详细论述。

第三,具体制度的特殊性。涉外行政诉讼主体的特殊性决定了具体制度的特别要求。如国家主权性要求涉外行政诉讼案件只能由我国律师代理。再如考虑到住在境外的外国人路途遥远,故采用特殊的诉讼期限制度。

涉外行政诉讼和涉外民事诉讼及涉外刑事诉讼相比,既有相同的地方,又有自己的特点。相同点表现在都涉及国家主权,都涉及诉讼程序的特殊规定,但又有差异。具体表现在:

第一,在涉外行政诉讼中,涉外因素局限于当事人。诉讼的客体即行政行为只能为我国行政机关所为,并发生在我国境内,因而不具有涉外性。而在民事诉讼中,除诉讼主体具有涉外性外,诉讼客体、诉讼内容都可能具有涉外性。如中国两公民因在美国的房屋产权发生争执而起诉至法院,或一中国公司和一外国公司在国外签订合同后,因合同履行产生纠纷起诉到法院。在涉外刑事诉讼中,既可能是诉讼主体,即犯罪嫌疑人具有涉外性,也可能是犯罪行为发生在域外。

第二,涉外民事诉讼、刑事诉讼的司法协助制度比较发达,相比之下,涉外行政诉讼的司法协助尚没有全面规定。这一方面是因为我国的行政诉讼制度起步较晚,另一方面是因为行政诉讼的性质比较特殊,它是以对抗政府为核心的,直接影响国家主权,因而在司法协助上有相当难度。

三、涉外行政案件的类型

随着我国入世和对外开放程度的加大,涉外行政案件越来越多。为更好地把握和审理涉外行政案件,需要分类研究。根据涉外行政案件的性质,可将涉外行政案件分为以下几类:

(一)涉外国际贸易行政案件

按照《最高人民法院关于审理国际贸易行政案件若干问题的规定》,国际贸易行政案件包括:有关国际货物贸易(如进口汽车、出口纺织品)的行政案件,有关国际服务贸易(如旅游、合作办学)的行政案件,与国际贸易有关的知识产权案件,其他国际贸易行政案件。在国际贸易行政案件中如果当事人为外国人、无国籍人、外国组织,则成为涉外国际贸易行政案件。

按照 WTO 规则和我国入世的承诺,国际贸易[①]要遵循非歧视原则、市场开放原则和公平竞争原则,我国各级人民政府都有义务确保 WTO 规则和我国承诺的履行。如果在国际贸易行政中,有涉外因素的相对人与行政机关发生冲突,可依法在我国法院提起行政诉讼。

(二)反倾销、反补贴行政案件

按照《最高人民法院关于审理反倾销行政案件应用法律若干问题的规定》和《最高人民法院关于审理反补贴行政案件应用法律若干问题的规定》,反倾销行政案件是指:不服有关倾销及倾销幅度、损害及损害程度的终裁决定的案件;不服有关是否征收反倾销税的决定以及追溯征收、退税、对新出口经营者征税的决定的案件;不服有关保留、修改,或者取消反倾销税以及价格承诺的复审决定的案件;依照法律、行政法规规定可以起诉的其他反倾销行政行为的案件。反补贴行政案件是指:不服有关补贴及补贴金额、损害及损害程度的终审裁定的案件;不服是否征收反补贴税以及追溯征收的决定的案件;不服有关保留、修改,或者取消反补贴税以及承诺的复审决定的案件;依照法律、行政法规规定可以起诉的其他反补贴行政行为的案件等。

---

① 主要指货物贸易,服务贸易可通过谈判达成协议。

反倾销行政案件与反补贴行政案件的特点是:第一,作出此类行为的主体级别高,为国务院主管部门;第二,此类案件的影响大,处理不当,可能会升格为国家间的纠纷;第三,实行严格的案卷审查制度。

(三) 其他涉外行政案件

除上述两类涉外行政案件外,还有其他涉外行政案件,如外国人缴纳所得税的案件,外国人违反治安管理的处罚案件,外国人违反卫生法律法规的强制措施案件等。

四、涉外行政诉讼的意义

涉外行政诉讼作为行政诉讼的组成部分,具有行政诉讼的一般意义。如纠正行政机关违法行为、促进行政机关依法行政、保护相对人合法权益、维护行政法秩序等。除此之外,涉外行政诉讼作为我国加入 WTO 的一项重要承诺,还具有十分特殊的意义。

第一,有利于改善我国的投资环境。外国人或外国企业来我国投资,最大的担心就是投资风险,因此,制度保障十分重要。外商是否投资中国,在很大程度上取决于我国是否有一个较完备、公正的法律制度环境。尤其是当作为相对人的外国人或外国企业与作为管理者的政府或行政机关发生纠纷时,是否有合理的法律途径加以解决。涉外行政诉讼正是以解决涉外行政纠纷为己任,无疑在保障外商的合法权益、增强外商的投资信心、促进经济发展方面具有重要意义。

第二,有利于促进我国的对外开放。自 20 世纪 70 年代末我国打开国门后,和外国的交往增多,除了外商投资外,还有许多外国人及无国籍人来中国留学、工作、旅游观光等。尤其是我国入世以后,对外开放的力度进一步加大,涉外的行政纠纷也越来越多,涉外行政诉讼在解决涉外行政纠纷上发挥着越来越重要的作用。

第三,有利于树立我国良好的国际形象。建立完备的行政诉讼制度是我国入世承诺的重要组成部分。通过涉外行政诉讼公正地解决各类涉外行政纠纷,将充分显示我国依法治国、依法行政的决心,在世界范围内树立我国良好的国际形象。

第二节　涉外行政诉讼的原则

涉外行政诉讼的原则，是指反映涉外行政诉讼的基本特点和规律，对涉外行政诉讼具有普遍指导意义的基本规则。涉外行政诉讼的原则有两类：一类是既适用于一般行政诉讼又适用于涉外行政诉讼的一般原则，另一类是仅适用于涉外行政诉讼的特别原则。一般原则在行政诉讼的原则部分已经阐述，这里主要分析涉外行政诉讼的特别原则。

按照我国《行政诉讼法》的规定，涉外行政诉讼的特别原则主要有以下三项：

一、国家主权原则

国家主权原则，是指人民法院审理涉外行政案件，必须维护国家主权。在我国，只有人民法院享有行政审判权，对外代表国家。外国人、无国籍人、外国组织在我国提起行政诉讼，只能由人民法院进行审判。国家主权原则具体有以下要求：

第一，涉外行政案件的审判权统一由人民法院行使。人民法院统一行使行政审判权，可以确保法律适用的统一和审判的严肃和公正。如果涉外行政案件的审判权可以由其他机关行使，则容易造成法出多门。当然，在我国境内发生的涉外行政纠纷更不得由外国法院审判，否则，就是对我国主权的严重侵害。

第二，涉外行政诉讼必须适用《行政诉讼法》的规定。我国缔结和参加的国际条约与《行政诉讼法》有不同规定的，适用该国际条约的规定。但我国声明保留的条款除外。具体要掌握如下几点：一是我国《行政诉讼法》没有规定但国际条约有规定的，依国际条约的规定办理；二是国际条约和我国《行政诉讼法》均有规定，但前者更具体的，按前者办理；三是国际条约和《行政诉讼法》的相关规定发生冲突时，依国际条约的规定办理。

需要说明的是，这里对国际条约的适用主要涉及程序方面，实体法律的适用要将国际条约先转化为国内法，才具有适用性。

第三,在涉外行政诉讼中,必须使用我国通用的语言文字。语言文字和国家主权密切相关。按照国家主权原则,外国当事人提交诉状时须附具中文译本。法院在开庭审理时,必须使用中国通用的语言文字。当事人要求提供翻译的,应当提供,但翻译费用由当事人自己承担。

第四,涉外行政诉讼必须委托我国律师出庭应诉。对此问题,详见本章第三节的说明。

二、平等原则

平等原则,又称同等原则,是指在涉外行政诉讼中,外方当事人与我国公民、法人有同等的地位。《行政诉讼法》第98条规定:"外国人、无国籍人、外国组织在中华人民共和国进行行政诉讼,适用本法。法律另有规定的除外。"第99条第1款规定:"外国人、无国籍人、外国组织在中华人民共和国进行行政诉讼,同中华人民共和国公民、组织有同等的诉讼权利和义务。"

平等原则是国际法上"非歧视原则"或"国民待遇原则"在涉外行政诉讼中的具体体现。"非歧视原则"或"国民待遇原则"是国际交往的一项重要原则,更为WTO所要求。该原则是指本国国民享有的权利,要同等地赋予境内的外国人。具体在行政诉讼中,是指中国公民、组织所享有的诉讼权利,如起诉权、上诉权、举证权、辩论权等,外国人都同等地享有;中国公民、组织所承担的诉讼义务,如合法行使诉讼权利的义务、遵循法庭秩序的义务等,外国人也要同等地履行。平等原则强调的是,无论是我国公民、组织还是外国人、无国籍人、外国组织都平等地受到法律的保护,体现了法律面前人人平等的精神。

需要指出的是,平等原则并不是无条件的,平等原则要受对等原则的限制。

三、对等原则

对等原则,是指在涉外行政诉讼中,如果外国法院对我国公民、组织的诉讼权利加以限制的,我国法院对该国公民、组织的诉讼权利也加以限制。《行政诉讼法》第99条第2款规定:"外国法院对中华人民共和国公民、组织的行政诉讼权利加以限制的,人民法院对该国公民、组织的行政诉讼权利,实行对等原则。"

对等原则是国家主权原则的延伸,也是平等原则的补充。国与国之间的交往以平等互惠为基础,诉讼活动也是如此。在行政诉讼中,各国应本着互惠的精神,互相给予对方国家的当事人以充分的诉讼权利,不应限制,更不能歧视外国公民和组织。但国际关系比较复杂,难以保证平等互利原则的全面实施。一旦发生外国法院限制我国公民、组织诉讼权利的情况,我国将采取对等行为,限制该国公民、组织的诉讼权利。

在实践中,对等原则具体包含以下内容:

第一,对等原则在涉外行政诉讼中主要适用于对诉讼权利的限制。外国法院限制我国公民、组织诉讼权利的,我国也对该国公民、组织的诉讼权利对等地予以限制。如果外国法律在诉讼权利方面赋予我国公民更多的诉讼权利时,不适用对等原则。

第二,外国对我国公民、组织行政诉讼权利的限制,无论采取何种形式,都应对等地予以限制。限制我国公民、组织诉讼权利的形式多样,可以是立法限制,也可以是实务中的限制。诉讼权利的限制可能仅适用于我国公民、组织,也可能对所有外国公民、组织都适用。无论采取上述限制形式的哪一种,都适用对等原则。

第三,对等原则如何适用,应根据具体情况决定。如果法律有明文规定的,适用法律的规定;如果法律没有明文规定的,则要视具体情况决定。

第三节 涉外行政诉讼的特别制度

作为行政诉讼的重要部分,涉外行政诉讼原则上要遵循《行政诉讼法》的规定,但考虑到其特殊性,在具体的诉讼制度上又有一些特殊设计。

一、代理制度

在涉外行政诉讼中,由于当事人一方为外国人、无国籍人或外国组织,他们对我国的法律及司法程序不熟悉,因此,建立诉讼代理制度十分必要。诉讼代理包括两部分:一部分是律师代理,另一部分是律师以外的代理,如个人代理、社会团体代理等。以下对这两部分代理分别予以分析。

关于律师代理,我国《行政诉讼法》第100条规定:"外国人、无国籍人、外国组织在中华人民共和国进行行政诉讼,委托律师代理诉讼的,应当委托中华人民共和国律师机构的律师。"这是因为律师制度是一个国家司法制度的组成部分,任何主权国家都不准许外国律师在本国以律师的身份代理诉讼。

《行政诉讼法》第100条具有以下内涵:

第一,外国人、无国籍人、外国组织在我国进行行政诉讼,有权自主决定是否委托律师。可以委托律师,也可以不委托律师,还可以委托律师以外的其他人作为诉讼代理人参加诉讼。

第二,外国人、无国籍人、外国组织如果决定委托律师以律师身份或名义代理诉讼,则只能委托我国律师机构的律师。我国《律师法》规定,外国律师不得在我国开设律师事务所或与我国律师合伙开业;外国律师不得在我国开业;不得以律师名义在我国代理诉讼和出庭等。《行政诉讼法》对委托律师的限制和《律师法》的规定是一致的。

关于律师以外的代理,《行政诉讼法》没有特别规定,这意味着可以适用一般行政诉讼关于代理的规定。按照《行政诉讼法》第31条的规定,外国人、无国籍人、外国组织在我国进行行政诉讼可以委托中华人民共和国律师、基层法律服务工作者,当事人的近亲属或者工作人员,当事人所在社区、单位以及有关社会团体推荐的公民。

外国人、无国籍人、外国组织委托我国律师代理诉讼,但在我国境内没有住所,需要通过域外寄交或托交的,应经所在国公证机关证明,并且经我国驻外使领馆认证,或者履行我国与外国约定的有关证明手续后,该委托书才能生效。

二、管辖制度

涉外行政诉讼由于涉及国家司法主权,又对外影响重大,因而,对其管辖的规定要考虑涉外行政案件的特点,以确保对案件的公正审判。《行政诉讼法》没有对涉外行政诉讼的管辖作专门规定,《行诉解释》第5条规定,涉外案件由中级人民法院管辖。按照《最高人民法院关于审理国际贸易行政案件若干问题的规定》《最高人民法院关于审理反倾销行政案件应用法律若干问题的规定》以及《最高人民法院关于审理反补贴行政案件应用法律若干问题的规定》,第一审国际贸易行政案件由具有管辖权的中级以上人民法院管辖,第一审反倾销行政案件、反补贴行政案件由被告所在地高级人民法院指定的中级人民法院或被告所在地高级人民法院管辖。

三、证据制度

在证据制度方面,涉外行政诉讼与一般行政诉讼没有根本差异。但由于涉外行政诉讼的当事人一方是外国人、无国籍人、外国组织,有些证据可能在我国域外形成,法院审查证据有一定困难,因此,《行政诉讼证据规定》对我国域外证据的效力作了明确规定。该司法解释第16条第1款规定,当事人向人民法院提供的在中华人民共和国领域外形成的证据,应当说明来源,经所在国公证机关证明,并经中华人民共和国驻该国使领馆认证,或者履行中华人民共和国与证据所在国订立的有关条约中规定的证明手续。第57条规定,在中华人民共和国域外形成的未办理法定证明手续的证据材料不能作为定案依据。可见,域外形成的证据可采与否,在很大程度上依赖于其是否办理法定证明手续。

需要指出的是,域外证据的效力规定不限于涉外行政诉讼,在一般行政诉讼中,如果当事人提供的证据在域外形成,同样需要办理法定证明手续。但相比之下,涉外行政诉讼对域外证据的运用会多一些,故在这里作特别说明。

四、期间制度

在涉外行政诉讼中,期间制度十分重要。这主要是因为期间直接涉及当事人的诉讼权利义务,而外籍当事人大多在国内没有住所。对涉外行政诉讼的期间,《行政诉讼法》没有涉及,可参照《民事诉讼法》以及《最高人民法院关于适用〈中华人民共和国民事诉讼法〉的解释》的有关规定。

从已有规定看,涉外行政诉讼期间的特点是对不居住在我国境内的外籍当事人,对有关期间适当予以延长。具体内容如下:

第一,在中华人民共和国没有住所的外籍当事人,不服第一审人民法院行政判决、裁定的,有权在行政判决书、裁定书作出之日起30日内提起上诉。在中华人民共和国没有住所的外籍被上诉人在收到上诉状副本后,应当在30日内提出答辩状。当事人不能在法定期间提出上诉或提出答辩状,申请延期的,是否准许,由人民法院决定。

第二,人民法院审理涉外行政案件的期限,不受一般审理期限的限制。按照《行政诉讼法》的规定,审理一审行政案件的期限是6个月,审理二审行政案件的期限是3个月。考虑到人民法院在审理涉外行政案件的过程中,调查取证、传唤当事人、送达诉讼文书等有相当难度和复杂性,法院审理这类案件需要更多的时间和精力,因此,审限可适当延长。

第三,对居住在境外的当事人,有关诉讼法律文书的送达期限有特殊规定。受送达人所在国的法律允许邮寄送达的,可以邮寄送达。自邮寄之日起满3个月,送达回证没有退回,但根据各种情况足以认定已经送达的,期间届满之日视为送达。如果采用公告送达,自公告之日起满3个月,即视为送达。

五、送达制度

涉外送达包括两部分:一部分为涉外行政诉讼的送达,指人民法院按照法定程序和方式,将涉外诉讼文书和法律文书交付或呈示给境外外籍当事人(包括外国人、无国籍人和外国组织)的诉讼行为。另一部分为一般行政诉讼的涉外送达,指行政诉讼的当事人不在我国境内居住的,人民法院的送达行为。《行政诉讼法》对涉外送达问题没有规定,可参照《民事诉讼法》的有关规定执行。

按照《民事诉讼法》第283条的规定,行政诉讼的涉外送达方式有:

(一) 条约方式送达

该方式适用于受送达人所在国与我国签订有双边或多边国际条约,其中涉及诉讼文书送达的情况。目前,我国已先后与法国、波兰等国签订了司法协助协议。根据协议,各有关国家要指定一个机关作为中央机关和有权接受外国通过领事途径转递的文书的机关。当向缔约国当事人送达诉讼文书时,先将请求书和送达的诉讼文书送交所在国的中央机关,再由该机关安排送达。

(二) 外交送达

不具备按条约方式送达的条件的,可按互惠原则通过外交途径送达。按照最高人民法院、外交部、司法部《关于我国法院和外国法院通过外交途径相互委托送达法律文书若干问题的通知》的规定,外交途径送达按下列程序办理:(1) 送达的法律文书需经有关省、自治区、直辖市高级人民法院审查,由外交部领事司负责转递;(2) 须注明受送达人姓名、性别、年龄、国籍及其在国外的详细外文地址,并将该案的基本情况函告外交部领事司;(3) 附具送达委托书。此外,按对等原则收取送达诉讼文书的费用。

(三) 委托送达

这里又分为五种情况:

第一,对具有中华人民共和国国籍的受送达人,可以委托中华人民共和国驻受送达人所在国的使领馆代为送达。

第二,受送达人在我国境内有委托的诉讼代理人,并授权代其接受送达的,可直接向其诉讼代理人送达。诉讼代理人收文的日期也就是送达日期。通过向受送达人的诉讼代理人送达,是国际上比较通行的做法。

第三,向受送达人在我国领域内设立的独资企业、代表机构、分支机构或者有权接受送达的业务代办人送达。这里主要是针对外国组织而言的。

第四,受送达人为外国人、无国籍人,其在我国领域内设立的法人或者其他组织中担任法定代表人或者主要负责人,且与该法人或者其他组织为共同被告的,向该法人或者其他组织送达。

第五,受送达人为外国法人或者其他组织,其法定代表人或者主要负责人在我国领域内的,向其法定代表人或者主要负责人送达。

（四）邮寄送达

受送达人所在国的法律允许邮寄送达的,可以邮寄送达,自邮寄之日起满3个月,送达回证没有退回,但根据各种情况足以认定已经送达的,期间届满之日视为送达。

（五）电子方式送达

采用能够确认受送达人收悉的电子方式送达,但是受送达人所在国法律禁止的除外。

（六）其他送达方式

以受送达人同意的其他方式送达,但是受送达人所在国法律禁止的除外。

（七）公告送达

不能用上述方式送达的,公告送达,自发出公告之日起,经过60日,即视为送达。

思考题

1. 我国涉外行政诉讼的概念及特征是什么？
2. 简述我国涉外行政诉讼的代理制度。
3. 简述我国行政诉讼的送达制度。

本章参考书目

1. 应松年主编:《行政诉讼法学》,中国政法大学出版社1999年版。
2. 胡建淼主编:《行政诉讼法学》,高等教育出版社2003年版。
3. 全国人大常委会法制工作委员会行政法室编:《行政诉讼法立法

背景与观点全集》，法律出版社 2015 年版。
4. 江必新主编：《中华人民共和国行政诉讼法理解适用与实务指南》，中国法制出版社 2015 年版。
5. 袁杰主编：《中华人民共和国行政诉讼法解读》，中国法制出版社 2014 年版。
6. 江必新、邵长茂：《新行政诉讼法修改条文理解与适用》，中国法制出版社 2015 年版。

第十一章　行政赔偿诉讼

内容摘要　在我国，由于"官本位"封建政治传统的影响和管制行政形态的惯性，行政主体责任意识淡漠，只实施行政活动而不承担责任的情况相当普遍，甚至在行政权力违法运用并对公民权利造成侵害时，也不承担行政责任。行政责任关乎政府生命。世界上鲜有不做错事的政府，但政府做错事后承担责任，就能得到民众的信任，从而获得长久的生命力。如果政府做错事后不承担责任，就会助长行政权力的恣意，陷政府于责任危机。从 1995 年起实施的包括行政赔偿在内的国家赔偿制度，是我国公共权力运行规制方面的巨大进步。这一制度系统地规范了国家承担责任的方式与程序，因而从根本上提高了行政相对人的法律地位，使行政相对人的合法权益受到实质性保护。本章主要阐述了行政赔偿的概念与作用、行政赔偿的范围、行政赔偿请求人与行政赔偿义务机关、行政赔偿方式与计算等问题。

学习重点　行政赔偿的概念与成立要件；行政赔偿的范围；行政赔偿请求人与行政赔偿义务机关；行政赔偿程序。

第一节　行政赔偿的概念与作用

一、行政赔偿的概念

行政赔偿是指行政主体及其行政公务人员违法行使职权侵犯公民、法人和其他组织的合法权益并造成损害，由赔偿义务机关予以赔偿的法律制度。理解行政赔偿概念，需要注意行政赔偿与行政补偿、行政赔偿与刑事赔偿、行政赔偿与民事赔偿等的区别。

行政赔偿不同于行政补偿。行政补偿是指行政相对人的权益因行政主体及其行政公务人员合法行政或因公共利益而遭受损失，由行政主体主动予以适当补偿的法律制度,例如土地征用补偿、财产国有化补偿等。行政补偿的上述概念,反映了行政补偿的四个特点,即行政补偿的起因是合法与正义行为所造成的行政相对人的权益损失;行政补偿的实施不需行政相对人的申请,而由行政主体依法主动进行;行政补偿的程度是一种适当补偿而不是完全补偿;行政补偿的目的是对相对人的权益损失提供救助。行政赔偿与行政补偿的主要区别在于引起赔偿与补偿的行为性质不同。从行政行为上看,引起赔偿的行为在性质上是违法的、不正当的,而引起补偿的行为在性质上是合法的、正当的。为了突出赔偿与补偿的这种差别,学界通常将赔偿称为"损害赔偿",将补偿称为"损失补偿"。此外,行政赔偿与行政补偿在救济程度上也有所不同。行政补偿只是适当补偿当事人所受损失,其救济程度不如行政赔偿,而行政赔偿除有救济行政相对人所受损害的目的外,还有惩戒行政侵权损害行为的目的,因此必须尽量达到人权保护的一般水准。

行政赔偿不同于刑事赔偿。刑事赔偿是指行使侦查、检察、审判、监狱管理职权的机关及其工作人员在行使职权时侵犯公民、法人和其他组织的合法权益并造成损害,由赔偿义务机关给予受害人的赔偿。行政赔偿与刑事赔偿同属于国家赔偿,二者之间的区别在于侵权主体和侵权原因不同。前者是因行政主体及其行政公务人员行使行政职权产生,后者是因侦查、检察、审判、监狱管理机关及其工作人员行使侦查、检察、审判、监狱管理职权产生。

行政赔偿亦不同于民事赔偿。民事赔偿是指民事主体因侵权或违反合同而承担的一种法律责任。行政赔偿与民事赔偿的区别主要有四个方面。其一,行政赔偿的赔偿人与请求人之间是行政管理关系,民事赔偿的赔偿人与请求人之间是平等主体间的民事关系。其二,行政赔偿的起因是行政违法,民事赔偿的起因则是平等主体间的侵权损害行为或违约行为,与行政违法无关。其三,行政赔偿对受害人的救济一般不如民事赔偿充分。例如,对侵犯人身权的赔偿,行政赔偿有最高限额,民事赔偿则没有最高限额。其四,行政赔偿的费用来自国家财政,民事赔偿的费用则来自赔偿人的自有财产。

二、行政赔偿的成立要件

根据行政赔偿的概念,行政赔偿的成立要件主要有四点:

其一,引起行政赔偿的侵权损害行为的主体是行政主体及其行政公务人员。"行政公务人员"的范围包括国家公务员和其他行政公务人员。政党、人民团体、国有企业、事业单位等不是引起行政赔偿的侵权损害行为主体。

其二,引起行政赔偿的侵权损害行为是行政主体及其行政公务人员行使行政权力、实施行政管理的行为,即职权行为。学理上对职权行为的理解有两种:一种是将职权行为理解为行政主体及其行政公务人员在其职责范围内执行公务的一切行为(包括非权力性行为);另一种是将职权行为理解为行政主体及其行政公务人员行使行政权力,对相对人实施管理的单方面行为。《国家赔偿法》并未对职权行为作出明文解释,但是,从《国家赔偿法》对行政赔偿范围的规定看,职权行为主要是指后一种行为。这类行为均带有命令——服从的特点,即国家强制特点,直接影响行政相对人的权利义务。据此可以推论出,行政公务人员作出的与职权行为无关的个人侵权行为,不能引起国家行政赔偿责任,所产生的法律后果由行政公务人员自己承担;国有公共设施因设置、管理欠缺所造成的损害,也不能引起国家行政赔偿责任,受害的公民、法人和其他组织有权要求得到民事赔偿。

其三,引起行政赔偿的侵权损害行为是违法行政行为,例如违法拘留、非法拘禁、违法实施罚款、违法查封财产等。

其四,引起行政赔偿的侵权损害行为确已损害了行政相对人的合法权益,且损害的大小和范围可以确定。[①] 一方面,有侵权不一定有损害。例如,违法行政处罚决定一经作出即构成侵权,但在处罚决

---

① 我国现行行政赔偿采取的是"直接物质性损害赔偿"标准。按照这一标准,赔偿请求人即使获得赔偿,赔偿的数额也是很低的。根据北京市的统计,《国家赔偿法》实施以来,行政赔偿案件的最高赔偿额为2万元,绝大部分只有千元左右。这不仅对受害人不公平,无法弥补受害人的损失,而且无异于纵容行政违法,这也是《国家赔偿法》受到非议最多的地方。因此,有必要提高行政赔偿的标准,将"可得利益损失"纳入行政赔偿范围,从而使行政赔偿摆脱"画饼充饥"的尴尬处境。

定执行之前,则只存在侵权事实,而不存在损害事实,被处罚人不能要求行政赔偿。另一方面,无法确定的损害不能得到赔偿。例如,就业机会的丧失肯定会对当事人造成损害,但这种损害是无法确定的,因此不能获得赔偿。

三、行政赔偿的作用

行政赔偿的作用主要表现在四个方面。

(一)权利救济作用

行政主体及其行政公务人员违法行使职权侵犯公民、法人和其他组织的合法权益造成损害时,行政赔偿可以使受害人的权利得到救济。例如,行政诉讼如果没有行政赔偿制度,受害人只能在诉讼中请求人民法院撤销违法行政行为、请求人民法院责令被告重新作出行政行为或在规定的期限内履行职责。这些救济手段虽然可以起到迫使被告停止侵害的作用,但对于违法行政行为已经造成的损害却无法予以救济,而这恰恰是行政赔偿所要解决的问题。权利救济作用是行政赔偿的主要作用,也是国家实行国家赔偿制度的根本目的。

(二)制约防范作用

国家行政赔偿具有制约和防范行政主体及其行政公务人员作出违法行政行为的作用。因为,一旦违法行政行为侵犯行政相对人的合法权益并造成实际损害,不仅国家要承担行政赔偿责任,而且可以通过其他措施,例如对直接责任人给予行政处分、规定侵权机关为赔偿义务机关、责令责任人员和责任机关承担部分或全部赔偿费用等,把履行职务的状况和行政主体及其行政公务人员的切身利益结合起来,进而达到制约、防范行政职权行为违法侵权活动的目的。

(三)社会平衡作用

由于国家行政赔偿制度的建立,行政公务活动的受害人可以从国家得到相应的赔偿,这就缓解甚至消除了国家与个人之间的矛盾以及行政相对人对行政公务活动的不满情绪,使行政管理活动能够顺利进行。通过这样的方法,使国家赔偿机制在保护行政相对人合法权益和增进国家行政活动效能之间保持一种合理的平衡。

（四）文明标示作用

衡量一个社会文明程度的重要标尺即是国家和政府是否和人民一样有守法的义务，是否在违法后也要承担相应的法律责任。行政赔偿以及其他类型的国家赔偿便是国家和政府对人民承担侵权责任的方式。人们可以从包括行政赔偿在内的国家赔偿制度的有无或好坏去观察一个国家文明发展的水平，特别是民主与法治的真实状况。无论如何，一个对人民不承担违法责任的国家不能说是一个文明的国家。因此，以行政赔偿为主体的国家赔偿制度的建立，是社会文明发展的必然要求，也是社会进步的衡量尺度。

第二节 行政赔偿的范围

一、行政赔偿范围的概念

行政赔偿范围是指导致行政赔偿责任的行政侵权损害行为的范围，主要回答行政主体及其行政公务人员的哪些侵权损害行为需要承担赔偿责任。我国《国家赔偿法》在确定行政赔偿范围时，遵循了"合理限制、突出重点"的指导思想。

首先，从民主、人权的政治理念出发，行政赔偿制度应当对行政机关职权行为违法侵权所造成的一切损害负责。但是，由于我国是一个发展中国家，国力相对薄弱，国家能够拿来用作行政赔偿的资金有限，因而在确定行政赔偿范围时必须考虑我国现有国情条件的承受能力，对行政赔偿的范围给予合理限制。

其次，究竟行政主体的哪些违法侵权损害行为应当纳入行政赔偿范围呢？在考虑这一问题时，既要使我国的行政赔偿达到一定标准，使之符合世界行政赔偿制度发展的潮流与人权保护的一般水准；又要根据国家现有国力，将行政赔偿范围限定在那些性质较为严重、对行政相对人权益威胁较大、亟待得到救济的行政侵权损害行为上。

二、行政赔偿范围的法律规定

按照《国家赔偿法》的规定，行政赔偿范围包括侵犯人身权的行政赔偿范围、侵犯财产权的行政赔偿范围以及国家不承担行政赔偿责任的情形。

（一）侵犯人身权的行政赔偿范围

行政主体及其行政公务人员在行使行政职权时侵犯公民人身权的行政赔偿范围是：

（1）违法拘留或者违法采取限制公民人身自由的行政强制措施。这里的拘留指的是行政拘留，限制公民人身自由的行政强制措施指的是强制医疗、强制遣送、强制传唤等。行政主体及其行政公务人员违反法定条件、范围、方式、方法和程序拘留或者限制公民人身自由，即构成侵犯人身权，由此引起的损害应由国家给予行政赔偿。

（2）非法拘禁或者以其他方法非法剥夺公民人身自由。行政主体及其行政公务人员并没有拘禁或剥夺公民人身自由的法定权力，但却拘禁或者以其他方法剥夺公民人身自由的，即构成非法拘禁，例如私设公堂、私设牢房、关禁闭室、强行办学习班等。所有这些行为造成的损害均在国家行政赔偿范围之内，并且直接责任人还将按照《刑法》的有关规定承担刑事责任。

（3）以殴打、虐待等行为或者唆使、放纵他人以殴打、虐待等行为造成公民身体伤害或者死亡。殴打行为是指使用工具或者不使用工具打击公民身体的一种攻击性侵害行为，是一种作为行为。而虐待行为的表现形式则多种多样，既有作为型的暴力性虐待行为，也有不以作为形式作出的非暴力性虐待行为。实践中，虐待行为以及放纵他人殴打和虐待行为已经成为一种常见的行政公务人员侵犯公民身体健康权的手段，而那些非暴力性的虐待行为和不作为行为则被排除在1994年《国家赔偿法》的救济范围之外，使受害者索赔无门。为此，《国家赔偿法》自2010年修正后，取消了"暴力行为"这一表述，将虐待行为以及放纵他人殴打、虐待行为作为行政公务人员侵害公民身体健康权的典型行为加以列举，以求进一步扩大公民获得行政赔偿的范围。需要指出的是，行政公务人员唆使、放纵他人作出的侵犯公民人身权的行为本身不是行政公务人员职责内行为，而是行政公务人员的个人行为，但是，由于这种行为与行政公务人员所行使的职权有关，因而《国家赔偿法》规定这类行为的受害人可以向国家请求行政赔偿。

（4）违法使用武器、警械造成公民身体伤害或者死亡。违法使用武器、警械的行为有两种，一种是依法不享有持有和使用武器、警械的权力而在执行公务时使用武器、警械；另一种是依法享有持有和使用武器、警械的权力而在执行公务时未按法定条件、程序使用武器、警械。

（5）造成公民身体伤害或者死亡的其他违法行为。行政主体及其行政公务人员作出的违法损害公民人身自由权、生命健康权的职权行为，凡无法归入前述列举行为的，受害人可以依照此项规定要求行政赔偿。需要指出的是，公民人格权（名誉权、荣誉权）受到侵害的，受害人不能要求金钱或实物形式的国家行政赔偿。

（二）侵犯财产权的行政赔偿范围

行政主体及其行政公务人员在行使行政职权时侵犯公民财产权的行政赔偿范围是：

（1）违法实施罚款、吊销许可证和执照、责令停产停业、没收财物等行政处罚。违法实施行政处罚的情况有三种，即行政处罚决定合法但实施过程违法、行政处罚决定违法但实施过程合法以及行政处罚决定与实施过程都违法等。其中任何一种情形造成行政相对人合法权益受损的，受害人均可以请求国家行政赔偿。本规定在具体适用时，应注意以下问题：首先，未经实施的行政处罚决定，即使违法也不能引起国家行政赔偿责任。其次，行政相对人违法事实属实，证据确凿，但因行政主体适用法律错误、越权或者处罚显失公正而导致行政处罚的撤销或变更，相对人不能当然取得请求国家赔偿的权利，这种权利的有无或大小要根据新作出的合法行政处罚决定而定。如果后罚与前罚相同或重于前罚，则行政相对人不能请求行政赔偿；如果后罚轻于前罚或者前罚包含了后罚所没有的罚种，则行政相对人可就此差异部分提出行政赔偿请求。

（2）违法对财产采取查封、扣押、冻结等行政强制措施。查封（对不动产就地封存，不准权利人使用或处分）、扣押（将某种动产强置于行政主体的保管和控制之下）、冻结（临时禁止公民、法人和其他组织动用其银行账户内的资金）均是常见的对财产的行政强制措施。违法实施行政强制措施,侵犯行政相对人的合法财产权益,均在国家行政赔偿范围之列。

(3) 违法征收、征用财产。行政机关违法征收、征用财产的主要表现形式有三种:第一,征收、征用财产缺乏法律依据;第二,未依据法律、法规规定的程序、限额等进行征收、征用财产;第三,未按照法定目的向相对人征收、征用财产。征收、征用财产应当具有公益性,如果行政机关为了本机关利益或某些私人利益而向相对人征收、征用财产,即属于违法征收、征用。行政机关违法征收、征用财产构成对公民、法人或者其他组织合法权益的侵害,受害人有权要求国家承担行政赔偿责任。

(4) 造成财产损害的其他违法行为。除非有法律的例外规定,行政主体作出的造成相对人财产损害的一切违法职权行为都属于国家行政赔偿范围。例如,行政主体违法侵犯企业经营自主权的行为,行政主体拒不履行其保护公民、法人和其他组织财产权的法定职责的行为等。

(三) 国家不承担行政赔偿责任的情形

《国家赔偿法》在明确规定行政赔偿范围时,也规定了国家不承担行政赔偿责任的几种情形:

其一,行政主体及其行政公务人员与行使职权无关的个人行为。判断行政公务人员的行为是否为职权行为,应综合考虑时间、名义、公益、职权等四要素,即综合考虑行政公务人员的行为是否在上班时间、是否冠以所属组织的名义、是否以公共利益为目的、是否属于职权范围。行政公务人员的行为凡符合上述四要素的,都应当认定为职权行为。对于那些没有法定时间限制的行为,凡符合上述四要素中后三个要素的,也应当认定为职权行为。

实际上,判断行政公务人员的行为是否为职权行为有一个最简便标准,即职权标准,学界将此概括为"职权相关论",即行政公务人员的行为是否基于行使行政职权或履行法定职责,如果是,则无论其行为是否违法,都是职权行为。例如,警察甲对乙实施治安拘留,并在拘留过程中殴打了乙。在这里,警察的整个执法过程被分成了两个行为,即治安拘留行为和打人行为,一个是职权行为,另一个是非职权行为。但是,警察的非职权行为作为职权行为的延续,与职权行为联系紧密,以至于不可分割。也就是说,警察的打人行为与行使职权密切相关,因此是职权行为。由此推论,行政公务人员的非职权行为,即使利用了职务上的影响和便利,并对行政相对人的合法权益造成了损害,国家也不负赔偿责任。仍以上例说明。警察甲拘留了乙,警察丙由于与乙有私怨,到看守所殴打了乙,则丙的行为显然不是职权行为,因为丙并未实施对乙进行拘留的职权行为。

其二,因公民、法人和其他组织自己的行为致使损害发生。因公民、法人和其他组织自己的行为所导致的损害,不能请求国家行政赔偿,因为这种损害与行政主体及其行政公务人员的职权行为无关。《国家赔偿法》的这项规定说明,国家对假冒行政机关及其工作人员行使职权所造成的损害不负赔偿责任,对表面与行政机关的职权行为有关但实际无关的损害亦不负赔偿责任。例如,公民错误地认为行政机关的决定对其不公而自杀,死者亲属或继承人不能要求国家赔偿。

其三,法律规定的其他情形。《国家赔偿法》作出此项规定的目的是为将来通过单行法律具体排除某些行政事项的国家赔偿责任提供立法依据。这里的"法律"是狭义的,专指全国人民代表大会及其常务委员会依照立法程序通过的规范性文件。

三、行政赔偿范围的扩展问题

如前所述,我国《国家赔偿法》在确定行政赔偿范围时,遵循了"合理限制、突出重点"的指导思想。这一指导思想无疑是正确的,但问题在于我国行政赔偿制度对于行政赔偿范围的限制是否合理或者还有哪些不合理。对于这一问题,国内行政法学界议论颇多,有学者提出了行政赔偿范围的扩展问题,主张将抽象行政行为侵权损害、行政失职侵权损害、行政侵权造成的精神损害以及公共设施设置、管理欠缺造成的损害等纳入行政赔偿的范围。[①] 这些议论对于完善国家赔偿制度无疑是有价值的。将抽象行政行为的侵权损害纳入行政

---

① 应松年:《建议修改〈国家赔偿法〉》,载《政府法制》2001年第10期。

赔偿范围目前尚有一定困难,但将行政不作为侵权损害、行政侵权造成的精神损害、公共设施设置或者管理欠缺致害纳入行政赔偿范围则是可行的。当然,行政赔偿范围的确定受制于多重条件,诸如国家财力条件、民主宪政程度等。经过四十余年的改革开放,我国的综合国力和公民权利意识都有了显著增强。在这种情况下,适度扩大行政赔偿的范围不仅是必要的,而且是可能的。

(一) 关于行政失职侵权损害的行政赔偿问题

依照法律规定,行政主体及其行政公务人员对其行政失职行为必须承担在一定期限内履行职责的法律责任。但是,在行政失职已经给相对人造成人身、财产损失,履行职责已无必要和可能时,即在发生行政失职侵权损害的情况下,行政主体及其行政公务人员的法律责任应如何确定呢?在这种情况下,有权机关固然可以追究有关责任人员的法律责任,甚至是刑事责任,但相对人遭受的人身、财产损失又如何补偿呢?现实中,行政失职侵权损害甚至是重大损害的情形绝非个别,但《国家赔偿法》对于行政失职侵权损害赔偿并未作出明确规定,这不仅引发了学术上的争论和司法实践上的推诿,而且不利于保护行政相对人的合法权益。有鉴于此,《国家赔偿法》应对行政失职侵权损害赔偿作出明确规定。

行政失职侵权损害的行政赔偿在操作上具有一定的难度。行政失职侵权损害常与其他侵权损害(例如民事侵权损害)相互交织,给因果关系的认定带来了困难,并由此影响到赔偿责任的认定。实际上,只要行政主体及其行政公务人员负有保护行政相对人合法权益的法定作为义务但又不履行这种义务,并造成行政相对人合法权益受损的,则行政失职与行政相对人合法权益受损之间就构成因果关系,行政主体就应当承担行政赔偿的责任。例如,公民在人身权或财产权正在遭受侵害时,请求公安机关履行保护职责,但公安机关对此请求置之不理或明确加以拒绝,致使损害实际发生,公民就可以直接请求不履行职责的行政机关给予行政赔偿。

提出将行政失职侵权损害纳入行政赔偿范围,目的是促使行政主体及其行政公务人员积极地履行法定职责,这在国外早已有之。美国《联邦侵权赔偿法》规定,行政赔偿责任的范围不仅及于政府官员的违法作为行为,也及于不作为行为。例如,公共场所发生斗殴事件,警察在场而不予制止,警察局对其造成的损失应负赔偿责任;在交通要道或国家公园施工,行政机关未设置警告牌予以告示,造成路人或游客人身伤害和财产损失的,行政机关应负赔偿责任。[①] 在我国,尽管《国家赔偿法》并未明确规定行政失职侵权损害赔偿问题,但最高人民法院已有"公安机关不履行法定行政职责,致使公民、法人和其他组织的合法权益遭受损害的,应当承担行政赔偿责任"的司法解释[②],为其他类型行政失职侵权损害行政赔偿提供了可能。2010年修正后,《国家赔偿法》将放纵他人以殴打、虐待等行为造成公民身体伤害或死亡的行为纳入国家赔偿的范围,正是对于将行政失职侵权损害纳入行政赔偿范围的积极响应。

(二) 关于精神损害的行政赔偿问题

行政侵权损害行为对行政相对人权益的损害既有物质的,也有精神的。例如,行政机关对行政相对人违法实施拘禁,既侵犯了行政相对人的人身权,使其健康受损,也造成了他们的精神痛苦,这种精神痛苦反过来又会加重健康受损的程度。再如,行政机关违法作出行政决定,既侵犯了行政相对人的名誉权,使其名誉受损,或使其失去应有机会,也造成了他们过重的心理负担和精神压力。由于人是有理性、有情感和有高级需求的动物,因此,行政侵权损害行为对相对人造成的精神损害,其严重后果一点不亚于物质损害,甚至会超过物质损害。将精神损害纳入行政赔偿范围,能够使相对人的合法权益得到更为全面的保护。

对于精神损害赔偿,1994年《国家赔偿法》排除了对金钱赔偿方式的适用,受害人不能像民事受害人那样要求赔偿义务机关支付精神损害抚慰金。这一规定的合理性遭到了学者和实践情形的一致否定。事实上,《国家赔偿法》如此规定,有其历史和技术原因。时任

---

① 姜明安主编:《外国行政法教程》,法律出版社1993年版,第322页。
② 四川省阆中市水观镇农民李某某诉阆中市公安局行政不作为案,后由四川省高级人民法院向最高人民法院请示,最高人民法院召开审判委员会第1182次会议,并于2001年6月26日作出答复:"由于公安机关不履行法定行政职责,致使公民、法人和其他组织的合法权益遭受损害的,应当承担行政赔偿责任。"2001年7月17日,最高人民法院的答复以司法解释的形式向全国公告并实施。

全国人大常委会法制工作委员会副主任胡康生所作的《关于〈中华人民共和国国家赔偿法(草案)〉的说明》中提出,国家赔偿的标准和方式,是根据以下原则确定的:第一,要使受害人所受到的损失能够得到适当弥补;第二,考虑国家的经济和财力能够负担的状况;第三,便于计算,简便易行。可见,沉重的国家财政负担和精神损害赔偿操作上的难题,是国家赔偿法将精神损害赔偿排除在外的主要考量。但随着我国经济、社会的发展变化,产生上述问题的基础因素已经发生了重大变化。

为此,修正后的《国家赔偿法》规定,行政行为侵犯相对人的人身权,致人精神损害的,应当在侵权行为影响的范围内,为受害人消除影响、恢复名誉、赔礼道歉;造成严重后果的,应当支付相应的精神损害抚慰金。可以说,这是一个重大的立法进步。

(三) 关于公共设施设置、管理欠缺造成损害的行政赔偿问题

我国现行行政赔偿制度只适用于行政主体违法侵权造成的损害而不适用于公共设施设置、管理欠缺造成的损害。道路、桥梁等公共设施因疏于管理而致人损害的,受害人只能依据《民法典》的规定,向负责公共设施管理的企事业单位要求赔偿。在行政赔偿制度建立之初,如果考虑不能一下子把行政赔偿的范围放得过宽的话,那么,在政府经济职能定位日益明确的情况下,公共设施损害赔偿依旧被排除在行政赔偿的范围之外,显然就不合理了。因为,在市场经济条件下,"提供公共物品"是政府的一项基本职能。政府必须对其提供的公共物品的质量负责,如果政府提供的公共物品有瑕疵而对相对人的权益造成损害,政府理应承担赔偿责任。

第三节 行政赔偿请求人与行政赔偿义务机关

一、行政赔偿请求人

行政赔偿请求人是指依法享有行政赔偿请求权并向行政赔偿义务机关提出行政赔偿要求的公民、法人和其他组织。

依照《国家赔偿法》第 6 条第 1 款的规定,享有行政赔偿请求权

的人首先是合法权益受到行政主体违法职权行为侵害的公民、法人和其他组织。这种权利并不随受害人的死亡、受害法人和其他组织的终止而消失。因此,《国家赔偿法》第6条第2款、第3款规定,受害的公民死亡,其继承人和其他有扶养关系的亲属有权要求赔偿;受害的法人或者其他组织终止的,其权利承受人有权要求赔偿。

一方面,行政赔偿实现的是受害人受到侵害的财产权,此种权利并不随权利人的死亡而消失,因而主张这种权利的请求权也不应消灭,而应随财产权的法定流向作相应的转移。在这种情况下,由于赔偿请求人即是赔偿财产所有人,因此,赔偿义务机关或人民法院在审查行政赔偿请求人的资格时,应通知所有对死者财产有继承权或受领权的人员参加,避免日后因违反《民法典》继承编的有关规定而使赔偿协议、决定或裁决无效。

另一方面,能够引起法人或者其他组织终止的方式有多种,包括撤销、解散、合并、分立、变更等。因撤销和解散引起的终止,由于没有权利的承受者,故行政赔偿请求权应在其终止前行使;因合并、分立、变更引起的终止,权利的承受者可以作为行政赔偿请求人要求行政赔偿。

二、行政赔偿义务机关

行政赔偿在性质上是一种国家赔偿。从表面上看,行政赔偿主体是一个个具体的国家行政机关,但实际上却是国家整体。抽象的国家是看不到、摸不着的,为使行政赔偿制度能够实际操作,有必要设定具体机关代表国家履行行政赔偿责任。这种具体代表国家受理公民、法人或者其他组织的行政赔偿要求,履行行政赔偿义务的行政组织就是行政赔偿义务机关。《国家赔偿法》第7条第1款规定:"行政机关及其工作人员行使行政职权侵犯公民、法人和其他组织的合法权益造成损害的,该行政机关为赔偿义务机关。"这一规定将作出行政侵权损害行为与履行行政赔偿义务联系起来,有利于加强行政监督和促进依法行政,也有利于尽快查明违法侵权损害事实,提高行政效率。《国家赔偿法》第7条第2—5款和第8条还规定了以下各种具体情形下的行政赔偿义务机关:

（1）两个以上行政机关共同行使行政职权时侵犯公民、法人和其他组织的合法权益造成损害的,共同行使行政职权的行政机关为共同赔偿义务机关。两个以上行政机关共同行使行政职权的情况包括:行政决定由两个以上行政机关共同作出、行政决定及有关法律规范由两个以上行政机关共同执行等。如果行政决定由单一机关作出,而由两个以上机关执行,或者行政决定由两个以上机关作出,而由单一机关执行,则是否存在共同赔偿义务机关取决于致害原因。若致害原因在于行政决定,则赔偿义务机关是作出该决定的机关,若致害原因在于执行行为,则赔偿义务机关是共同执行机关。

（2）法定授权的组织在行使授予的行政权力时侵犯公民、法人和其他组织的合法权益造成损害的,被授权的组织为赔偿义务机关。

（3）受行政机关委托的组织或者个人在行使受委托的行政权力时侵犯公民、法人和其他组织的合法权益造成损害的,委托的行政机关为赔偿义务机关。

（4）赔偿义务机关被撤销的,继续行使其职权的行政机关为赔偿义务机关;没有继续行使其职权的机关的,撤销该赔偿义务机关的行政机关为赔偿义务机关。当赔偿义务机关被撤销,继续行使其职权的行政机关为多个时,从方便救济受害人的角度考虑,应当以行使被撤销机关原致害职权的行政机关为赔偿义务机关。

（5）经复议机关复议的,最初造成侵权损害的行政机关为赔偿义务机关,但复议机关的复议决定加重损害的,复议机关对加重的部分履行赔偿义务。在这种情况下,最初造成侵权损害的行政机关与行政复议机关为共同赔偿义务机关。"复议决定加重损害"指复议决定变更了原行政行为,在内容上加重了对当事人合法权益的限制和剥夺。

根据《国家赔偿法》第9条第2款的规定,赔偿请求人要求赔偿应当先向赔偿义务机关提出。由于赔偿义务机关大多为原行政行为作出机关,因此,让赔偿义务机关主动纠正其违法行为并承担赔偿责任是困难的。在实践中,赔偿义务机关对赔偿请求人的赔偿要求迟迟不予立案、对赔偿请求人百般刁难以及共同赔偿义务机关之间的相互推诿等情形都是常见的。按照权力与责任对等原则,赔偿义务机关若出现上述行为,应当承担法律责任。为此,《国家赔偿法》对于赔偿义务机关在收到赔偿申请后作出赔偿决定的期限、程序以及作出不予赔偿决定后的通知、说明理由等义务作出了明确规定,进一步明确了赔偿义务机关的法律责任。赔偿义务机关无正当理由,未在规定期限内作出赔偿决定或者作出不予赔偿决定的,赔偿请求人可以依法提起行政诉讼。此外,根据《国家赔偿费用管理条例》第7条第1款的规定,赔偿请求人对赔偿义务机关不予受理决定有异议的,可以自收到书面通知之日起10日内向赔偿义务机关的上一级机关申请复核。上一级机关应当自收到复核申请之日起5个工作日内依法作出决定。

第四节　行政赔偿方式、计算标准和费用

一、行政赔偿方式

行政赔偿方式是指赔偿义务机关用以履行赔偿义务,弥补公民、法人和其他组织所受损害的法定方法。行政赔偿方式主要有三种,即支付赔偿金、返还财产和恢复原状。对于三种方式的使用,《国家赔偿法》第32条规定:"国家赔偿以支付赔偿金为主要方式。能够返还财产或者恢复原状的,予以返还财产或者恢复原状。"

返还财产是指行政主体违法剥夺行政相对人的财产权益,给行政相对人的财产权益造成实际损害,有权机关在撤销违法行政行为的同时,责令行政主体返还行政相对人的财产权益。例如,公安机关违法作出罚没款项或财物的行政处罚的,应当向被处罚人退回罚没款项或财物。恢复原状是指将违法行政行为损害的物,通过修复,使其恢复到原来的状态和特征,这既是民事赔偿方式,也是行政赔偿方式。例如,行政机关违法对相对人的财产查封、扣押,造成相对人财产损失的,应承担修复责任。

返还财产或恢复原状的适用应以有利于节省赔偿费用、不损害赔偿便捷性为原则。据此,能够返还财产或恢复原状的情形主要有四种:财产尚未灭失,且在赔偿义务机关的控制之下;财产已经灭失,

但容易找到替代物,且受害人无异议;财产受到损坏,但修复工作简便易行;其他赔偿义务机关认为适合采用返还财产或恢复原状的赔偿方式。

以上三种赔偿方式在使用上并不相互排斥,赔偿义务机关可视具体情况配合使用。例如,返还已损坏的财产,同时支付一定的修理费等。

此外,《国家赔偿法》第35条还规定:受害人受到精神损害的,赔偿义务机关应当在侵权行为影响的范围内,为受害人消除影响,恢复名誉;造成严重后果的,还应支付相应的精神损害抚慰金。建立精神损害赔偿制度是法治文明进步发展的重要体现,"标志着法律从注重对财产权及外部物质条件的保护,转而更加关注人身权和其他精神性权利不受侵害的平静的精神世界"[①]。《最高人民法院关于审理行政赔偿案件若干问题的规定》(法释〔2022〕10号)第30条明确了消除影响、恢复名誉和赔礼道歉的履行方式,可由双方协商,协商不成的,人民法院应当责令被告以适当的方式履行。造成严重后果的,应当判决支付相应的精神损害抚慰金,从而实现了对当事人精神权益更全面的合法保护。

二、行政赔偿计算标准

《国家赔偿法》第四章规定了违法职权行为造成公民、法人和其他组织人身权、财产权损害的赔偿标准。

(一) 侵犯公民人身权的赔偿标准

侵犯公民人身自由的,每日的赔偿金按照国家上年度职工日平均工资计算。

侵犯公民生命健康权的,赔偿金按照下列规定计算:其一,造成身体伤害的,应当支付医疗费、护理费,以及赔偿因误工减少的收入。减少的收入每日的赔偿金按照国家上年度职工日平均工资计算,最高额为国家上年度职工年平均工资的5倍。其二,造成部分或者全

[①] 马怀德、张红:《论国家侵权精神损害赔偿》,载《天津行政学院学报》2005年第1期。

部丧失劳动能力的,应当支付医疗费、护理费、残疾生活辅助具费、康复费等因残疾而增加的必要支出和继续治疗所必需的费用,以及残疾赔偿金。残疾赔偿金根据丧失劳动能力的程度,按照国家规定的伤残等级确定,最高不超过国家上年度职工年平均工资的20倍。造成全部丧失劳动能力的,对其扶养的无劳动能力的人,还应当支付生活费。其三,造成公民死亡的,应当支付死亡赔偿金、丧葬费,总额为国家上年度职工年平均工资的20倍。对死者生前扶养的无劳动能力的人,还应当支付生活费。

上述生活费的发放标准,参照当地最低生活保障标准执行。被扶养的人是未成年人的,生活费给付至18周岁止;其他无劳动能力的人,生活费给付至死亡时止。

(二) 侵犯公民、法人和其他组织财产权的赔偿标准

侵犯公民、法人和其他组织的财产权造成损害的,按照下列规定处理:

处罚款、罚金、追缴、没收财产或者违法征收、征用财产的,返还财产;

查封、扣押、冻结财产的,解除对财产的查封、扣押、冻结,造成财产损坏或者灭失的,恢复原状或者给付相应的赔偿金;

应当返还的财产损坏的,能够恢复原状的恢复原状,不能恢复原状的,按照损害程度给付相应的赔偿金;

应当返还的财产灭失的,给付相应的赔偿金;

财产已经拍卖或者变卖的,给付拍卖或者变卖所得的价款;变卖的价款明显低于财产价值的,应当支付相应的赔偿金;

吊销许可证和执照、责令停产停业的,赔偿停产停业期间必要的经常性费用开支(维持企事业单位存在所需要的基本费用,例如水电费、工资等);

返还执行的罚款或者罚金、追缴或者没收的金钱,解除冻结的存款或者汇款的,应当支付银行同期存款利息;

对财产权造成其他损害的,按照直接损失给予赔偿。所谓"直接损失",是指因遭受不法侵害而使现有财产的必然减少或消灭。按照我国相关司法解释的规定,在该条中的"直接损失"包括下列情

形:(1) 保全、执行过程中造成财物灭失、毁损、霉变、腐烂等损坏的。(2) 违法使用保全、执行的财物造成损坏的。(3) 保全的财产系国家批准的金融机构贷款的,当事人应支付的该贷款借贷状态下的贷款利息。执行上述款项的,贷款本金及当事人应支付的该贷款借贷状态下的贷款利息。(4) 保全、执行造成停产停业的,停产停业期间的职工工资、税金、水电费等必要的经常性费用。(5) 法律规定的其他直接损失。

(三) 致人精神损害的赔偿标准

根据赔偿法的规定,精神损害只有造成严重后果的,才支付相应的损害抚慰金。给付精神损害抚慰金,并不影响其他类型赔偿金的给付。由于精神损害的程度个别性较强,往往因案而异、因人而异,且与社会发展变化相关度较大,有关精神损害赔偿的具体标准,以及何谓"严重后果",《国家赔偿法》并未设定一个完全统一的标准,而是为实践留下了裁量空间。经过多年的实践探索,精神损害赔偿请求的申请与受理,致人精神损害、造成严重后果的认定标准,责任方式的适用规则,精神损害抚慰金的标准与支付等问题已逐渐形成了统一的规范。根据《最高人民法院关于审理国家赔偿案件确定精神损害赔偿责任适用法律若干问题的解释》(法释〔2021〕3号)第7条、《最高人民法院关于审理行政赔偿案件若干问题的规定》(法释〔2022〕10号)第26条的规定,有下列情形之一的,可以认定为《国家赔偿法》第35条规定的"造成严重后果":(1) 无罪或者终止追究刑事责任的人被羁押6个月以上;(2) 受害人经鉴定为轻伤以上或者残疾;(3) 受害人经诊断、鉴定为精神障碍或者精神残疾,且与侵权行为存在关联;(4) 受害人名誉、荣誉、家庭、职业、教育等方面遭受严重损害,且与侵权行为存在关联。有下列情形之一的,可以认定为后果特别严重:(1) 受害人被限制人身自由10年以上;(2) 受害人死亡;(3) 受害人经鉴定为重伤或者残疾一至四级,且生活不能自理;(4) 受害人经诊断、鉴定为严重精神障碍或者精神残疾一至二级,生活不能自理,且与违法行政行为存在关联。

从行政赔偿有最高限额、有限精神损害赔偿等方面看,我国行政赔偿实行的是有限赔偿原则,目的是使受害人的合法权益回复到维持生活和生产所需的一般水平。在这种情况下,侵害人身权的行政赔偿有时会高于或低于实际损害,当受害人的实际损害低于一般水平时,他可能会得到超出实际损害的赔偿,反之亦然。但是,侵害财产权的行政赔偿一般只会低于或等于所受的实际损害。党的十八大以来,加强人权司法保障、平反冤错案件成为全国各级司法机关的工作重心之一。在此背景下,精神损害赔偿的适用也在个案中呈现出新面貌。在张氏叔侄案、呼格吉勒图案、陈满案、聂树斌案等案件中,精神损害抚慰金与侵犯人身自由赔偿金、生命健康赔偿金的比例,全部超过了 2014 年《最高人民法院关于人民法院赔偿委员会审理国家赔偿案件适用精神损害赔偿若干问题的意见》(法发〔2014〕14 号)所提出的 35% 这一原则性比例,在聂树斌案中,精神损害抚慰金与侵犯人身自由赔偿金、生命健康赔偿金的比例甚至接近了 1∶1。

为践行司法为民宗旨,积极回应社会关切,《最高人民法院关于审理国家赔偿案件确定精神损害赔偿责任适用法律若干问题的解释》(法释〔2021〕3 号)明确了确定精神损害抚慰金数额的若干考量因素,既便于保障司法适用的统一,也兼顾了个案的差异与公平。该解释第 8 条规定,致人精神损害,造成严重后果的,精神损害抚慰金一般应当在《国家赔偿法》第 33 条、第 34 条规定的人身自由赔偿金、生命健康赔偿金总额的 50% 以下(包括本数)酌定;后果特别严重,或者虽然不具有该解释第 7 条第 2 款规定情形,但是确有证据证明前述标准不足以抚慰的,可以在 50% 以上酌定。第 9 条规定,精神损害抚慰金的具体数额,应当在兼顾社会发展整体水平的同时,参考下列因素合理确定:(1)精神受到损害以及造成严重后果的情况;(2)侵权行为的目的、手段、方式等具体情节;(3)侵权机关及其工作人员的违法、过错程度、原因力比例;(4)原错判罪名、刑罚轻重、羁押时间;(5)受害人的职业、影响范围;(6)纠错的事由以及过程;(7)其他应当考虑的因素。第 10 条规定,精神损害抚慰金的数额一般不少于 1000 元;数额在 1000 元以上的,以千为计数单位。赔偿请求人请求的精神损害抚慰金少于 1000 元,且其请求事由符合该解释规定的造成严重后果情形,经释明不予变更的,按照其请求数额支付。第 11 条规定,受害人对损害事实和后果的发生或者扩大有过错的,可以根据其过错程度减少或者不予支付精神损害抚慰金。

三、行政赔偿费用

行政赔偿费用是指赔偿义务机关依法应当向赔偿请求人支付的费用。行政赔偿费用由各级人民政府按照财政管理体制分级负担。各级政府应当根据实际情况,安排一定数额的行政赔偿费用,列入本级年度财政预算。当年实际支付的国家赔偿费用(行政赔偿与刑事赔偿)如果超过年度预算,其超出部分在本级预算预备费中解决。

行政赔偿费用由各级财政机关统一管理。赔偿义务机关应当自收到支付赔偿金申请之日起 7 日内,依照预算管理权限向有关的财政部门提出支付申请。财政部门应当自受理申请之日起 15 日内,按照预算和财政国库管理的有关规定支付国家赔偿费用。这与原先"机关垫付、财政核销"的赔偿金支付机制大为不同。由财政部门直接支付赔偿金,就使赔偿请求人获得赔偿金不再受赔偿义务机关的自身行政经费所制约。由于支付依据明确、程序明确、时限明确,兑现国家赔偿决定具有制度上的保障,赔偿决定"执行难"的困局将得到改观。

如果,行政赔偿是由于行政机关工作人员或者受委托的组织或者个人的故意或重大过失造成的,赔偿义务机关赔偿损失后,应当责令有故意或者重大过失的工作人员或者受委托的组织或者个人承担部分或者全部赔偿费用。如果,财政部门发现赔偿项目、计算标准违反国家赔偿法规定的,应当提交作出赔偿决定的机关或者其上级机关依法处理、追究有关人员的责任。赔偿义务机关、财政部门及其工作人员有下列行为之一的,根据《国家赔偿费用管理条例》第 13 条的规定处理、处分;构成犯罪的,还将面临刑事责任:(1)以虚报、冒领等手段骗取国家赔偿费用的;(2)违反国家赔偿法规定的范围和计算标准实施国家赔偿造成财政资金损失的;(3)不依法支付国家赔偿费用的;(4)截留、滞留、挪用、侵占国家赔偿费用的;(5)未依照规定责令有关工作人员、受委托的组织或者个人承担国家赔偿费用或者向有关工作人员追偿国家赔偿费用的;(6)未依照规定将应当承担或者被追偿的国家赔偿费用及时上缴财政的。

此外,赔偿请求人要求国家赔偿的,赔偿义务机关、复议机关和人民法院不得向赔偿请求人收取任何费用。对赔偿请求人取得的赔偿金也不予征税。

第五节 行政赔偿程序

行政赔偿程序是指受害人依法取得国家赔偿权利、行政机关或者人民法院依法办理行政赔偿事务应当遵守的方式、步骤、顺序、时限等手续的总称。行政赔偿程序一方面可以保障受害人依法取得和行使行政赔偿请求权,另一方面可以规范国家机关受理和处理赔偿请求的手续,及时确认和履行赔偿责任。

一、单独提出赔偿请求的程序

(一)行政赔偿请求的提出

根据《国家赔偿法》的规定,受害人单独提出行政赔偿请求的,应当首先向行政赔偿义务机关提出,赔偿义务机关拒绝受理赔偿请求、在法定期限内不作出决定或者赔偿请求人对赔偿数额有异议的,赔偿请求人可以向法院提起行政诉讼。

与一并提出赔偿请求的程序相比较,单独提出行政赔偿请求程序的特点是须以赔偿义务机关的先行处理为前提。先行处理程序是指在行政赔偿请求人向人民法院单独提起行政赔偿诉讼之前,须先向行政赔偿义务机关提出,由该行政赔偿义务机关对赔偿问题依法进行处理,如果该机关的处理未解决争端,行政赔偿请求人方可提起行政诉讼的行政赔偿程序。简单地说,是在进入法院司法解决之前,须经过行政赔偿义务机关先行处理的程序,即保证在司法救济之前行政机关有自我纠正的机会,它实质上是司法权和行政权在国家赔偿问题上界限划分方式。

《国家赔偿法》第12条第1款规定,要求赔偿应当递交申请书,申请书应当载明下列事项:(1)受害人的姓名、性别、年龄、工作单位和住所,法人或者其他组织的名称、住所和法定代表人或者主要负责人的姓名、职务;(2)具体的要求、事实根据和理由;(3)申请的年、月、日。

赔偿请求人书写申请书确有困难的,可以委托他人代书;也可以口头申请,由赔偿义务机关记入笔录。赔偿请求人不是受害人本人的,应当说明与受害人的关系,并提供相应证明。

(二)行政赔偿义务机关的受案与处理

赔偿请求人当面递交申请书的,赔偿义务机关应当当场出具加盖本行政机关专用印章并注明收讫日期的书面凭证。申请材料不齐全的,赔偿义务机关应当当场或者在5日内一次性告知赔偿请求人需要补正的全部内容。

赔偿义务机关应当自收到申请之日起2个月内,作出是否赔偿的决定。赔偿义务机关作出赔偿决定,应当充分听取赔偿请求人的意见,并可以与赔偿请求人进行协商,协商的主要内容包括以下几项:

(1)赔偿方式。国家赔偿有金钱赔偿、返还财产和恢复原状等赔偿方式,以何种方式进行赔偿,是双方进行协商的重要内容之一。

(2)赔偿金额。以金钱方式赔偿的,双方应就赔偿数额进行协商,协商的依据是《国家赔偿法》所确定的各种损害赔偿标准,如限制人身自由的,按日赔偿,即按照国家上年度职工日平均工资计算;造成身体伤害的,应当支付医疗费,以及赔偿因误工减少的收入,减少的收入每日的赔偿金按照国家上年度职工日平均工资计算,最高额为国家上年度职工年平均工资的五倍等,双方可以就不同的损害以法定的标准为依据进行协商。

(3)赔偿项目。《国家赔偿法》明确规定赔偿请求人可以同时提起数项赔偿请求,赔偿义务机关和赔偿请求人之间到底进行几项赔偿的问题也可以协商。

(4)其他方式的赔偿。根据侵权行为与损害结果,能够恢复原状的,赔偿义务机关根据赔偿请求人的请求恢复至损害发生前的状态,双方可以就如何恢复、恢复的时间和采取措施的具体方式等问题进行协商。

赔偿义务机关决定赔偿的,应当制作赔偿决定书,并自作出决定之日起10日内送达赔偿请求人。赔偿义务机关决定不予赔偿的,应当自作出决定之日起10日内书面通知赔偿请求人,并说明不予赔偿的理由。

一旦赔偿处理不成,赔偿请求人可以向人民法院提起行政诉讼。处理不成分为三种情况:一是赔偿义务机关逾期未作出是否赔偿的决定,此时赔偿请求人可以自期限届满之日起3个月内向人民法院提起诉讼;二是赔偿请求人对赔偿的方式、项目、数额有异议,此时赔偿请求人可以自赔偿义务机关作出赔偿决定之日起3个月内向人民法院提起诉讼;三是赔偿义务机关作出不予赔偿决定,此时赔偿请求人可以自赔偿义务机关作出不予赔偿决定之日起3个月内,向人民法院提起诉讼。

二、一并提出赔偿请求的程序

(一)行政复议程序

一并提出赔偿请求的程序分为行政复议程序和行政赔偿诉讼程序。这里首先介绍行政复议程序。行政复议申请人往往是受害人,必须是其合法权益受到行政行为违法侵害的公民、法人或其他组织。申请人申请复议应递交申请书,在申请复议的理由和要求中一并提出赔偿请求,并写明违法的行为与损害结果的因果关系、损害程度、具体赔偿要求等。行政复议的被申请人是赔偿义务机关。

在行政复议中一并提出赔偿请求的受理和审理适用行政复议程序。根据《行政复议法》规定的行政复议程序,行政复议机关对违法的行政行为进行审查并作出裁决。在赔偿处理中行政复议机关可以适用调解,以调解书的形式解决赔偿争议,也可以作出赔偿的裁决。

行政复议机关在撤销被诉行政行为的同时,应当作出赔偿决定。复议机关应当在收到复议申请书之日起60日内作出复议决定,申请人对复议机关作出的包括赔偿裁决在内的复议决定不服的,可以在收到决定书之日起15日内,向人民法院提起行政诉讼。如果行政复议机关拒绝受理申请或者逾期不复议的,申请人也可以直接向人民法院提起诉讼。

(二) 单独提出以及一并提出时的行政赔偿诉讼程序

行政赔偿诉讼程序是指人民法院受理行政赔偿请求的程序,是一种特殊的行政诉讼。受害人可以在提起行政诉讼时一并提出赔偿要求即提起行政赔偿诉讼,也可以在行政复议机关作出决定或者赔偿义务机关作出决定之后,向法院提起行政赔偿诉讼。根据《国家赔偿法》的规定,我国行政赔偿诉讼适用行政诉讼程序,属于行政诉讼中的一个特殊类别。

作为一般的诉讼,行政赔偿诉讼程序适用《行政诉讼法》的一般规定;但是,作为一种特殊的诉讼,行政赔偿诉讼程序又具有一些特殊之处。

1. 受案范围

(1) 单独提出赔偿请求时的受案范围

赔偿请求人对行政机关确认行政行为违法但又决定不予赔偿,或者对确定的赔偿数额有异议的,可提起行政赔偿诉讼;

赔偿请求人就已被确认的违法行为造成的损害向赔偿义务机关请求赔偿,赔偿义务机关逾期不予赔偿,或者赔偿请求人对赔偿义务机关确定的赔偿数额有异议的,可提起行政赔偿诉讼;

赔偿请求人认为行政机关及其工作人员实施了暴力殴打行为、违法使用武器警械或者其他侵害人身权、财产权的事实行为,并造成损失,赔偿义务机关拒不确认致害行为违法的,赔偿请求人可直接向法院提起行政赔偿诉讼;

法律规定由行政机关最终裁决的行政行为,被作出最终裁决的行政机关确认违法,赔偿义务人认为赔偿义务机关应当赔偿而不予赔偿或者逾期不予赔偿或者对赔偿数额有异议的,可以提起行政赔偿诉讼。

(2) 一并提出赔偿请求时的受案范围取决于行政行为的可诉性

赔偿请求人以国防、外交等国家行为或者行政机关制定发布行政法规、规章或者具有普遍约束力的决定、命令侵犯其合法权益造成损害为由,向人民法院提起行政赔偿诉讼的,人民法院不予受理。

2. 管辖

一并提起时由被诉行政行为的管辖法院管辖。行政赔偿诉讼的请求涉及不动产的,由不动产所在地法院管辖。

单独提起时的级别管辖与普通行政诉讼的管辖确定规则基本相同。在地域管辖方面,由被告所在地的基层法院管辖。

赔偿请求人因同一事实向两个以上行政机关提起行政赔偿诉讼的,可向任何一个行政机关的住所地法院提起。赔偿请求人向两个有管辖权的法院同时提起行政赔偿诉讼的,由最先收到起诉状的法院管辖。

公民对限制人身自由的行政强制措施不服,或者对行政机关基于同一事实对同一当事人作出限制人身自由和对财产采取强制措施的行政行为单独提出赔偿诉讼的,由被告所在地或者原告所在地或者不动产所在地法院管辖。

3. 诉讼当事人

(1)受害的公民死亡,其继承人和其他有扶养关系的亲属以及死者生前扶养的无劳动能力的人有权提起行政赔偿诉讼。企业法人或者其他组织被行政机关撤销、变更、兼并、注销的,原企业法人或其他组织,或者对其享有权利的企业法人或其他组织具有原告资格。

(2)两个以上行政机关共同侵权,赔偿请求人对其中一个或数个行政机关提起诉讼的,若诉讼请求系可分之诉,被诉的机关为被告;若诉讼请求系不可分之诉,法院依法追加其他侵权机关为共同被告。

(3)复议机关的复议决定加重损害,赔偿请求人只对作出原决定的行政机关提起赔偿诉讼的,作出原决定的行政机关为被告;只对复议机关提起赔偿诉讼的,复议机关为被告。

(4)与行政赔偿案件处理结果有法律上的利害关系的公民、法人和其他组织有权作为第三人参加诉讼。

4. 起诉与受理

(1)赔偿请求人单独提起行政赔偿诉讼以赔偿义务机关先行处理为前提,应在向赔偿义务机关递交赔偿申请后的2个月届满之日起3个月内提出。

(2)一并提出赔偿请求的,起诉期限按照行政诉讼起诉期限执行。行政案件原告可以在起诉后至法院一审庭审结束前提出行政赔偿请求。

（3）当事人先后被采取限制人身自由的行政强制措施和刑事拘留等措施，因强制措施被确认为违法而请求赔偿的，法院按其行为性质分别适用行政赔偿程序和刑事赔偿程序立案受理。

5. 审理与判决

法院审理行政赔偿案件，就当事人之间的行政赔偿争议进行审理与裁判。

（1）行政赔偿诉讼的审判组织适用《行政诉讼法》的规定，一律实行合议制。由于行政赔偿案件涉及行政机关行使国家职权的行为，涉及公共利益和个人利益的权衡；而且，多数行政赔偿案件都经过不同层次的行政机关处理，如经过赔偿义务机关先行处理或行政复议等程序，比较复杂，一律实行合议制是慎重的表现。

（2）在行政赔偿诉讼中，原告就被诉行政行为造成损害的事实提供证据。在行政赔偿诉讼中，被告同样不得就行政行为是否合法收集有利于自己的证据，但可以收集有关损害及其原因、第三人过错和受害人自己过错的证据。

（3）法院审理行政案件，可以就赔偿范围、方式和数额进行调解。这是行政赔偿诉讼与行政诉讼在审理方式上的区别。调解成立的，制作行政赔偿调解书。行政赔偿调解书应当写明赔偿请求、案件事实和调解结果，应由审判人员、书记员署名，加盖人民法院印章，送达双方当事人，调解书在双方当事人签收后，即具有法律效力。被告在一审判决前同原告达成赔偿协议，原告申请撤诉的，法院依法审查并裁定是否准许。

（4）原告的赔偿请求依法成立的，应当判决被告承担赔偿责任。被告的行政行为违法但尚未对原告合法权益造成损害的，或者原告的请求没有事实根据或者法律依据的，应当判决驳回原告的诉讼请求。

（5）单独受理的第一审行政赔偿案件的审理期限为6个月，第二审为3个月。一并受理的行政赔偿请求案件的审理期限与该行政案件的审理期限相同。

6. 行政赔偿诉讼裁判的执行

行政赔偿诉讼的执行对象是国家行政机关,应当考虑它的特殊地位,不宜采取查封、扣押、冻结等对待一般当事人的执行措施。我国行政赔偿诉讼的执行适用《行政诉讼法》第96条的规定,对赔偿义务机关采取特殊的执行措施,包括划拨、罚款、司法建议和追究刑事责任。

典型案例23
四川阆中市水观镇农民李某诉市公安局不作为案[①]

1998年5月16日,四川省阆中市水观镇农民李某遭到本镇龙家沟农民、精神病患者郑某的追打。此后3天中,李某继续遭到郑某的纠缠。李某曾经3次到水观镇派出所请求保护,派出所均未予理睬。

5月19日,郑某手持锄禾刀来到李某家,李某用电话向派出所报警,但派出所未能及时派人前往处理,致使李某被迫从二楼跳下,造成右腿多处粉碎性骨折,属8级伤残。

1999年9月,李某以自己遭受精神病人追杀致残、水观镇派出所民警未履行保护人民群众人身和财产安全职责为由,向阆中市人民法院提起行政诉讼,诉阆中市公安局行政不作为,索赔235万元。阆中市人民法院以本案不属于行政法调整范围为由作出不予受理的裁定。

李某上诉至南充市中级人民法院,南充市中级人民法院裁定应予立案受理。2000年3月,阆中市人民法院受理此案,并开庭审理,但因缺乏相应法律依据,作出终止诉讼的裁定。

此后,四川省高级人民法院就此案向最高人民法院请示,最高人民法院召开审判委员会第1182次会议,并于2001年6月26日作出答复:"由于公安机关不履行法定行政职责,致使公民、法人和其他组织的合法权益遭受损害的,应当承担行政赔偿责任。"2001年7月

[①] 选自陈勇、冬妮:《轰动全国的"状告公安不作为"胜诉》,载《法制日报》2001年9月19日。

17日,最高人民法院的答复以司法解释的形式向全国公告并实施。

2001年9月4日,阆中市人民法院依法判被告行政违法,原告胜诉,被告赔偿原告医疗费、误工费、残疾赔偿金、财产损失等合计人民币1.97万元。

从法律规定看,《国家赔偿法》虽未明确规定行政失职侵权损害的国家赔偿责任,但亦未完全关闭行政失职侵权损害国家赔偿的大门,例如《国家赔偿法》第3条第5项的兜底性规定和第4条第4项的兜底性规定等。实际上,最高人民法院已有"公安机关不履行法定行政职责,致使公民、法人和其他组织的合法权益遭受损害的,应当承担行政赔偿责任"的司法解释,这就为其他类型行政失职侵权损害赔偿提供了可能。

典型案例24
江苏沛县焦某案①

1983年,14岁的焦某被传讯至沛县新城派出所。派出所民警对其进行了长时间审问,但并未发现问题,焦某遂被放回。

但是,从这次传讯开始,焦某被列为"劳改释放犯及重点监控人口",每3个月须到派出所接受一次传讯,焦某因此而失去了很多机会。1986年至1988年,焦某连续3年参加征兵体检合格,但都因属于重点监控人口而被确定为不合格。1986年、1987年,工商、税务、供电等部门招工,焦某考试合格,但也因有"犯罪前科"而未被录用。

1999年11月1日,焦某被传讯至新城派出所填写"撤销重点人口管理审批表",焦某无意中发现自己的档案中竟有"因盗窃罪被判刑2年,释放回家"的记载,焦某终于搞清了自己屡遭厄运的缘由,遂向沛县人民法院提起行政诉讼,诉沛县公安局侵犯其人身自由,并一并提出行政赔偿40万元的要求。

沛县人民法院受案审理后判决认为,沛县公安局在无任何事实依据的情况下,将原告当作刑满释放人员重点监控17年,侵犯了原

---

① 本案例根据《北京晚报·法治特刊》2001年11月21日《国家赔偿到底应该赔多少》一文改写。

告的合法权益,应当予以行政赔偿。赔偿金为焦某的直接经济损失,即焦某为申诉而花去的车旅费、资料费和其他费用共计人民币6257元。

从江苏沛县焦某案可以看出,被告实际侵犯了原告多项权利,包括人身自由权、名誉权、荣誉权、工作权、财产权等,且侵权时间、侵权程度和侵权后果都触目惊心。原告虽然没有被拘禁在某一固定处所,但公安机关违法限制原告的人身自由却是不争的事实。但是,依照《国家赔偿法》确定的赔偿标准,在沛县人民法院这一判决下,原告就只能得到可计算的直接经济损失赔偿6257元,这种赔偿与原告权益所受损害相比实在是太微不足道了。不能说沛县人民法院的判决没有法律依据,但是,国家确立行政赔偿制度的根本目的在于通过行政法律责任的承担来保护行政相对人的合法权益。如果这项制度既不利于原告权益保护,也不利于纠正、惩戒违法行政,那么,这项制度岂不成了摆设?这的确是一个发人深思的问题。

思考题

1. 什么是行政赔偿?行政赔偿的成立要件是什么?
2. 行政赔偿有哪些作用?
3. 《国家赔偿法》对于行政赔偿范围作了哪些规定?什么情况下国家不承担行政赔偿责任?
4. 什么是行政赔偿请求人?什么是赔偿义务机关?如何确认赔偿义务机关?
5. 试评我国现行的行政赔偿制度的优劣。你认为哪些制度需要改进或完善?
6. 什么是单独式赔偿请求?单独式赔偿请求有哪些基本程序?
7. 什么是行政赔偿诉讼?行政赔偿诉讼与行政诉讼有哪些不同?
8. 什么是行政追偿?行政追偿的条件是什么?

本章参考书目

1. 姜明安主编:《外国行政法教程》,法律出版社1993年版。
2. 皮纯协、冯军主编:《国家赔偿法释论》(修订本),中国法制出版社1996年版。
3. 张新宝:《中国侵权行为法》,中国社会科学出版社1998年版。
4. 最高人民法院、最高人民检察院编:《行政诉讼及国家赔偿司法解释适用手册》,中国华侨出版社2001年版。
5. 马怀德主编:《国家赔偿法学》,中国政法大学出版社2001年版。
6. 张树义:《行政法与行政诉讼法学》,高等教育出版社2002年版。
7. 全国人大常委会法制工作委员会行政法室编:《行政诉讼法立法背景与观点全集》,法律出版社2015年版。
8. 江必新主编:《中华人民共和国行政诉讼法理解适用与实务指南》,中国法制出版社2015年版。
9. 袁杰主编:《中华人民共和国行政诉讼法解读》,中国法制出版社2014年版。
10. 江必新、邵长茂:《新行政诉讼法修改条文理解与适用》,中国法制出版社2015年版。

参考书目

1. 王名扬:《英国行政法、比较行政法》,北京大学出版社 2016 年版。
2. 王名扬:《法国行政法》,北京大学出版社 2016 年版。
3. 王名扬:《美国行政法》(上、下),北京大学出版社 2016 年版。
4. 〔德〕哈特穆特·毛雷尔:《行政法学总论》,高家伟译,法律出版社 2000 年版。
5. 〔日〕盐野宏:《行政法》,杨建顺译,法律出版社 1999 年版。
6. 杨建顺:《日本行政法通论》,中国法制出版社 1998 年版。
7. 应松年主编:《行政法学新论》,中国方正出版社 1999 年版。
8. 应松年、袁曙宏主编:《走向法治政府——依法行政理论研究与实证调查》,法律出版社 2001 年版。
9. 马怀德主编:《行政诉讼原理》(第二版),法律出版社 2009 年版。
10. 应松年主编:《行政诉讼法学》,中国政法大学出版社 1999 年版。
11. 马怀德主编:《行政法与行政诉讼法》,中国法制出版社 2010 年版。
12. 应松年主编:《行政行为法:中国行政法制建设的理论与实践》,人民出版社 1993 年版。
13. 胡建淼主编:《行政诉讼法学》,高等教育出版社 2003 年版。
14. 马怀德主编:《司法改革与行政诉讼制度的完善》,中国政法大学出版社 2004 年版。
15. 马怀德主编:《国家赔偿法学》,中国政法大学出版社 2001 年版。
16. 张树义:《行政法与行政诉讼法学》,高等教育出版社 2002 年版。
17. 杨小君:《我国行政诉讼受案范围理论研究》,西安交通大学出版社 1998 年版。
18. 甘文:《行政诉讼法司法解释之评论:理由、观点与问题》,中国法制出版社 2000 年版。
19. 姜明安:《行政诉讼法学》,北京大学出版社 1993 年版。

20. 杨小君主编:《行政诉讼法学》,陕西旅游出版社 1999 年版。
21. 罗豪才、应松年主编:《行政诉讼法学》,中国政法大学出版社 1990 年版。
22. 〔德〕弗里德赫尔穆·胡芬:《行政诉讼法》,莫光华译、刘飞校,法律出版社 2003 年版。
23. 〔日〕谷口安平:《程序的正义与诉讼》(增补本),王亚新、刘荣军译,中国政法大学出版社 2002 年版。
24. 江必新、邵长茂:《新行政诉讼法修改条文理解与适用》,中国法制出版社 2015 年版。
25. 袁杰主编:《中华人民共和国行政诉讼法解读》,中国法制出版社 2014 年版。
26. 马怀德主编:《新编中华人民共和国行政诉讼法释义》,中国法制出版社 2014 年版。
27. 最高人民法院行政审判庭编著:《最高人民法院行政诉讼法司法解释理解与适用》(上、下册),人民法院出版社 2018 年版。
28. 《行政法与行政诉讼法学》编写组:《行政法与行政诉讼法学》,高等教育出版社 2018 年版。
29. 何海波:《行政诉讼法》,法律出版社 2022 年版。